Christof Pforr, Dirk Reiser (Hrsg.)
Tourismus in Australien und Neuseeland

Christof Pforr, Dirk Reiser (Hrsg.)

Tourismus in Australien und Neuseeland

—

DE GRUYTER
OLDENBOURG

ISBN 978-3-11-065966-5
e-ISBN (PDF) 978-3-11-042454-6
e-ISBN (EPUB) 978-3-11-042467-6

Library of Congress Cataloging-in-Publication Data
A CIP catalog record for this book has been applied for at the Library of Congress.

Bibliografische Information der Deutschen Nationalbibliothek
Die Deutsche Nationalbibliothek verzeichnet diese Publikation in der Deutschen Nationalbibliografie; detaillierte bibliografische Daten sind im Internet über http://dnb.dnb.de abrufbar.

© 2019 Walter de Gruyter GmbH, Berlin/Boston
Dieser Band ist text- und seitenidentisch mit der 2017 erschienenen gebundenen Ausgabe.
Einbandabbildung: Shanenk/iStock/Thinkstock
Satz: le-tex publishing services GmbH, Leipzig
Druck und Bindung: CPI books GmbH, Leck

♾ Gedruckt auf säurefreiem Papier
Printed in Germany

www.degruyter.com

Vorwort

Mit dem vorliegenden Band hoffen wir, die touristischen Entwicklungen in Australien und Neuseeland für die deutschsprachige Leserschaft leichter zugänglich zu machen. Das Buch ist unseres Wissens nach das erste am Markt, das sich gezielt mit dieser Thematik beschäftigt und einen fundierten Einstieg in das Thema Tourismus in Australien und Neuseeland ermöglicht. Die 20 Autoren und Autorinnen, die zu diesem Buch beigetragen haben, sind nicht nur national und international anerkannte Expert(inn)en in ihrem jeweiligen Forschungsbereich, sondern haben auch einen besonderen, persönlichen Bezug zum geografischen Fokus des Bandes – ihre Beiträge werden somit oft durch persönliche Erfahrungen und eine gewisse Insiderperspektive bereichert.

Zunächst geht daher ein großes „Dankeschön" an die 20 Autor(inn)en für ihre faszinierenden Abhandlungen – es war uns eine Freude, mit Ihnen zusammenzuarbeiten! Außerdem möchten wir uns für die Unterstützung des Verlags De Gruyter und seiner Mitarbeiter, die stets sehr hilfreich gewesen sind, recht herzlich bedanken. Unseren Dank möchten wir auch Herrn Pascal Helfer, wissenschaftlicher Mitarbeiter an der Hochschule Rhein-Waal in Kleve, für die sorgfältige Durchsicht der Beiträge und deren Formatierung aussprechen.

Dieses Buch ist unserem Kollegen und guten Freund Prof. Dr. Jörn W. Mundt (1950–2014) gewidmet, der uns und vielen anderen nicht nur durch sein Engagement für Forschung und Lehre im Tourismus in Erinnerung bleibt (siehe http://joern-mundt.de), sondern auch für seinen scharfen Intellekt, seinen Sinn für Humor und auch seine über vierzigjährige Verbundenheit mit Australien. Leider verstarb Jörn Mundt nach langer Krankheit, noch bevor er seinen eigentlich für diesen Band geplanten persönlichen Rückblick auf die Tourismusentwicklung Australiens fertigstellen konnte.

Christof Pforr (Perth, Australien) und Dirk Reiser (Kleve, Deutschland), Mai 2017

Inhalt

Vorwort —— V

Autor(inn)en —— XIV

Christof Pforr und Dirk Reiser
1 G'Day Down Under, Kia Ora Aotearoa —— 1
1.1 Überblick —— 1

Christof Pforr und Dirk Reiser
2 Terra Australis Incognita – das unbekannte Land im Süden —— 12
2.1 Die Einzigartigkeit des fünften Kontinents —— 12
2.2 There's nothing like Australia —— 18
2.3 Die Tourismusentwicklung Australiens im Spiegel der Tourismuspolitik —— 20
2.3.1 Vorreiterrolle im Bereich Ökotourismus —— 20
2.3.2 Tourismusentwicklung und Nachhaltigkeit —— 22
2.3.3 Tourismuspolitische Schwerpunktverlagerung seit Ende der 1990er-Jahre —— 22
2.4 Ausblick —— 25

Sabrina Seeler
3 Tourismusentwicklung in Neuseeland – ein Überblick —— 29
3.1 Neuseeland – das Land der langen weißen Wolke —— 29
3.2 Tourismus in Neuseeland – ein Rückblick —— 30
3.3 Tourismus in Neuseeland – eine Momentaufnahme —— 32
3.3.1 Nachfrageentwicklung im Zehnjahresrückblick (2004/05 – 2014/15) —— 32
3.3.2 Neuseelands touristische Regionen —— 35
3.3.3 Neuseelands touristische Strukturen —— 36
3.3.4 Auswirkungen des Tourismus auf Neuseeland —— 39
3.3.5 Ökonomische Einflussfaktoren —— 40
3.3.6 Ökologische Einflussfaktoren —— 41
3.3.7 Soziokulturelle Einflussfaktoren —— 43
3.3.8 Neuseelands thematisches Portfolio —— 43
3.4 Tourismus in Neuseeland – ein Ausblick —— 44
3.4.1 Zukunftsthemen im touristischen Portfolio —— 46
3.4.2 Herausforderungen bezüglich der langfristigen Wettbewerbsfähigkeit —— 47
3.5 Schlusswort —— 49

Michael Lück und Mark Orams
4 Wal- und Delfintourimus in Neuseeland —— 53
4.1 Einleitung —— 53
4.2 Tourismus in Neuseeland —— 53
4.3 Delfin- und Walbeobachtungen —— 55
4.4 Delfin- und Walbeobachtungen in Neuseeland —— 56
4.5 Das Fallbeispiel Kaikoura —— 57
4.6 Walbeobachtungen, Tourismus und die Umwelt —— 59
4.7 Zusammenfassung —— 62

Julia Albrecht
5 Weintourismus in Neuseeland und Australien —— 64
5.1 Einleitung —— 64
5.2 Historischer Überblick der Weinindustrien in Neuseeland und Australien —— 66
5.2.1 Neuseeland —— 66
5.2.2 Australien —— 68
5.3 Neuseelands Weintourismus —— 71
5.4 Australiens Weintourismus —— 71
5.5 Zukunftsperspektiven —— 73

Stephanie Tischler und Ulrike Gretzel
6 Online-Marketing in Australien und Neuseeland —— 79
6.1 Ausgangsbetrachtung —— 79
6.2 Verbreitung digitaler Technologien bei australischen Tourismusunternehmen —— 80
6.3 Die australische Tourismus-Datenbank ATDW —— 82
6.4 Social-Media-Marketing in Australien und Neuseeland —— 82
6.4.1 Das weltweit größte Social-Media-Team von Tourism Australia —— 83
6.4.2 Tourism Queensland – „Bester-Job-der-Welt"-Kampagne —— 84
6.4.3 Hamilton Island Instameets —— 85
6.4.4 1888 Hotel Sydney – das weltweit erste Instagram-Hotel —— 86
6.4.5 Tägliche Tourberichterstattung der Margaret River Discovery Co. —— 87
6.4.6 Absolutely Positively Wellington auf Facebook —— 88
6.5 Integrierte Online-Marketing-Kampagnen —— 89
6.5.1 Play Melbourne —— 89
6.5.2 „More-Magic-Every-Day"-Kampagne von New Zealand Tourism —— 90
6.6 Fazit —— 91

Kim Werner
7 Eventtourismus in Australien und Neuseeland —— 95
7.1 Einleitung —— 95
7.2 Events —— 95

7.3	Eventtourismus —— 96	
7.4	Die australische und neuseeländische Eventindustrie —— 97	
7.4.1	Die Entwicklung von Events in Australien —— 97	
7.4.2	Die wirtschaftliche Bedeutung von Events für Australien —— 98	
7.4.3	Die Entwicklung von Events in Neuseeland —— 100	
7.4.4	Die wirtschaftliche Bedeutung von Events für Neuseeland —— 100	
7.5	Die Bedeutung von Events für das Destinationsmarketing —— 101	
7.5.1	Die kurz- und langfristigen Auswirkungen von Events —— 101	
7.5.2	Die strategische Nutzung von Events im Destinationsmarketing Australiens —— 102	
7.5.3	Die strategische Nutzung von Events im Destinationsmarketing Neuseelands —— 107	
7.6	Fazit —— 110	

Cornelia Voigt

8	**Salus per aquam Down Under? Entwicklung und zentrale Merkmale des australischen Wellnesstourismus —— 119**	
8.1	Einleitung —— 119	
8.2	Annäherung an die Konzepte Wellness, Gesundheits- und Wellnesstourismus —— 119	
8.3	Historische Entwicklung des Wellnesstourismus in Australien —— 122	
8.4	Derzeitige Entwicklung des Wellnesstourismus in Australien —— 124	
8.4.1	Wichtige Wachstumsfaktoren —— 124	
8.4.2	Typologie der Wellnesstourismus-Anbieter —— 126	
8.4.3	Derzeitige Verbreitung australischer Wellnesstourismus-Anbieter —— 128	
8.4.4	Art der Dienstleistungen und Ausstattung —— 130	
8.4.5	Geschäftsprofil und Wirtschaftlichkeit —— 133	
8.4.6	Die Bedeutung von Natur, kulturellen und indigenen Ressourcen —— 134	
8.4.7	Destinationsmanagement und unterstützende Verbände —— 137	
8.5	Zusammenfassung und Ausblick —— 138	

Anita Zehrer und Jakob Trischler

9	**Servicedesign für Themenparks – eine australische Perspektive am Beispiel der Ferienregion Gold Coast —— 142**	
9.1	Einleitung —— 142	
9.2	Die Gold Coast —— 143	
9.2.1	Die Gold Coast als Tourismusdestination —— 144	
9.2.2	Die Themenparks der Gold Coast —— 145	
9.3	Der Themenpark als ein komplexes Dienstleistungssystem —— 147	
9.3.1	Kundengruppenprofile (Personas) als Methode zum besseren Verständnis der Besucherwelt —— 148	

9.3.2	Servicemapping als visuelle Darstellung des komplexen Dienstleistungsprozesses —— 149
9.4	Praktische Anwendungen und Erkenntnisse —— 151
9.5	Zusammenfassung —— 152

Dirk Reiser und Christof Pforr
10	**Die Arche des Tasmanischen Teufels? Zootourismus in Australien —— 157**
10.1	Einleitung —— 157
10.2	Naturtourismus —— 157
10.2.1	Definition Naturtourismus —— 158
10.2.2	Naturtourismus in Australien —— 158
10.3	Zootourismus —— 159
10.3.1	Historische Entwicklung zoologischer Gärten und Zootourismus —— 160
10.3.2	Zootourismus in Australien —— 161
10.4	Zoos und Zootourismus in Australien: Themen und Probleme —— 164
10.5	Fazit —— 167

Nicolai Scherle
11	**Im Spannungsfeld von „Didgeridoos", „fliegenden Ärzten" und „Multikulturalität des Gaumens": Alltagskultur in deutschsprachigen Australien-Reiseführern —— 173**
11.1	Einleitung —— 173
11.2	Mehr als ein touristisches Gebrauchsmedium: Historisch-konzeptionelle Annäherungen an Reiseführer —— 175
11.3	Nichts Fremdes ist mir fremd: Die Dialektik des Verständnisses von Eigenem und Fremdem als Blaupause für die interkulturelle Dimension von Reiseführern —— 180
11.4	Ein Streifzug durch die Alltagskultur in deutschsprachigen Australien-Reiseführern: Ausgewählte Einblicke einer inhaltsanalytischen Untersuchung —— 182
11.5	Resümee —— 188

Christof Pforr, Cornelia Locher und Martin Brueckner
12	**Indigener Tourismus in Australien im Zeichen der traditionellen Buschmedizin —— 193**
12.1	Einleitung —— 193
12.2	Heilmethoden der australischen Ureinwohner —— 193
12.3	Schnittstelle Kulturtourismus und traditionelle Buschmedizin —— 195
12.3.1	Closing the Gap —— 196
12.3.2	Das derzeitige touristische Angebot – ein Überblick —— 197
12.3.3	Mögliche zukünftige Strategien —— 199
12.4	Diskussion und Ausblick —— 202

Ross Dowling und Christof Pforr
13 Geotourismus in Australien und Neuseeland —— 206
13.1 Einleitung —— 206
13.2 Geotourismus —— 207
13.3 Geotourismus in Australien —— 208
13.4 Geotourismus in Neuseeland —— 214
13.4.1 Geo-Attraktionen der Nordinsel —— 214
13.4.2 Geo-Attraktionen der Südinsel —— 217
13.5 Zusammenfassung und Ausblick —— 219

Patricia Erfurt
14 Von der Goldküste bis Cairns – Tourismus in Queensland —— 224
14.1 Einleitung —— 224
14.2 Tourismus in Queensland – historischer Hintergrund —— 226
14.3 Die Entwicklung des Massentourismus —— 226
14.4 Tourismus in Queensland – heute —— 227
14.5 Queensland als Zielbild —— 228
14.6 Naturverbundene Reiseziele —— 230
14.7 Verkehrswege und Transportnetze —— 232
14.8 Tourismusbereiche in Queensland —— 233
14.9 Wassertourismus —— 234
14.10 Kreuzfahrttourismus —— 235
14.11 Golftourismus —— 236
14.12 Sporttourismus und Eventtourismus —— 236
14.13 Kasinotourismus —— 237
14.14 Unterschätzte Tourismusbereiche —— 238
14.15 Schlusswort —— 238

Stefan Rösch
15 Filmtourismus Down Under —— 249
15.1 Trendsetter Set Jetting —— 249
15.2 G'day mate! —— 249
15.3 Vom „Piano" zu Tom Cruise —— 250
15.4 Neuseeland wird Mittelerde —— 252
15.5 „Whale Rider" und Co —— 255
15.6 Australien: Mördergeschichten und Romanzen —— 259
15.7 Die Mitte von Mittelerde —— 261
15.8 Das Goldene Zeitalter der TV-Serien —— 264
15.9 Epilog —— 264

Heike Schänzel
16 Der Kiwi-Familienurlaub —— 268
16.1 Einführung —— 268
16.2 Familienurlaube —— 269
16.3 Die Ganze-Familie-Methodik —— 270
16.4 Diskussion der Ergebnisse —— 272
16.4.1 Soziale Erfahrungen während neuseeländischer Familienurlaube —— 272
16.4.2 Nationalidentität als ein Teil der sozialen Identität —— 274
16.5 Abschluss —— 275

Sven Groß
17 Abenteuertourismus in Neuseeland —— 279
17.1 Einleitung —— 279
17.2 Begriffliche Grundlagen —— 280
17.3 Bedeutung des Abenteuertourismus in Neuseeland —— 283
17.3.1 Abenteuertouristisches Angebot in Neuseeland —— 283
17.3.2 Nachfrage von Abenteuertourismus in Neuseeland —— 286
17.4 Fazit und Ausblick —— 291

Harald Pechlaner und Michael Volgger
18 Zukunft der Tourismusforschung – Probleme und Perspektiven aus der Sicht australischer Forscher —— 295
18.1 Einleitung —— 295
18.2 Literatur —— 296
18.2.1 Ausgewählte Themenbereiche aus dem internationalen Diskurs um die Zukunft der Tourismusforschung —— 296
18.2.2 Die Entwicklung der Tourismusforschung in Australien —— 299
18.3 Methode —— 302
18.3.1 GABEK als Forschungsmethode —— 302
18.3.2 Datensammlung —— 303
18.3.3 Datenauswertung —— 303
18.4 Ergebnisse —— 304
18.4.1 Ausgewählte Perspektiven auf vergangene Aspekte der Tourismusforschung —— 305
18.4.2 Ausgewählte Perspektiven auf zukünftige Aspekte der Tourismusforschung —— 307
18.4.3 Perspektiven auf zukünftige Kommunikationsmittel der Tourismusforschung —— 309
18.5 Diskussion —— 311

Dirk Reiser und Christof Pforr
19   See ya later Down Under —— 315
19.1   Überblick —— **315**

Autor(inn)en

- Dr. **Julia Albrecht** (University of Otago, Neuseeland)
- Dr. **Martin Brueckner** (Murdoch University, Australien)
- Prof. Dr. **Ross Dowling** (Edith Cowan University, Australien)
- Dr. **Patricia Erfurt-Cooper** (James Cook University, Australien)
- Prof. Dr. **Ulrike Gretzel** (University of Wollongong, Australien)
- Prof. Dr. **Sven Groß** (Hochschule Harz, Deutschland)
- Prof. Dr. **Cornelia Locher** (University of Western Australia, Australien)
- Prof. Dr. **Michael Lück** (Auckland University, Neuseeland)
- Prof. Dr. **Mark Orams** (Auckland University, Neuseeland)
- Prof. Dr. **Harald Pechlaner** (Katholische Universität Eichstätt-Ingolstadt, Deutschland; Curtin University, Australien)
- Prof. Dr. **Christof Pforr** (Curtin University, Australien)
- Prof. Dr. **Dirk Reiser** (Hochschule Rhein-Waal, Deutschland)
- Dr. **Stefan Rösch** (FilmQuest, Deutschland und Neuseeland)
- Dr. **Heike Schänzel** (Auckland University, Neuseeland)
- Prof. Dr. **Nicolai Scherle** (FOM Hochschule München, Deutschland)
- **Sabrina Seeler** (Auckland University, Neuseeland)
- Mag. **Stephanie Tischler** (FH Krems, Österreich)
- **Jakob Trischler** (Southern Cross University, Australien)
- Dr. **Cornelia Voigt** (Curtin University, Australien)
- Dr. **Michael Volgger** (Curtin University, Australien; EURAC, Italien)
- Prof. Dr. **Kim Werner** (Hochschule Osnabrück, Deutschland)
- Prof. Dr. **Anita Zehrer** (Management Center Innsbruck, Österreich)

Christof Pforr und Dirk Reiser
1 G'Day Down Under, Kia Ora Aotearoa

1.1 Überblick

Auch wenn sich Australien und Neuseeland (vgl. Abb. 1.1) seit den 1980er-Jahren zu attraktiven Reisezielen des internationalen Tourismus entwickelt haben und die Tourismusbranche beider Länder mittlerweile eine tragende wirtschaftliche Säule darstellt, gibt es so gut wie keine Abhandlungen zu diesem Thema im deutschsprachigen Raum. Aus europäischer Sicht werden Australien und Neuseeland oftmals als peripherer Raum wahrgenommen, obwohl sie heutzutage fest in die internationale Tourismuswirtschaft integriert sind. Auch wenn beide Länder verhältnismäßig junge Zielgebiete des internationalen Reiseverkehrs darstellen, hat die dynamische Entwicklung von Mobilität wie auch von Informations- und Kommunikationstechnologien unser Verständnis von Raum und Zeit verändert und damit auch unsere Wahrnehmung ferntouristischer Destinationen wie Australien und Neuseeland nachhaltig beeinflusst.

Obwohl sie als ehemalige britische Kolonien historisch, politisch und kulturell immer noch stark von ihren britischen Wurzeln geprägt sind, sind beide Länder mittlerweile auch eng in den westpazifischen und ostasiatischen Raum eingebunden. Fast ein Drittel des australischen Außenhandels wird zum Beispiel mit China und Japan abgewickelt (Biedermann/Dieter, 2012).

Für Australien war lange Zeit und ist auch heute noch die wachsende Nachfrage nach Bodenschätzen wie Eisenerz, Kohle und Gold, aber auch nach landwirtschaftli-

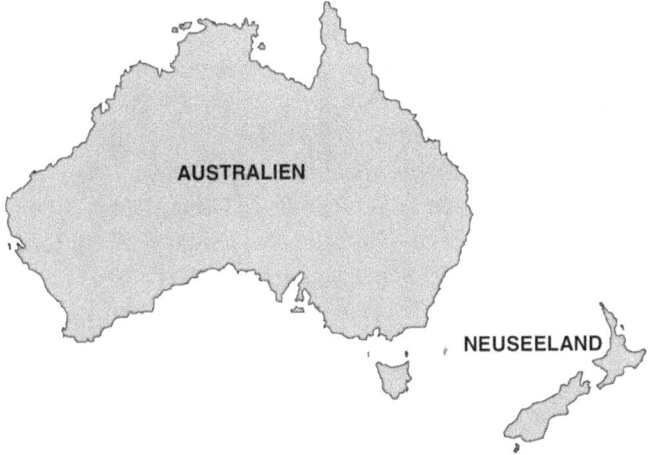

Abb. 1.1: Karte Australien und Neuseeland (Quelle: in Anlehnung an www.clipartkid.com).

chen Produkten eine wichtige Antriebsfeder der wirtschaftlichen Entwicklung (Braun, 2013). Wie in vielen anderen Rohstoff exportierenden Ländern haben sich allerdings die gegenwärtig eher fallenden Rohstoff- und Ölpreise negativ auf Australiens Wirtschaftsleistung ausgewirkt und im Zuge dessen auch verstärkte Aufmerksamkeit auf die Tourismusbranche gelenkt. Rückgrat der neuseeländischen Wirtschaft ist die Landwirtschaft, die v. a. vom Export von Fleisch, Molkereiprodukten und Wolle profitiert. Allerdings hat auch der Dienstleistungssektor beider Länder in den letzten Jahrzehnten an Bedeutung gewonnen, z. B. durch Bildungs- und Ausbildungsexporte, aber eben auch durch den Tourismus, der sich zu einem wichtigen Wirtschaftsfaktor entwickelt hat.

Im Jahr 2015 generierte der Tourismus in Australien zum Beispiel mehr als 36 Milliarden AUD und schuf etwa 580.000 Arbeitsplätze, was ungefähr fünf Prozent aller Erwerbstätigen entspricht (Tourism Australia, 2016). Die Bedeutung des Wirtschaftssektors wird außerdem in seinem Beitrag zum australischen Bruttonationaleinkommen deutlich, das *Tourism Research Australia* für das Jahr 2014/15 mit drei Prozent bezifferte (Tourism Research Australia, 2016a). Auch in Neuseeland ist der Tourismus als Schlüsselsektor der Wirtschaft nicht mehr wegzudenken. Mit einem Wachstum von zehn Prozent gegenüber dem Vorjahr beliefen sich die touristischen Gesamtausgaben im Jahr 2015 auf 29,8 Milliarden NZD. Die direkte Wertschöpfung in Höhe von 10,6 Milliarden NZD entspricht einem relativen Beitrag zum Volkseinkommen von rund fünf Prozent. Der Stellenwert des Tourismus für die neuseeländische Wirtschaft wird des Weiteren durch den hohen Anteil direkt und indirekt Beschäftigter unterstrichen. Die 168.020 direkt Beschäftigten stellen zum Beispiel einen Anteil von fast sieben Prozent aller Erwerbstätigen in Neuseeland (Tourism New Zealand, 2016).

Historisch gesehen ist der Inlandstourismus sowohl für Australien als auch für Neuseeland von besonderer Bedeutung. Im Jahr 2015 besuchten zum Beispiel aber auch 6,9 Millionen internationale Touristen Australien (Tourism Research Australia, 2015; Tourism Australia, 2016). Die zehn Hauptquellmärkte Australiens sind Neuseeland, China, Großbritannien, die USA, Singapur, Japan, Malaysia, Indien, Korea und Hongkong (Tourism Research Australia, 2016b). Knapp über drei Millionen internationale Gästeankünfte konnten im Jahr 2015 in Neuseeland verzeichnet werden (Statistics New Zealand, 2015). Rund drei Viertel aller internationalen Touristen Neuseelands sind einem der sechs Hauptquellmärkte Australien, China, USA, Großbritannien, Deutschland und Japan zuzurechnen (Statistics New Zealand, 2015). Interessanterweise, und das ist auch Ausdruck der engen Verflechtung der beiden Länder, stellen Australier in Neuseeland den Hauptteil der internationalen Besucher und umgekehrt repräsentieren neuseeländische Gäste die größte Gruppe ausländischer Touristen in Australien.

Trotz der stark expansiven Entwicklung des Tourismus in Neuseeland und Australien darf jedoch nicht darüber hinweggesehen werden, dass der Anteil beider Länder am Weltreiseverkehr gegenwärtig nur bei 0,6 Prozent (Australien) beziehungsweise 0,25 Prozent (Neuseeland) liegt (Ministry of Business, Innovation and Employment,

2013; Productivity Commission, 2015). Hier ist, geografische Realitäten widerspiegelnd, ebenfalls eine zunehmende Verflechtung mit dem asiatisch-pazifischen Raum zu erkennen. Auch die beliebtesten Auslandsdestinationen der Australier und Neuseeländer reflektieren diese deutliche „Asienorientierung" des Tourismus und umgekehrt bleiben die asiatischen Quellmärkte die treibende Kraft des starken Wachstums im internationalen Tourismus beider Länder, wobei China eine immer stärkere Vormachtstellung einnimmt. In Neuseeland z. B. haben sich die Ankünfte chinesischer Touristen in den letzten zehn Jahren fast vervierfacht. Die traditionellen Märkte Europa und USA sind allerdings immer noch relativ wichtig, auch wenn sie in den letzten Jahren gegenüber asiatischen Ländern kontinuierlich an Boden verloren haben.

„There's nothing like Australia" ist der aktuelle Slogan der globalen Marketingkampagne der australischen Tourismusbehörde *Tourism Australia*, in der einige der besten Attraktionen und Erlebnisse, die Australien zu bieten hat, präsentiert werden. Der Schwerpunkt der Kampagne liegt auf einem authentischen Erleben der einzigartigen Landschaften und der Kultur des Fünften Kontinents, v. a. des roten Zentrums, des sogenannten *Outback* mit Uluru (Ayers Rock) als Hauptattraktion, der weltweit ältesten noch existierenden Kultur der australischen Ureinwohner, der einzigartigen Fauna und Flora Australiens, der 36.000 Kilometer langen Küste, die Besucher mit wunderschönen Stränden und dem größten Korallenriff der Welt lockt, dem Erleben von Australiens Gastronomie, seiner Weine und auch des typischen australischen Lebensstils.

Die Grundlage für Neuseelands Marketingimage als ein unberührtes, grünes Naturparadies bilden die geothermalen und vulkanisch aktiven Landschaften der Nordinsel sowie die Fjord-, Gebirgs- und Gletscherregionen der Südinsel. Als Inselstaat verfügt Neuseeland zudem über insgesamt knapp 15.000 Kilometer Küstenlinie, die durch unterschiedlichste Küstenlandschaften geprägt ist. Auch kulturell ist Neuseeland eine abwechslungsreiche Destination, nicht nur aufgrund der indigenen Maori-Kultur, sondern auch aufgrund der zahlreichen Einwanderer aus einer Vielzahl von Ländern.

Ein weiterer interessanter Aspekt mit Auswirkungen auf den Tourismus ist die starke Verstädterung. Im Jahr 2013 lebten beispielsweise zwei Drittel der 23 Millionen Australier in den Hauptstädten des Landes – die Einwohner von Melbourne und Sydney allein machen einen Anteil von 39 Prozent an der Gesamtbevölkerung aus. Es sollte daher nicht überraschen, dass dieser hohe Grad der Urbanisierung auch das Muster der australischen Tourismusentwicklung beeinflusst hat. Dagegen ist, verglichen mit Australien, Neuseeland mit seinen zwei Hauptinseln, der sogenannten Nord- und Südinsel, sowie einer Vielzahl kleinerer Inseln, verhältnismäßig klein. Mit einer Gesamtbevölkerung von rund 4,5 Millionen und einer Bevölkerungsdichte von nur etwa 16 Menschen pro Quadratkilometer (Statistics New Zealand, 2015) gehört es zu den am dünnsten besiedelten Ländern weltweit. Rund drei Viertel der Einwohner leben auf der Nordinsel, wo allerdings, ähnlich wie in Australien, eine starke Urbanisierung festzustellen ist.

Im vorliegenden Band wird die touristische Entwicklung beider Länder näher untersucht. Dabei werden Entwicklungslinien der letzten Jahrzehnte skizziert, gegenwärtige Aspekte touristischer Entwicklungen erörtert und zukünftige Trends aufgezeigt. So werden beispielsweise die Rolle des Naturtourismus (z. B. Kapitel 4, 10, 13 und 17), Entwicklungen im Wachstumsbereich Gesundheitstourismus (Kapitel 8), die herausragende Rolle des Küstentourismus in beiden Ländern (z. B. Kapitel 14) oder das Thema Nachhaltigkeit in verschiedenen Bereichen des Tourismussektors genauer untersucht (z. B. Kapitel 2). Zielsetzung ist es, nicht nur einen fundierten Einstieg in das Thema Tourismus in Australien und Neuseeland zu ermöglichen, sondern auch einen Beitrag zum besseren Verständnis Australiens und Neuseelands als Tourismusdestinationen zu leisten.

Der Band beginnt in Kapitel 1 mit einem kurzen Überblick über die Tourismusentwicklung in Australien und Neuseeland (*G'Day Down Under, Kia Ora Aotearoa*).

In Kapitel 2 (*Terra Australis Incognita – das unbekannte Land im Süden*) stellen Christof Pforr und Dirk Reiser die Tourismusentwicklung Australiens anhand der Tourismuspolitik genauer vor. Die Autoren verweisen dabei auf die Einzigartigkeit Australiens als Tourismusdestination, die als Resultat eines komplexen Zusammenspiels nicht nur der naturräumlichen Ausstattung des Landes, sondern auch seiner einzigartigen politisch-geschichtlichen, wirtschaftlichen und soziokulturellen Entwicklungen zu sehen ist.

In ihrem Beitrag *Tourismusentwicklung in Neuseeland – ein Überblick* (Kapitel 3) hebt Sabrina Seeler für den neuseeländischen Kontext v. a. Veränderungen in der Tourismusstrategie des Landes hervor. So wird z. B. dargestellt, wie sich das Land um eine höhere Wertschöpfung je Gast anstelle eines stetigen Wachstums der Besucherzahlen sowie um eine Ausweitung der Quellenmärkte bemüht. Darüber hinaus fungiert Seelers Beitrag als ein solider Einstieg in die touristische Entwicklung Neuseelands, historisch gesehen, aber auch im Hinblick auf gegenwärtige Trends und Zukunftsthemen.

In Kapitel 4 (*Wal- und Delfintourismus in Neuseeland*) skizzieren Michael Lück und Mark Orams die Entwicklung der Walbeobachtungen als eine touristische Aktivität. Besonderes Augenmerk wird auf Kaikoura gelegt, eine kleine Gemeinde auf Neuseelands Südinsel, die sich dank des Waltourismus von einem aussterbenden Ort zu einem bedeutenden Touristenziel entwickelt hat. Anhand dieses Fallbeispiels werden aber auch die Herausforderungen dargelegt, vor denen dieser Nischentourismus steht, v. a. was das adäquate Management möglicher Umweltgefahren angeht.

Mit ihrem Beitrag *Weintourismus in Neuseeland und Australien* (Kapitel 5) erschließt Julia Albrecht Leser/-innen einen gänzlich anderen Tourismusaspekt. Nach einer kurzen allgemeinen Einführung in den Weintourismus werden Australien und Neuseeland als Novizen in der „Neuen Welt" des Weinanbaus dargestellt und die Entwicklungen hin zum kommerziellen Weinanbau beschrieben. Besonderheiten wie z. B. die unterschiedliche Verortung des Weintourismus, v. a. in Vergleich zu europäischen Traditionen, und die damit verbundene oft mangelnde Trennung zwischen

Wein als Produkt des Weinguts und dazugehörigen Tourismusprodukten und -dienstleistungen werden in diesem Kapitel hervorgehoben. Neuere Entwicklungen wie die immer populärer werdenden Weinbars und die verstärkte strategische Nutzung des Weintourismus als möglicher Wachstumsfaktor in der Regionalplanung werden ebenfalls erörtert. Mit Themen wie Biosicherheit, nachhaltige Produktion oder Klimawandel schließt das Kapitel mit einem Ausblick auf zukünftige Entwicklungen und Herausforderungen für den australischen und neuseeländischen Weintourismus.

In Kapitel 6 (*Online-Marketing in Australien und Neuseeland*) beschäftigen sich Stephanie Tischler und Ulrike Gretzel mit den Herausforderungen, die technologische Errungenschaften für ressourcenbasierte Volkswirtschaften, weitab von globalen Technologiezentren, mit sich bringen. Die Diskussion wird v. a. auf solche Bereiche gelenkt, die für den Tourismus von besonderer Bedeutung sind, beispielsweise auf unzureichende Breitbandgeschwindigkeiten, die geringe Dichte an kostenlos nutzbaren Wi-Fi-Internetverbindungen und hohe Internetnutzungsgebühren sowie die mangelnde Mobilfunkversorgung außerhalb der Ballungsgebiete. Nichtsdestotrotz rangieren Australien und Neuseeland weltweit gesehen auf den vorderen Plätzen was die Smartphone-Penetration angeht, und auch die Nutzung sozialer Medien ist weit verbreitet. Digitales Marketing ist daher in beiden Ländern auf dem Vormarsch, wie Tischler und Gretzel speziell für den Tourismus anhand einiger Fallstudien illustrieren. Allerdings betonen die Autorinnen auch, dass sehr viele Tourismusbetriebe ihre digitalen Anstrengungen zukünftig wesentlich verstärken müssen, um ihre Wettbewerbsfähigkeit zu erhalten und weiter zu steigern.

In Kapitel 7 (*Eventtourismus in Australien und Neuseeland*) widmet sich Kim Werner dem australischen und neuseeländischen Eventtourismus. Es wird nicht nur die steigende Bedeutung von Events, v. a. in den Bereichen Sport und Business, für die Tourismuswirtschaft der beiden Länder diskutiert, sondern auch aufgezeigt, wie Events strategisch im Destinationsmarketing eingesetzt werden, um die Attraktivität sowohl für Einheimische als auch für Touristen zu steigern. Strategien wie z. B. die Gründung von speziellen Eventteams, Konzeptentwicklung, internationales Event-Know-how und eine strategische Vermarktung dieses Wissens spielen dabei, wie von Werner eindrucksvoll dargestellt, eine immer wichtiger werdende Rolle. Das Kapitel umfasst darüber hinaus eine Diskussion der vielfältigen Herausforderungen, mit denen Australien und Neuseeland als Eventdestinationen konfrontiert sind. Dazu gehören geografische Gegebenheiten wie lange Anreisewege und hohe Anreisekosten sowie Wissenslücken bei Eventausrichtern und Entscheidungsträgern bezüglich der vielfältigen und umfangreichen touristischen Möglichkeiten, die das eigentliche Event komplementieren und zu einem reichhaltigeren Erlebnispaket geschnürt werden könnten.

Der Wellnesstourismus wird allgemein als eine wichtige Wachstumssparte des Gesundheitstourismus gesehen. Cornelia Voigt legt in Kapitel 8 (*Salus per aquam Down Under?*) die historischen und aktuellen Entwicklungen wie auch zentrale Merkmale des australischen Wellnesstourismus dar. Nach einer generellen Einleitung, die u. a.

die Begriffe Wellness, Gesundheits- und Wellnesstourismus voneinander abzugrenzen sucht, wird besonderes Augenmerk auf die Anbieterseite der australischen Wellnesstourismus-Industrie gelegt. Voigt macht deutlich, dass das Land zwar eine relativ junge Wellnesstourismus-Destination ohne historische Wurzeln in diesem Bereich ist, gesellschaftlicher und demografischer Wandel jedoch in den letzten Jahrzehnten zu einem rasanten Anstieg in diesem Marktsegment geführt haben, ein Megatrend, der v. a. durch inländische Nachfrage angekurbelt wird. Die Diskussion fokussiert hierbei hauptsächlich auf drei Grundtypen australischer Wellnesstourismus-Anbieter, nämlich Beauty-Spa-Hotels/-Resorts, Lifestyle-Resorts und Spirituelle Retreats, die sich in ihrem Serviceangebot und Geschäftsprofil deutlich voneinander unterscheiden. Auch australische Besonderheiten im Wellnessangebot finden in diesem Kapitel Beachtung. So betont Voigt z. B., dass Wasser dort im Gegensatz zu traditionellen Wellnessdestinationen kein zentrales Element in der Produktpalette darstellt und dass die Industrie eher auf schlichten „eco-chic" statt prunkhafte Opulenz und Extravaganz setzt und die Erfahrung von Natur, Ruhe und Abgeschiedenheit oft eine Schlüsselrolle einnehmen. Die Entkopplung des australischen Wellnessangebots von der Schulmedizin, sprich eine fast ausschließliche Ausrichtung auf Gesundheitsförderung und nicht auf Heilung, was in starkem Kontrast zum im deutschsprachigen Raum populären medizinischen Wellness- und Kurwesen steht, wird ebenfalls erörtert. Das Kapitel schließt mit einem Ausblick auf eine mögliche zukünftige Ausrichtung des australischen Wellnesstourismus und betont die wichtige Rolle, die Destinationmanagement-Organisationen, Verbände und Qualitätssicherungssysteme in diesem Zusammenhang spielen können und auch müssen.

Anita Zehrer und Jakob Trischler widmen ihren Beitrag zu Themenparks als Tourismusattraktionen (Kapitel 9) dem Fallbeispiel der Ferienregion Gold Coast im Bundesstaat Queensland (*Servicedesign für Themenparks*). Nach einer kurzen Vorstellung der Region vor dem Hintergrund ihrer historischen Entwicklung von kleinen, losen Siedlungsgebieten zu einem der drei am schnellsten wachsenden Ballungsräume Australiens werden die dort ansässigen Themenparks kurz vorgestellt und ihre Bedeutung für die Tourismuswirtschaft erläutert. Im Anschluss stellen Zehrer und Trischler eine interessante Studie zur Analyse des touristischen Erlebnisses in Themenparks mithilfe von Servicedesign-Tools und -Methoden vor, wobei das Produkt „Themenpark" aus einer Dienstleistungsperspektive analysiert und diskutiert wird. Der Nutzen von Servicedesign-Tools in der Analyse von Kundenerlebnissen, als deren Ergebnis gezielte Maßnahmen zur Qualitätsverbesserung ergriffen werden können und damit letztendlich die Besucherzufriedenheit gesteigert werden kann, wird in diesem Kapitel zugänglich vermittelt.

Kapitel 10 (*Die Arche des Tasmanischen Teufels? Zootourisms in Australien*) widmen Dirk Reiser und Christof Pforr dem Zootourismus als einer Sonderform des Naturtourismus. Nach einer allgemeinen Einführung in das Thema, die auch historische Entwicklungen, neuere Trends und die Rolle von zoologischen Gärten für Forschung und Artenerhaltung umfasst, stellen die Autoren die australischen Besonderheiten dieser Tourismusform vor und weisen kritisch auf die Rolle des Konsumguts „Tier" im Zootourismus hin.

In Kapitel 11 (*Im Spannungsfeld von „Didgeridoos", „fliegenden Ärzten" und „Multikulturalität des Gaumens": Alltagskultur in deutschsprachigen Australien-Reiseführern*) beleuchtet Nicolai Scherle die Rolle von Reiseführern, insbesondere deren interkulturelle Brückenfunktion, basierend auf den imaginären Geografien, die sie vermitteln. Scherle legt seiner Diskussion die hermeneutische Inhaltsanalyse von acht aktuellen deutschsprachigen Australien-Reiseführern zugrunde und untersucht, inwiefern das Wecken von Verständnis für Land und Kultur einen zentralen Baustein qualitativ hochwertiger Australien-Reiseführer darstellt. Dies geschieht auch vor dem Hintergrund einer historisch-konzeptionellen Diskussion des Literaturgenres Reiseführer sowie einer kurzen Abhandlung über die Dialektik des Verständnisses von Eigenem und Fremdem und der engen Verzahnungen von Tourismus und Imagination. Scherle zeigt auf, dass ähnlich dem Phänomen der „beaten tourist tracks" auch Reiseführer oft eine ausgesprochene Konformität aufweisen, was die „Must-see"-Destinationen und stereotype Darstellungen von Land und Leuten angeht. Für Australien sind solche stereotypen Projektionsflächen, die auch als Gegenentwurf zum eigenen Leben gesehen und daher vielfach in den Reiseführern aufgegriffen werden, Bilder von der großen Einsamkeit und Weite des Outback, die uralte Kultur der australischen Ureinwohner und das entspannte, aber gleichzeitig sehr kosmopolitische Leben in den Großstädten des Landes. Nur in begrenztem Umfang werden diese idealisierten Bilder in den untersuchten Reiseführern kritisch infrage gestellt, beispielsweise mit Verweisen auf die enormen sozioökonomischen Disparitäten Australiens oder einer Darstellung der Herausforderungen und Probleme, die der hohe Urbanisierungsgrad und der starke Siedlungsdruck der letzten Jahrzehnte in den australischen Metropolen ausgelöst hat.

In Kapitel 12 (*Indigener Tourismus in Australien im Zeichen der traditionellen Buschmedizin*) stellen Christof Pforr, Cornelia Locher und Martin Brueckner eine mögliche neue Facette des indigenen Tourismus in Australien vor. Durch authentische und qualitativ hochwertige indigene Tourismusangebote ergibt sich die Möglichkeit der Differenzierung und die Chance, sich auf nationaler wie internationaler Ebene von anderen Destinationen abzugrenzen. Dies kann v. a. für die indigene Bevölkerung in den entlegenen Gebieten Australiens, die meist unter schwierigen sozioökonomischen Rahmenbedingungen leidet, eine nachhaltige Entwicklungsperspektive eröffnen. Allerdings merken die Autoren auch kritisch an, dass die tatsächlichen Erfolge dieser Entwicklungsstrategie, gemessen an Nachfragevolumen und generierten Umsätzen, nicht nur, was die wirtschaftliche Situation, sondern auch, was die Bewahrung der indigenen Kultur angeht, oft weit dürftiger ausfallen, als das vonseiten der Industrie- und Regierungskreise häufig propagiert wird. Gleichwohl kann sich die touristische Vermarktung gemeinhin als „traditional bush medicine" bezeichneter indigener Heilpraktiken möglicherweise zu einer neuen interessanten Facette des indigenen Tourismus entwickeln. Pforr, Locher und Brueckner argumentieren, dass mit der Einbindung von kulturellen Aspekten, wissenschaftlichen Ansätzen und den Prinzipien der Nachhaltigkeit in touristischen Produkten traditionelle politische Strategien zur sozioökonomischen Einbeziehung indigener Bevölkerungsgruppen wirkungsvoll und auf kulturell akzeptable Art unterstützt werden können. Nach einer kurzen Einführung in das Gesundheitsparadigma und die Heilmethoden der australischen Ureinwohner sowie einem Überblick über das derzeitige touristische Angebot in diesem Bereich wird der vorgeschlagene Ansatz konkret am Beispiel des Gon-Djambutj-Projekts im East Arnhem Land im Nordterritorium Australiens dargelegt.

Ein ganz anderes touristisches Nischenprodukt mit großem Wachstumspotenzial wird in Kapitel 13 (*Geotourismus in Australien und Neuseeland*) dem Leser nähergebracht. Ross Dowling und Christof Pforr stellen in diesem Beitrag die vielfältigen geotouristischen Attraktionen Neuseelands und Australiens vor. Trotz ihrer geografischen Nähe sind beide Länder geologisch gesehen völlig unterschiedlich und haben daher gänzliche andere Voraussetzungen für die Vielfalt an geotouristischen Erlebnissen, die von den Autoren in diesem Kapitel näher beschrieben werden. In Neuseeland sind es v. a. aktive geologische Prozesse wie Vulkanismus und geothermale Aktivitäten, die die Grundlage dieses Tourismuszweigs bilden, während die wesentlich ältere und stabilere Geologie Australiens eine einzigartige Vielfalt an Landschaftsformen geschaffen hat. Das Kapitel veranschaulicht, dass der Geotourismus, auch wenn es sich immer noch um ein touristisches Nischensegment handelt, in beiden Ländern großes Potenzial hat, sich zukünftig zu einem wichtigen Tourismuszweig zu entwickeln. Dazu bedarf es allerdings einer stärkeren und effektiveren Verknüpfung geotouristischer Aktivitäten mit schon im Angebot stehenden Produkten und Dienstleistungen, v. a. im Bereich des Naturtourismus.

Patricia Erfurt bietet in Kapitel 14 (*Von der Goldküste bis Cairns – Tourismus in Queensland*) einen Überblick über die Tourismusentwicklung in Queensland. Der auch als „Sunshine-Staat" bekannte zweitgrößte, nordöstlich gelegene Bundesstaat Australiens ist ein beliebtes Urlaubsziel im Aus- und Inland, v. a. für Queensländer selbst. Das Great Barrier Reef ist allerdings nur eine der vielen touristischen Attraktionen, die der Bundesstaat zu bieten hat. Abenteuer- und Ökotourismus führen derzeit die queensländische Tourismusbranche an und Outdoor- und Naturtourismus-Erfahrungen wie Bushwalking oder Tauchen und Surfen gehören zu den populärsten Urlaubsaktivitäten. Erfurt weist in ihrem Beitrag auch auf die wachsende Rolle weniger bekannter Tourismusbereiche wie z. B. die des Golf- und des Kasinotourismus hin.

„Set Jetting", das Reisen an bekannte Filmdrehorte, wird in Kapitel 15 (*Filmtourismus Down Under*) von Stefan Rösch v. a. für den australischen Kontext näher beleuchtet. Spätestens seit „Crocodile Dundee" 1986 für weltweite Box-Office-Erfolge sorgte, ist Australien als abenteuerliche Reisedestination fest in den Köpfen vieler Kinobesucher verankert, ein Segen für die australische Tourismusindustrie, die im Fahrwasser dieses Kinohits in der Rangliste der beliebtesten Reisedestinationen quasi nach oben schnellte. Rösch zufolge profitierte der Kakadu National Park im Nordterritorium, einer der Hauptdrehorte, selbst zwei Jahrzehnte später noch vom Marketing der „Crocodile-Dundee"-Kinoserie. In ähnlicher Weise hatten früher schon die „Mad-Max"-Filme sowie „The Man from Snowy River" über die Kinoleinwand die Schönheit und den Abwechslungsreichtum der australischen Landschaften beworben. Das Kapitel stellt die weitere Entwicklung des Filmtourismus in Australien dar und schließt mit einer kritischen Diskussion der Zukunft dieses faszinierenden touristischen Nischenmarkts.

Im neuseeländischen Kontext beleuchtet Heike Schänzel in Kapitel 16 eine typische Urlaubstradition des Landes. In ihrem Beitrag *Der Kiwi-Familienurlaub* stellt die Autorin Neuseeland nicht nur als ideale Destination für einen solchen Urlaub, sondern auch als ein sehr familienfreundliches Land im Allgemeinen dar. Gemeinsame Campingurlaube am Wasser, sei es an einem der zahllosen Strände oder auch an einem der großen Seen, sind Schänzel zufolge fast schon zu einem Teil der nationalen Identität geworden. Dabei geht es in diesen Reisen nicht nur um die Rückbesinnung auf die Natur und das Erleben spektakulärer Landschaften, sondern v. a. um das Knüpfen und Pflegen von sozialen Kontakten. Darüber hinaus spielt die Tatsache, dass Kinder so ihre Heimat kennenlernen, was schon in den 1980er-Jahren so trefflich in der damaligen Inlandstourismus-Kampagne „Don't leave town until you've seen the country" der Bevölkerung nähergebracht wurde, für Eltern heute immer noch eine bedeutende Rolle. Basierend auf den Ergebnissen einer Forschungsstudie argumentiert Schänzel, dass viele Eltern zwar ihre Kinder die Welt entdecken sehen wollen, aber hoffen, dass diese aufgrund ihrer Liebe zum Heimatland und ihrer intensiven familiären Verbindungen, die u. a. durch gemeinsame Familienurlaube gestärkt wurden, wieder nach Neuseeland zurückkehren.

Eine ganz andere Form des Tourismus in Neuseeland stellt Sven Groß in *Abenteuertourismus in Neuseeland* (Kapitel 17) vor. Beginnend mit einem historischen Abriss über seine Wurzeln von bedeutenden Entdeckern wie James Cook und Marco Polo über die Alpinistik bis zu modernen Abenteueraktivitäten als eine Art Breitensport sowie einem kurzen Exkurs zu begrifflichen Abgrenzungen innerhalb des breit gefächerten Bereichs des Abenteuertourismus, illustriert Groß die Vorreiterrolle Neuseelands in der Entwicklung mancher Abenteueraktivitäten wie beispielsweise des Bungee-Jumping. Es ist daher nicht verwunderlich, dass das Land aufgrund seiner natürlichen Gegebenheiten, aber auch aufgrund der geschaffenen Infrastruktur weithin als ein „Mekka" des Abenteuertourismus gilt und daher stets in den vorderen Rängen der weltweit besten Abenteuertourismus-Destinationen zu finden ist. Etwa die Hälfte aller internationalen Touristen im Land nimmt während des Aufenthalts an einer Aktivität teil, die dem Abenteuertourismus zugerechnet werden kann, fast ein Drittel aller internationalen Besucher kann sogar als „extreme adventure tourists" bezeichnet werden. Mit besonderem Augenmerk auf die Erwartungen des deutschen Klientels schließt das Kapitel mit einer kurzen Diskussion der wichtigsten Rahmenbedingungen für eine weiterhin erfolgreiche Abenteuertourismus-Industrie. Dazu gehören insbesondere zuverlässige Vorabinformationen, ein adäquates Preis-Leistungs-Verhältnis, eine hohe Qualität der Ausstattung/Ausrüstung, geschulte und kompetente Tourguides und Kursleiter und angemessene Sicherheitsvorkehrungen.

Bewusst an letzter Stelle im vorliegenden Band wurde der Beitrag von Harald Pechlaner und Michael Volgger gesetzt (Kapitel 18). In ihrer Abhandlung *Zukunft der Tourismusforschung – Probleme und Perspektiven aus der Sicht australischer Forscher* erörtern die Autoren die sich verschärfenden Rahmenbedingungen der in den letzten drei Jahrzehnten expandierenden Tourismusforschung Australiens. Basierend auf einer Reihe von Interviews mit bedeutenden australischen Tourismusforschern wird die zurzeit vielerorts geführte Debatte über den disziplinären Status des Tourismus, über die Lehrinhalte der verschiedenen Tourismus- und Hospitality-Abschlüsse sowie über geeignete Strategien zur Disseminierung von Forschungsergebnissen dargelegt. In diesem Kontext werden insbesondere Erfahrungen mit dem zwischen 1997 und 2010 operierenden Sustainable Tourism Cooperative Research Center (STCRC), einer australienweiten, multidisziplinären Forschungsinitiative von Universitäten, Industrievertretern und Regierungsbehörden, und auch das allgegenwärtige Spannungsfeld zwischen kritischen und wirtschaftlich getriebenen Ansätzen der Tourismusforschung erörtert.

Im Schlusskapitel (Kapitel 19) wird auf der Grundlage der in diesem Band vorgestellten multidisziplinären Abhandlungen die aktuelle wissenschaftliche Forschung zum Thema Tourismus in Australien und Neuseeland aggregiert und synthetisiert. Dabei unterstreichen die Herausgeber Dirk Reiser und Christof Pforr die herausragende Rolle zweier Eckpfeiler der Tourismusentwicklung beider Länder: die kulturellen Besonderheiten und die Vielfalt der jeweiligen naturräumlichen Ausstattung. Gleichzeitig werden die zunehmende Bedeutung verschiedener Nischenprodukte und das Thema der Nachhaltigkeit für die Tourismusbranche beider Länder hervorgehoben.

Mit dem vorliegenden Band hoffen wir, das Thema Tourismus in Australien und Neuseeland für die deutschsprachige Leserschaft leichter zugänglich zu machen. Das hier vorgestellte Projekt ist unseres Wissens nach das erste am Markt, das sich gezielt mit dieser Thematik beschäftigt. Es soll an dieser Stelle auch angemerkt werden, dass die 20 Autoren und Autorinnen, die zu diesem Buch beigetragen haben, nicht nur national und international anerkannte Experten/-innen in ihrem jeweiligen Forschungsbereich sind, sondern auch einen besonderen, persönlichen Bezug zum geografischen Fokus des Bandes haben und ihre Beiträge somit oft durch persönliche Erfahrungen und eine gewisse Insider-Perspektive bereichert werden. Wir glauben daher, dass ein solches Buch nicht nur für Hochschulstudierende und -lehrende, sondern auch für Praktiker/-innen in der Tourismusbranche von Interesse sein wird.

Literatur

Biedermann B, Dieter H (Hg). Länderbericht Australien. Bonn: Bundeszentrale für politische Bildung, 2012.

Braun B. Australien – moderne Dienstleistungsökonomie oder Rohstoffergänzungsraum? Diercke 360°, 2013, 8–11.

Ministry of Business, Innovation and Employment. New Zealand Sectors Report 2013 (Tourism). Wellington: New Zealand Government, 2013.
Productivity Commission 2015. Australia's International Tourism Industry. Canberra: Australian Government, 2015.
Statistics New Zealand. International Visitor Arrivals to New Zealand: December 2015.
Statistics New Zealand 2015. Tourism. http://www.stats.govt.nz/browse_for_stats/industry_sectors/Tourism.aspx, 2015. Abgerufen am 31. Dezember 2015.
Tourism Australia. International Tourism Snapshot as at 31 December 2015. Sydney: Tourism Australia, 2016.
Tourism New Zealand 2016. About the Industry. http://www.tourismnewzealand.com/about/about-the-industry/, 2016. Abgerufen am 31. Dezember 2015.
Tourism Research Australia. Tourism Satelite Account 2014–15, Canberra, Australia, 2016a.
Tourism Research Australia. International Visitors in Australia. Canberra, Australia, 2016b.
Tourism Research Australia. The State of the Industry. Canberra, Australia, 2015.

Christof Pforr und Dirk Reiser

2 Terra Australis Incognita – das unbekannte Land im Süden

2.1 Die Einzigartigkeit des fünften Kontinents

Mit etwa 7,7 Millionen Quadratkilometern ist Australien nach Russland, Kanada, den USA, China und Brasilien der sechstgrößte Staat der Erde. Damit hat der fünfte und kleinste Kontinent ungefähr die Größe Europas. Auf dem Staatsgebiet Australiens leben allerdings nur 23 Millionen Einwohner. Somit ist Australien zwar ein dünn besiedeltes Land, der Anteil der Stadtbevölkerung ist mit fast 90 Prozent aber vergleichsweise sehr hoch. Ungefähr 60 Prozent der Australier leben in den großen Hauptstädten der sechs eigenständigen Bundesstaaten, in Sydney (New South Wales), Melbourne (Victoria), Brisbane (Queensland), Adelaide (South Australia), Perth (Western Australia) und Hobart (Tasmania) sowie in den Hauptstädten der zwei unter Artikel 122 der australischen Verfassung festgeschriebenen selbstverwalteten Territorien, in Darwin (Northern Territory) und in der australischen Bundeshauptstadt Canberra (Australian Capital Territory; vgl. Abb. 2.1; Biedermann/Dieter, 2012).

Es gibt große Unterschiede zwischen den einzelnen Bundesstaaten und Territorien, was sowohl Größe als auch Bevölkerung und Bevölkerungsdichte angeht. Western Australia (WA) weist z. B. die größte, der Inselstaat Tasmania (TAS) die kleinste Fläche aller australischen Bundesstaaten auf, mehr als ein Drittel aller Australier lebt allerdings in New South Wales (NSW) und mehr als die Hälfte der Bevölkerung in den drei Großstädten Sydney, Melbourne und Brisbane (Biedermann/Dieter, 2012; Tourism Australia, 2016b).

Diese auch historisch bedingten Unterschiede haben letztendlich zum Zusammenschluss der einst voneinander unabhängigen britischen Kolonien zum Commonwealth of Australia vor über hundert Jahren beigetragen. Mit dem *Commonwealth of Australia Constitution Act*, der im Jahre 1900 vom britischen Parlament verabschiedet wurde, ist Australien am 1. Januar 1901 als eigenständige Nation mit einer Nationalregierung, dem sogenannten *Commonwealth of Australia*, ins Leben gerufen worden (Jaensch, 1997).

Das föderal strukturierte australische Regierungssystem ist eine parlamentarisch-demokratische Monarchie, der offiziell die britische Königin Elisabeth II. als Staatsoberhaupt vorsteht. Canberra ist gleichzeitig Hauptstadt des Landes und Regierungssitz der Bundesregierung. Die unterschiedlichen Rollen und Befugnisse der verschiedenen Regierungsebenen im föderalen System Australiens werden durch die Verfassung des Landes festgelegt. In den relativ begrenzten Aufgabenbereich der Bundesregierung fallen insbesondere Auslandsbeziehungen, Wirtschaft, Verteidi-

Abb. 2.1: Die Bundesstaaten Australiens (Quelle: streetmap.net.au).

gung und Einwanderung, Bereiche, die im späten 19. Jahrhundert, als die Verfassung entstand, als sinnvolle Tätigkeitsfelder einer nationalen australischen Regierung angesehen wurden. Die Ressorts, die durch die australische Verfassung nicht explizit der Bundesregierung zugewiesen sind, liegen in der Verantwortung der Bundesstaaten und Territorien, so z. B. die Bereiche Gesundheit, Bildung, Polizei, Umwelt und eben auch der Tourismus (Biedermann/Dieter, 2012; Fenna, 2004; Fenna, 2007). Jenkins und Hall kommentieren: „The States and Territories, because of their powers relating to town and city planning, land use and environmental protection (and indeed other areas left to them under the constitution) have the responsibility for the regulation of tourist development, and the marketing and promotion of State attractions" (Jenkins/Hall, 1997, 40).

Als ein typisches Einwanderungsland ist Australien heute eine multikulturelle Gesellschaft, die sich aus vielfältigen Ethnien mit unterschiedlichen sprachlichen und religiösen Hintergründen zusammensetzt (Grotz, 1995; Schüttemeyer, 2005). Die Ureinwohner Australiens (die Aborigines und Torres Strait Islander), die etwas mehr als zwei Prozent der Gesamtbevölkerung ausmachen, haben Australien allerdings schon vor über 50.000 Jahren besiedelt. Ungeachtet dieser Tatsache wurde mit der Inbesitznahme des Kontinents durch britischen Siedler vor über 200 Jahren Australien als „terra nullius" deklariert. Erst mit dem sogenannten Mabo-Urteil des Obersten Australischen Gerichts im Jahr 1992 wurden den Ureinwohnern traditionelle Landrechte zugesprochen und die bis dahin geltende „Terra-nullius"-Doktrin aufgehoben. Trotz des davon abgeleiteten Rechtsanspruchs auf traditionelles Land, des sogenannten *Native Title*, und trotz einer formellen rechtlichen Gleichstellung durch die Einführung der australischen Staatsbürgerschaft und des Wahlrechts für die australischen Ureinwohner Ende der 1960er-Jahre haben sich deren Lebensbedingungen seither nicht wesentlich verbessert. Häufige Arbeitslosigkeit, niedriges Bildungsniveau, eine verminderte Lebenserwartung und Alkoholismus kennzeichnen die Kluft zwischen den Ureinwohnern und der restlichen Bevölkerung Australiens (Australian Government, 2016; Brueckner et al., 2014a; Carstens, 2005; Council of Australian Governments, 2008; Fletcher et al., 2016; Ruhanen et al., 2015; Strohscheidt, 1995; vgl. auch Kapitel 12).

Nicht nur gesellschaftlich, auch landschaftlich ist Australien ein außerordentlich vielfältiges Land. Der Kontinent gehört zu den ältesten geologischen Landmassen der Erde und war einst Teil des Urkontinents Gondwana. Mit den trockenen Wüstengebieten des roten Zentrums, dem tropischen Norden des Kontinents oder den abwechslungsreichen Küstenregionen entlang des Indischen und Pazifischen Ozeans sowie den Mittelgebirgsketten des ostaustralischen Hochlands (*Great Dividing Range*) weist Australien eine einzigartige landschaftliche Vielfalt auf (Blank, 2014; vgl. auch Kapitel 13). Auch Australiens Fauna und Flora sind in vieler Hinsicht einmalig. Typisch für die endemische Pflanzenwelt Australiens ist v. a. die große Zahl an Eukalyptusarten, in der Tierwelt sind v. a. die ikonischen Beuteltiere zu erwähnen, darunter Koalas, Wombats und die weit verbreiteten Kängurus (Blank, 2014).

Viele Australier haben den Kontinent, v. a. im Vergleich zu den großen Metropolen an den Küsten Australiens, das unwirtliche Outback, das mehr als drei Viertel der Fläche Australiens einnimmt, jedoch oftmals aus einer anderen Perspektive erfahren. So wurden diese für Ausländer faszinierende Artenvielfalt und die abwechslungsreichen Landschaften im Laufe der Geschichte immer wieder als schwieriger und unattraktiver Lebensraum wahrgenommen. Die ungünstige naturräumliche Ausstattung, verknüpft mit geografischer Isolation und geringer Bevölkerungsdichte, stellte für die wirtschaftliche wie auch gesellschaftliche Entwicklung Australiens eine besondere Herausforderung dar. Die Politik war dabei stets bemüht, diesen ungünstigen Faktoren entgegenzuwirken. Ihr Engagement konzentrierte sich dabei v. a. auf eine schnelle wirtschaftliche Entwicklung. Starkes Wirtschaftswachstum war daher immer ein zentrales Element der jeweiligen Regierungsprogramme und stieß nur selten auf gesellschaftspolitischen Widerstand. Dabei spielten die Förderung von Bodenschätzen (vgl. Abb. 2.2) und die Landwirtschaft (Fleisch und Wolle; vgl. Abb. 2.3) als Rückgrat der australischen Wirtschaft eine wichtige Rolle, was allerdings im Umkehrschluss zu ei-

Abb. 2.2: Goldmine in Kalgoorlie, Westaustralien.

Abb. 2.3: Rinderfarm im Nordwesten von Westaustralien.

ner wenig diversifizierten und damit auch sehr anfälligen Wirtschaftsstruktur geführt hat (Braun, 2013; Grotz, 1990; Grotz, 2009; Pforr, 2009).

Obwohl heutzutage die australische Wirtschaft vom Dienstleistungssektor, z. B. vom Finanzsektor und Immobilienmarkt, von Unternehmensdienstleistungen, Bildungs- und Ausbildungsexporten und auch vom Tourismus, dominiert wird, spielen der Bergbau und die Landwirtschaft weiterhin eine entscheidende wirtschaftliche

Rolle. So werden rund zehn Prozent des Bruttoinlandsprodukts vom Rohstoffsektor und der Landwirtschaft generiert und beiden Sektoren kommt mit einem Anteil von 70 Prozent am australischen Exportvolumen eine ökonomische Schlüsselrolle zu. Auch im letzten Jahrzehnt basierte das Wirtschaftswachstum Australiens v. a. auf dem Rohstoff- und Energiesektor, der von einer hohen Nachfrage nach Rohstoffen wie Kohle, Eisenerz und Gold sowie Erdöl und Erdgas aus Ländern wie China, Japan, Südkorea und Indien angetrieben wurde (Auswärtiges Amt, 2015; Braun, 2013; Brueckner et al., 2014b; Grotz, 1990; Grotz, 2009).

Allerdings hat in den letzten drei Jahrzehnten auch der Tourismus deutlich an Bedeutung gewonnen und sich zu einem wichtigen Wirtschaftsfaktor entwickelt. Im Jahr 2015 waren in dieser Branche ca. 580.000 Australier beschäftigt, was ungefähr fünf Prozent aller Erwerbstätigen entspricht und den Sektor neben der Landwirtschaft zum größten Arbeitgeber des Landes machte. Die durch den Tourismus generierten Deviseneinnahmen beliefen sich im selben Jahr auf rund 36 Milliarden AUD. Die Bedeutung des Wirtschaftssektors wird aber auch in seinem Beitrag zum australischen Bruttoinlandsprodukt deutlich, das *Tourism Research Australia* für das Jahr 2014/15 mit drei Prozent bezifferte (Tourism Research Australia, 2016a).

Der internationale Tourismus ist in den vergangenen zwei Jahrzehnten in Australien stark gewachsen – mit knapp 6,9 Millionen internationalen Besuchen im Jahr 2015 hat er sich in den letzten 20 Jahren fast verdoppelt (Tourism Australia, 2016a; vgl. Tab. 2.1). Dabei haben sich auch die Quellmärkte geändert. Asien, und hier insbesondere China und Indien, hat in den letzten Jahren an Bedeutung gewonnen und ist mittlerweile zur treibenden Kraft des starken Wachstums im internationalen Tourismus Australiens geworden. Die traditionellen Märkte Europa und USA sind allerdings immer noch relativ wichtig, auch wenn sie in den letzten Jahren gegenüber asiati-

Tab. 2.1: Internationale Besucherankünfte (1965–2025).

Jahr	Besucherankünfte	Anteil am Weltreiseverkehr
1965	173.300	0,15 %
1970	338.400	0,20 %
1975	516.000	0,23 %
1980	904.600	0,32 %
1985	1.142.600	0,35 %
1990	2.214.900	0,48 %
1995	3.725.800	0,66 %
2000	4.931.400	0,71 %
2005	5.015.000	0,70 %
2010	5.353.000	0,60 %
2015	6.859.000	0,60 %
2020[a]	8.970.000	
2025[a]	10.600.000	

[a] Schätzungen

schen Ländern kontinuierlich an Boden verloren haben. Die zehn Hauptquellmärkte Australiens sind gegenwärtig Neuseeland, China, Großbritannien, die USA, Singapur, Japan, Malaysia, Indien, Korea und Hongkong (Tourism Research Australia, 2016b). Nach Neuseeland ist China heute schon der zweitgrößte Quellmarkt für Australien und wird als wichtiger Zukunftsmarkt auch weiterhin an Bedeutung gewinnen.

In der nationalen Tourismusstrategie Australiens (*Tourism 2020*) ist eine zukünftig weiter steigende Nachfrage aus Asien eine strategische Priorität für die australische Regierung. Daneben sind die digitale Wettbewerbsfähigkeit, die Förderung von Investitionen und ein adäquates Transportwesen wichtige Themen der Tourismuspolitik. Darüber hinaus spielt neben dem weiteren Wachstum im Arbeitskräfteangebot, der Qualifizierung von Fachkräften sowie einer Erhöhung des Anteils der Ureinwohner an der Arbeitnehmerschaft die Steigerung der Widerstandsfähigkeit, Produktivität und Qualität der Tourismusindustrie Australiens eine entscheidende Rolle (Department of Resources, Energy and Tourism, 2011; Tourism Research Australia, 2015a).

Die Asien-Ausrichtung in den Quellmärkten Australiens birgt für die heimische Industrie allerdings auch einige Herausforderungen. So hat diese Entwicklung nachhaltige Auswirkungen auf die Verteilung der internationalen Touristen auf die verschiedenen inneraustralischen Destinationen. Besucher aus asiatischen Ländern, insbesondere aus China, Indien und Singapur, zeigen beispielsweise eine geringere Neigung, ländliche Regionen zu bereisen, stattdessen bevorzugen sie die Hauptstädte Australiens als Reiseziele (Tourism Research Australia, 2015a).

Trotz der stark expansiven Entwicklung des Tourismus in Australien darf nicht darüber hinweggesehen werden, dass der Anteil Australiens am Weltreiseverkehr gegenwärtig nur 0,6 Prozent beträgt und sich seit dem Jahr 2000 sogar um 0,1 Prozent verschlechtert hat (Productivity Commission, 2015).

Wie bereits erwähnt, ist der Tourismus ein bedeutender Faktor für die australische Volkswirtschaft (vgl. Abb. 2.4). Dabei ist das Inland mit ungefähr drei Vierteln der Tourismusausgaben der mit Abstand wichtigste Quellmarkt. Die Bundesländer New South Wales (NSW), Queensland (QLD) und Victoria (VIC) sind die meistbesuchten Destinationen für Inlands- wie auch für Auslandstouristen, gefolgt von Western Australia (WA), South Australia (SA) und Tasmania (TAS) sowie dem Northern Territory (NT) und dem Australian Capital Territory (ACT).

Im Gegensatz zu den internationalen Touristen fällt die Mehrheit der Inlandsreisen auf regionale Reiseziele. Ungefähr 45 Prozent der gesamten Tourismusausgaben werden in Destinationen außerhalb der Hauptstädte getätigt. Damit ist der Tourismus auch ein besonders wichtiger Sektor für Australiens regionale Wirtschaft.

Einhergehend mit einem deutlich veränderten Reiseverhalten der Australier lässt sich jedoch im letzten Jahrzehnt ein Bedeutungsrückgang des inländischen Urlaubs beobachten. Diese zunehmende Neigung der Australier, im Ausland Urlaub zu machen, ist durch billigere und bessere Anbindungen an Reiseziele wie beispielsweise Thailand, Indonesien oder Fidschi gefördert worden (Tourism Research Australia, 2015a). Auch stetig steigende Einkommen im letzten Jahrzehnt sowie eine relative

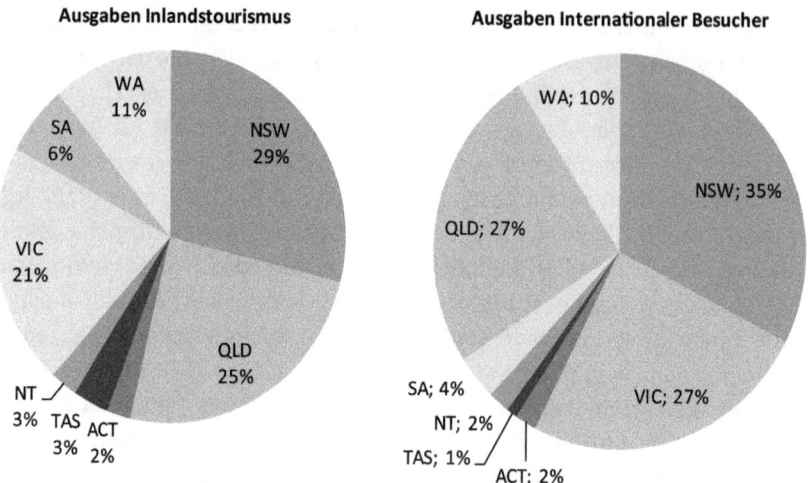

Abb. 2.4: links: Ausgaben des Inlandstourismus 2014/5 nach Bundesländern in % (Quelle: Tourism Research Australia, 2015a). rechts: Ausgaben internationaler Besucher 2015 nach Bundesländern in % (Quelle: Tourism Research Australia, 2015a).

Preissteigerung des Inlandstourismus im Vergleich zum Auslandstourismus, forciert durch einen stärkeren australischen Dollar, haben tief greifende Veränderungen im Muster der touristischen Nachfrage herbeigeführt. Mit insgesamt 9,3 Millionen im Jahr 2014 haben sich die Auslandsreisen der Australier in den letzten zehn Jahren mehr als verdoppelt. Davon entfielen eine überwiegende Mehrheit auf Urlaubsreisen und mehr als zwei Drittel auf Urlaubsziele innerhalb des asiatisch-pazifischen Raums (Deutsche Zentrale für Tourismus, 2015). Gegenwärtig sind die wichtigsten Reiseziele der Australier Neuseeland, Indonesien und die Vereinigten Staaten von Amerika, gefolgt von Thailand, Großbritannien und Fidschi (Tourism Research Australia, 2015a). Tourism Research Australia zufolge bedeuten diese Entwicklungen aber auch entgangene Chancen für den Inlandstourismus: „While the domestic tourism sector is the industry's bread and butter, responsible for three-quarters of tourism's [...] contribution to the economy, Australians' preference for overseas holidays continues" (Tourism Research Australia, 2014).

2.2 There's nothing like Australia

Das oben beschriebene komplexe Netzwerk von naturräumlichen Gegebenheiten, soziokulturellen Eigenheiten, Wirtschaftsstruktur und politisch-geschichtlichen Entwicklungen machen Australien einzigartig. Diese „Einzigartigkeit des australischen Kontinents ist dabei ein wesentliches Element seiner Attraktivität" als Tourismusdestination (Kierchhoff, 1995, 651). Dazu passt auch der aktuelle Slogan der globalen Marketingkampagne der australischen Tourismusbehörde Tourism Australia, „There's nothing like Australia", in der einige der besten Attraktionen und Erlebnisse, die Australien zu bieten hat, präsentiert werden. Der Schwerpunkt der Kampagne liegt auf einem authentischen Erleben der einzigartigen Landschaften und Kultur des Fünften Kontinents, v. a. des roten Zentrums, des sogenannten Outback mit Uluru (Ayers Rock) als Hauptattraktion (vgl. Abb. 2.5), der weltweit ältesten existierenden Kultur der australischen Ureinwohner (vgl. Abb. 2.6), der einzigartigen Fauna und Flora Australiens, der 36.000 Kilometer langen Küste, die Besucher mit wunderschönen Stränden und dem größten Korallenriff der Welt lockt, dem Erleben von Australiens Gastronomie, seiner Weine und auch des typischen australischen Lebensstils (Tourism Australia, 2016b).

Abb. 2.5: Uluru (Ayers Rock).

In „Land der Gegensätze" profitieren viele der touristischen Attraktionen von einer unberührten und abwechslungsreichen Landschaft. Tourism Research Australia (2015a) hat beispielsweise festgestellt, dass für knapp ein Drittel der internationalen Besucher Australiens abwechslungsreiche Küstenlandschaften oder auch die natürliche Umwelt die beeindruckendsten Urlaubserlebnisse waren. Im Hinblick auf eine starke, v. a. internationale Nachfrage nach kulturtouristischen Erlebnissen von hoher Authentizität und Qualität ermöglichen auch indigene Tourismusangebote insbesondere in ländlichen und abgeschiedenen Regionen für Australien zunehmend eine Nische der Differenzierung sowie die Chance, sich auf nationaler und internationaler Ebene von anderen Destinationen abzugrenzen (Fletcher et al., 2016; Ruhanen et al., 2015; vgl. auch Kapitel 12).

Abb. 2.6: Indigene Bushtucker-Tour.

2.3 Die Tourismusentwicklung Australiens im Spiegel der Tourismuspolitik

Seit Ende der 1980er-Jahre lässt sich weltweit ein Tourismustrend feststellen, durch den traditionelle Kulturen und naturnahe Gebiete eine besondere Wertschätzung erfahren. Aufgrund seiner spektakulären Naturlandschaften und der vielfältigen Kultur der Aborigines erfreut sich so auch Australien seither zunehmender Beliebtheit. Wie bereits erwähnt, machen v. a. die bekannteren australischen Attraktionen wie das Great Barrier Reef, die australischen Alpen, die Nationalsparks Uluru-Kata Tjuta und Kakadu oder der tropische Regenwald Queenslands den Kontinent zu einem attraktiven, einzigartigen touristischen Erlebnis insbesondere für internationale Touristen, die den Natur- und Kulturtourismus in Australien seither auch als Ferntourismus-Phänomen in Erscheinung treten lassen.

2.3.1 Vorreiterrolle im Bereich Ökotourismus

Auch als Reaktion auf diese Entwicklungen spielt seit Anfang der 1990er-Jahre das Ökotourismus-Konzept eine wichtige Rolle in der Tourismuspolitik Australiens. So hatte sich der erste nationale Tourismusplan Australiens (Tourism, Australia's Passport to Growth. A National Tourism Strategy; vgl. Tab. 2.2) von 1992 u. a. zum Ziel gesetzt, die Entwicklung des Ökotourismus in Australien voranzutreiben (Commonwealth Department of Tourism, 1992). Das zunehmende Interesse der Politik an diesem Konzept fand zudem Ausdruck in verschiedenen spezifischen Ökotourismus-In-

Tab. 2.2: Administrativer Rahmen der australischen Tourismuspolitik (1959–2013).

Jahr	Ereignis
1959	Tourism Ministers' Council
1966	First Federal Minister for Tourist Activities
1967	Australian Tourist Commission
1972	Department of Tourism and Recreation
1975	Tourism Branch (within the Department of Industry and Commerce)
1976	Australian Standing Committee on Tourism
1983	Department of Sports, Recreation and Tourism
1987	Bureau of Tourism Research (BTR)
1987	Intergovernmental Understanding on Government Objectives and Responsibilities in Tourism
1991	Department of Tourism
1992	*Tourism – Australia's Passport to Growth*
1993	Tourism Forecasting Council
1994	Partnership Australia Program
1996	Office of National Tourism (im Department of Industry, Science and Tourism)
1996	*National Tourism Plan*
1998	Division of Sport and Tourism (im Department of Industry, Science and Resources)
2002	Division of Tourism (im Department of Industry, Tourism and Resources)
2003	*Tourism White Paper*
2003	Tourism Collaboration Intergovernmental Agreement
2004	Tourism Australia (mit zwei neuen Abteilungen: Tourism Events Australia and Tourism Research Australia)
2007	Division of Tourism (im Department of Resources, Energy and Tourism)
2009	*National Long-Term Tourism Strategy*
2011	*Tourism 2020 Strategy*
2013	Divison of Tourism (im Department of Foreign Affairs and Trade)

itiativen, nicht nur auf Bundesebene, sondern auch vonseiten der Länder und Gemeinden, die eine Vielzahl von Plänen, Strategien und Programmen verabschiedeten. Die Bundesregierung setzte Anfang 1994 mit der Entwicklung einer nationalen Ökotourismus-Strategie, der *National Ecotourism Strategy (NES)*, ein erstes Zeichen, dem viele Bundesstaaten mit eigenen Ökotourismus-Initiativen folgten (Pforr, 2015). Dazu gehörte eine Reihe von Tourismusstrategien wie beispielsweise *Ecotourism, A National Strength of Victoria* (Department of Conservation and Environment, 1993), *Queensland Ecotourism Plan* (Department of Tourism, Sport and Racing, 1995), *Ecotourism: A Natural Strategy for South Australia* (South Australian Tourism Department and Tourism Commission and the Department of Environment and Natural Resources, 1995) oder in Tasmanien *Ecotourism – Adding Value to Tourism in Natural Areas* (Department of Tourism, Sport and Recreation, 1994) und die *Nature Based Tourism Strategy* in Western Australia (Western Australian Tourism Commission and Department of Conservation and Land Management, 1997).

Als Strategie des Bundes legte die NES dabei den nationalen Rahmen für die Entwicklung, Planung sowie das Management von Ökotourismus in Australien fest, auch mit dem Ziel, international ein Beispiel zu setzen. Die Ökotourismus-Definition, die der Strategie zugrunde lag, konzentrierte sich auf drei wichtige Komponenten: Ökotourismus muss naturbezogen, ökologisch informativ und nachhaltig sein (Commonwealth Department of Tourism, 1994). Zur Umsetzung der NES stellte die Bundesregierung über einen Zeitraum von vier Jahren (1993–1997) zehn Millionen AUD in Form von verschiedenen Förderprogrammen zur Verfügung. Die Strategie gab somit den politischen, administrativen und wirtschaftlichen Rahmen für die Ökotourismus-Entwicklung in Australien vor. Mit dieser frühen politischen Initiative präsentierte sich Australien international als Ökotourismus-Vorreiter.

2.3.2 Tourismusentwicklung und Nachhaltigkeit

Der politische Prozess, der letztendlich zur NES geführt hat, steht in engem Zusammenhang mit dem Konzept der nachhaltigen Entwicklung, dessen Prinzipien mittlerweile international anerkanntes Leitziel der Tourismuspolitik darstellen (Pforr, 2015). Als Unterzeichnerstaat der Rio-Deklaration hat sich auch Australien zu diesen Grundprinzipen nachhaltiger Entwicklung bekannt. Die australische Antwort auf die in Rio eingegangenen Verpflichtungen lautete *Ecologically Sustainable Development (ESD)* und fand Ende 1992 Eingang in die sogenannte *National Strategy for Ecologically Sustainable Development (NSESD)*. Die Entwicklung sollte demnach die gegenwärtige und zukünftige Lebensqualität in einer Art und Weise verbessern, die die ökologischen Prozesse, denen alles Leben zugrunde liegt, bewahrt (Commonwealth of Australia, 1992, 8). Die Strategie legte den allgemeinen politischen Entscheidungsrahmen für die Umsetzung von Nachhaltigkeit in Australien fest (Commonwealth of Australia, 1992; Pforr, 2015). Dabei wurde ein sektoraler Ansatz verfolgt, d. h. das ESD-Leitziel auf unterschiedliche Politikfelder übertragen. Um zukünftige politische Richtungen innerhalb dieses ESD-Rahmens zu konkretisieren, wurden verschiedene Arbeitsgruppen in neun Schlüsselsektoren, darunter auch Tourismus, gebildet. Auch für die Tourismusbranche wurden hierbei verschiedene Leitziele festgeschrieben, durch die sichergestellt werden soll, dass Tourismusstrategien auf allen Regierungsebenen den ESD-Prinzipien folgen (Pforr, 2009).

Frühzeitig ließen sich also auf Bundes- und Länderebene mehrere Initiativen zur Umsetzung von Nachhaltigkeitskriterien feststellen. Anfang der 1990er-Jahre war das Konzept der ökologischen Nachhaltigkeit (ESD) somit ein wichtiger Motor für die Entwicklung einer Reihe von Tourismusstrategien, wobei Ökotourismus als ein wichtiger Umsetzungsbaustein gesehen wurde.

2.3.3 Tourismuspolitische Schwerpunktverlagerung seit Ende der 1990er-Jahre

Nachdem 1996 in Australien eine konservative Bundesregierung (eine Koalition aus Liberal und National Party) gewählt wurde, wurden auch neue Akzente in der Tourismuspolitik gesetzt. Die neue Regierung distanzierte sich beispielsweise von der NES und grenzte sich so deutlich vom tourismuspolitischen Programm der vorherigen Regierung (Australian Labor Party) ab. Das nationale Tourismusbüro (Office of National Tourism) ließ verlauten, dass die Strategie nun obsolet sei, da sie nicht unbedingt die Ansicht der gegenwärtigen Regierung zu Ökotourismus widerspiegle. Das politische Bekenntnis zur Nachhaltigkeit (ESD) wurde hingegen erneuert und hatte somit weiterhin auch für den Tourismusbereich Relevanz, wobei durch das *National Tourism Development Program (NTDP)* im Wesentlichen drei Bereiche besonders gefördert werden sollen: ländlicher und regionaler Tourismus, Naturtourismus und indigener Kulturtourismus.

Auffallend ist, dass die neue Regierung Naturtourismus gegenüber Ökotourismus begrifflich den Vorrang gab. Dies kann als ein Indiz dafür gesehen werden, dass der allgemeiner gefasste Begriff von Naturtourismus bevorzugt wurde und sich die Regierung so von den politischen Verpflichtungen des „Öko-Labels" zu lösen versuchte. Trotzdem wurde Ökotourismus als exklusiver Nischenmarkt der Tourismusbranche auch weiterhin von der Bundesregierung unterstützt, allerdings in weit geringerem Maße, als dies noch Anfang der 1990er-Jahre der Fall war. So schrieb z. B. die damalige Bundesministerin für Tourismus, Jackie Kelly, in einem Grußwort im *Australian Ecotourism Guide 2000*, dass Australiens Ökotourismus-Produkte einer der großen Verkaufsschlager der Tourismusindustrie seien. Demzufolge setze die Bundesregierung ihre Unterstützung für Initiativen fort, die die ökologisch nachhaltige Entwicklung vorantreiben und fördern (EAA, 1999). Insgesamt wurde die Tourismusförderung der neuen Bundesregierung in ein groß angelegtes Programm integriert, das aus verschiedenen kooperativen Forschungszentren bestand, den sogenannten *Cooperative Research Centres (CRC)*, so auch im Tourismusbereich mit dem sogenannten *CRC for Sustainable Tourism (CRCST)*. Bis zum Auslaufen des Programms im Jahr 2010 wurde durch die CRCST-Initiative eine enge Kooperation zwischen Staat, Wirtschaft und Wissenschaft angestrebt mit dem Ziel, die australische Tourismusindustrie nachhaltiger zu gestalten (vgl. auch Kapitel 18).

Ungeachtet dieser Anerkennung der Nachhaltigkeitsprinzipien und deren Umsetzung in einer Reihe von Tourismusprogrammen und -strategien kommentierten Preece et al. (1995, 19) Mitte der 1990er-Jahre: „The translation into action is rarely evident." Zu einem ähnlichen Schluss kam auch Butler ein paar Jahre später (Butler, 1998, 26), indem er betonte, dass „[i]n some traditional tourist destination countries, while sustainable development and sustainable tourism may be officially promoted, rarely [it] is more than lip services paid to the application of the concept".

Allerdings lässt sich seit Anfang 2000 auf Bundesebene wie auch in den Ländern eine Welle neuer Tourismusstrategien feststellen (z. B. *Tourism White Paper: A Medium to Long Term Strategy for Tourism* (Commonwealth of Australia, 2003); *The South Australian Tourism Plan 2003–2008* (SATC, 2002); *Towards 2020 – New South Wales Tourism Masterplan* (Tourism NSW, 2002); *Victoria's Tourism Industry Strategic Plan 2002–2006* (Tourism Victoria, 2002); *Pathways Forward: Strategic Plan 2003–2008*

(WATC, 2003); *National Long-term Tourism Strategy* (Department of Resources Energy and Tourism, 2009); *Tourism 2020* (Department of Resources Energy and Tourism, 2011)). Diese Entwicklungen boten für Moyle et al. (2014) eine Gelegenheit, diese neue strategische Ausrichtung des Tourismussektors in Australien genauer zu untersuchen, auch im Hinblick darauf, inwieweit sich die Tourismusentwicklung in Australien seit Anfang 2000 an Nachhaltigkeitsvorgaben orientiert hat. Basierend auf einer Analyse nationaler, regionaler und lokaler Tourismusstrategien, die zwischen 2001 und 2011 veröffentlicht wurden, haben Moyle et al. (2014) festgestellt, dass das Konzept der Nachhaltigkeit in der australischen Politik zwar weiterentwickelt wurde, allerdings die politischen Schwerpunkte auf neue Themen wie beispielsweise den Klimawandel verlagert wurden. Diese tourismuspolitische Einschätzung wird von Dovers (2013) auf alle Politikbereiche übertragen, indem er insgesamt feststellt, dass der politische Nachhaltigkeitsdiskurs zugunsten des Themas Klimawandel in den vergangenen Jahren stark an Bedeutung verloren hat. Pforr (2015) merkt in diesem Zusammenhang kritisch an, dass nach mehr als drei Jahrzehnten eines gesellschaftspolitischen Diskurses und anfänglich großer politischer Begeisterung für das Thema nur wenig konkrete Fortschritte in der Verwirklichung einer nachhaltigeren Tourismusentwicklung in Australien beobachtet werden können. Entscheidend ist, ob die Politik neben den konzeptionellen Absichtserklärungen auch ihre Bereitschaft zur Umsetzung signalisiert oder ob sich die Strategien und Pläne nur als Leerformeln politischer Rhetorik erweisen. Das politische Bekenntnis zum Leitbild der Nachhaltigkeit allein ist nicht ausreichend, nur dessen erfolgreiche Implementation schafft politische Glaubwürdigkeit, national und international.

Die australische Bundesregierung hat z. B. mit der NES einen tourismuspolitischen Ansatz verfolgt, der der Selbstverpflichtung der Wirtschaft Vorrang vor ordnungspolitischen Lösungen gibt. Doch wie wirksam ist diese Unverbindlichkeit tourismuspolitischer Richtlinien bei der Umsetzung des Leitbildes der nachhaltigen Entwicklung, wenn sie nicht von angemessener ordnungspolitischer Steuerung begleitet wird? Mit Selbstkontrolle als zentralem Instrument der Tourismuspolitik entspricht die Regierung weitestgehend den Forderungen der Tourismusindustrie. Ihr Wunsch nach wirtschaftlichem Wachstum durch steigende Besucherzahlen genießt politische Priorität und lässt erkennen, dass ökonomische Erwägungen nach wie vor die Tourismuspolitik Australiens dominieren (Pforr, 2015; Pforr, 2009).

In den vergangenen Jahren ist das Thema Nachhaltigkeit weitestgehend aus der konkreten politischen Tagesordnung verschwunden. Dieser Rückzug lässt sich auch an einem nur sehr begrenzten Engagement Australiens in den Nachfolgekonferenzen Rio + 10 und Rio + 20 festmachen (Pforr, 2015). Brueckner und Pforr (2011, 12) stellen fest, dass gegenwärtig „sustainability per se seems to have been relegated to the ‚political backburner' overshadowed by economic and financial concerns". Im Gegenzug ist eine neoliberal ausgerichtete Wirtschaftspolitik als ein Hauptanliegen der australischen Regierung zu beobachten, die sich mit zunehmendem Globalisierungsdruck in den letzten Jahren noch verstärkt hat. Dieser Politikansatz geht davon aus, dass wirtschaftliches Wachstum automatisch soziale Vorteile schafft und dass mögliche Umweltauswirkungen dieser Politik zu einem gewissen Grad als „Preis" für Fortschritt und Wohlstand in Kauf genommen werden müssen. Es scheint daher, dass trotz zahlreicher Nachhaltigkeitsinitiativen auf allen politischen Ebenen die internationale Wettbewerbsfähigkeit als Mantra der Tourismuspolitik Australiens festgeschrieben worden ist. Dies wird beispielsweise in der nationalen Tourismusstrategie (*Tourism White Paper*) deutlich: „Nations are becoming increasingly competitive in chasing tourism revenue. The primary investment area for governments is international marketing, with billions of dollars spent each year promoting new experiences, destinations and events. As international competition intensifies, it is important that Australia maintains and cements its competitive market position" (Commonwealth of Australia, 2003, 2). Auch Airey und Ruhanen (2014) stellten fest, dass die Tourismuspolitik Australiens von einer wirtschaftlich neoliberalen Ideologie dominiert wird.

Seit Ende der 1990er-Jahre hat sich somit in der australischen Tourismuspolitik ein Paradigmenwechsel vollzogen, der sich im Wesentlichen an Kriterien des *New Public Management* orientiert hat und im Zusammenhang mit einer zunehmenden Internationalisierung und verstärktem Wettbewerb wie auch als Reaktion auf die neoliberale Reformagenda verschiedener australischer Bundesregierungen gesehen werden muss.

2.4 Ausblick

In der Praxis bleibt die Nachhaltigkeit somit ein Konzept, das oftmals von einer neoliberalen Wirtschaftspolitik dominiert wird und bei dem soziale und ökologische Dimensionen der Tourismusentwicklung ins Hintertreffen geraten. Damit die verschiedenen Tourismusstrategien Australiens nicht nur Symbolcharakter haben, sondern auch Ausdruck eines konsequenten politischen Willens zur erfolgreichen Umsetzung nachhaltiger Entwicklung sind, müssen umfassende politisch-institutionelle Reformen durchgeführt werden. Solch ein Reformprozess setzt nicht nur einen hohen Grad politischer Anpassung und Flexibilität voraus, sondern auch den Willen, diese Reformen auch politisch durchzusetzen. Ansonsten bleibt die Beziehung zwischen Tourismus und Nachhaltigkeit paradox (Pforr, 2015).

Nach mehreren Jahrzehnten starken und auch zukünftig positiv prognostizierten Wachstums ist die Tourismusentwicklung in Australien an einem Scheideweg angelangt, gekennzeichnet durch Unausgewogenheiten zwischen ökologischen, ökonomischen und soziokulturellen Aspekten. Nicht nur die Tourismuspolitik Australiens hat sich weitestgehend vom Nachhaltigkeitskonzept als politische Priorität verabschiedet (Brueckner et al., 2014b). Trotzdem hat der anfänglich starke politische Rückhalt zu einigen vielversprechenden Initiativen geführt. Das populäre Konzept hat die Debatte über nachhaltigen Tourismus ins öffentliche Bewusstsein gebracht und einen wichtigen Beitrag auf dem langen und beschwerlichen Weg hin zu einer nachhaltigeren

Tourismusentwicklung in Australien geleistet. Als größtes Hindernis muss allerdings die nach wie vor bestehende Dominanz wirtschaftlicher Aspekte der Tourismusentwicklung gesehen werden. Nachhaltigkeit im Tourismus verlangt somit weitreichende Veränderungen, nicht nur politisch, sondern auch wirtschaftlich und sozial. In Anbetracht einer prognostizierten jährlichen Wachstumsrate von 4,1 Prozent und voraussichtlich fast elf Millionen internationaler Besucher im Jahr 2025 (Tourism Research Australia, 2015b) muss der Tourismus allerdings einen weitaus stärkeren Beitrag zu einer wirksameren Umsetzung der Nachhaltigkeit leisten, damit Australien auch zukünftig „einfach unvergleichlich" bleibt.

Literatur

Airey D, Ruhanen L. Tourism Policy-Making in Australia: A National and State Perspective. Tourism Planning & Development. 2014, 11(2), 149–162.

Australian Government. Closing the Gap Prime Minister's Report 2016. Canberra: Commonwealth of Australia, 2016.

Auswärtiges Amt. Länderinformationen – Australien. http://www.auswaertiges-amt.de/DE/ Aussenpolitik/Laender/Laenderinfos/01-Nodes_Uebersichtsseiten/Australien_node.html, 2015. Abgerufen am 12. Mai 2016.

Biedermann B, Dieter H (Hg.). *Länderbericht Australien*. Bonn: Bundeszentrale für politische Bildung, 2012.

Blank E. *Australien. Ein Länderporträt*. Berlin: Landeszentrale für Politische Bildung. 2014.

Braun B. Australien – moderne Dienstleistungsökonomie oder Rohstoffergänzungsraum? Diercke 360°. 2013, 1, 8–11.

Brueckner M, Durey A, Mayes R, Pforr C, editors. Resource Curse or Cure? On the Sustainability of Development in Western Australia. Berlin: Springer, 2014b.

Brueckner M, Pforr C. The rise and fall of sustainability in Western Australian politics: a review of sustainable development under the Western Australian Labor government between 2001 and 2008. Sustainability, Science, Practice & Policy. 2011, 7(20), 3–17.

Brueckner M, Spencer R, Wise G, Marika B. Indigenous entrepreneurship: Closing the Gap on local terms. Journal of Australian Indigenous Issues. 2014a, 17(2), 2–24.

Butler RW. Sustainable Tourism – Looking backwards in order to progress? In: Hall CM, Lew A, editors. Sustainable Tourism: A Geographical Perspective. Harlow: Longman, 1998, 25–34.

Carstens M. Kampf der australischen Aborigines um Landrechte. *Geographische Rundschau*. 2005, 57(5), 50–53.

Commonwealth Department of Tourism. National Ecotourism Strategy. Canberra: APGS, 1994.

Commonwealth Department of Tourism. Tourism, Australia's Passport to Growth. A National Tourism Strategy. Canberra: Australian Government, 1992.

Commonwealth of Australia. National Strategy for Ecologically Sustainable Development. Canberra: APGS, 1992.

Commonwealth of Australia. Tourism White Paper: A Medium to Long Term Strategy for Tourism. Canberra: APGS, 2003.

Council of Australian Governments. National Indigenous Reform Agreement. Canberra: COAG, 2008.

Department of Conservation and Environment. Ecotourism, A National Strength of Victoria. Melbourne: Department of Conservation and Environment, 1993.

Department of Resources Energy and Tourism. National Long-Term Tourism Strategy. Canberra: Commonwealth of Australia, 2009.
Department of Resources Energy and Tourism. Tourism 2020 Strategy. Canberra: Commonwealth of Australia, 2011a.
Department of Resources, Energy and Tourism. Tourism 2020. Canberra: Australian Government, 2011b.
Department of Tourism, Sport and Racing. The Queensland Ecotourism Plan. Brisbane: Department of Tourism, Sport and Racing, 1995.
Department of Tourism, Sport and Recreation. Ecotourism – Adding Value to Tourism in Natural Areas. Hobart: Department of Tourism, Sport and Recreation, 1994.
Deutsche Zentrale für Tourismus. Marktinformation: Incoming-Tourismus Deutschland 2016 – Australien. Frankfurt: DZT, 2015.
Dovers S. The Australian Environmental Policy Agenda. Australian Journal of Public Administration. 2013, 72(2), 114–128.
Ecotourism Association of Australia. Australian Ecotourism Guide 2000. Brisbane: EAA, 1999.
Fenna A. *Australian Public Policy, 2nd edition*. New South Wales: Pearson Longman, 2004.
Fenna A. The Malaise of Federalism: Comparative reflections on Commonwealth-State relations. *Australian Journal of Public Administration*. 2007, 66(3), 298–306.
Fletcher C, Pforr C, Brueckner M. Factors Influencing Indigenous Engagement in Tourism Development: An International Perspective. Journal of Sustainable Tourism, 2016.
Grotz R. Der Bergbauboom in Australien: Ursachen und Folgen. *Geographische Rundschau*. 2009, 61(11), 28–34.
Grotz R. *Der Outback Australiens*. Köln: Aulis Verlag, 1990.
Grotz R. Einwanderung nach Australien im Wandel. *Geographische Rundschau*. 1995, 47(11), 626–633.
Jaensch D. *The Politics of Australia, 2nd edition*. South Melbourne: Macmillan, 1997.
Jenkins JM, Hall CM. Tourism planning and policy in Australia. In: Hall CM, Jenkins JM, Kearsley G, editors. Tourism Planning and Policy in Australia and New Zealand: Cases, Issues and Practice. Sydney: Irwin Publishers, 1997, 37–48.
Kierchhoff HW. Tourismus in Australien – auf dem Weg zum Massengeschäft. *Geographische Rundschau*. 1995, 47(11), 646–652.
Moyle BD, McLennan CJ, Ruhanen L, Weiler B. Tracking the concept of sustainability in Australian tourism policy and planning documents. Journal of Sustainable Tourism. 2014, 22(7), 1037–1051.
Pforr C. *Tourism public policy in the Northern Territory of Australia*. Köln: Lambert Academic Publishing, 2009.
Pforr C. Tourism Public Policy in Pursuit of Sustainability. Discrepancies between Rhetoric and Reality. In: Hughes M, Weaver D, Pforr C, editors. *The Practice of Sustainable Tourism: Resolving the Paradox*. New York: Routledge, 2015, 24–37.
Preece N, Van Oosterzee P, James D. *Two Way Track. Biodiversity Conservation and Ecotourism: An Investigation of Linkages, Mutual Benefits and Future Opportunities*. Canberra: Department of the Environment, 1995.
Productivity Commission. Australia's International Tourism Industry. Canberra: Australian Government, 2015.
Ruhanen L, Whitford M, McLennan C. Indigenous tourism in Australia: Time for a reality check. *Tourism Management*. 2015, 48, 73–83.
Schüttemeyer A. Einwanderungsland Australien – das Beispiel der Asiaten. Geographische Rundschau. 2005, 57(5), 54–59.

South Australian Tourism Commission. *South Australian Tourism Plan 2003–2008*. Adelaide: SATC, 2002.

South Australian Tourism Department and Tourism Commission and the Department of Environment and Natural Resources. *Ecotourism: A Natural Strategy for South Australia*. Adelaide: South Australian Tourism Commission, 1995.

Strohscheidt E. Australien – „Gemeinschaft der Diebe"? *Geographische Rundschau*. 1995, 47(11), 634–639.

Tourism Australia. *Fakten über Australien*. http://www.australia.com/de-de/facts.html, 2015b. Abgerufen am 12. Mai 2016.

Tourism Australia. International Tourism Snapshot as at 31 December 2015. Sydney: Tourism Australia, 2016a.

Tourism New South Wales. *Towards 2020 – New South Wales Tourism Masterplan*. Sydney: Tourism NSW, 2002.

Tourism Research Australia. *Another tourism spend record – Domestic overnight tourism worth over $53 Billion!* Media release (10/09/2014), 2014.

Tourism Research Australia. The State of the Industry. Canberra: Australian Government, 2015a.

Tourism Research Australia. *Tourism Forecasts 2015*. Canberra: Australian Government, 2015b.

Tourism Research Australia. Tourism Satellite Account 2014–15. Canberra: Australian Government, 2016a.

Tourism Research Australia. International Visitors in Australia. Canberra: Australian Government, 2016b.

Tourism Victoria. *Victoria's Tourism Industry Strategic Plan 2002–2006*, Melbourne: Tourism Victoria, 2002.

Western Australian Tourism Commission. *Pathways Forward: Strategic Plan 2003–2008*. Perth: WATC, 2003.

Western Australian Tourism Commission (WATC) und Department of Conservation and Land Management (CALM). *A Nature Based Tourism Strategy*. Perth: WATC und CALM, 1997.

Sabrina Seeler
3 Tourismusentwicklung in Neuseeland – ein Überblick

3.1 Neuseeland – das Land der langen weißen Wolke

Haere mai Aotearoa – herzlich willkommen in Neuseeland! Sowohl geologisch als auch kulturgeschichtlich gehört Neuseeland zu den jüngsten Staaten der Welt. Geografisch isoliert liegt der Inselstaat Neuseeland, auch bekannt als Aotearoa (Māori für Land der langen weißen Wolke), im südlichen Pazifik. Bedingt durch die tektonische Lage auf der Australischen sowie Pazifischen Platte und somit auf dem Pazifischen Feuerring, ist Neuseeland eine der seismisch aktivsten Zonen weltweit. Die entgegengesetzten Kräfte der Platten und die damit verbundene Anfälligkeit für Naturkatastrophen (insbesondere Erdbeben) wirken sich zum Teil stark auf den Lebensraum der Neuseeländer und schließlich den Tourismus aus. Jährlich werden rund 15.000 Erdbeben in Neuseeland registriert, wobei knapp 150 zur potenziellen Bedrohung werden (GNS Science, o. J.). Dies zeigte sich im Februar 2011, als bei einem schweren Erdbeben in Christchurch 185 Menschen starben (Police New Zealand, 2012).

Bestehend aus zwei Hauptinseln, der Nord- und der Südinsel, sowie einer Vielzahl kleinerer Inseln, ist Neuseeland als unabhängiger Staat im Commonwealth of Nations zwar stark mit der britischen Krone verbunden, lässt sich aber aufgrund der kulturellen Vielfalt nicht eindeutig einem Kulturraum zuordnen. Die Bevölkerung gleicht einem kulturellen Melting Pot. Neben Ersteinsiedlern Polynesiens, primär den Māori, die im 13./14. Jahrhundert nach Neuseeland kamen, und europäischen Einwanderern (Pākehā), die nach der Entdeckung durch den Niederländer Abel Janszoon Tasman (1642) und den Briten James Cook (1769) zunehmend den fernen Inselstaat besiedelten, tragen gegenwärtige Migrationswellen aus dem asiatischen Raum zur weiteren Diversifikation der Bevölkerung bei (Wilson, 2015).

Mit einer Gesamtbevölkerung von rund 4,5 Millionen Menschen und einer Bevölkerungsdichte von ungefähr 16 Menschen pro Quadratkilometer (Statistics New Zealand, 2015a) gehört Neuseeland zu den am dünnsten besiedelten Ländern weltweit. Rund drei Viertel der Einwohner leben auf der Nordinsel (Statistics New Zealand, 2015b), wo zudem eine starke Urbanisierung festzustellen ist (86 % urbane Bevölkerung; CIA World Factbook, 2015).

Nachdem Neuseelands Wirtschaft jahrzehntelang stark von der landwirtschaftlichen Produktion abhängig war und für eine Industrienation relativ untypisch als Agrarstaat galt, hat sich der Tourismus seit Ende der 1980er-Jahre als ein wichtiger Wirtschaftsfaktor entwickelt (Lim/McAleer, 2008).

https://doi.org/10.1515/9783110424546-003

3.2 Tourismus in Neuseeland – ein Rückblick

Die ersten touristischen Ankünfte durch ausländische Gäste lassen sich auf die Mitte des 19. Jahrhunderts datieren. Die unberührte und außergewöhnliche Landschaft war Hauptbesuchsgrund reicher Aristokraten aus Großbritannien, Australien und den USA, die vor der Einführung erster Dampfschiffe und der Öffnung des Suezkanals bis zu sechs Monate auf See waren (McClure, 2004). Der Hot Lake District rund um die Pink und White Terraces, die 1886 durch den Vulkanausbruch des Mount Tarawera zerstört wurden, sowie Rotorua stellten die Hauptattraktionspunkte für ausländische Gäste dar. Hier konnten nicht nur die einmaligen natürlichen Thermalquellen besucht, sondern auch die fremdartige Kultur der Māori hautnah erlebt werden. Daneben waren der Milford Sound und die schneebedeckten Berglandschaften rund um den Mount Cook populäre Ziele erster internationaler Besucher. Durch die Öffnung des Suezkanals 1869 und die Einführung von Dampfschiffen verkürzte sich die Anreise aus Europa signifikant und die Anzahl internationaler Ankünfte stieg. Der Tourismus wurde durch die einheimische Bevölkerung zunächst als weniger ökonomisch wertvoll eingeschätzt, sodass Investitionen in die touristische Infrastruktur gering ausfielen. Die Regierung hingegen hatte das touristische Potenzial bereits frühzeitig erkannt und war gleichzeitig besorgt, dass die naturräumlichen Besonderheiten zerstört werden könnten. Getrieben durch den Politiker William Fox, wuchs mit Ende des 19. Jahrhunderts das Interesse am Tourismus, sodass die Regierung ganze Landstriche rund um Rotorua und die einzigartigen Thermalbäder und -quellen aufkaufte und immense Investitionen in Infrastrukturprojekte tätigte (McClure, 2004). Zeitgleich wurde im Jahr 1884 das erste Hermitage Hotel am Mount Cook errichtet (Hall/Kearsley, 2001).

Für die touristische Entwicklung Neuseelands gilt das Jahr 1901 als Meilenstein. Mit der Intention, internationale Gäste noch zielgerichteter zu erreichen und das Land weltweit zu vermarkten, gründete Sir Joseph Ward 1901 das „New Zealand Department of Tourist and Health Resorts" (heute Tourism New Zealand). Neuseeland war weltweit das erste Land, das eine national übergeordnete Destinationsmarketing-Organisation (DMO) initiierte, und nahm damit weltweit eine Pionierrolle ein (Collier, 2006; Lim/McAleer, 2008). Im Jahr 1903 konnte erstmals die Anzahl ausländischer Gästeankünfte registriert werden. Insgesamt 5.233 internationale Gäste besuchten Neuseeland, wobei mehr als 80 Prozent aus Australien oder Großbritannien anreisten (McClure, 2015). Wenngleich die internationalen Ankünfte während des Ersten Weltkriegs nahezu auf null zurückgingen und sich der Tourismus in den Folgejahren nur langsam erholte, konnten im Jahr 1922 wieder 8.050 Ankünfte verzeichnet werden (Collier, 2006). Außer durch weltwirtschaftliche und weltpolitische Ereignisse, in erster Linie die Weltwirtschaftskrise 1929 und der Zweite Weltkrieg, war das Land auch durch Naturkatastrophen und die damit einhergehende, zum Teil verschärfte Medienberichterstattung in der ersten Hälfte des 20. Jahrhunderts großen Schwankungen bis fast zum Stillstand der Touristenströme ausgesetzt (McClure, 2004). Nicht nur externe Faktoren stellten einen Risikofaktor für die Tourismusbranche dar, auch weitere interne Faktoren beeinflussten die touristische Entwicklung. Insbesondere das quantitativ und qualitativ unzureichende Beherbergungsangebot hemmte über Jahrzehnte das touristische Wachstum (Hall/Kearsley, 2001; McClure, 2015). Die Bemühungen, durch internationale Marketingkampagnen potenzielle Gäste aus dem Ausland gezielter anzusprechen, trugen sichtbare Früchte, als im Jahr 1963/64 erstmals 100.000 Gäste registriert wurden (Collier, 2006).

Auf der südlichen Hemisphäre liegend und ein gemäßigt mildes Klima bietend, stieg die Attraktivität Neuseelands bei europäischen Urlaubsreisenden, die den Wintermonaten der nördlichen Hemisphäre entfliehen wollten. Das spätere 20. Jahrhundert zeichnete sich durch ein verhältnismäßig hohes Wachstum aus (Page, 1989). Während aber die Anzahl internationaler Gäste zunehmend stieg, stagnierte der Binnentourismus in den späten 1980er-Jahren signifikant (Collier, 2006). Bedingt durch den wirtschaftlichen Aufschwung sowie die Aufwertung des neuseeländischen Dollars (NZD), reisten „Kiwis" (Einheimische Neuseelands) zunehmend ins Ausland (Page, 1989). Um dieser Abwärtstendenz entgegenzuwirken und den Urlaub in der eigenen Heimat wieder zu stärken, wurde eine nationale Tourismuskampagne unter dem Slogan „Great New Zealand Holiday" (Page, 1989, 338) mit dem Aufruf „Don't leave town until you've seen the country" (NZ on Screen, o. J.) initiiert. Mitte der 1990er-Jahre konnte daraufhin zwar wieder ein leichter Anstieg der Anzahl Binnenreisender verzeichnet werden, die starken Wachstumsraten des Auslands wurden jedoch nicht erreicht.

Als ein weiterer wichtiger Meilenstein der touristischen Entwicklung Neuseelands gilt die im November 1989 veröffentlichte Tourismusstrategie *Tourism 2000 Taskforce*, die insgesamt 16 Empfehlungen zur touristischen Entwicklung umfasste (McClure, 2004). Eine weitere deutliche Aufwertung erlebte die Tourismusbranche durch den Regierungswechsel 1990, als die National Party die Labour Party ablöste und sich die Wirtschaft von einer konservativen, stark regulierten hin zu einer marktorientierten und deregulierten Wirtschaft entwickelte, in der Tourismus als Zukunftsbranche definiert wurde (Cook, 2012). Das New Zealand Tourism Department (NZTD) wurde durch das New Zealand Tourism Board (NZTB) ersetzt und ein noch klareres Bekenntnis zur Steigerung der Anzahl internationaler Gästeankünfte abgelegt (Collier, 2006). Nachdem sich die Bemühungen Anfang der 1990er durch hohe Wachstumsraten der Ankünfte aus dem Ausland auszahlten und die Millionengrenze im Jahr 1992 erstmals durchbrochen werden konnte (Hall/Kearsley, 2001), führten der starke neuseeländische Dollar und die Wirtschaftskrise in Asien in den folgenden Jahren wieder zu leichten Rückgängen internationaler Ankünfte (Collier, 2006). Zwar konnten Wachstumsprognosen nicht in der erwünschten Höhe erfüllt werden, die Entwicklung ausländischer Reisender im späten 20. Jahrhundert kann dennoch als stabil eingestuft werden. Während Neuseeland aufgrund der isolierten geografischen Lage, aber auch der Anfälligkeit gegenüber Naturkatastrophen, einer erhöhten Volatilität ausgesetzt ist, profitiert das Land gleichzeitig vom Image eines sicheren Reiseziels. Dies zeichnete sich beispielsweise im Krisenjahr 2001 ab, als der globale Tourismus nach den Terroranschlägen am 11. September deutlich und oftmals in zweistelliger Höhe einbrach, dies jedoch die internationalen Ankünfte in Neuseeland nur marginal beeinflusste (Collier, 2006).

3.3 Tourismus in Neuseeland – eine Momentaufnahme

Neuseeland zeichnet sich durch ein vielfältiges und einzigartiges Landschaftsbild aus und besitzt das Image eines unberührten, grünen Naturparadieses (Page, 1989). Geothermale Gebiete und vulkanische Landschaften prägen die Nordinsel, während die Südinsel Fjord- und Gebirgslandschaften sowie Gletscher umfasst. Als Inselstaat verfügt Neuseeland zudem über insgesamt knapp 15.000 Kilometer Küstenlinie und abwechslungsreiche Küstenlandschaften. Diese naturräumlichen Reize überzeugten bereits erste Besucher vom *Land der Wunder* („the wonder country"). Speziell für Gäste aus Industriestaaten des Westens stellt die Natur auch gegenwärtig oft den Hauptgrund für die Reisezielwahl dar. Wachstum aus Auslandsmärkten stand in den vergangenen Jahren im Fokus der Vermarktung Neuseelands als Reiseziel. Nicht allein aufgrund der steigenden Kaufkraft, sondern auch zum Ausgleich regionaler Disparitäten sowie teils recht starker Saisonalität ist allerdings auch die Relevanz des Binnentourismus nicht zu unterschätzen (TIA, o. J.).

3.3.1 Nachfrageentwicklung im Zehnjahresrückblick (2004/05 – 2014/15)

Im Jahr 2014/15 wurden in Neuseeland insgesamt 35,5 Millionen Übernachtungen in- und ausländischer Übernachtungsgäste in gewerblichen Beherbergungsbetrieben registriert (Statistics New Zealand, 2015d). Unter Berücksichtigung nicht gewerblicher Beherbergungsbetriebe (grauer Markt) dürfte die Anzahl der Übernachtungen infolge des hohen Anteils an VFR-Reisender (Visiting-Friends-and-Relatives-Reisender) deutlich höher liegen.

Knapp drei Millionen internationale Gästeankünfte konnten im Jahr 2014/15 in Neuseeland verzeichnet werden (Statistics New Zealand, 2015e), die allein in gewerblichen Beherbergungsbetrieben mehr als 14 Millionen Übernachtungen zur Folge hatten (Statistics New Zealand, 2015d). Bezogen auf internationale Gästeankünfte ist im Zehnjahresrückblick ein Wachstum von 25 Prozent ermittelbar. Rund drei Viertel aller internationalen Gäste kamen aus den sechs Hauptquellmärkten Australien, China, USA, UK, Deutschland und Japan (Statistics New Zealand, 2015e). Gegenüber 2004/05 ist die Bedeutung der sechs Hauptquellmärkte insgesamt gestiegen, die Marktanteile haben sich allerdings teils deutlich verschoben (vgl. Abb. 3.1).

Sowohl absolut als auch relativ gesehen ist ein Anstieg der Ankünfte aus Australien und China registrierbar. Gegenüber 2004/05 hat sich die Anzahl australischer Gäste deutlich überdurchschnittlich entwickelt (+ 45 %). Vier von zehn internationalen Gäs-

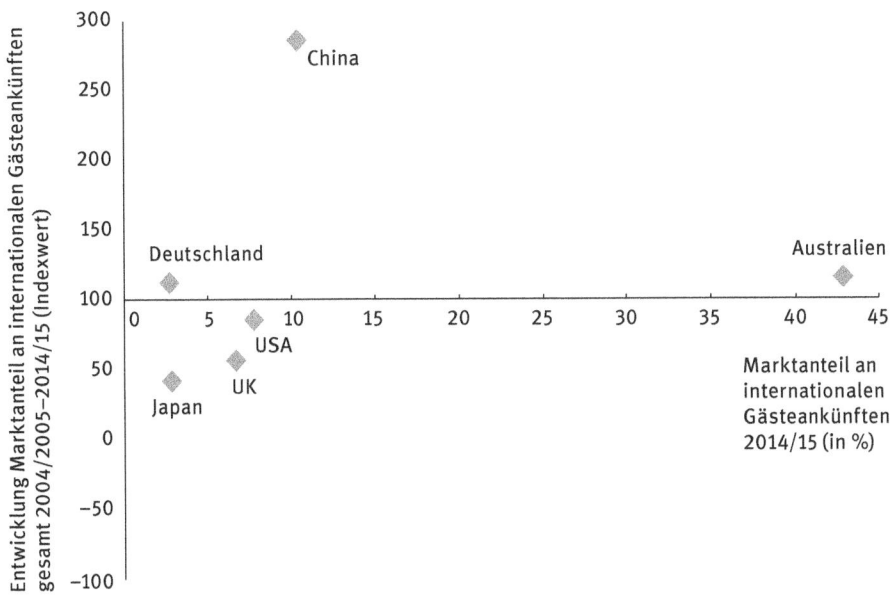

Abb. 3.1: Marktanteile internationaler Hauptquellmärkte und Marktanteilsentwicklung.

ten kommen gegenwärtig aus Australien. Der Marktanteil konnte dabei im Zehnjahresverlauf von 37 auf 43 Prozent ausgebaut werden. Die Ankünfte aus China haben sich im Vergleich zu 2004/05 nahezu vervierfacht (2004/05: 86.682 Ankünfte; 2014/15: 309.792 Ankünfte). China hat den UK-Markt als zweitwichtigsten Quellmarkt abgelöst und den Marktanteil an internationalen Gästeankünften von vier auf zehn Prozent gesteigert. Bezogen auf absolute Volumina ist auch im Fall des Quellmarkts USA eine positive Entwicklung ermittelbar. Relativ betrachtet hat die USA jedoch, bedingt durch andere, deutlich stärker wachsende Quellmärkte, an Marktanteil verloren. Gästeankünfte aus Japan und dem UK sind im Zehnjahresrückblick rückläufig. Ausgehend von einer geringeren Basis, konnte Deutschland seinen Marktanteil ebenfalls ausbauen und zeichnet sich als sehr konstanter Auslandsquellmarkt für Neuseeland ab. Zusätzlich zu den sechs internationalen Hauptquellmärkten wächst die Bedeutung Frankreichs, Schwedens und der Schweiz sowie Singapurs, Thailands und Indonesiens (Statistics New Zealand, 2015e).

Bei monatlicher Betrachtung der internationalen Ankünfte ist allgemein eine verhältnismäßig niedrige saisonale Abhängigkeit feststellbar, sie schwankt jedoch zwischen den Hauptquellmärkten und lässt auf leicht abweichende Präferenzen der Hauptreisezeiten schließen. Generell stellt der Wintermonat Juni den schwächsten und der Dezember den stärksten Monat dar. Als Maß der Saisonalität der Nachfrage kann der Gini-Koeffizient herangezogen werden. Er drückt die Ungleichverteilung (hier der internationalen touristischen Ankünfte) bei monatlicher Betrachtung aus. Für Neuseeland gesamt liegt der Gini-Koeffizient der Saisonalität bei 0,173 und kann somit als gering eingestuft werden. Während Australier Neuseeland nahezu ganzjährig besuchen, mit einem Peak im Dezember (Gini-Koeffizient: 0,108), sind die saisonalen Schwankungen hinsichtlich der Ankünfte aus Deutschland (Gini-Koeffizient: 0,374) und dem UK (Gini-Koeffizient: 0,380) recht stark ausgeprägt (vgl. Abb. 3.2; Statistics New Zealand, 2015e). Die teils recht hohen saisonalen Nachfrageschwankungen zeichnen sich schließlich auch in der durchschnittlichen Kapazitätsauslastung ab und erschweren die Wettbewerbsfähigkeit einzelner Regionen. Während die Nachfrage in der Hauptsaison das Angebot teils übersteigt und es zu Vermassungsproblemen kommt, können die Kapazitäten in der Nebensaison nicht wirtschaftlich nachhaltig genutzt werden (z. B. in Northland; Brettkelly, 2015).

Mit 1.822 NZD pro Person und Aufenthalt (rd. 1.100 EUR) sind die durchschnittlichen Ausgaben der Australier verhältnismäßig niedrig. Wenngleich der Anteil deutscher Gäste deutlich geringer ist, sind die durchschnittlichen Ausgaben pro Person und Reise gegenüber denen der Australier etwa zweieinhalb Mal so hoch (4.781 NZD, rd. 2.800 EUR; TIA/Lincoln University, 2014). Die höheren Ausgaben der Deutschen lassen sich primär auf die längere Aufenthaltsdauer zurückführen. Während Australier im Durchschnitt elf Tage in Neuseeland verbringen, bleiben Gäste aus Deutschland im Schnitt knapp acht Wochen. Betrachtet man entsprechend die durchschnittlichen Tagesausgaben, liegen diese bei Gästen aus Australien bei knapp 166 NZD (rd. 99 EUR), bei Besuchern aus Deutschland lediglich bei rund 90 NZD (rd. 53 EUR; TIA/Lincoln University, 2014).

Eine reine Urlaubsreise und ein Besuch von Verwandten und Bekannten (VFR) stellen die Hauptgründe für Neuseelandreisen dar. Während sich mehr als zwei Drittel der Chinesen (75 %) und Deutschen (72 %) als Urlaubsreisende in Neuseeland aufhalten, ist der VFR-Aufenthalt bei Gästen aus dem UK (49 %) und Australien (40 %) von deutlicher höherer Relevanz (Statistics New Zealand, 2015e). Durch die steigende Anzahl an Einwanderern aus asiatischen Herkunftsländern ist zukünftig davon aus-

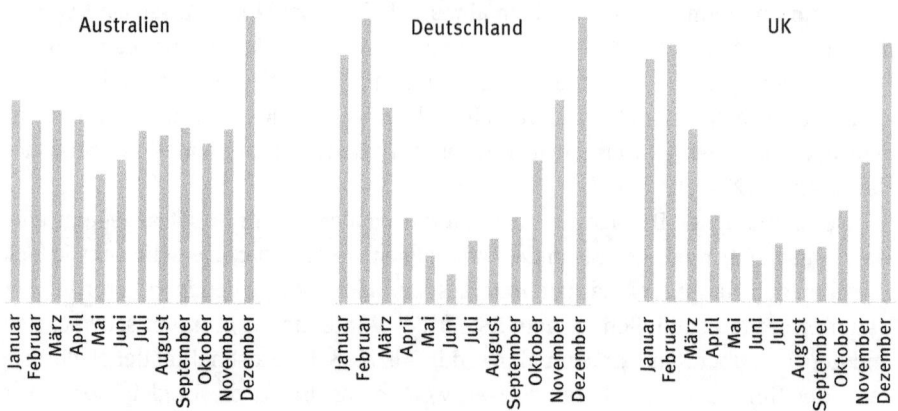

Abb. 3.2: Saisonale Verteilung internationaler Ankünfte nach ausgewählten Hauptquellmärkten 2014/15.

zugehen, dass sich der Anteil VFR-Reisender aus diesen Regionen erhöhen wird (Hall/ Kearsley, 2001). Aufgrund der durchschnittlich längeren Aufenthaltsdauer sowie der erhöhten Ausgaben in der Gastronomie und im Einzelhandel ist das VFR-Segment für Neuseelands Tourismusindustrie nicht zu unterschätzen.

Der Incoming-Tourismus ist für die Entwicklung Neuseelands als Reiseziel sowie die Aufwertung seines Images im internationalen Kontext von entscheidender Bedeutung. Nicht nur weiche Faktoren (z. B. Imagebildung), sondern auch harte betriebswirtschaftliche Faktoren (z. B. touristische Ankünfte) sind zu berücksichtigen. Bezogen auf das Gesamtvolumen getätigter Reisen sowie der touristischen Ausgaben trägt der neuseeländische Binnentourismus im Vergleich zum Incoming-Tourismus jeweils zu einem größeren Anteil zum touristischen Gesamterfolg bei. Im Jahr 2014 wurden rund 58 Prozent (14,2 Mrd. NZD, rd. 8,4 Mrd. EUR) aller touristischen Ausgaben durch Inländer generiert (TIA, 2014). Die Steigerung des Binnentourismus, in Form sowohl von Übernachtungs- als auch von Tagestourismus, gilt als kritischer Erfolgsfaktor. In erster Linie weniger touristische Regionen sowie Destinationen mit starken saisonalen Schwankungen sind auf den Binnentourismus angewiesen (TIA, o. J.).

3.3.2 Neuseelands touristische Regionen

Nahezu alle Regionen und Städte in Neuseeland profitieren vom Tourismus (Collier, 2006). Rund ein Fünftel aller in- und ausländischen Übernachtungen in gewerblichen Beherbergungsbetrieben werden in Auckland (19 %) generiert; auch auf Canterbury (10 %), Queenstown (9 %) und Wellington (7 %) entfällt jeweils ein verhältnismäßig hoher Anteil an allen in Neuseeland verzeichneten Übernachtungen (Statistics New Zealand, 2015d). Knapp 21 Millionen Übernachtungen in gewerblichen Beherbergungsbetrieben entfallen auf die Nordinsel, dies entspricht rund 60 Prozent der Übernachtungen insgesamt (Statistics New Zealand, 2015d).

Die Nordinsel ist für Inländer ein beliebtes Reiseziel. Rund zwei Drittel aller inländischen Übernachtungen in gewerblichen Beherbergungsbetrieben finden auf der Nordinsel statt. Dies ist u. a. auf den allgemeinen Kurzreisetrend sowie den höheren Bevölkerungsanteil auf der Nordinsel zurückzuführen. Die Anteile inländischer und ausländischer Übernachtungen weichen zwischen den Regionen der Nordinsel teils stark ab. Während beispielsweise die Verteilung in Rotorua verhältnismäßig ausgeglichen ist (53 % zu 46 %), werden 84 Prozent aller Übernachtungen in Gisborne durch Inländer generiert (Statistics New Zealand, 2015d).

Die Verteilung nach der Herkunft der Gäste ist auf der Südinsel deutlich ausgeglichener, so entfallen jeweils rund sieben Millionen Übernachtungen auf in- bzw. ausländische Gäste. Die starke Abhängigkeit von internationalen Quellmärkten wird in den touristischen Hauptorten Fiordland, Queenstown, Mackenzie, Wanaka und West Coast deutlich. Mindestens sechs von zehn Übernachtungen entfallen hier auf internationale Gäste (Statistics New Zealand, 2015d).

Ein höherer Anteil internationaler Gäste und Übernachtungen spiegelt sich vermehrt in einer saisonalen Ungleichverteilung wider. Destinationen wie Queenstown, die durch die Skimöglichkeiten im Winter über ein Ganzjahresangebot verfügen, sind weniger saisonalen Schwankungen ausgesetzt. Fiordland hingegen zieht zwar in den Monaten April bis Oktober eine Vielzahl an Wanderern und Outdoor-Enthusiasten an, bietet aber kaum Alternativen im Winter und unterliegt einer mittelmäßig starken Saisonalität (Gini-Koeffizient: 0,390). Regionen mit relativ hohem Anteil inländischer Gäste können saisonale Schwankungen oftmals ausgleichen, Fiordland unterliegt allerdings auch bei Betrachtung der Übernachtungen insgesamt einer recht hohen Saisonalität. Dies ist zum einen auf natur- und wetterbedingte Faktoren, zum anderen aber auch auf den geringeren Anteil inländischer Gäste (32 %) zurückzuführen (Statistics New Zealand, 2015d).

Zudem wirken sich Schwankungen internationaler Gästeankünfte in den größeren Städten (Auckland, Wellington und Christchurch) teils recht stark auf die Nachfrage in weiteren touristischen Regionen auf der Nord- und Südinsel aus. Ausstrahlungseffekte (Spill-over-Effekte) sind angesichts der höheren Abhängigkeit von ausländischen Besuchern auf der Südinsel stärker ausgeprägt (Balli/Curry/Ozer-Balli, 2015).

3.3.3 Neuseelands touristische Strukturen

Tourism New Zealand ist als nationale DMO für die Vermarktung Neuseelands im Ausland verantwortlich. Mit der Initiierung der Destinationsmarke *100 % pure New Zealand* ist es Tourism New Zealand gelungen, eine weltweit akzeptierte und starke Marke aufzubauen. Im weltweiten Destinationsvergleich von FutureBrand ordnet sich Neuseeland auf Rang fünf der stärksten Reisezielmarken ein (TIA/Lincoln University, 2014). Gleichzeitig ist der Inselstaat durch eine sehr kleingliedrige, dynamische touristische Struktur geprägt, deren Diversifikation bei mangelnder Koordination auch zu Ineffizienz führen kann. Vor diesem Hintergrund wurde bereits in der *New Zealand Tourism Strategy 2010* zu klaren Strukturen, definierten Aufgabenverteilungen und effektiven Netzwerken (insbesondere zwischen öffentlichen und privaten Leistungsträgern) aufgerufen (Collier, 2006).

Neuseeland setzt sich gegenwärtig aus 30 regionalen Tourismusorganisationen (RTOs) und 67 Kommunalbehörden (TLAs) zusammen (RTONZ, 2014). In der komplexen touristischen Struktur sind TLAs die Eckpfeiler des kooperativen Destinationsmanagements. Die Aufgabengebiete der TLAs gehen in der Regel über die des Tourismus hinaus, wohingegen sich RTOs ausschließlich mit touristischen Fragen auseinandersetzen und schwerpunktmäßig für das touristische Marketing verantwortlich sind. RTOs unterliegen einer heterogenen Struktur (vgl. Abb. 3.3; Pearce, 2015). Beispielsweise ist die RTO *Destination Rotorua* direkt der kommunalen Wirtschafts- und Ordnungsbehörde zugeordnet (Destination Rotorua, 2014), wohingegen *Destination Queenstown* als eingetragener Verein fungiert (Destination Queenstown,

3.3 Tourismus in Neuseeland – eine Momentaufnahme — 37

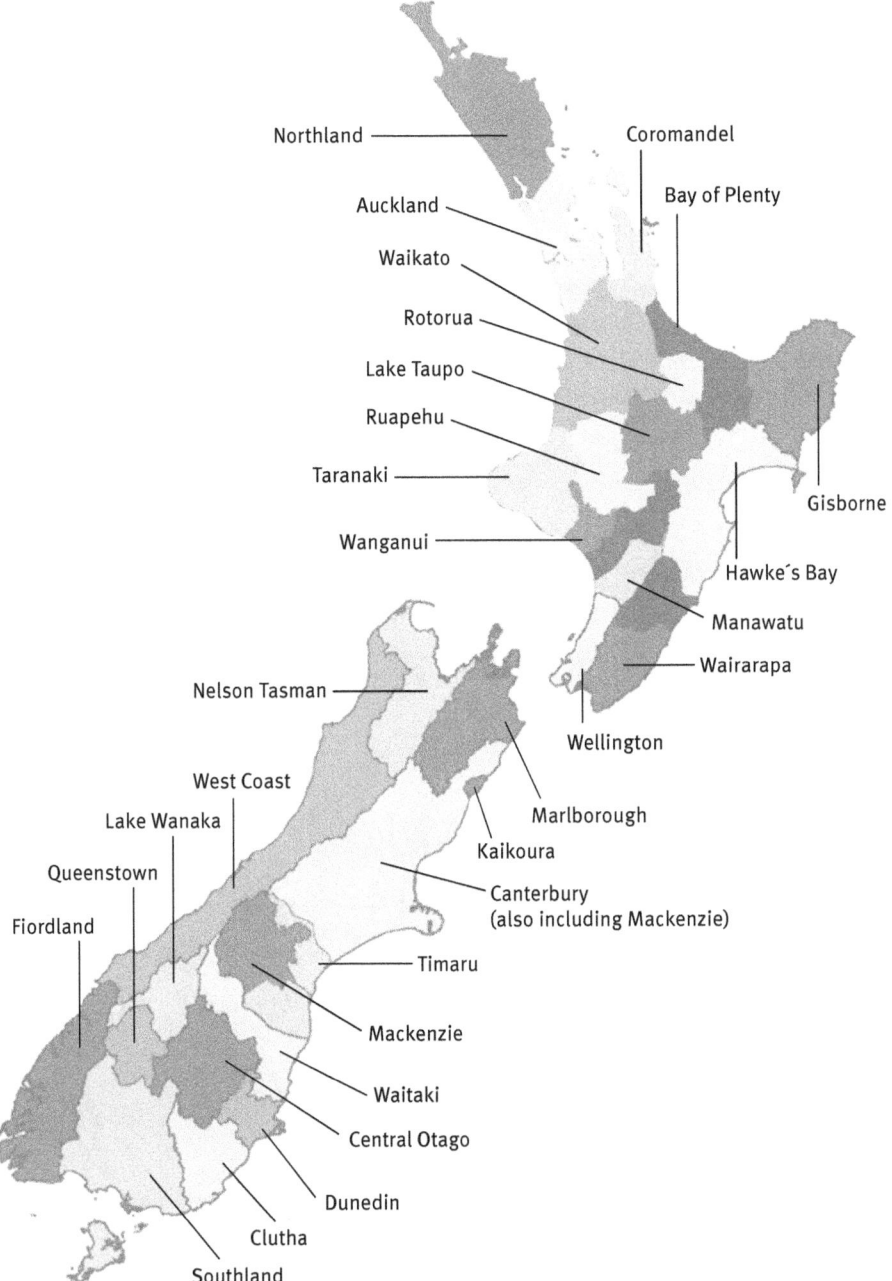

Abb. 3.3: Touristische Regionen in Neuseeland.

2016). Aufgrund unterschiedlicher Strukturen, Funktionen sowie zur Verfügung stehender (finanzieller) Ressourcen variiert der Handlungsspielraum der RTOs, was sich auf die Produktion und Bereitstellung des touristischen Produkts auswirkt.

Infolge der geografischen Gegebenheiten, aber auch der politischen Zuordnungen setzen sich einige TLAs aus mehreren RTOs zusammen (z. B. Queenstown Lake District Council: *Destination Queenstown*, Lake Wanaka Tourism und Arrowtown Business and Promotion Association) bzw. fungieren einige RTOs als Dachmarke und sind mehr als einer TLA zugeordnet (z. B. *Destination Coromandel*; Pearce, 2015; vgl. Abb. 3.4). Zur effektiven und effizienten Ressourcenausschöpfung und vor dem Hintergrund kostenintensiver internationaler Marketingkampagnen haben sich vielerorts destinationsübergreifende Partnerschaften und Marketingallianzen herausgebildet (z. B. Southern Lakes IMA, bestehend aus Wanaka, Queenstown und Fiordland).

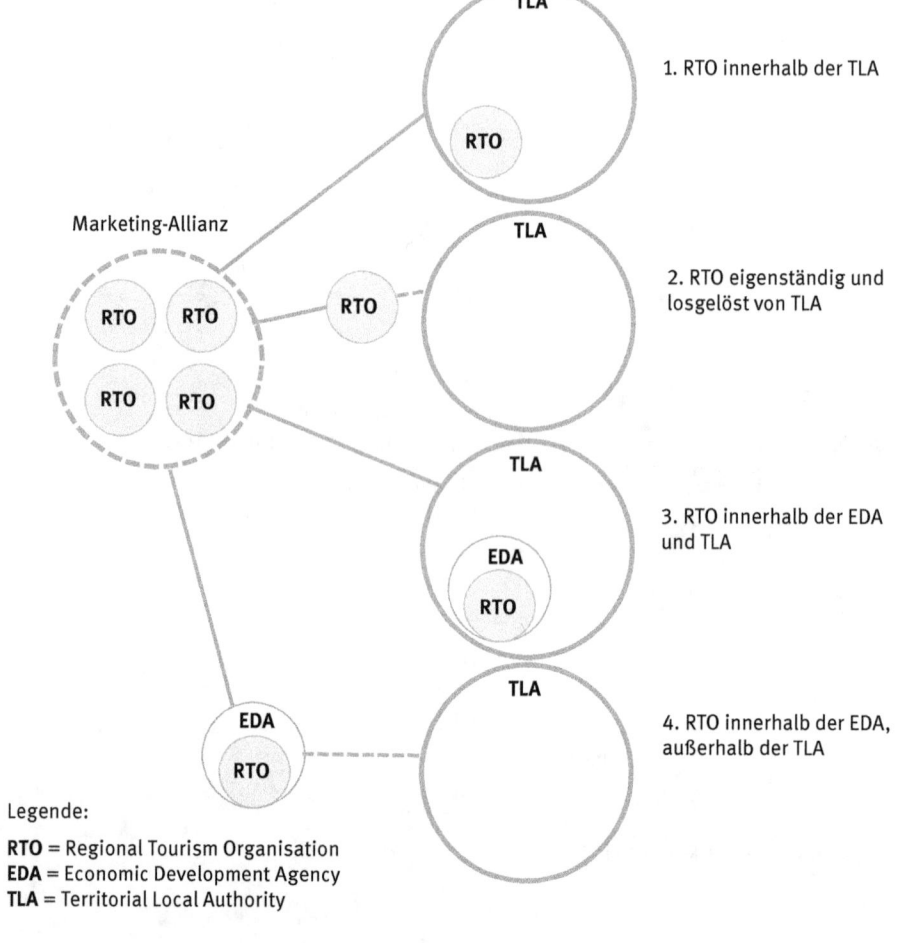

Abb. 3.4: Touristische Struktur in Neuseeland.

Die Vermarktung im Ausland wird über Tourism New Zealand grundfinanziert und gesteuert. RTOs sind für die Vermarktung im Inland zuständig. Als Folge knapper Ressourcen ist das Binnenmarketing aber in den vergangenen Jahren nahezu komplett ausgeblieben (TIA, o. J.).

Ein Großteil der internationalen Reisenden trifft erst im Zielort die finalen Reiseentscheidungen. Informationen werden somit sehr spontan, individuell und kurzfristig gesucht und Unterkünfte, Transportmittel oder auch Aktivitäten entsprechend gebucht (Tourism New Zealand, 2012). Tourismusinformationen nehmen folglich eine Schlüsselrolle in der Vermarktung und im Vertrieb ein. Im Jahr 1990 wurden die ersten Besucher-Informationszentren (Visitor Information Network, VIN) ins Leben gerufen (Tourism New Zealand, 2012). Sie werden gegenwärtig durch Tourism New Zealand als Netzwerkmarke *i-SITE* gesteuert und grundfinanziert. Im Jahr 2015 waren rund 80 i-SITEs mit mehr als 500 Mitarbeitern über beide Inseln verteilt (Tourism New Zealand, 2015a). Jährlich suchen rund eine Million internationale Besucher i-SITEs für Informationen im Zielgebiet auf. Knapp 50 Prozent aller Besucher schließen zudem Buchungen über i-SITE ab oder lassen sich nachhaltig inspirieren (Tourism New Zealand, 2012). Darüber hinaus sind weitere Akteure des öffentlichen Sektors von entscheidender Relevanz für den touristischen Erfolg, darunter das Ministry of Business, Innovation and Employment (MBIE), das für die Regulierung und Steuerung des Tourismus zuständig ist, New Zealand Māori Tourism (NZMT), das sich um die Interessenwahrung und Mitwirkung der indigenen Bevölkerung bemüht, das Department of Conservation (DoC), das sich für die Wahrung der naturräumlichen und kulturellen Besonderheiten und den Artenschutz einsetzt, sowie Qualmark New Zealand, das für die Qualitätssicherung des touristischen Produkts hauptverantwortlich ist (Tourism New Zealand, 2015a).

Darüber hinaus trägt eine Vielzahl privater Betriebe zur Bereitstellung des touristischen Produkts bei. Auch hier unterliegt Neuseeland einer sehr kleinteiligen Struktur. Rund 85 Prozent der touristischen Betriebe sind klein- und mittelständische Unternehmen (KMUs) mit weniger als fünf Angestellten (TIA/Lincoln University, 2014). Dies spiegelt sich in der Beherbergungsstatistik wider. Mehr als die Hälfte aller gewerblichen Betriebe sind Motels (56 %), demgegenüber ist der Anteil an Hotels deutlich geringer (18 %; Statistics New Zealand, 2015d). Abgesehen von kommerziellen Beherbergungsbetrieben prägen auch nicht kommerzielle Unterkünfte wie Farmstays, Bed and Breakfast sowie Hütten Neuseelands Beherbergungsstruktur (Collier, 2006; Hall/Kearsley, 2001).

3.3.4 Auswirkungen des Tourismus auf Neuseeland

In der wirtschaftlichen und soziokulturellen Entwicklung Neuseelands wird dem Tourismus ein hoher Stellenwert eingeräumt. Die steigende Anzahl internationaler Besucher sowie gleichzeitig nahezu konstant niedrige Einwohnerzahlen und die daraus resultierend hohe Ratio zwischen Einheimischen und (internationalen) Touristen verschärft die direkten und indirekten Einflüsse auf die Bevölkerung sowie die naturräumliche Nutzung. Neuseeland kann nicht nur von positiven Effekte profitieren, sondern steht auch vor der Herausforderung der Minimierung negativer Einflussfaktoren, um eine nachhaltige Entwicklung der Branche zu gewährleisten und dem Image als grüne Destination langfristig gerecht zu bleiben (Connell/Page/Bentley, 2009).

3.3.5 Ökonomische Einflussfaktoren

Die Tourismusbranche stellt neben der Landwirtschaft seit Ende der 1980er-Jahre den wichtigsten Wirtschaftssektor dar (Statistics New Zealand, 2014). Die positive Entwicklung des Tourismus ist maßgeblich auf den von der Regierung eingeleiteten Strukturwandel sowie die seit 1984 durchgeführten Deregulierungsprozesse, die aufgrund der starken wirtschaftlichen Abhängigkeit vom primären Sektor zwingend notwendig waren, zurückzuführen (Ateljevic, 2009). Im Rahmen der Umstrukturierung wurde Tourismus schließlich als eine der Schlüsselindustrien für die regionale und wirtschaftliche Entwicklung definiert.

Nicht nur die direkten touristischen Akteure profitieren von der positiven Entwicklung der Branche, die steigende Nachfrage trägt auch zur Generierung indirekter ökonomischer Effekte bei. Beispielsweise kann rund ein Viertel der Treibstoffeinnahmen auf den Tourismus zurückgeführt werden (TIA/Lincoln University, 2014). Außerdem werden beispielsweise durch Farmstays und Weintouren Anreize für Zusatzverkäufe geschaffen, die ohne den Tourismus nicht generiert würden. Mit einem Wachstum von fünf Prozent gegenüber dem Vorjahr beliefen sich die touristischen Gesamtausgaben im Jahr 2014 auf 23,8 Milliarden NZD (rd. 14 Mrd. EUR). Die direkte Wertschöpfung in Höhe von 8,3 Milliarden NZD (rd. 4,9 Mrd. EUR) drückt einen relativen Beitrag zum Volkseinkommen von rund vier Prozent aus. Hinzu kommen 6,5 Milliarden NZD (rd. 3,8 Mrd. EUR) indirekter Wertschöpfung. Der hohe Stellenwert des Tourismus für die neuseeländische Wirtschaft wird überdies durch den hohen Anteil direkt und indirekt Beschäftigter unterstrichen. Das Einkommen von 4,7 Prozent der Neuseeländer ist direkt vom Tourismus abhängig, dies entspricht einem Vollzeitarbeitsäquivalent von 94.100. Hinzu kommen 72.100 induzierte Vollzeitäquivalente (Statistics New Zealand, 2014).

Besonders im regionalen Raum mit oftmals ausgeprägter Abhängigkeit vom Landwirtschaftssektor wird Tourismus als treibende Kraft und Alternative für wirtschaftliche Entwicklung verstanden, der zudem zur Revitalisierung von kleineren Orten und Gemeinden beiträgt. Eine gute touristische Infrastruktur gilt als kritischer Faktor für den Erfolg einer touristischen Destination. In den vergangenen Jahren wurde eine Vielzahl an Infrastrukturprojekten initiiert, deren Entwicklungen sich nicht nur positiv auf die Reisenden, sondern auch auf die einheimische Bevölkerung auswirken. Ein Beispiel ist das in großem Rahmen umgesetzte und international ausgezeichnete

Infrastrukturprojekt zur Wiederbelebung und Umstrukturierung des alten Industriehafens im Zentrum von Auckland, des Wynyard Quarter. Das vielfältige gastronomische Angebot, die Vielzahl an Events und der neu geschaffene Wohnraum machen das Wynyard Quarter und die Silo Parks zu einem beliebten Ausflugsziel für Touristen, aber auch für die einheimische Bevölkerung (Panuku Development Auckland, 2016).

Abgesehen von den genannten positiven Aspekten birgt die Branche aber auch Schattenseiten. Die hohen Einnahmen aus dem Tourismus führen in einigen Regionen (z. B. West Coast) zu einer starken wirtschaftlichen Abhängigkeit. Der Anteil ausländischer Investitionen steigt, was die Abhängigkeit dahingehend verschärft, dass ein Großteil der Erlöse ins Ausland fließt und sich die Mitbestimmung der einheimischen Industrie an der touristischen Ausrichtung und Entwicklung reduziert. Hierdurch zeichnet sich nicht nur eine wirtschaftliche Instabilität ab, sondern auch ein Risiko der Ungleichverteilung sowie Unzufriedenheit der einheimischen Bevölkerung. Zudem haben Standorte wie Queenstown infolge des vielfältigen Ganzjahresangebots derart an Attraktivität gewonnen, dass nicht nur ausländische Investitionen stark angestiegen sind, sondern sich auch die lokale Bevölkerung vervielfacht hat (Colliers International, 2015). Wenngleich mit einer Aufwertung des Standorts durch zusätzliche Infrastrukturinvestitionen argumentiert werden kann, sind die Miet- und Immobilienpreise derart gestiegen, dass sich Einheimische, die primär in der unterbezahlten Serviceindustrie arbeiten, keinen Wohnraum mehr leisten können. Im Jahr 2014 wurden erste Initiativen vonseiten des Queenstown Lakes District Council eingeleitet, um Wohnraum wieder attraktiv und bezahlbar zu gestalten (Queenstown Lakes District Council, 2014).

3.3.6 Ökologische Einflussfaktoren

Neuseeland wurde bereits bei der Entdeckung durch Europäer ein sauberes und naturnahes Image zugesprochen (Sobania, 2000) und es gilt im globalen Vergleich als grün und nachhaltig (Connell, et al., 2009). Die Vielfalt der Landschaft, fremd- und einzigartige Vegetation sowie die Vielzahl an National- und Regionalparks prägen das gegenwärtige Bild Neuseelands. Dies hat Tourism New Zealand als einen wesentlichen Punkt in die Vermarktungsstrategie aufgenommen. International wirbt der Inselstaat seit 1999 mit der Marketinginitiative *100 % pure* für ein grünes, naturfreundliches und ressourcenschonendes Reiseziel. Damit wird dem potenziellen Gast auch ein entsprechendes Produktversprechen gegeben. Die einzigartigen naturräumlichen Gegebenheiten und Attraktionen stellen den Hauptbesuchsgrund für viele internationale Reisende dar (Tourism New Zealand, 2015b). Bei nachhaltiger Ressourcenausschöpfung kann dieses Alleinstellungsmerkmal ein langfristiger Wettbewerbsvorteil werden. Zugleich sind mit der Anreise nach Neuseeland für die Mehrheit der internationalen Gäste ein langer Flug und damit ein hoher CO_2-Fußabdruck verbunden. Die steigende Anzahl an Gästeankünften stellt daher bereits seit Jahrzehnten eine große Herausforderung für den Umweltschutz dar (Urlich/Ward/Hughey, 2001). Die ökologische Belastung wird in erster Linie an den Hauptattraktionspunkten spürbar. Am Milford Sound und im Abel Tasman National Park wurden beispielsweise frühzeitig Buchungssysteme für Wanderwege und Hütten eingeführt, um der erhöhten touristischen Nachfrage in der Hauptsaison gerecht zu werden, die Touristenströme zu limitieren und potenziell negative Umwelteinflüsse zu minimieren (Hall/Kearsley, 2001). Inzwischen hat das Department of Conservation für alle *Great Walks* sowie weitere beliebte, schutzbedürftige Wanderwege Buchungssysteme eingeführt. Mögliche negative Faktoren wurden in den vergangenen Jahren zunehmend wissenschaftlich untersucht. Hierbei wurden u. a. die folgenden ökologischen Einflüsse festgestellt: Beeinträchtigung der Wanderer, aber auch der Tierwelt durch Lärmbelästigung sowie Luftverschmutzung durch Rundflüge (z. B. Franz Josef and Fox Glacier; Sutton, 1998), Zerstörung bzw. Beeinflussung von Brutstätten und Lebensräumen verschiedener Tierarten (z. B. Pinguine an der Westküste; Urlich/Ward/Hughey, 2001), Verbreitung von Krankheitserregern sowie allgemeine Umweltverschmutzung (z. B. Benutzung von chemischen Reinigungsmitteln; Cessford/Dingwall, 1999) und Bodenzerstörung durch Übernutzung (z. B. geothermale Vegetation; Ward et al., 2000).

Unter dem Slogan „Our vision is for New Zealand to be the greatest living space on Earth" (DoC, 2015) nimmt die Umweltbehörde DoC seit Initiierung durch den Conservation Act 1987 eine Schlüsselrolle ein in der Bewahrung der ökologischen Vielfalt sowie der Erhaltung des historischen und natürlichen Erbes Neuseelands. Grüne Wiesen prägen das heutige Bild Neuseelands und sind Alleinstellungsmerkmal im internationalen Wettbewerb (Yeoman et al., 2015). Im weltweiten Wettbewerbsvergleich (Travel and Trade Competitiveness Index) rangierte Neuseeland im Jahr 2015 auf Platz 16 von 141 berücksichtigten Ländern und kann sich in der Einzelkategorie Nachhaltigkeit sogar auf Rang eins einordnen (World Economic Forum, 2015). Dabei rückt die Tatsache, dass rund 80 Prozent des Landes vor knapp 200 Jahren mit einheimischen Pflanzen dicht bewaldet waren, oftmals in den Hintergrund. Mit der Immigration begann die Entwaldung hin zur nahezu kompletten Umwandlung in landwirtschaftliche Nutzflächen (Dawson, 2012). Zu den größten Herausforderungen des DoC gehört daher nicht nur die Bewahrung bestehender, primär endemischer Bestände, sondern auch die Wiederbelebung der ökologischen Vielfalt.

Während Urlauber in Australien mit einer Vielzahl teils lebensgefährlicher Tiere konfrontiert werden, gilt Neuseeland auch in Bezug auf die Tierwelt als sicheres Reiseziel (Pollard, 2012; Auswärtiges Amt, 2016). Dennoch stellt die Einschleppung giftiger Tiere, hauptsächlich Spinnen, ein Risikofaktor sowohl für die einheimische Bevölkerung und Tierwelt als auch für Touristen dar. Auch dieser Herausforderung hat sich das DoC angenommen.

Durch die klare Ausrichtung und Markenstrategie *100 % pure New Zealand*, die damit verbundenen Marketingkampagnen, aber auch durch Bestrebungen des DoCs ist zudem eine Bewusstseinssteigerung in Bezug auf Nachhaltigkeit bei der einheimischen Bevölkerung feststellbar (Wilson, 2009; Langdale, 2015). Um den Herausforderungen in der Zukunft weiter entgegenzutreten und eine nachhaltige Entwicklung des Landes zu gewährleisten, wurde nicht nur der übergeordnete Ressource Management Act (RMA) implementiert, es wurden auch zahlreiche Kampagnen zur Stärkung des nachhaltigen Tourismus sowie ökologische Standards (z. B. Qualmark, Green Globe 21) ins Leben gerufen (Patterson/McDonald, 2004).

3.3.7 Soziokulturelle Einflussfaktoren

Neuseeland zeichnet sich nicht allein durch das einzigartige Landschaftsbild, sondern auch durch seine aufgeschlossenen Bewohner und seinen reichen kulturellen Hintergrund aus (Cukier/de Haas, 2000). „Kiwis" gelten weltweit als aufgeschlossen, freundlich und gastfreundlich. In internationalen Vergleichsanalysen zum Thema Lebensqualität, aber auch Reisefreundlichkeit rangiert Neuseeland meist in den Top Ten (OECD Better Life Index, 2015). Das kulturelle Erbe der indigenen Bevölkerung trägt ebenfalls zum Destinationsprofil bei. Neben dem großen Anteil an Māori (15,6 % der Bevölkerung; Statistics New Zealand, 2015b) ist in vielen Regionen Neuseelands auch ein recht starker polynesischer Einfluss durch Einsiedler des Südpazifiks, hauptsächlich aus Samoa, Tonga und Fidschi (7,8 % der Bevölkerung; Statistics New Zealand, 2015b), spürbar. Internationale Touristen zeigen großes Interesse, kulturelle Besonderheiten (z. B. *haka* (Kriegstanz der Māori), *hangi* (typisches Essen der Māori) und *marae* (Zeremonialhaus und Herzstück der Māori-Kultur)) zu erleben (Tourism New Zealand, 2015b). Dies trägt vielerorts zur Aufwertung der Traditionen bei, unterstützt die Wiederbelebung kultureller Bräuche und sichert indirekt die Stammesnachfolge. Angesichts der Dichte an Attraktionen und Aktivitäten und der teils sehr speziellen touristischen Nachfrage kommt es jedoch teilweise eher zur Inszenierung der Kultur, sodass das indigene Produkt abgewertet und kommerzialisiert wird und sich zunehmend vom Ursprünglichen entfernt (McCure, 2004; Milne, 1990).

3.3.8 Neuseelands thematisches Portfolio

Neuseeland verfügt über ein sehr vielfältiges touristisches Portfolio, wobei der Schwerpunkt auf Outdoor-Aktivitäten liegt. Der Inselstaat steht international nicht nur für die Schönheit der Natur, sondern auch für Adrenalin und Abenteuer. Jeder zweite internationale Urlaubsgast partizipiert in irgendeiner Form am Abenteuertourismus. Insbesondere deutsche und niederländische Urlaubsreisende, die gegenüber allen internationalen Gästen überdurchschnittlich jung sind, haben großes Interesse an (Extrem-)Abenteuern. Gletscherspaziergänge, Jetbootfahrten, Bungee-Jumping oder Sky Diving stehen für 70 Prozent aller Urlaubsreisenden aus Deutschland und den Niederlanden auf dem Reiseprogramm (Tourism New Zealand, 2013a). Laut dem Adventure Tourism Development Index rangiert Neuseeland weltweit nach der Schweiz auf

Platz zwei der nachhaltigsten Abenteuerdestinationen (Tourism New Zealand, 2013a). Schwerpunktmäßig werden Radfahren, Wandern und Klettern, Fliegenfischen, Golf und Skifahren sowie Wein und Kulinarik als touristische Themen vermarktet.

Bedingt durch das abenteuerorientierte Profil wird der Zielgruppe *Jugendliche und Junge Leute* vermehrte Aufmerksamkeit gewidmet. Beispielsweise wurde unter der Markenstrategie *100 % pure New Zealand* die Kampagne *Play More Every Day* initiiert, die sich klar an diese junge Zielgruppe richtet. Zudem hat sich Neuseeland in den vergangenen Jahren als eine der beliebtesten und meistbesuchten Work&Holiday-Destinationen herausgebildet (Tourism New Zealand, 2013b). Dies wird durch das Work&Holiday-Visum, das Reisenden zwischen 18 und 30 Jahren erlaubt, sich für zwölf Monate in Neuseeland aufzuhalten und zu arbeiten, unterstützt.

Ein weiteres wichtiges Segment im touristischen Portfolio ist das Thema Filmtourismus. Seit der Verfilmung der „Herr-der-Ringe"-Trilogie sowie des „Hobbit" hat Neuseeland wie kaum eine andere Destination vom Filmtourismus profitiert. Das Thema Herr der Ringe wurde intensiv in internationalen Marketingkampagnen, z. B. *100 % pure Middle-Earth* und *Air New Zealand*, aufgenommen, was sich nachweislich auf die Reiseentscheidung internationaler Besucher ausgewirkt hat (Tourism New Zealand, 2013c).

Wenngleich Abenteuer- und Backpacker-Tourismus im touristischen Portfolio Neuseelands nach wie vor von primärer Bedeutung sind und sich Neuseeland über diese Themen weltweit positioniert hat, sind jüngste Bemühungen in Richtung eines hochwertigen, luxuriösen Reiseziels und somit einer Ausrichtung zum Premiumsegment erkennbar. Der chinesische Markt, der in den vergangenen Jahren nicht nur volumenmäßig stark gewachsen ist, sondern auch ein überdurchschnittlich hohes Ausgabeverhalten aufweist, wird hier primär angesprochen. In der Tourismusstrategie *Tourism 2025* sind darüber hinaus insgesamt vier Nischenmärkte definiert: Bildungstourismus, Kreuzfahrttourismus, Events und Kongresse (TIA, 2014).

3.4 Tourismus in Neuseeland – ein Ausblick

Mit der neuen Tourismusstrategie hat sich die neuseeländische Tourismusindustrie klare Ziele für die touristische Entwicklung und Sicherstellung der Wettbewerbsfähigkeit gesetzt. Das Hauptziel ist, die touristischen Einnahmen bis 2025 auf 41 Milliarden NZD (rd. 24 Mrd. EUR) zu steigern. Während in der Vergangenheit der Fokus auf der Steigerung der Anzahl (internationaler) Ankünfte lag, rückt damit die Erhöhung der Wertschöpfung je Gast in den Vordergrund: „We will grow volume, but we will grow value faster" (TIA, 2014, 12). Insgesamt sind in der Tourismusstrategie fünf kritische Erfolgsfaktoren zur Zielerreichung definiert: Produktivität, Besuchserlebnis, Erreichbarkeit, Marktforschung und Wertschöpfung. In der Zukunft sollen auch Indien, Indonesien sowie Lateinamerika mit einem Fokus auf Brasilien, Argentinien und Chile als Quellmärkte berücksichtigt werden (Tourism New Zealand, 2015c).

Exkurs: Neuseeland als Traumreiseziel der Deutschen

Urlaubsreisen sind ein fester Bestandteil der Deutschen. So gilt Deutschland seit Jahren als Reiseweltmeister. Gleichzeitig steuert Deutschland auf eine stark alternde und schrumpfende Gesellschaft zu, was sich auch auf den Outgoing-Tourismus auswirken wird. Deutschland ist einer der wichtigsten internationalen Quellmärkte Neuseelands. Die hohe Bedeutung des deutschen Marktes drückt sich u. a. durch zielgruppenspezifische Marketingaktivitäten aus. Beispielsweise wurde im Rahmen der Markenstrategie *100 % pure* eine deutschlandspezifische Werbekampagne mit Bernhard Höcker implementiert. Aufgrund des überdurchschnittlich jungen Alters der deutschen Neuseelandurlauber wird der Einfluss der demografischen Entwicklung auf die touristische Nachfrage vor Ort eher als gering eingestuft und Deutschland auch zukünftig als Wachstumsmarkt verstanden (MBIE, 2015a).

Während sich die Reisezielpräferenzen der Deutschen ständig leicht verschieben, stellt Neuseeland mit seiner unberührten Natur und dem Reiz, ans andere Ende der Welt zu reisen, bereits seit Generationen einen Wunschtraum der Deutschen dar (Sobania, 2000). Dies bestätigt sich auch in einer im Rahmen des GfK/IMT-DestinationMonitor Deutschland durchgeführten repräsentativen Haushaltsbefragung: Für 3,8 Prozent der deutschen Haushalte gehört Neuseeland zu den Top-Ten-Traumreisezielen (GfK SE Panel Services Deutschland/Eisenstein 2013; Eisenstein, 2014, 101; vgl. Abb. 3.5).

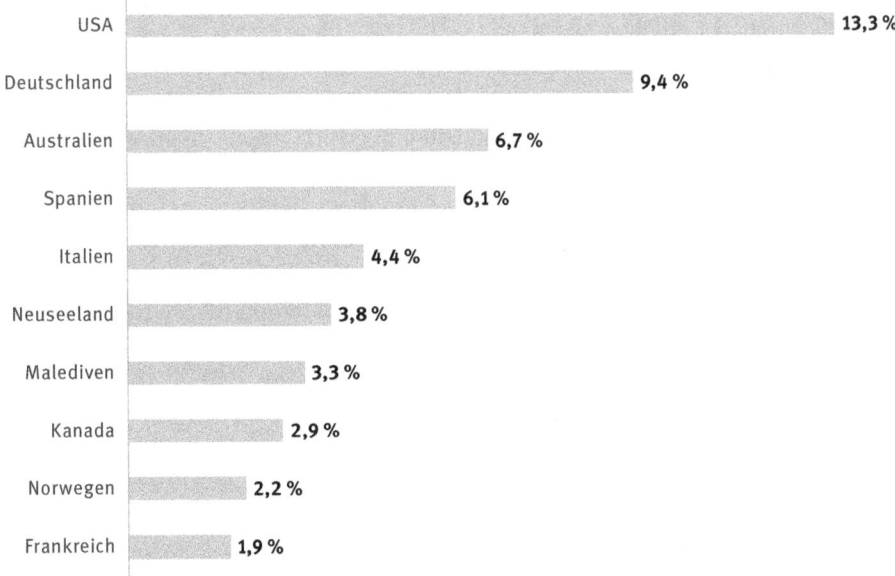

Abb. 3.5: Traumreiseziele der Deutschen.

Wenngleich die Ergebnisse der Markenstudie Destination Brand 12 keine direkten Aussagen zur konkreten Reiseabsicht liefern können, zeigt auch diese Studie auf, dass für 2,7 Prozent der Deutschen eine längere Urlaubsreise nach Neuseeland innerhalb der nächsten drei Jahre generell infrage kommt (IMT, 2012). Die hohe Relevanz Neuseelands als Traumreiseziel sowie die verhältnismäßig hohe allgemeine Intention der Deutschen, das Land innerhalb der nächsten drei Jahre zu besuchen, bekräftigt die Bedeutung Deutschlands als internationaler Wachstumsmarkt.

3.4.1 Zukunftsthemen im touristischen Portfolio

Um das touristische Portfolio zu erweitern und vorliegende Potenzialthemen weiter aufzubauen, wurden in der neuen Tourismusstrategie *Tourism 2025* vier neue Zukunftsthemen definiert. Neben der spezifischen Ansprache der Hauptquellmärkte und der bereits bestehenden Kernthemen sollen Bildungstourismus, Kreuzfahrttourismus, Events sowie Kongresse und Tagungen stärker im Fokus der Vermarktung stehen (TIA, 2014).

Internationale Studenten sind ein wichtiger Bestandteil neuseeländischer Bildungseinrichtungen. Unter *Bildungstourismus* fallen Studenten, die sich weniger als zwölf Monate in Neuseeland aufhalten und deren Hauptaufenthaltsgrund ein Schulbesuch bzw. das Studium ist. Wenngleich lediglich knapp zwei Prozent aller internationalen Ankünfte auf dieses Segment entfallen und es in den vergangenen Jahren einiger Schwankungen unterlag (insbesondere nach dem Erdbeben in Christchurch), sind die durchschnittlichen Ausgaben (36.072 NZD, rd. 21.500 EUR) gegenüber 2004 kontinuierlich gestiegen. Ausländische Studenten und junge Reisende (18 bis 29 Jahre) unternehmen eine Vielzahl an Kurztrips und sind saisonal unabhängig, was vor dem Hintergrund der teils starken Saisonalität in erster Linie als Chance verstanden wird (TIA, 2014). Neuseelands Gästestruktur ist von Erstbesuchern geprägt. Die hohe Wiederbesuchsabsicht junger Reisender sowie der vermehrte Besuch durch Freunde, Familie und Verwandte wird ebenfalls als potenzialträchtig für die zukünftige Entwicklung eingestuft und erhöht den Stellenwert des Themas Bildungstourismus.

Ein weiteres globales Zukunftsthema ist der *Kreuzfahrttourismus*, der in den vergangenen Jahren weltweit ein starkes Wachstum erlebt hat. Durch den Ausbau der Kapazitäten wird das Segment als Wachstumsmarkt prognostiziert. Auch Neuseeland hat von diesem Kreuzfahrttrend profitiert. Die Anzahl an Schiffsankünften und Kreuzfahrtpassagieren hat sich in den vergangenen zehn Jahren verfünffacht (Cruise New Zealand, 2015a). In der Kreuzfahrtsaison 2014/15 haben rund 200.000 Kreuzfahrtpassagiere sowie 75.000 Crew-Mitglieder Neuseeland besucht. Ein Großteil (61 %) hatte hierbei einen Transitstopp. Mehr als die Hälfte aller Kreuzfahrtgäste kommen aus Australien (51 %), weitere 17 Prozent der Passagiere kommen aus den USA (Cruise New Zealand, 2015a). Passagiere, die in Neuseeland an bzw. von Bord gehen, verlängern darüber hinaus oftmals ihren Aufenthalt in Neuseeland vor bzw. nach der Kreuzfahrt oder kehren innerhalb des Folgejahrs für einen längeren Aufenthalt nach Neuseeland zurück (Cruise New Zealand, 2015b). Während in Australasien grundsätzlich eine Sättigungstendenz feststellbar ist (Wilson et al., 2015), wächst der neuseeländische Kreuzfahrtmarkt. Ein nennenswertes Beispiel ist die in der Nähe von Christchurch liegende Halbinsel Akaroa, die nach dem schweren Erdbeben in Canterbury mit rückläufigen Touristenzahlen konfrontiert war und sich durch den Ausbau des Kreuzfahrttourismus ein neues Standbein aufbauen konnte (Wilson et al., 2015). In der Kreuzfahrtsaison 2015/16 wurde eine steigende Anzahl an Schiffsanläufen sowie Passagieren erwartet (Cruise New Zealand, 2015a).

Ebenfalls als Zukunftsthema definiert sind *Events*, die gegenwärtig bereits sowohl für den Binnen- als auch für den Incoming-Tourismus von Relevanz sind. Abgesehen von Großevents (z. B. Rugby World Cup 2011), die für kurzzeitige Nachfragebooms sorgen, spielen auch kleinere, jährlich-saisonale Events (z. B. Marlborough Wine Festival) eine entscheidende Rolle im touristischen Profil Neuseelands. Aufgrund des hohen Stellenwerts im Sinne der monetären Wertschöpfung, der regionalen und lokalen Infrastrukturentwicklung und der Profilierung sowie Stärkung der nationalen Identität unterstützte der Major Events Development Fund seit 2005 mehr als 160 Events (MBIE, 2014). Vor allen Dingen für den Binnentourismus soll das Thema zukünftig noch stärker ausgebaut werden (TIA, o. J.).

Kongresse und Tagungen wurden als viertes Zukunftsthema definiert. Im Jahr 2014/15 haben insgesamt 5.500 Konferenzen und Tagungen mit 540.000 Teilnehmern in Neuseeland stattgefunden. Dies entspricht hochgerechnet rund einer Million Veranstaltungstage (MBIE, 2015b). Gegenwärtig ist der Anteil an internationalen Reisenden mit Hauptreiseanlass Conventions/Conferences (2 %) gering (Statistics New Zealand, 2015e). Das Thema wird jedoch als potenzialträchtig eingestuft, da die Tagespersonenausgaben hoch sind und die Möglichkeit besteht, die Auslastung in der Nebensaison zu erhöhen (TIA, 2014).

3.4.2 Herausforderungen bezüglich der langfristigen Wettbewerbsfähigkeit

Die internationale Tourismusindustrie ist einer Vielzahl exogener Faktoren ausgesetzt. Hierzu gehören ökonomische (z. B. Währungsschwankungen), politische (z. B. Terrorismus) und ökologische (z. B. Umweltkatastrophen) Faktoren, die sich in beachtlichem Maße direkt auf die touristische Nachfrage auswirken können. Der Incoming-Tourismus in Neuseeland war oftmals nicht so stark von diesen Faktoren betroffen, da der Inselstaat den Status eines reisesicheren Landes genießt. Gleichzeitig ist Neuseeland angesichts der geografischen Isolation sowie der Anfälligkeit für Naturkatastrophen einer hohen Volatilität ausgesetzt. Dies hat sich nach dem Canterbury-Erdbeben 2011 besonders bei regionaler Betrachtung deutlich abgezeichnet. Nachfolgend sind einige ausgewählte Herausforderungen aufgelistet, denen sich die Tourismusindustrie in Neuseeland in der Zukunft vermehrt widmen muss, um wettbewerbsfähig zu bleiben:

- *Erreichbarkeit:* Die geografische Lage Neuseelands stellt bereits seit Beginn des Incoming-Tourismus einen potenziellen Risikofaktor dar. Gleichzeitig ist der Inselstaat vom internationalen Fernreisetourismus abhängig. Wenngleich Entwicklungen im Flugreiseverkehr die Anreise deutlich verkürzt haben, ist insbesondere aus Europa, aber auch aus Amerika eine lange Anreisezeit nicht zu umgehen. Die lange Anreisezeit stellt ein Hauptargument der Nicht-Reise für potenzielle Gäste dar. Eng damit verbunden ist auch der allgemeine Trend zu Kurzurlaubsreisen, der Neuseeland für internationale Gäste nahezu ausschließt (Ausnahme Australien).
- *Nachhaltigkeit:* Neuseeland steht für ein grünes, sauberes Image. Nachhaltigkeit und Umweltbewusstsein sowie Entschleunigung sind globale Nachfragetrends (Horx et al., 2015; Kirig/Eckes, 2014). Während Neuseeland all dies erfüllen kann, wird mit der Anreise bereits ein hoher CO_2-Fußabdruck hinterlegt. Das Paradox ist eine potenzielle Gefährdung des Images als unberührtes Naturparadies.
- *Saisonalität:* Events und Kongresse wurden als Zukunftsthemen definiert, um die saisonalen Schwankungen zu minimieren. Jedoch sind entsprechende Strategien primär auf städtische Reiseziele ausgelegt, die bereits einer deutlich geringeren Saisonalität unterliegen.
- *Autounfälle:* In den vergangenen Jahren ist es zunehmend zu teils folgenschweren Autounfällen auf neuseeländischen Straßen gekommen. Ausländische Autofahrer, die mit dem Linksverkehr und den teils engen und schlecht einsehbaren Straßen nicht vertraut sind, sind oftmals in Autounfälle verwickelt. Neben den personellen und monetären Schäden hat das Thema inzwischen eine hohe Medienaufmerksamkeit erreicht, die dem Image als sicheres Reiseziel schaden kann. Um die Anzahl an Unfällen zu minimieren und den internationalen Gästen ein sichereres Fahrgefühl zu vermitteln, wurde in den vergangenen Jahren und mit erhöhtem Engagement seit Ende 2010 eine Vielzahl an Initiativen ergriffen, darunter Informationsseiten und Kurzvideos im Internet (z. B. www.drivesafe.org.nz). Seit dem 1. Oktober 2015 sind Autovermietungen und andere Anbieter verpflichtet, ihre Kunden über die Straßenverkehrsordnung in Neuseeland ausführlich aufzuklären. Es gibt zudem einen neu eingeführten, online-basierten Selbsttest, den internationale Fahrer ausfüllen können, um ihre Kenntnisse zu überprüfen, und den einige Autovermietungen als Voraussetzung für die Leihwagenvergabe nutzen (NZAA Inc., 2016).
- *Infrastruktur:* Das Thema unzureichende Infrastruktur, in erster Linie im Beherbergungssegment, begleitet die touristische Entwicklung Neuseelands. Außerdem bedarf es durch den Ausbau des Kreuzfahrttourismus neuer Infrastrukturprojekte, um den Besucherströmen gerecht zu werden und ein zielgruppenadäquates Angebot machen zu können (Tourism New Zealand, 2015d).

– *Internationale Währungskrise:* Bereits in der Vergangenheit haben sich internationale Währungskrisen auf das Nachfragevolumen ausgewirkt. Neuseeland ist infolge der langen Anreise und der teils hohen Preise vor Ort generell ein teures Reiseziel (Schiff/Becken, 2011). Die gegenwärtige Abwertung des Euros und des chinesischen Yuans und zeitgleich die Aufwertung des neuseeländischen Dollars machen den Inselstaat zu einem (noch) teureren Reiseziel für internationale Gäste. Zudem fördert der starke Dollar den Outgoing-Tourismus und somit die Ausgabengenerierung im Ausland. Das übergeordnete Ziel der Tourismusstrategie, eine höhere Wertschöpfung zu erreichen, verschärft den Druck auf die touristischen Akteure zusätzlich.

3.5 Schlusswort

Neuseelands unberührte und einzigartige Landschaft sowie die tief verwurzelte Kultur der Māori machen das *Land der Wunder* zum Traumreiseziel für viele Deutsche. Die vergangenen Jahre haben gezeigt, dass die touristische Nachfrage aufgrund eines hohen Professionalisierungsgrads der touristischen Akteure vor Ort, aber auch durch den weltweit anwachsenden Wohlstand, verbunden mit einer hohen Reisefreudigkeit, zunehmend gesteigert werden konnte. Um im intensivierten Wettbewerbsumfeld langfristig konkurrenzfähig zu bleiben und sich als grünes Reiseziel nachhaltig zu positionieren, ohne dabei die natürlichen Ressourcen zu belasten, muss sich das Land neuen Herausforderungen stellen und konkrete Strategien und Umsetzungsprozesse implementieren. Ka kite koe ki Aotearoa. Kia pai tōu haerenga!

Literatur

Ateljevic J. Tourism entrepreneurship and regional development: example from New Zealand. International Journal of Entrepreneurial Behavior and Research. 2009, 15(3), 282–308.

Auswärtiges Amt. Neuseeland: Reise- und Sicherheitshinweise. https://www.auswaertiges-amt.de/DE/Laenderinformationen/00-SiHi/NeuseelandSicherheit.html, 2016. Abgerufen am 16. Januar 2016.

Balli F, Curry J, Ozer-Balli H. Inter-regional spillover effects in New Zealand international tourism demand. Tourism Geographies. 2015, 17(2), 262–278.

Brettkelly S. Tourism NZ focuses on off-peak tourists. http://www.radionz.co.nz/news/national/276346/tourism-nz-focuses-on-off-peak-tourists, 2015. Abgerufen am 30. September 2015.

Cessford GR, Dingwall PR. An approach to assessing the environmental impacts of tourism. Wellington: Department of Conservation, 1999.

CIA World Facebook. The World Factbook – New Zealand. https://www.cia.gov/library/publications/the-world-factbook/geos/nz.html, 2015. Abgerufen am 30. September 2015.

Collier A. Principles of tourism: A New Zealand perspective, 7th edition. Auckland: Pearson, 2006.

Colliers International. 2015 Queenstown market report. www.colliers.co.nz/find%2520research/specialty%2520reports/2015%2520queenstown%2520market%2520report/, 2016. Abgerufen am 16. Januar 2016.

Connell J, Page SJ, Bentley T. Towards sustainable tourism planning in New Zealand: Monitoring local government planning under the Resource Management Act. Tourism Management. 2009, 30(6), 867–877.

Cook M. Government and industrial development – Ending intervention, 1980s and 1990s, Te Ara – the Encyclopedia of New Zealand, http://www.teara.govt.nz/en/government-and-industrial-development/page-4, 2012. Abgerufen am 30.September 2015.

Cruise New Zealand. Summary Report – Impact of the 2014–2015 cruise sector in New Zealand and forecasts to 2017. http://cruisenewzealand.org.nz/wp-content/uploads/2015/01/Cruise-New-Zealand-Economic-Impact-Report-Summary1.pdf, 2015a. Abgerufen am 30. September 2015.

Cruise New Zealand. Data – Introduction. cruisenewzealand.org.nz/data/%23data-intro, 2015b. Abgerufen am 30. September 2015.

Cukier J, De Haas H. Māori involvement in tourism in the Waikato Region. In: Cukier J, Dixon E, editors. Tourism resources, impacts and planning. Hamilton: University of Waikato, Department of Geography, 2000, 11–20.

Dawson J. Conifer–broadleaf forests – Loss of conifer–broadleaf forests, Te Ara – the Encyclopedia of New Zealand, http://www.teara.govt.nz/en/conifer-broadleaf-forests/page-5, 2015. Abgerufen am 10. Oktober 2015.

Department of Conservation (DoC). About us. http://www.doc.govt.nz/about-us/, 2015. Abgerufen am 30. September 2015.

Destination Queenstown. About Destination Queenstown. http://www.queenstownnz.co.nz/information/aboutDQ/, 2016. Abgerufen am 16. Januar 2016.

Destination Rotorua. Destination Rotorua organisational profile. http://www.rotoruanz.com/media/about-destination-rotorua/, 2014. Abgerufen am 16. Januar 2016.

Eisenstein B. Grundlagen des Destinationsmanagements, 2. Auflage. München: Oldenbourg Verlag, 2014.

GNS Science. New Zealand Earthquakes. http://www.gns.cri.nz/Home/Learning/Science-Topics/Earthquakes/New-Zealand-Earthquakes, o. J. Abgerufen am 29. Oktober 2015.

Hall CM, Kearsley GW. Tourism in New Zealand: An introduction. Melbourne: Oxford, 2001.

Horx M. Zukunftsreport 2016. Frankfurt am Main: Zukunftsinstitut GmbH, 2015.

Institut für Management und Tourismus (IMT) der Fachhochschule Westküste. Destination Brand 12 – Die Markenstärke internationaler Reiseziele. Heide: Fachhochschule Westküste, 2012.

Kirig A, Eckes S. Tourismus Report 2015: Der Kompass für die Reisebranche. Frankfurt am Main: Zukunftsinstitut GmbH, 2014.

Langdale G. New Zealand perspectives on Natural Capital and ecosystems. http://aciucn.org.au/wp-content/uploads/2015/09/05-Langdale.pdf, 2014. Abgerufen am 29. Oktober 2015.

Lim C, McAleer M. Analysing seasonal changes in New Zealand's largest inbound market. Tourism Recreation Research. 2008, 33(1), 83–91.

McClure M. The wonder country: Making New Zealand tourism. Auckland: Auckland University Press, 2004.

McClure M. Tourist industry, Te Ara – the Encyclopedia of New Zealand, www.teara.govt.nz/en/tourist-industry/print, 2015. Abgerufen am 28. September 2015.

Milne S. The impact of tourism development in small pacific island states: An overview. New Zealand Journal of Geography. 1990, 89(1), 16–21.

Ministry of Business, Innovation & Employment (MBIE). Major Events Development Fund. http://www.majorevents.govt.nz/investment-process/major-events, 2014. Abgerufen am 28. September 2015.

Ministry of Business, Innovations and Employment (MBIE). New Zealand Tourism Forecast 2015–2021, www.mbie.govt.nz/info-services/sectors-industries/tourism/tourism-research-data/international-tourism-forecasts/previous-tourism-forecasts/2015-2021-forecasts/tourism_forecasts_2015-2021.pdf, 2015a. Abgerufen am 28. September 2015.

Ministry of Business, Innovations and Employment (MBIE). Convention Activity Survey Year to June 2015 report. http://www.mbie.govt.nz/info-services/sectors-industries/tourism/tourism-research-data/other-research-and-reports/convention-research-programme/convention-activity-survey/convention-activity-survey-year-ended-june-2015.pdf, 2015b. Abgerufen am 28. September 2015.

NZ one Screen. NZ tourism films. http://www.nzonscreen.com/spotlight/nz-tourism-films, o. J. Abgerufen am 10. Oktober 2015.

NZAA Inc. Visiting Driver Training Programme. https://www.aa.co.nz/travel/visitors-to-new-zealand/visiting-driver-training-programme/, 2016. Abgerufen am 16. Januar 2016.

OECD Better Life Index. Neuseeland. http://www.oecdbetterlifeindex.org/de/countries/new-zealand-de/, 2015. Abgerufen am 10. Oktober 2015.

Queenstown Lakes District Council. Housing Accord. http://www.qldc.govt.nz/assets/Uploads/Council-Documents/Strategies-and-Publications/Queenstown-Lakes-District-Housing-Accord.PDF, 2014. Abgerufen am 16. Januar 2016.

Page S. New Zealand – changing patterns of international tourism. Tourism Management. 1989, 10(4), 337–341.

Panuku Development Auckland. Wynyard Quarter. http://www.panuku.co.nz/wynyardquarter, 2016. Abgerufen am 16. Januar 2016.

Patterson M, McDonald G. How clean and green is New Zealand tourism? Lifecycle and future environmental impacts. Lincoln: Manaaki Whenua Press, 2004.

Pearce DG. Destination Management in New Zealand: Structures and functions. Journal of Destination Marketing & Management. 2015, 4(1), 1–12.

Police New Zealand. List of deceased. http://www.police.govt.nz/major-events/previous-major-events/christchurch-earthquake/list-deceased, 2012. Abgerufen am 10. Oktober 2015.

Pollard S. Spiders and other arachnids – Poisonous spiders, Te Ara – the Encyclopedia of New Zealand, www.teara.govt.nz/en/spiders-and-other-arachnids/page-5, 2012. Abgerufen am 26. September 2015.

Regional Tourism Organisations NZ (RTONZ). RTO by region. http://www.rtonz.org.nz/main.html, 2014. Abgerufen am 26. September 2015.

Schiff A, Becken S. Demand elasticity estimates for New Zealand tourism. Tourism Management. 2011, 32(3), 564–575.

Sobania I. The (re)construction of New Zealand's clean green image in Germany. In: Cukier J, Dixon E, editors. Tourism resources, impacts and planning. 2000, 207–214, Hamilton: University of Waikato, Department of Geography.

Statistics New Zealand. Tourism Satellite Account: 2014. Wellington: Statistics New Zealand. www.stats.govt.nz, 2014. Abgerufen am 26. September 2015.

Statistics New Zealand. A century of census – population. http://www.stats.govt.nz/Census/2013-census/profile-and-summary-reports/century-censuses-population.aspx, 2015a. Abgerufen am 28. September 2015.

Statistics New Zealand. New Zealand Profile 2015. www.stats.govt.nz/browse_for_stats/snapshots-of-nz/nz-in-profile-2015.aspx, 2015b. Abgerufen am 28. September 2015.

Statistics New Zealand. Accommodation Survey: July 2015 – Definitions. www.stats.govt.nz/browse_for_stats/industry_sectors/accommodation/AccommodationSurvey_HOTPJul15/Definitions.aspx, 2015c. Abgerufen am 26. September 2015.

Statistics New Zealand. Accommodation Survey – ACS. http://www.stats.govt.nz/infoshare/SelectVariables.aspx?pxID=4599724f-07c9-4823-9fdc-9b4bfc941058, 2015d. Abgerufen am 26. September 2015.

Statistics New Zealand. International Travel and Migration – ITM. http://www.stats.govt.nz/infoshare/SelectVariables.aspx?pxID=79e71bba-68c7-486b-b634-5bdc8e9f3b92, 2015e. Abgerufen am 26.September 2015.

Statistics New Zealand. International Travel and Migration: August 2015 – Definitions. www.stats.govt.nz/browse_for_stats/population/Migration/IntTravelAndMigration_HOTPAug15/Definitions.aspx, 2015f. Abgerufen am 26. September 2015.

Sutton S. Visitor perceptions of aircraft activity and crowding at Franz Josef and Fox Glaciers. Wellington: Department of Conservation, 1998.

Tourism Industry Association New Zealand (TIA). Tourism 2025 – Growing value together Whakatipu Uara Ngatahi. http://tourism2025.org.nz/, 2014. Abgerufen am 26. September 2015.

Tourism Industry Association New Zealand (TIA). Domestic tourism – the backbone of the industry – Executive summary. http://www.tourism2025.org.nz/2025-in-depth/domestic-tourism-the-backbone-of-the-industry/, o. J. Abgerufen am 26. September 2015.

Tourism Industry Association New Zealand (TIA) & Lincoln University. State of the tourism industry 2014. http://www.tourism2025.org.nz/making-it-happen/state-of-the-tourism-industry, 2014. Abgerufen am 26. September 2015.

Tourism New Zealand. I-SITE New Zealand Corporate Profile and Strategic Plan. www.tourismnewzealand.com/media/1373/i-site_corporate_profile_2012_bml_v8.pdf, 2012. Abgerufen am 28. September 2015.

Tourism New Zealand. Adventure Tourism – May 2013. www.tourismnewzealand.com/media/1767/adventure_tourism_-_research_report.pdf, 2013a. Abgerufen am 28. September 2015.

Tourism New Zealand. The Youth Sector. http://www.tourismnewzealand.com/markets-stats/sectors/the-youth-sector/strategy/, 2013b. Abgerufen am 28. September 2015.

Tourism New Zealand. Middle-earth Marketing. www.tourismnewzealand.com/media/1873/global_hobbit_campaign_results.pdf, 2013c. Abgerufen am 28. September 2015.

Tourism New Zealand. About the industry. http://www.tourismnewzealand.com/about/about-the-industry/who-makes-up-the-tourism-industry/, 2015a. Abgerufen am 28. September 2015.

Tourism New Zealand. Visitor Experience. http://www.tourismnewzealand.com/markets-stats/research/infographics/visitor-experience/, 2015b. Abgerufen am 28. September 2015.

Tourism New Zealand. Emerging markets. http://www.tourismnewzealand.com/markets-stats/markets/emerging-markets/, 2015c. Abgerufen am 28. September 2015.

Tourism New Zealand. Cruise Sector. http://www.tourismnewzealand.com/markets-stats/sectors/cruise-sector/, 2015d. Abgerufen am 28. September 2015.

Urlich S, Ward J, Hughey K. Environmental indictors of tourism on three natural assets of the West Coast, Aotearoa New Zealand. Lincoln: Lincoln University, 2001.

Ward J, Burns B, Johnson V, Simmons DG, Fairweather JR. Interactions between tourists and the natural environment: Impacts of tourist trampling on geothermal vegetation and tourist experiences at geothermal sites in Rotorua. Lincoln: Lincoln University, 2000.

Wilson J. History, Te Ara – the Encyclopedia of New Zealand, http://www.teara.govt.nz/en/history, 2015. Abgerufen am 26. September 2015.

Wilson J, Shone M, Simmons DG, Stewart E. Making waves: examining the interface between cruise tourism and destination community in Akaroa, New Zealand. Tourism in Marine Environments. 2015, 10(3–4), 211–223.

Wilson S. The New Zealand Built Environment in 2025 – Social Trends and Drivers. www.branz.co.nz/cms_show_download.php?id=46b563c9ba1f7351372de4997c845cb12725d0e6, 2009. Abgerufen am 26. September 2015.

World Economic Forum. The Travel & Tourism Competitiveness Report 2015. www3.weforum.org/docs/TT15/WEF_Global_Travel&Tourism_Report_2015.pdf, 2015. Abgerufen am 26. September 2015.

Yeoman I et al. New Zealand's sustainable future, Journal of Tourism Futures. 2015, 1(2), 117–130.

Michael Lück und Mark Orams
4 Wal- und Delfintourimus in Neuseeland

4.1 Einleitung

Neuseeland liegt im Südpazifik und ist eines der abgelegensten Länder der Erde. Das Land besteht aus den zwei Hauptinseln (Nord- und Südinsel) und einer Anzahl von kleineren Inseln, die weit im Südpazifik verstreut sind, von den subantarktischen Inseln im Süden bis zu den Kermadec-Inseln im Norden und den Chatham-Inseln im Osten. Die beiden Hauptinseln haben eine Küstenlänge von 15.134 Kilometern (Central Intelligence Agency, 2015). Durch die weit verbreitete geografische Lage vieler kleinerer Inseln verfügt Neuseeland über eine der größten Exklusiven Ökonomischen Zonen (EEZ) der Welt, die von der Zwölf-Meilen-Zone (Hoheitsgewässer) bis zur 200-Meilen-Zone reicht (vgl. Abb. 4.1). Tatsächlich ist Neuseelands EEZ mit 4,3 Millionen Quadratkilometern 15 Mal größer als seine Landmasse und macht Neuseeland zur viertgrößten maritimen Nation der Welt (Lück, 2008; New Zealand Biodiversity, 2015).

Durch die Insellage des Landes bietet sich Touristen eine Vielfalt an Aktivitäten am, im und unter Wasser an. Eine der beliebtesten Aktivitäten ist die Beobachtung wilder Wale und Delfine (Lück, 2009). Dieses Kapitel gibt eine kurze Übersicht über den Tourismus in Neuseeland und die Entwicklung der Walbeobachtungen als touristische Aktivität. Nachfolgend werden Walbeobachtungen in Neuseeland vorgestellt und anhand des Fallbeispiels von Kaikoura diskutiert.

4.2 Tourismus in Neuseeland

In den letzten 20 Jahren ist die Zahl der internationalen Touristen, die Neuseeland besuchen, stetig gewachsen, und im Jahr 2015 wurde die Drei-Millionen-Marke das erste Mal überstiegen (Statistics New Zealand, 2015a; vgl. auch Kapitel 3). Die Anzahl der Reisenden aus Deutschland ist 2014 um sieben Prozent gestiegen und hat 81.000 überschritten (Tourism New Zealand, 2015). Neuseeland bietet Urlaubern eine große Anzahl an Aktivitäten, die hauptsächlich auf der Schönheit und Einzigartigkeit der Natur beruhen. Durch die Insellage des Landes sind die Möglichkeiten für Wassersport sowie andere Aktivitäten im, am und unter Wasser fast endlos. Tab. 4.1 zeigt, dass eine große Anzahl der Besucher viele dieser Angebote nutzt. Statistics New Zealand hat keine Daten bezüglich der gesamten Besuche von Meeresschutzgebieten, aber die landnahen Meeresschutzgebiete verzeichnen hohe Besucherzahlen. Das Goat Island Marine Reserve (GIMR) ist Neuseelands ältestes Meeresschutzgebiet und liegt

4 Wal- und Delfintourimus in Neuseeland

Abb. 4.1: Neuseelands Exklusive Ökonomische Zone (EEZ) und Maritime Schutzgebiete (MPAs) (Quelle: Biodiversity Our Living Treasure, 2015).

Tab. 4.1: Urlaubsaktivitäten ausländischer Gäste in Neuseeland 2012 (Meer und Süßwasser) (Quelle: Statistics New Zealand, 2015b).

Aktivität	Anzahl
Strandbesuch	813.398
Besuch eines Meeresschutzgebiets (Marine Park oder Marine Reserve)	k/a
Tierbeobachtungen	
− Delfinbeobachtung/Schwimmen mit Delfinen	91.557
− Pinguinbeobachtungen	99.814
− Robbenbeobachtung/Schwimmen mit Robben	167.116
− Walbeobachtungen	52.701
Bootsaktivitäten	
− Bootsausflug	439.128
− Floß/Kanu/Kayak (Meer und Süßwasser)	116.627
− Jet-boating (Meer und Süßwasser)	152.878
− Andere Bootsaktivitäten	33.832
Angeln oder Jagen	124.658
Tauchen oder Schnorcheln	15.205
Schwimmen und Surfen	200.670
Andere Wassersportarten (z. B. Wasserski)	37.992
Gesamt	2.345.576

ca. 80 Kilometer nördlich von Auckland, Neuseelands größter Stadt. GIMR ist ein beliebtes Ausflugsziel für Neuseeländer und für internationale Touristen. Es wird jährlich von rund 375.000 Menschen besucht (Race, 2003). Hohe Besucherzahlen können zur Belastung der Umwelt führen, zum Beispiel durch unzureichende Parkmöglichkeiten und überfüllte Strände.

Zusätzlich zu der Nutzung der Landschaften und Gewässer werden auch Tiere immer mehr als Schwerpunkt touristischer Angebote genutzt. Neuseeland hat außer einer reichen endemischen Vogelwelt wenig Tiere auf dem Festland, aber die Meeressäuger (Wale, Delfine, Robben) sind Grundlage für eine bedeutende Zahl an Wildtierbeobachtungen.

4.3 Delfin- und Walbeobachtungen

Kommerzielle Wal- und Delfinbeobachtungen haben ihren Ursprung in Mexico (Baja California) und in Hawaii in den 1950er-Jahren. Der Begriff Walbeobachten beinhaltet auch die Beobachtung von Delfinen und Tümmlern und wird wie folgt definiert: Touren per Boot, vom Land oder aus der Luft mit kommerziellem Hintergrund, um die weltweit 83 Arten von Walen, Delfinen und Tümmlern zu sehen, mit ihnen zu schwimmen und/oder ihnen zuzuhören (Hoyt, 2001, 3).

Nach den bescheidenen Anfängen in den 1950er-Jahren haben sich Walbeobachtungen zu einem großen Wirtschaftszweig entwickelt. Manche touristischen Ziel-

Tab. 4.2: Walbeobachtungen weltweit (2008) (Quelle: O'Connor et al., 2009).

Region	Teilnehmer an Walbeobachtungen	Anzahl der Länder mit Walbeobachtungen	Ausgaben (in Millionen US $)	
			direkt	indirekt
Afrika und Mittlerer Osten	1.361.330	22	31,7	163,5
Asien	1.055.781	20	21,6	65,9
Europa	828.115	22	32,3	97,6
Nordamerika	6.256.277	4	566,2	1192,6
Ozeanien, Pazifische Inseln und Antarktik	2.477.200	17	117,2	327,9
Südamerika	696.900	11	84,2	211,8
Zentralamerika und Karibik	301.616	23	19,5	53,8
Gesamt	12.977.218	119	872,7	2113,1

gebiete sind heutzutage stark abhängig von den Umsätzen, die durch Walbeobachtungen generiert werden. Weltweit wird die Anzahl an Walbeobachtern auf jährlich 13 Millionen geschätzt, die dieser Aktivität in 119 Ländern nachgehen und über 2,1 Milliarden USD dafür ausgeben (vgl. Tab. 4.2; O'Connor et al., 2009). Diese Zahlen beinhalten auch das Schwimmen mit Meeressäugern. Solche Aktivitäten sind in manchen Ländern erlaubt, so zum Beispiel Schwimmen mit Schwertwalen in Norwegen (Pagel, 2015), mit Buckelwalen in Tonga (Orams, 2013) und mit Delfinen in Australien und Neuseeland (Filby/Stockin/Scarpaci, 2014; Lück, 2015).

Die Zuwachsraten variieren von Land zu Land. So ist zum Beispiel die Anzahl der Walbeobachter im portugiesischen Madeira von null im Jahr 1998 auf 59.731 im Jahr 2008 gewachsen, was einer durchschnittlichen jährlichen Wachstumsrate von 72,9 Prozent entspricht. Im Gegensatz dazu ist die Anzahl der Walbeobachter in Irland im gleichen Zeitraum um durchschnittlich 4,1 Prozent pro Jahr zurückgegangen, von 177.600 auf 113.759 Teilnehmer (O'Connor et al., 2009). Die genannte Studie ist schon älter, neuere gibt es allerdings bislang nicht.

4.4 Delfin- und Walbeobachtungen in Neuseeland

Wal- und Delfinbeobachtungen haben sich auch in Neuseeland zu einer beliebten Urlaubsaktivität entwickelt. Seit den ersten kommerziellen Wal- und Delfinbeobachtungen in Neuseeland (1989) ist die Nachfrage nach dieser Aktivität stetig gestiegen. Aus Tab. 4.1 ist ersichtlich, dass im Jahr 2012 über 144.000 internationale Touristen an Delfin- und Walbeobachtungen teilnahmen. Fügt man dann auch die einheimischen Touristen hinzu, dann wird die Gesamtzahl der Teilnehmer auf weit über eine halbe Million geschätzt (Sun/Lück, 2015). Die direkten und indirekten Ausgaben dieser Wal- und Delfinbeobachter lagen 2008 bei über 80 Millionen NZD (ca. 46 Mio. EUR; O'Connor et al., 2009). Gegenwärtig sind in Neuseeland 72 Unternehmen durch das Department of Conservation für Wal- und Delfintouren lizensiert, die rund 440 Beschäftigte haben. Diese 72 Unternehmen bieten Beobachtungen von Booten (von Kayaks bis zu Katamaranen), von Flugzeugen und Helikoptern und „Schwimm-mit-Delfinen"-Touren an (Sun/Lück, 2015). Touren werden im ganzen Land angeboten mit Schwerpunkten in der Bay of Islands, in Auckland (Hauraki Gulf) und der Bay of Plenty auf der Nordinsel sowie den Marlborough Sounds, Kaikoura, Akaroa, den Catlins und Fiordland auf der Südinsel.

4.5 Das Fallbeispiel Kaikoura

Kaikoura ist ein kleiner Ort (ca. 2.000 Einwohner) an der Ostküste der Südinsel. Der Ort liegt auf einer Halbinsel am Fuß der malerischen Kaikoura Ranges (2.600 m). Eine geologische Besonderheit ist ein 1.200 Meter tiefer Tiefseegraben, der Kaikoura Canyon, vor der Küste Kaikouras. Dieser Tiefseegraben, kombiniert mit zwei zusammentreffenden Meeresströmungen, beschert der Region nahrungsreiche Gewässer, die Lebensraum für eine Vielzahl an Meeresbewohnern sind, von kleinen Krebstieren bis hin zu Walen (Lück/Altobelli, 2009). Pottwale sind die am tiefsten tauchenden Wale und daher selten in der Nähe des Festlands zu finden. Kaikouras Tiefseegraben ist jedoch eine Ausnahme, der Pottwalen einen Lebensraum nahe am Festland bietet. Außerdem sind Tausende von Duskydelfinen hier zu Hause, und gelegentlich kann man verschiedene andere Delfin- und Walarten finden, zum Beispiel Schwertwale, Buckelwale, Hector-Delfine, Gewöhnliche Delfine, Grindwale, Glattwale und sogar Blauwale (Lück, 2009).

Wegen dieser reichhaltigen Artenvielfalt hat Kaikoura eine lange Tradition als Wal- und Fischfangort. Aber seit dem Ende des kommerziellen Walfangs 1964 und der Einführung nachhaltiger Fischfangquoten in den 1980er-Jahren, vor allem für die beliebte Languste, ist die Fischerei stark zurückgegangen. Hinzu kamen Umstrukturierungen in der kommunalen Verwaltung, wobei kleinere Außenstellen geschlossen und in den größeren Städten zentralisiert wurden. Die lokale Māori-Bevölkerung war vor allem im Eisenbahnverkehr beschäftigt. Durch einen Rückgang in diesem Bereich, zum Beispiel durch Konkurrenz von schnelleren und billigeren Fernbusangeboten, kam es auch hier zu einem Stellenabbau. Folglich war Kaikoura in den späten 1980er-Jahren von hohen Arbeitslosenzahlen, einer überalterten Bevölkerung und einer Landflucht der jüngeren Generationen gezeichnet. In diesem Zeitraum kamen ungefähr 10.000 Besucher pro Jahr durch Kaikoura, hauptsächlich, weil der Ort zwischen der größten Stadt auf der Südinsel (Christchurch) und dem Hafen für die Fähren zur Nordinsel (Picton) liegt (Orams, 1999).

Das Jahr 1989 war dann ein bedeutender Wendepunkt für Kaikoura. Nach anfänglich nur gelegentlichen Touren begann das Unternehmen Whale Watch Kaikoura, regelmäßige Touren zur Beobachtung der Pottwale anzubieten. Bereits im zweiten

Jahr buchten mehr als 1.000 Touristen diese Touren. Heutzutage hat das Unternehmen mehr als 100.000 Buchungen pro Jahr. Allerdings müssen einige Touren wegen schlechter Wetterbedingungen und rauer See gestrichen werden, sodass die tatsächliche Zahl der Walbeobachter auf rund 80.000 geschätzt werden kann (Lück/Altobelli, 2009). Das Besondere an Whale Watch Kaikoura ist, dass das Unternehmen von Ngai Tahu, einem Māori-Stamm, betrieben wird. Diese Tatsache ist erwähnenswert, da Māori oft zu sozial schwächeren Bevölkerungsgruppen gehören und in der Vergangenheit sehr benachteiligt wurden (Lück/Altobelli, 2009). Ebenso bedeutend ist, dass Kaikoura in der Māori-Mythologie besonders wichtig ist, weil der Sage nach der Gott Maui die Nordinsel von hier aus aus dem Wasser gefischt hat. Obwohl nicht genau nachweisbar, wird angenommen, dass die ersten neuseeländischen Māori, aus Polynesien kommend, in Kaikoura landeten (McAloon/Simmons/Fairweather, 1998). Gegenwärtig beschäftigt Whale Watch Kaikoura über 50 Māori und ist somit einer der wichtigsten Arbeitgeber in Kaikoura (Interview mit Kauahi Ngapora, CEO von Whale Watch Kaikoura, August 2015).

Im Jahr 1989 hat auch das Unternehmen Dolphin Encounter Touren, die das Schwimmen mit den lokalen Duskydelfinen (*Lagenorhynchus obscurus*) ermöglichen, entwickelt und angeboten. Die große Anzahl dieser Meeressäuger südlich der Kaikoura Halbinsel bietet eine ideale Basis für diese Touren. Dolphin Encounter ist ebenfalls stetig gewachsen und bietet heute im neuseeländischen Sommer drei Touren täglich an. Außerdem hat das Unternehmen ein neues Gebäude errichtet, das auch ein Café und einen Souvenirladen beinhaltet. Mit dem Schwesterunternehmen Albatross Encounter wurde zusätzlich eine Tour entwickelt, die sich ausschließlich auf Seevögel spezialisiert, vor allem auf verschiedene Arten von Albatrossen.

Diesen beiden Pionieren sind andere Firmen gefolgt, die vor allem Dienstleistungen für Touristen anbieten. Hierzu zählen beispielsweise Rundflüge, Taxiunternehmen, Robbentouren, Sternbeobachtungen, Unterkünfte und Restaurants. Der aussterbende Ort Kaikoura hat sich so in wenigen Jahren zu einem wichtigen Zielgebiet für Meerestourismus entwickelt. Heute bietet der Ort eine Vielzahl an Angeboten für Touristen und damit einhergehend Arbeitsplätze für die lokale Bevölkerung. Die Gründer und heutigen Kapitäne von Dolphin Encounter waren beispielsweise vor 1989 in der Fischerei beschäftigt (Interview mit Dennis Buurman, Besitzer von Encounter Kaikoura, August 2015).

Eine weitere positive Entwicklung ist die Selbstverpflichtung von Kaikoura zu einer nachhaltigen Entwicklung. Diese bezieht sich nicht nur auf die touristischen Anbieter, sondern auf die gesamte Gemeinde. Einige Anbieter haben sich individuell zertifizieren lassen, z. B. von Qualmark oder Green Globe 21 (heute Earthcheck), aber auch Kaikoura selbst wurde als erste Gemeinde der Welt von Green Globe 21 zertifiziert (Lück, 2009).

4.6 Walbeobachtungen, Tourismus und die Umwelt

Seit dem Anwachsen der Zahl von Walbeobachtungen haben Meeresbiologen Forschung betrieben, um die aktuellen und die potenziellen negativen Einflüsse dieser touristischen Aktivitäten zu erfassen und Richtlinien für deren Vermeidung zu entwickeln. Problemfelder sind besonders die starke Präsenz von Booten und das falsche Fahrverhalten von Kapitänen. Selbst in Ländern mit Schutzgesetzen, wie z. B. in den USA, gibt es Unklarheiten bezüglich der jeweils relevanten Gesetze. So dürfen Schwimmer und Kayakfahrer in Kealakekua Bay (Hawaii) nur eine begrenzte Zeit mit den einheimischen Ostpazifischen Delfinen (*Stenella longirostris*) verbringen. Aber viele Gruppen von Schwimmern und Kayakfahrern sind den gesamten Tag im und auf dem Wasser, sodass die Delfine ganztägig Menschenkontakt ausgesetzt sind (Driscoll-Lind/Östman-Lind, 1999). Somit sind zwar die direkten Einflüsse pro Boot oder Schwimmer reduziert, aber durch ständig neue Boote und Schwimmer wird den Delfinen keine Ruhephase gewährt und somit werden die kumulierten Einflüsse keineswegs reduziert.

In Neuseeland gibt es seit 1978 den Marine Mammal Protection Act (MMPA 1978). Da es zur Zeit der Einführung dieses Gesetzes keine kommerziellen Wal-, Delfin- und Robbentouren gab, waren diese Richtlinien für den Schutz der Tiere nicht spezifisch genug. Somit wurden kurz nach dem Aufkommen solcher Unternehmen die Marine Mammal Protection Regulations (MMPR 1992) eingeführt, die den MMPA mit speziellen Regelungen für Tourismus und Meeressäuger ergänzen. Zusammen regeln diese beiden Gesetze jeglichen Kontakt mit Meeressäugern (kommerziell oder nicht kommerziell), um negative Einflüsse zu vermeiden. Darüber hinaus beinhalten sie Richtlinien, wie man sich in der Umgebung von Meeressäugern zu verhalten hat. Letztlich sind sie auch die Grundlage zur Einrichtung von Meeresschutzgebieten, die wiederum vom Department of Conservation (DOC) verwaltet werden. Die MMPR 1992 beinhalten auch speziell die Regelungen bezüglich der Genehmigung für kommerzielle Walbeobachtungen (Teil I), Änderungen, Entzug, Eingrenzung oder Sperrung von Genehmigungen (Teil II), Verhalten in der Nähe von Meeressäugern (Teil III) und sonstige Regelungen (Teil IV). So müssen z. B. alle kommerziellen Unternehmen vom Department of Conservation lizensiert sein. Zur Veranschaulichung: In Kaikoura sind beispielsweise nur zwei Unternehmen für kommerzielle Wal- und Delfintouren lizensiert (vgl. Tab. 4.3).

Zusätzlich ist genau geregelt, wie viele Schwimmer auf einmal erlaubt sind und wie oft pro Tour der Anbieter Schwimmer ins Wasser lassen darf. Diese Anzahl variiert in Neuseeland, abhängig vom Ort und von der Gattung der Delfine. So dürfen zum Beispiel in Akaroa (Hector-Delfine) nicht mehr als zehn Teilnehmer gleichzeitig im Wasser sein, in Kaikoura (Duskydelfine) sind es 13 und in Paihia sind es 18 Teilnehmer (Gewöhnliche Delfine und Große Tümmler; Lück, 2009).

Das Verhalten der Anbieter in der Nähe von Walen und Delfinen ist auch genau geregelt, sodass die negativen Auswirkungen möglichst gering gehalten werden und

Tab. 4.3: Lizenzen für Wal- und Delfintouren in Kaikoura, Neuseeland (Quelle: Lück/Altobelli, 2009).

Anbieter	Anzahl der Boote	Anzahl der Touren	Art der Touren
Whale Watch Kaikoura	4	4 Touren pro Tag pro Boot = 16 Touren pro Tag	Walbeobachtungen, gelegentliche, opportunistische Delfinbeobachtungen
Encounter Kaikoura	a) 2	a) 3 Touren pro Tag pro Boot = 6 Touren pro Tag	Delfinbeobachtungen und Schwimmen mit Delfinen
	b) 1	b) 8 Touren pro Woche	

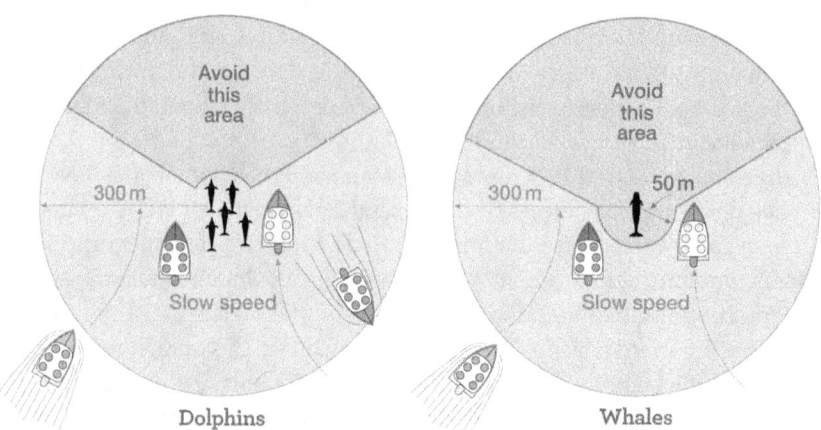

Abb. 4.2: Regelungen für Boote in der Nähe von Delfinen und Walen (MMPR 1992).

die Tiere möglichst wenig Stress ausgesetzt sind. So müssen Boote zum Beispiel mindestens 50 Meter Abstand von Walen halten und sie dürfen sich den Tieren nur mit langsamer Geschwindigkeit von hinten oder seitlich nähern. Sie dürfen Walen und Delfinen nicht den Weg abschneiden oder sie „jagen". Außerdem sind maximal drei Boote innerhalb von 300 Metern erlaubt (vgl. Abb. 4.2). Flugzeuge und Helikopter müssen in einer Höhe von mindestens 600 Metern fliegen, und 1.500 Meter horizontalen Abstand halten.

Diese Regelungen sind international hoch angesehen, und Markowitz and Associates (1999) haben vorgeschlagen, dass sie als Grundlage für Regelungen in anderen Regionen der Welt dienen können. Eine zusätzliche Besonderheit existiert in Kaikoura: Die drei im Jahr 2000 lizensierten Anbieter (Encounter Kaikoura hat inzwischen die Lizenz des dritten Anbieters gekauft, somit bleiben mit Whale Watch Kaikoura und Dolphin Encounter nur zwei lizensierte Anbieter – Interview mit Dennis Buurman, Dolphin Encounter, August 2015), Meeresbiologen der University of Otago und

Vertreter des Department of Conservation haben sich darauf verständigt, sich freiwillig zusätzlich striktere Rahmenbedingungen aufzuerlegen. Diese Vereinbarung ist das Resultat von Forschungsergebnissen aus dem Jahr 1999 (Barr/Slooten, 1999), die zeigten, dass Delfine um die Mittagszeit eine Ruhephase haben und hier am empfindlichsten auf Störungen reagieren. Die freiwillige Regel (Code of Conduct) erlaubt im neuseeländischen Sommer (1. Dezember bis 31. März) keinen Kontakt mit Delfinen zwischen 12 und 13 Uhr und Schwimmer dürfen darüber hinaus jeweils eine halbe Stunde vor und nach dieser Ruhezeit nicht vom Boot gelassen werden (Department of Conservation, 1999; Lück, 2009).

Allerdings gibt es auch Kritik an diesen Regelungen. Zum Beispiel beschweren sich potenzielle Anbieter, dass die Anzahl der Lizenzen zu gering ist und ihnen somit ein Markteintritt verwehrt wird. Für die Anbieter mit Lizenz ist der bürokratische Aufwand für Erst- und Wiederholungsanträge sehr hoch und kostspielig (Orams, 2004). Ein weiteres Problem ist, dass das Department of Conservation kaum Verletzungen der Richtlinien ahndet, was oft daran liegt, dass die Regeln sehr vage formuliert sind und es schwierig ist, Regelbrüche nachzuweisen. Hinzu kommt, dass sich die lizensierten Anbieter weitestgehend an die Regeln halten, aber dass private Boote die Regeln oft nicht kennen oder nicht beachten. Bei der hohen Anzahl privater Boote in Neuseeland (eine der höchsten Anzahlen an Booten pro Einwohner in der Welt) können diese Regelverletzungen zu stark negativen Auswirkungen auf die Meeressäuger führen. Außerdem haben Meeresbiologen davor gewarnt, dass trotz der stark regulierten Anzahl an Touren negative Effekte auf die Wale nicht ausgeschlossen werden können. So wurde zum Beispiel beobachtet, dass sich das Verhalten der Pottwale in der Gegenwart von Booten ändert und sie Aktivitäten in der Nähe von Booten vermeiden (Interview mit Rochelle Constantine, University of Auckland, Mai 2015). Die Forschung ist allerdings noch nicht weit genug fortgeschritten, um langfristige Einflüsse eindeutig nachweisen zu können.

Positiv zu bewerten ist die aktive Unterstützung der Anbieter für Forschungsprojekte. Sowohl auf den Touren der Anbieter in Kaikoura als auch in anderen Orten in Neuseeland (beispielsweise in Auckland, Akaroa und Paihia) sind regelmäßig Meeresbiologen und Tourismusforscher an Bord. Die Wissenschaftler können kostenlos mit auf die Touren, und die Anbieter sind an den Forschungsergebnissen interessiert, um ihre eigenen Touren nachhaltiger zu gestalten und Touristen die bestmögliche Erfahrung an Bord zu bieten. In der Tat zeigen Untersuchungen, dass die Kundenzufriedenheit außergewöhnlich hoch ist: Ergebnisse einer Befragung der Gäste von Dolphin Encounter 2011 zeigen, dass 96,7 Prozent der 793 befragten Gäste mit der Tour zufrieden oder sehr zufrieden waren. Darüber hinaus gaben 95,4 Prozent an, dass sie die Tour weiterempfehlen würden (Lück, 2015).

Des Weiteren verlangen die MMPR (1994), dass alle lizensierten Anbieter eine Bildungskomponente während der Touren anbieten müssen. Forschung während Wal- und Delfintouren hat gezeigt, dass Touristen auch Informationen über die Wale und Delfine erwarten, vor allem in kognitiven Bereichen, z. B. Informationen über Geburt und Tod der Tiere, Lebensspanne, Jungtiere, Gefahren für die Tiere und die Ozeane (Filby et al., 2014; Hrycik/Forestell, 2013; Lück, 2003; Lück, 2015; Orams, 1995; Orams, 1997). Informationen bei Wal- und Delfintouren sollten Teilnehmer auch über den Umweltschutz der Meere unterrichten und Handlungsalternativen für ein umweltbewusstes Verhalten zu Hause vorschlagen.

4.7 Zusammenfassung

Nach stetigem Wachstum in den letzten Jahren haben im Jahr 2015 das erste Mal über drei Millionen Touristen Neuseeland besucht. Ein großer Teil dieser Touristen nimmt an Aktivitäten teil, die im, am und unter Wasser stattfinden. So haben sich Wal- und Delfinbeobachtungen seit 1989 zu einem wichtigen Wirtschaftszweig in Neuseeland entwickelt. Kaikoura, ein kleiner Ort auf Neuseelands Südinsel, hat sich dank der Walbeobachtungen von einem aussterbenden Ort zu einem bedeutenden Touristenziel entwickelt. Allerdings bringt diese Entwicklung auch Gefahren für die Umwelt mit sich. Die Regierung hat deshalb Gesetze erlassen, um die potenziellen negativen Einflüsse der wachsenden Zahl von Wal- und Delfinbeobachter zu vermeiden (Marine Mammal Protection Act 1978 und Marine Mammal Protection Regulations 1992). Das Beispiel von Kaikoura zeigt aber, dass sich bei entsprechenden Regelungen und gut geplantem Management ein Ort positiv entwickeln kann, ohne unakzeptable negative Auswirkungen zu haben.

Literatur

Barr K, Slooten L. Effects of Tourism on Dusky Dolphins at Kaikoura. Dunedin: University of Otago and Department of Conservation, 1999.
Biodiversity Our Living Treasure. Theme Three – Coastal and Marine Biodiversity. https://www.biodiversity.govt.nz/picture/doing/nzbs/part-three/theme-three.html, 2015. Abgerufen am 2. August 2015.
Central Intelligence Agency. The World Factbook: New Zealand. https://www.cia.gov/library/publications/the-world-factbook/geos/nz.html, 2015. Abgerufen am 2. August 2015.
Department of Conservation. Dolphin watching at Kaikoura: Guidelines for boat operators, Fact Sheet No. 79. Nelson: Department of Conservation, 1999.
Driscoll-Lind A, Ostman-Lind J. Harassment of Hawaiian Spinner dolphins by the general public. MMPA Bulletin. 1999, (17), S.8–9.
Filby E, Stockin KA, Scarpaci C. Social science as a vehicle to improve dolphin-swim tour operation compliance? Marine Policy. 2014, 51, 40–47.
Hoyt E. Whalewatching 2001: Worldwide Tourism Numbers, Expenditures, and Expanding Socioeconomic Benefits. http://www.ifaw.org/sites/default/files/whale%20watching%202001.pdf. Abgerufen am 24. August 2015.
Hrycik JM, Forestell PH. Change in focus of attention among whale-watch passengers as a function of temporal phase of the tour. Tourism in Marine Environments, http://www.dx.doi.org/10.3727/154427313X13631129554947. 2013, 8(4), 189–198. Abgerufen am 24. August 2015.

Lück M. Education on marine mammal tours – but what do tourists want to learn? Ocean & Coastal Management, http://dx.doi.org/10.1016/j.oceanman.2014.11.002. 2015, 103, 25–33. Abgerufen am 24. August 2015.

Lück M. Environmentalism and Tourists' Experiences on Swim-With Dolphins Tours: A case study of New Zealand. Saarbrücken: VDM-Verlag, 2009.

Lück M. Tourism in Protected Areas – A New Zealand Perspective. In: Eilzer C, Eisenstein B, Arlt WG, editors. National Parks and Tourism: Answers to a Global Question from the International Competence Network of Tourism Management (ICNT). München: Meidenbauer Verlag, 2008, 101–119.

Lück M. Environmental education on marine mammal tours as agent for conservation – but do tourists want to be educated? Ocean & Coastal Management. 2003, 46(9 & 10), 943–956.

Lück M, Altobelli RD. Coastal Tourism as Motor for Community Development: The Story of Kaikoura, New Zealand. In Dowling RK, Pforr C, editors. Coastal Tourism Development. Elmsford, NY: Cognizant Communication Corp, 2009, 292–306.

Markowitz T, Harlin A, Würsig B. New Zealand Dusky dolphins (Earthwatch field report). Laredo, Texas, Kaikoura, New Zealand: Earthwatch and Department of Wildlife and Fisheries Science, Texas A&M University, 1999.

McAloon J, Simmons DG, Fairwaether JR. Kaikoura: Historical background (No. 1). Lincoln, NZ: Lincoln University, Tourism Recreation and Research and Education Centre, 1998.

New Zealand Biodiversity. Theme Three – Coastal and Marine Biodiversity, https://www.biodiversity.govt.nz/picture/doing/nzbs/part-three/theme-three.html, 2015. Abgerufen am 5. Oktober 2015.

O'Connor S, Campbell R, Cortez H, Knowles T. Whale Watching Worldwide: tourism numbers, expenditures and expanding economic benefits. Yarmouth, MA: International Fund for Animal Welfare (IFAW), 2009.

Orams, M. Marine Tourism: Development, impacts and management. London, New York: Routledge, 1999.

Orams M. The effectiveness of environmental education: Can we turn tourists into ‚greenies'? Progress in Tourism and Hospitality Research. 1997, 3, 295–306.

Orams M. Using interpretation to manage nature-based tourism. Journal of Sustainable Tourism. 1995, 4(2), 81–94.

Orams M. Why dolphins may get ulcers: Considering the impacts of cetacean-based tourism in New Zealand. Tourism in Marine Environments. 2004, 1(1), 17–28.

Orams MB. Valuing marine wildlife as a tourism attraction: The case of whale-based tourism in Vava'u, Tonga. Coastal Management. 2013, 41, 481–500.

Race S. Case Study: Goat Island Marine reserve, Auckland, New Zealand. In: Robinson P, Lück M, Smith SLJ, editors. Tourism. Wallingford: CABI, 2013, 420–421.

Statistics New Zealand. International Visitor Arrivals to New Zealand: August 2015 Overseas visitor arrivals to New Zealand by country of residence and selected characteristics. Wellington: Statistics New Zealand, 2015a.

Statistics New Zealand. International Visitor Survey: Activities. http://nzdotstat.stats.govt.nz/wbos/Index.aspx?DataSetCode=TABLECODE7573, 2015b. Abgerufen am 5. Oktober 2015.

Sun X, Lück M. The Internet presence of whale and dolphin watch operators in New Zealand in terms of their ecotourism attributes: A content analysis. In: Lück M, Velvin J, Eisenstein B, editors. The social side of tourism: The interface between tourism, society, and the environment. Answers to global questions from the International Network of Tourism Research and Education (ICNT). Frankfurt: Peter Lang Verlag, 2015, 141–156.

Tourism New Zealand. Markets & Stats. http://www.tourismnewzealand.com/markets-stats/, 2015. Abgerufen am 5. Oktober 2015.

Julia Albrecht
5 Weintourismus in Neuseeland und Australien

5.1 Einleitung

Weintourismus ist eine Spezialform im Kulturtourismus und im Agrartourismus. Typische Aktivitäten sind der Besuch von Weinbergen, Weingütern, Weinfesten und Weinshows. Weinverkostung und -kauf sind dabei häufig, jedoch nicht immer, Hauptmotivationsfaktoren (Mitchell/Hall, 2006). Weinanbauregionen werden in der Regel auch als ästhetisch attraktiv wahrgenommen und das Klima in Weinregionen lässt üblicherweise Besuche während des ganzen Jahres zu. Damit ziehen Weinregionen außerdem Besucher an, deren primäres Interesse Erholung, Kultur- oder Naturtourismus ist. Weinbezogene Aktivitäten können in den Besuch integriert sein, dies ist jedoch nicht generell der Fall. Der Besuch von Weinregionen wird in manchen Zielgruppen oder Märkten als Statusbereicherung gesehen.

Die Besuchererfahrung ist stark von subjektiv wahrgenommenen (Begleit-)Faktoren wie Atmosphäre, Authentizität, Interaktion mit der lokalen Bevölkerung, Umgebung sowie von destinationsspezifischen Merkmalen abhängig (O'Neill/Charters, 2000; McDonnell/Hall, 2008). Laut Hall et al. (2000) sind diese ebenso wichtig, unter Umständen sogar wichtiger für die Besuchererfahrung als der Wein selbst. Williams' (2001, vgl. Tab. 5.1) Übersicht der Imagefaktoren von Weintourismus-Destinationen zeigt das weite Spektrum visueller und subjektiver Faktoren, die die Besucherwahrnehmung bestimmen. Dies beinhaltet sowohl Faktoren, die ausschließlich im Einflussbereich des individuellen Weinguts liegen, wie beispielsweise die Produktion von Waren und Serviceleistungen, als auch übergeordnete Faktoren, die kaum oder gar nicht kontrollierbar sind.

In ihrer Untersuchung australischer Weingüter stellen Halstead, Duboudin und Rastegar (2013) fest, dass gewünschte Aktivitäten während eines Weingutaufenthalts

Tab. 5.1: Imagefaktoren von Weintourismus-Destinationen (übersetzt nach Williams, 2001, 45).

Das individuelle Weingut betreffende Faktoren				Übergeordnete Faktoren
Lage, Mikroklima	Wein und weinbezogene Produkte	Möglichkeiten zur Interaktion mit anderen	Landschaft	Raumwahrnehmung, Ortsempfinden, Ortscharakter
„Produktion" in Bezug auf Wein und Tourismus	Gastrotourismus im weiteren Sinne	Aktivitäten und Erholungsangebote	Klima	Spektrum möglicher Besuchererfahrungen

weit gefächert sein können und u.a. Restaurantbesuche, Shopping sowie Kochkurse populär sind. Weingüter nutzen den Kontakt mit Weintouristen zum Direktverkauf sowie zur Bildung und Festigung möglichst langfristiger Kundenbeziehungen. Insbesondere für kleine Weingüter kann der direkte Kontakt zum Kunden an der „cellar door" ein wichtiger Vertriebsweg sein. Weintourismus ist jedoch nicht für alle Weingüter vorteilhaft: Die erforderlichen Investitionen in Infrastruktur, Ausstattung und Personal sind insbesondere für Weingüter abseits der Touristenpfade riskant (Baird/Hall, 2014).

Dieses Kapitel betrachtet Weintourismus in Neuseeland und Australien. Beide Länder gehören zur „Neuen Welt", in der Weinanbau (vergleichsweise) noch nicht lange etabliert ist und Weinregionen häufig auf keine bestimmte Rebsorte spezialisiert sind. Wein wurde zunächst lediglich für den lokalen Markt produziert, kommerzieller Anbau kam erst später dazu. In den „Neue-Welt"-Ländern USA und Kanada haben Weinregionen seit den 1970er-Jahren verstärkt in Weintourismus investiert. Weinstraßen und Weinfestivals sind insbesondere in den USA üblich. In der südlichen Hemisphäre haben sich sowohl Weinanbau als auch Weintourismus etwas später etabliert. Neuseeland und Australien wurden von England kolonisiert, daher waren viele Siedler bereits mit Wein vertraut. Obwohl Australien bereits im 19. Jahrhundert erfolgreich Wein nach Europa exportiert hat, sind beide Länder erst seit relativ kurzer Zeit international als Weinanbauländer bekannt. Weintourismus war zunächst sowohl in Neuseeland als auch in Australien eine Binnentourismus-Aktivität. Heute ist der Besuch von Weingütern auch bei internationalen Besuchern beliebt.

Einige Besonderheiten, die sowohl Neuseeland als auch Australien betreffen, haben sich im Laufe der Zeit herausgebildet. Der wahrscheinlich wichtigste Unterschied liegt in der Verortung von Weintourismus. Während Wein in Europa häufig im Kollektiv vermarktet und verkauft wird, steht in der Neuen Welt das individuelle Weingut im Vordergrund (Mitchell/Charters/Albrecht, 2012). Dies führt dazu, dass Weingüter nicht nur ihre Produkte weitgehend selbst vermarkten, sondern auch etwaige Serviceleistungen wie beispielsweise Weintourismus. Die oft scharfe Trennung zwischen dem Wein als Produkt des Weinguts und dazugehörigen Tourismusprodukten und -dienstleistungen fällt damit häufig weg. Weitere Besonderheiten betreffen die Verkaufsräumlichkeiten sowie das Verkaufsgespräch. Interessanterweise wird der häufig zeitgenössisch eingerichtete Verkaufsraum als „cellar door" bezeichnet – dies ist auch der Fall, wenn es keinen Weinkeller gibt. Weinkeller sind so selten, dass Weingüter, die über einen solchen verfügen, dies in der Regel als Marketingfaktor nutzen. Zudem setzt sich in beiden Ländern zunehmend eine „tasting fee" bei einer Verkostung durch. Anders als beispielsweise in den USA wird diese Gebühr aber beim Kauf von Wein verrechnet (Kolyesnikova/Dodd, 2009).

Eine weitere tourismusrelevante Besonderheit betrifft den Trend zur „wine bar". In den letzten Jahren haben sich sowohl in Neuseeland als auch in Australien spezielle Weinbars etabliert, die sehr gute lokale und internationale Weine anbieten. Der Vorteil für den Kunden liegt darin, dass keine Restaurantmahlzeit bestellt werden muss

(White, 2014). Weinbars gibt es in den meisten größeren Städten beider Länder (als dieses Kapitel geschrieben wurde, in Sydney, Melbourne, Adelaide, Perth, Auckland, Wellington, Christchurch und Dunedin sowie in Tourismuszentren wie beispielsweise Queenstown und Margaret River). In den Weinregionen Neuseelands und Australiens haben Weinbars den Vorteil, dass Weine zahlreicher Weingüter an einem Ort probiert werden können. Da, wie oben beschrieben, eine Weinverkostung in der Regel dezentral in den Weingütern stattfindet, können Weinbars so eine Bereicherung der Weintourismus-Produktpalette sein.

Weintourismus wurde in Neuseeland und Australien lange Zeit von der Weinindustrie, der Tourismusindustrie sowie lokalen Akteuren lediglich als „Zubrot" geschätzt. Laut Baird und Hall (2014) war vielen in der Weinindustrie nicht bewusst, dass sie zum einen eine wichtige Rolle im Tourismus ihrer Region spielen und dass andererseits der Tourismus direkte und indirekte finanzielle Auswirkungen auf individuelle Weingüter hat. Erst seit einigen Jahren wird Weintourismus als strategisches Instrument und Wachstumsfaktor in der Regionalplanung eingesetzt. Vorteile für die Regionalentwicklung sind insbesondere dann möglich, wenn eines oder mehrere der Weingüter in einer Region für die hohe Qualität ihrer Produkte beziehungsweise der angebotenen Attraktionen bekannt sind. In diesen Fällen kann der Wein genutzt werden, um im Regionalmarketing eine breitere Angebotspalette zu vermarkten (Baird/Hall, 2014). Touristische Auswirkungen können eine erhöhte Besuchermotivation sein sowie Steigerungen in der Aufenthaltsdauer oder der Ausgaben der Besucher.

Das folgende Kapitel liefert einen kurzen historischen Überblick des Weinanbaus und der Weinindustrien in beiden Ländern; danach geht es separat auf den Weintourismus in Neuseeland und Australien ein. Überlegungen zu Herausforderungen und Zukunftsperspektiven der Weinindustrien und des Weintourismus der beiden Länder schließen das Kapitel ab.

5.2 Historischer Überblick der Weinindustrien in Neuseeland und Australien

Im Folgenden wird ein kurzer historischer Überblick über den Weinanbau und die Weinindustrien Neuseelands und Australiens gegeben.

5.2.1 Neuseeland

Die ersten Reben in Neuseeland wurden 1819 von Samuel Marsden gepflanzt. Der Wein dieser Pflanzen wurde von dem französischen Forschungsreisenden Dumont d'Urville 1840 als köstlich beschrieben. Kommerzieller Weinanbau begann viel später und zunächst in kleinem Maßstab. Kroatische Einwanderer begannen Ende der 1890er-Jahre mit dem Aufbau einer Weinindustrie. Kurz zuvor, 1894, war das erste Department of Agriculture gegründet worden und der damalige Premierminister Richard Seddon hatte den österreich-ungarischen Önologen Romeo Bragato als Experten für Weinanbau berufen. Dessen wichtigste Aufgabe war die Durchführung von Bodenuntersuchungen mit dem Ziel, geeignete Weinanbauflächen zu identifizieren. Bemerkenswerterweise decken sich die von Bragato identifizierten Flächen genau mit den heutigen Anbaugebieten. Obwohl Bragatos Empfehlungen vom heutigen Standpunkt aus höchst relevant waren, hatten sie keinen Effekt auf die damalige Weinindustrie (Danielmeier, 2008). Der internationale Durchbruch erfolgte erst in den 1980er-Jahren, als die fruchtigen Sauvignon Blanc aus der Marlborough-Region verschiedene Preise bei nationalen und internationalen Weinshows gewannen. Zu diesem Zeitpunkt hatten sich verschiedene Faktoren positiv auf Neuseelands junge Weinindustrie ausgewirkt. Seit Großbritanniens Eintritt in die Europäische Wirtschaftsgemeinschaft 1973 konnte Neuseeland keine Sonderrechte mehr im Handel mit England beanspruchen. Der daraus resultierende Druck auf die Weinindustrie hat zu einer Verbesserung der Qualität der Weine geführt. Dies sowie Veränderungen in der Gesetzgebung bezüglich des Verkaufs und Konsums von Alkohol haben sich positiv auf den lokalen Absatz neuseeländischer Weine ausgewirkt. Gemäß dem Sale of Liquor Act ist es Restaurants seit 1989 erlaubt, Gästen das Mitbringen eigenen Weines zu gestatten (BYO = bring your own). Restaurants erheben lediglich eine kleine Gebühr für die Zurverfügungstellung der Gläser. Zur gleichen Zeit waren die Preise für internationale Flüge gesunken, sodass mehr Neuseeländer im Ausland in den Genuss guter Weine gekommen waren und diese nun auch im eigenen Land zu schätzen wussten. Seit den 1980er-Jahren werden in Neuseeland zusätzlich zum Sauvignon Blanc die Rebsorten Chardonnay und Pinot Noir (Spätburgunder) mit großem Erfolg angebaut; insbesondere Pinot Noir in Central Otago im Süden des Landes. Riesling und Gewürztraminer sind weitere erfolgreiche Rebsorten. Trotz zum Teil großer klimatischer Unterschiede sind die Weinanbaugebiete auf das ganze Land verteilt (vgl. Abb. 5.1).

Die Anzahl registrierter Weingüter ist in den letzten Jahren stetig angestiegen: Während Neuseeland 1997 lediglich 270 Weingüter hatte, waren es 2013 bereits 692 (New Zealand Wine, 2013). Der Anstieg in der Anzahl der Weingüter sowie in der Produktion der individuellen Weingüter hat in den letzten Jahren zu einer Überproduktion geführt, was wiederum Preissenkungen zur Folge hatte. Für viele Weingüter ist Weintourismus ein Weg, um Kunden und Konsumenten auf andere Weise an sich zu binden – Weintourismus wird als ein Weg zum „relationship management" verstanden und genutzt. Nach wie vor ist die Qualität neuseeländischer Weine unbestritten, schwankende Preise sind jedoch sowohl im Binnenmarkt als auch im Exportmarkt eine Herausforderung. Dies gilt insbesondere für kleine Produzenten. Quantitativ gesehen ist Neuseelands Beitrag zur globalen Weinproduktion mit lediglich knapp über einem Prozent der Gesamtmenge gering (Organisation internationale de la vigne et du vin, 2014).

Sowohl Neuseeland als auch Australien experimentierten in den 1970er-Jahren mit Schraubverschlüssen für Weine. Während sich diese in Australien zunächst

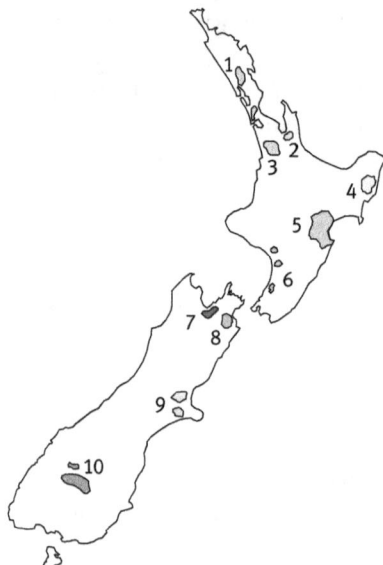

Abb. 5.1: Weinanbaugebiete Neuseelands (Kartografie: Tobias Danielmeier).

kaum durchsetzen konnten, war Neuseelands Weinindustrie die erste, die die Vorteile des Schraubverschlusses erkannte. Unter den über 50 Mitgliedern der sogenannten „Screwcap-Wine-Seal"-Initiative befinden sich sowohl große Weinhersteller wie Villa Maria als auch kleinere Hersteller wie Felton Road, Kumeu River Wines, Lawson's Dry Hills und Neudorf (Goode, o. J.). Einige sind Produzenten der besten Weine des Landes. Hauptziele der Initiative sind die durchgängige Einführung des Schraubverschlusses in der neuseeländischen Weinindustrie sowie relevante Forschung. Heute verwenden auch zahlreiche Hersteller, die nicht Mitglieder der Initiative sind, Schraubverschlüsse. Auch in Australien hat sich mittlerweile der Schraubverschluss durchgesetzt. 2004 war Taylors der erste große Weinhersteller, der Schraubverschlüsse einsetzte. Heute werden mehr als 90 Prozent des australischen Weines mit Schraubverschluss versehen (Taylors Wines, 2015).

5.2.2 Australien

Obwohl die ersten Reben in Australien bereits 1788 von europäischen Siedlern in der Gegend des jetzigen Botanischen Gartens in Sydney angepflanzt wurden, setzte sich kommerzieller Weinanbau erst viel später durch. 1831 brachte James Busby Rebpflanzen aus Europa nach Australien und führte damit einige der heute wichtigen Rebsorten ein. Innerhalb der nächsten 50 Jahre etablierte sich eine erfolgreiche Weinindustrie, die weltweit Preise für ihre Shiraz- und Cabernet-Sauvignon-Weine gewann. Weinexporte nach England wurden die wichtigste Grundlage der australischen Weinindustrie. Die Exporte stagnierten zwischen 1900 und den 1980er-Jahren, als die Produktion durch die beiden Weltkriege, Dürren und Phylloxera-Epidemien erschwert wurde. Als sich die Produktion wieder normalisiert hatte, hatte sich der Weingeschmack allerdings geändert: Statt der weithin produzierten schweren Portweine waren nun leichtere Weine gefragt. In den frühen 1980er-Jahren wurde daher trotz gestiegener Produktion kaum australischer Wein exportiert: 99 Prozent wurden innerhalb des Landes verkauft. Dies begann sich erst Mitte der 1980er-Jahre zu ändern, als modernere Produktionsmethoden und eine Umstellung auf populäre Weinsorten das Interesse der Überseemärkte, besonders in Europa, weckten. Heute ist die australische Weinindustrie insbesondere für Shiraz, Cabernet Sauvignon sowie Chardonnay bekannt. In allen australischen Staaten wird Wein angebaut, die meisten Rebflächen befinden sich jedoch in South Australia (48 %), New South Wales (26 %) und Victoria (7 %) (The Australian and New Zealand Wine Industry Directory, 2014; vgl. Abb. 5.2).

Abb. 5.2: Weinanbaugebiete Australiens (Kartografie: Tobias Danielmeier).

Der gestiegenen Popularität des Weines entsprechend ist die Anzahl an Weingütern in Australien ebenfalls seit Jahren stetig gewachsen: 2014 gab es 2.573 Weingüter (The Australian and New Zealand Wine Industry Directory, 2014), 2010 waren es noch 2.420 (Tourism Research Australia, 2010). Wie üblich in einer Weinregion in der „Neuen Welt", sind die meisten Weingüter relativ jungen Datums: 70 Prozent wurden nach 1990 gegründet (The Australian and New Zealand Wine Industry Directory, 2014). Insgesamt trägt Australien über vier Prozent zur weltweiten Weinproduktion bei (Organisation internationale de la vigne et du vin, 2014), etwa drei Mal so viel wie Neuseeland.

Die Weinindustrie Australiens ist damit noch sehr jung, und dazu passt, dass die Australier Wein erst in den letzten Jahrzehnten für sich entdeckt haben. 1967 erfand der Australier Thomas Angove den sogenannten „wine cask", eine Pappkiste, die Wein in einem Plastikbeutel enthält. Der Wein wird durch einen kleinen Plastikzapfhahn abgefüllt (vgl. Abb. 5.3). Cask-Weine sind am untersten Ende des Preisspektrums zu finden und spielten eine wichtige Rolle in der Popularisierung von Wein für die breite Masse in Australien (Mueller/Umberger, 2009). Mueller und Umberger (2009) zufolge bevorzugen jüngere Konsumenten heute Flaschenweine. Dies wird auf die Einführung der sogenannten Cleanskin-Weine zurückgeführt. Dies sind Weine, auf deren Etiketten keine Herstellerangaben gemacht werden, sondern lediglich die gesetzlich erforderlichen Informationen zu Rebsorte, Jahr, Alkoholgehalt, Menge und möglichen Zusätzen gegeben werden. Cleanskin-Weine werden in Australien (und zunehmend auch Neuseeland) seit Beginn der 2000er-Jahre verkauft. Hersteller nutzen diese Vertriebsmethode, um zu viel produzierten Wein abzustoßen.

Abb. 5.3: Wine cask, Australiens Innovation für die Weinwelt (Foto: Julia N. Albrecht).

5.3 Neuseelands Weintourismus

Viele der fast 700 Weingüter Neuseelands sind in diverse Formen des Weintourismus eingebunden. Beispielsweise werden in den verschiedenen Regionen jährlich 22 Weinfeste veranstaltet (New Zealand Food and Wine Tourism Network, 2012). Ein weiteres Beispiel ist der „Classic New Zealand Wine Trail", der die Regionen Hawke's Bay, Wairarapa und Marlborough verbindet. Diese sind gemeinsam für über 75 Prozent der Weinproduktion Neuseelands verantwortlich. Zudem bieten etwa 70 Prozent der Weingüter „Cellar-door"-Verkäufe an (Baird/Hall, 2014). Wie bereits erwähnt, begann der Weintourismus in den 1970er-Jahren als Binnentourismus-Aktivität und internationale Besucher machen bis heute mit einem Anteil von etwa 40 Prozent den geringeren Anteil an Besuchern aus (Ministry of Tourism, 2009). Die folgenden Statistiken (Tourism New Zealand, 2014) zeigen jedoch, dass insbesondere internationale Weintouristen ein wichtiger ökonomischer Faktor im Tourismus Neuseelands sind. Zwischen 2009 und 2013 haben über 100.000 internationale Touristen während ihres Aufenthalts in Neuseeland mindestens ein Weingut besucht. Der größte Anteil an Besuchern kam aus Australien (47.500 zwischen 2009 und 2013), gefolgt von den USA (22.200) und Großbritannien (20.700), Deutschland (6.400), Japan (6.100) und Kanada (5.700). Da diese (zumeist westlichen) Besucher generell lange Aufenthaltsdauern in Neuseeland haben, bleiben Weintouristen statistisch gesehen überdurchschnittlich lange im Land (18,6 Tage statt 14,4 Tage). Zudem zeigen Besucher aus nordeuropäischen Ländern sowie Kanada die größte Neigung, während ihres Aufenthalts in Neuseeland ein Weingut zu besuchen: Fast ein Viertel aller Besucher aus Schweden sowie jeder fünfte Besucher aus Finnland, Kanada, Dänemark und England besucht während eines Neuseelandaufenthalts mindestens ein Weingut. Noch deutlicher wird die wirtschaftliche Bedeutung des internationalen Weintourismus bei einer Betrachtung der Ausgaben der Besucher. Daten von 2009 bis 2013 zeigen, dass Weintouristen während ihrer Reise überdurchschnittlich viel ausgeben. Im Durchschnitt geben internationale Weintouristen 3.700 NZD aus, während die durchschnittlichen Ausgaben pro Besucher bei 2.800 NZD liegen (Tourism New Zealand, 2014).

Die Weinregion um Auckland, Hawke's Bay, Marlborough, Martinborough und Otago haben die höchsten Besucherzahlen (Ministry of Tourism, 2009; Tourism New Zealand, 2014). Dabei sind Weinregionen nahe den Zentren (Auckland, Martinborough) hauptsächlich für den Binnenmarkt attraktiv, während beispielsweise Marlborough und Otago mehr internationale Besucher haben. Weintourismus ist damit regional von unterschiedlicher wirtschaftlicher Bedeutung.

5.4 Australiens Weintourismus

Weintourismus ist in Australien länger etabliert als in Neuseeland. In jedem Staat finden jährlich Weinfeste statt. Im Marketing werden sie oft als „food and wine festivals" mit einem zusätzlichen Schwerpunkt auf lokaler Küche beschrieben. Dies spiegelt sich auch in der Benennung und im Marketing der Weinstraßen wider: Sie werden häufig als „wine and food trails" (beispielsweise „Kangaroo Island Farm Gate and Cellar Door Trail" oder „Barossa Butcher, Baker, Winemaker Trail") bezeichnet. Von den 2.573 Weingütern Australiens bieten 1.701 (66 %) Direktverkauf an der „cellar door" an (The Australian and New Zealand Wine Industry Directory, 2014). Interessanterweise keltern lediglich 1.361 Weingüter den Wein vor Ort (The Australian and New Zealand Wine Industry Directory, 2014). Dies bedeutet, dass ein erheblicher Anteil der Weingüter nicht in der Lage ist, Besuchern die Produktionsanlagen zu zeigen.

Anders als in Neuseeland sind die Besucherzahlen in Weingütern in Australien leichten Schwankungen unterworfen. Die im Folgenden herangezogenen Statistiken (Tourism Research Australia, 2010) zeigen außerdem, dass Weintourismus für Australien ein vergleichsweise weniger wichtiger Wirtschaftsfaktor in der Tourismuswirtschaft ist als in Neuseeland. Die höchsten Besucherzahlen für sowohl den internationalen Markt als auch den Binnenmarkt wurden mit knapp 3,5 Millionen Besuchern im Jahr 2007 verzeichnet. Internationale Besucher hatten mit knapp 14 Prozent eine deutlich größere Neigung, ein Weingut zu besuchen, als Binnenreisende (3,8 %). Die Aufenthaltsdauer der Binnenreisenden betrug sechs Tage, die der internationalen Reisenden liegt leider lediglich als Gesamtzahl vor. Die meisten internationalen Touristen kamen im Jahr 2009 aus Großbritannien (139.000), gefolgt von den USA (68.000), Neuseeland (53.000) und Singapur (44.000). Die für Neuseeland wichtigen Quellenmärkte Japan, Kanada und Deutschland folgen auf den Plätzen acht, neun und zehn (Tourism Research Australia, 2010). Neuere Daten für die Hunter-Valley-Region (die die meisten internationalen Besucher von allen australischen Weinregionen verzeichnet) zeigen, dass nach wie vor Großbritannien der wichtigste Markt ist, gefolgt von Neuseeland, den USA, Deutschland und, dies ist neu, China (Destination NSW, 2015). Ebenso wie in Neuseeland zeigen internationale Besucher aus zentral- und nordeuropäischen Ländern die größte Neigung, Weingüter zu besuchen. Die Ausgaben pro Reise sind erwartungsgemäß hoch (bis zu 220 AUD pro Nacht im Fall des Schweizer Markts, 190 AUD für Besucher aus den USA). Es liegt daher die Vermutung nahe, dass ebenso wie in Neuseeland Weintouristen überdurchschnittlich viel für und während ihrer Reise ausgeben. Insgesamt erwirtschaftet der Weintourismus-Sektor ca. 400 Millionen AUD pro Jahr, mit einem prognostizierten Wachstum von bis zu 1,1 Milliarden AUD im Jahr 2025 (Winebiz, 2015).

Die beliebtesten Regionen für internationale Weintouristen sind das Hunter Valley in New South Wales, das von 21 Prozent der internationalen Weintouristen besucht wurde (Tourism Research Australia, 2010), Margaret River (16 %) und Swan Valley (15 %) in Western Australia und das Yarra Valley in Victoria (13 %). Binnenreisende besuchen hauptsächlich Margaret River (16 %), das Hunter Valley (16 %), das Barossa Valley (7 %) und North-East Victoria (6 %). Es fällt auf, dass die Prozentzahlen für das Binnenreiseverhalten niedriger sind, dies legt eine gleichmäßigere Verteilung der australischen Besucher auf die Anbaugebiete nahe.

Basierend auf dem australischen Markt hat Wine Intelligence (2013) die Rentabilität von Investitionen in Weintourismus untersucht. Die Ergebnisse legen nahe, dass das Anbieten von qualitativ hochwertigem Weintourismus Weingütern quantifizierbaren finanziellen Nutzen bringt. Interessant ist hier besonders die Bedeutung des Binnentourismus: Obwohl Australier lediglich ca. 20 Prozent der Gesamtbesucherzahl im untersuchten Zeitraum ausmachten, tätigten sie knapp 50 Prozent der Käufe an der „cellar door". Rund 70 Prozent der Befragten gaben an, dass eine positive Besuchererfahrung ihr Einkaufsverhalten nachhaltig ändern kann. Basierend auf diesen Ergebnissen vermutet Wine Intelligence (2013), dass gezielte Investitionen in qualitativ hochwertigen Weintourismus Weingütern zusätzliche 250 bis 400 Millionen AUD im Jahr einbringen können.

In Neuseeland gibt es keine lokalen, regionalen oder nationalen Organisationen speziell für Weintourismus. In einigen Fällen (z.B. Destination Marlborough) übernehmen die regionalen Tourismusorganisationen diese Aufgaben. In Australien dagegen haben beispielsweise die „Broke Fordwich Wine and Tourism Association", „Granite Belt Wine and Tourism" und die „McLaren Vale Grape and Wine Tourism Association" potenzielle Synergien zwischen Wein und Tourismus erkannt und dementsprechende Marketingnetzwerke entwickelt (Broke Fordwich Wine and Tourism Association, 2015; Granite Belt Wine and Tourism Inc., 2015; McLaren Vale Grape Wine and Tourism Association, 2015). Diese Organisationen sind zudem maßgeblich an der Weiterentwicklung regionaler Tourismusprodukte beteiligt; dazu gehören u. a. die Organisation von Weinfesten und Märkten, die Repräsentation der Weinregion auf Reisemessen sowie andere Aufgaben, die die Wein- und die Tourismusindustrie zusammenbringen.

Dieses und das vorhergehende Unterkapitel haben Weintourismus in Neuseeland und Australien erklärt. Trotz der zahlreichen historischen Parallelen in der Entwicklung der Weinindustrien in Neuseeland und Australien sind im Hinblick auf Weintourismus Unterschiede festzustellen. Während das Weintourismus-Angebot vergleichbar ist, sind Abweichungen auf die Geografie und die Bevölkerungsverteilung sowie auf verschiedene Haupttourismus-Märkte zurückzuführen.

5.5 Zukunftsperspektiven

In beiden Beispielländern birgt der Anstieg sowohl in der Weinproduktion als auch im Weintourismus potenzielle Wachstumsrisiken. Herausforderungen betreffen die Biosicherheit, die nachhaltige Produktion und den nachhaltigen Tourismus sowie die Kooperation innerhalb sowie zwischen den Industrien. Insbesondere für klassische Langstreckendestinationen wie Neuseeland und Australien galt Weintourismus lange als Binnentourismus-Aktivität. Obwohl dieser Trend momentan weniger ausgeprägt ist, muss dies nicht zwangsläufig eine langfristige Entwicklung sein. Weintourismus ist denselben Trends unterworfen wie Tourismus generell und zurzeit ist die Zukunft von Langstreckendestinationen ungewiss (Forsyth/Dwyer, 2014).

Klar ist, dass der Klimawandel sowohl die Weinindustrie als auch die Reiseindustrie beeinflussen wird. Bereits heute wird spekuliert, wie weit südlich in Neuseeland bei einer weiteren globalen Erwärmung Wein angebaut werden wird (Jones, 2013). Existierende Anbauflächen auf der Südinsel werden in höhere Lagen verlegt werden müssen, während Sauvignon Blanc von Marlborough in südliche Anbaugebiete wie beispielsweise nach Central Otago migrieren wird. Australien hat zusätzlich das Problem, dass viele Anbauflächen bewässert werden müssen. Die Verfügbarkeit von Wasser wird damit ein bestimmender Faktor in der Auswahl zukünftiger Weinanbaugebiete. Webb, Whetton und Barlow (2007) schlagen als Lösungsstrategie den Anbau anderer Rebsorten vor, beispielsweise solcher, die momentan in Südeuropa oder Nordafrika gedeihen. Der Zusammenhang zwischen globaler Erwärmung und Reise- und Tourismusindustrie wird an anderer Stelle ausführlich diskutiert (z. B. Kreilkamp, 2011; Schott, 2010). Möglicherweise werden jedoch sowohl Australien als auch Neuseeland kurzfristig profitieren: im Falle Australiens als Resultat von *Last-Chance-to-see*-Tourismus (beispielsweise Great Barrier Reef), im Falle Neuseelands durch wärmere Sommer auf der Südinsel des Landes. Langfristige Prognosen, die zudem Anstiege beim Kerosinpreis berücksichtigen, vermuten jedoch Rückgänge in den Besucherzahlen beider Länder (Ehmer/Heymann, 2008). Dies wird zweifellos für alle Besuchersegmente mit Ausnahme des Luxusreisesegments gelten.

Änderungen in den Besuchermärkten werden sich nicht nur auf Touristenzahlen auswirken, sondern auch auf gewünschte Besuchererfahrungen und das Besucherverhalten. Momentan kommt die Mehrheit der internationalen Besucher in den Weinregionen Neuseelands aus westlich geprägten Ländern (Tourism New Zealand, 2014), dasselbe gilt für Australien (Tourism Research Australia, 2010; Destination NSW, 2015). Sie sind meist mit Wein als Kulturgut und entsprechenden Gepflogenheiten vertraut. Ein Trend mit Implikationen für den Weintourismus in Neuseeland und Australien ist jedoch die wachsende Bedeutung der fernöstlichen Märkte wie beispielsweise Indien und China (Buckley/Gretzel/Scott/Weaver/Becken, 2015; Wine Australia, 2007). Dies ist nicht nur wegen des potenziellen Anstiegs in den Besucherzahlen relevant, sondern insbesondere, weil diese Besucher sich beim Weintourismus teilweise anders verhalten als Besucher aus westlichen Ländern. Da Wein in China oder Indien kein etabliertes Kulturgut ist, kann der Konsum von Wein mit einem besonderen Status assoziiert sein. Demonstrativer Konsum oder Geltungskonsum ist die Folge. Dies kann unter Umständen sehr einträglich für die betreffenden Weingüter sein, insbesondere dann, wenn im Gegenzug die Angebote für Besucher angepasst werden. Personalisierte Besuche, Interaktionen und Fotogelegenheiten mit Weingutbesitzern oder Weinherstellern in ansprechender Umgebung sowie hochwertige Souvenirs können weit wichtiger sein als die Qualität oder der Geschmack des Weines. Ein weiterer wichtiger Aspekt der Änderungen in den Besuchermärkten, der weitreichende Folgen für die Tourismusindustrie haben wird, ist die Überalterung der Bevölkerung, insbesondere in der westlichen Welt (Yeoman, 2008; Yeoman/Tan/Mars/Wouters, 2012). Dies ist für den Weintourismus insofern interessant, als die Mehrheit der Besucher in den nächsten Jahrzehnten aus der Babyboomer-Generation sowie der Generation X kommen wird. Diese Kundensegmente haben generell hohe Ansprüche, die mit steigendem Alter noch spezifischer werden (alten- und behindertengerechte Einrichtungen etc.). Weingüter, die dieses Kundensegment (weiter) bedienen möchten, müssen dementsprechend vorplanen und gegebenenfalls entsprechende Umbauten vornehmen.

Ein weiterer für Neuseeland und Australien wichtiger Trend ist die Bedeutung von Design und Architektur von Weingütern, Weinmuseen, Weinkellern und Hotels. Die Herstellung von Wein wird zunehmend als kreative Tätigkeit wahrgenommen, sowohl von den Winzern als auch von potenziellen Kunden. Zudem werden Lifestyle (wie auch immer verstanden und interpretiert) und bezahlbarer Luxus sowohl von der Babyboomer-Generation als auch von der Generation X erwartet. Hochwertiges Design und anspruchsvolle Architektur können die kreativen Aspekte der Weinherstellung unterstreichen und dem Weintourismus damit eine wichtige Dimension hinzufügen. Bereits heute gibt es sowohl in Neuseeland als auch in Australien Weingüter, die nicht nur im Hinblick auf Weinherstellung gestaltet wurden, sondern auch (um nicht zu sagen, insbesondere) auf Weintourismus. Ein gutes Beispiel ist das Peregrine-Weingut im Gibbston Valley in Central Otago, ca. 30 Kilometer von Queenstown entfernt. Über der „cellar door" befindet sich eine große Bühne, wo regelmäßig Konzerte stattfinden. Die Anlage kann zudem für Veranstaltungen sowie private Feierlichkeiten gemietet werden. Insbesondere Letztere, wie beispielsweise Hochzeiten, finden vermehrt auf Weingütern statt, vermutlich sowohl aufgrund des ansprechenden Fotohintergrunds als auch aufgrund des damit verbundenen sozialen Status.

Die oben kurz aufgeführten Trends legen nahe, dass Weintourismus in Neuseeland und Australien erstens langfristig wieder eine schwerpunktmäßig binnentouristische Aktivität werden könnte und zweitens in Bezug auf internationalen Tourismus sich zunehmend ins Luxussegment verschieben wird. Insbesondere die zweite Entwicklung bedarf einiger Vorarbeit vonseiten der Destinationen. Halstead, Duboudin und Rastegar (2013) schlagen verschiedene Maßnahmen vor, um Angebote für Besucher in Weingütern zu verbessern. Unter anderem meinen sie, dass sich Weintourismus verstärkt als Naturtourismus vermarkten sollte und dass die Gestaltung der Weingüter ein entsprechendes Image fördern sollte. Diese Ansicht wird nicht generell geteilt (Danielmeier/Albrecht, 2015), sie widerspricht beispielsweise in hohem Maße der Forderung nach Authentizität. Ein gutes Gegenbeispiel ist die Spy Valley Winery in Marlborough in Neuseeland, die 1993 als Familienbetrieb gegründet wurde. Hier werden gegenwärtige Produktions- und Lagermethoden (an deren Entwicklung die neuseeländische Weinindustrie maßgeblich beteiligt war) offen zur Schau gestellt. Das Weingut hat zahlreiche Preise nicht nur für seinen Wein gewonnen, sondern auch für die Architektur und Landschaftsgestaltung. Es gilt als eines der *Must-do*-Weingüter für Touristen. Ein weiterer Vorschlag von Halstead, Duboudin und Rastegar (2013) betrifft mögliche Interaktionen mit der Besitzerfamilie oder den Weinherstellern. Dies ist zweifellos eine mögliche Bereicherung eines Besuchs: Der persönliche Kontakt mit den Hauptakteuren des Weinguts vermittelt Authentizität und kann damit den Status des Besuchers in bestimmten Märkten erhöhen.

Eher pragmatische Zukunftsperspektiven für die Produktentwicklung werden in Tourismusstrategien deutlich. South Australia beispielsweise betont die Bedeutung von Wein*brands* wie Penfolds und Jacobs Creek als wichtigen Einflussfaktor im Marketing, insbesondere aufgrund ihrer Tendenz, den Charakter ihrer Heimatregionen im Marketing hervorzuheben (South Australian Tourism Commission, 2009). Eine weitere Empfehlung ist, einen Schwerpunkt auf Vier- und Fünf-Sterne-Hotels sowie auf Festivals zu legen (South Australian Tourism Commission, 2009). Dies basiert auf momentanen Trends und zielt sowohl auf eine Wiederzunahme des Binnentourismus ab, als auch auf ein Erstarken des Luxussegments.

Zum Teil liegen die oben genannten Schwierigkeiten für den (Wein-)Tourismus in Neuseeland und Australien außerhalb der Einflussmöglichkeiten des Tourismusmanagements (Kerosinpreise, demografische Änderungen, Klimawandel). Im Hinblick auf diese Zukunftsperspektiven bleibt daher abzuwarten, ob Neuseeland und Australien als mengenmäßig relativ unbedeutende Weinproduzenten ihre momentane Bedeutung als Weintourismus-Destinationen beibehalten können.

Literatur

Baird T, Hall CM. Between the vines. In: Howland PJ, editor. Social, Cultural and Economic Impacts of Wine in New Zealand. New York: Routledge, 2014, 191–207.

Broke Fordwich Wine, Tourism Association. Broke Fordwich Wine & Tourism Association. www.brokefordwich.com.au/, 2015. Abgerufen am 18. November 2015.

Buckley R, Gretzel U, Scott D, Weaver D, Becken S. Tourism megatrends. Tourism Recreation Research, 2015, 40(1), 59–70.

Bureau of Tourism Research. International Visitor Survey. Canberra: Bureau of Tourism Research, 1996.

Danielmeier T. The Winescape of New Zealand. Pacific News, 2008, 29, 11–13.

Danielmeier T, Albrecht JN. Architecture and Future Food and Wine Experiences. In: Yeoman I, McMahon-Beattie U, Fields K, Albrecht JN, Meethan K, editors. The Future of Food Tourism – Foodies, Experiences, Exclusivity, Visions and Political Capital. Abingdon, UK: Channel View, 2015.

Destination NSW. Travel to the Hunter, Sydney: Destination NSW, 2015.

Ehmer P, Heymann E. Klimawandel und Tourismus: Wohin geht die Reise? In: Walter N (Hg.). Aktuelle Themen Energie und Klimawandel. Frankfurt: Deutsche Bank Research, 2008.

Forsyth PJ, Dwyer L. Climate Change Policies, Long Haul Air Travel and Tourism. Journal of Tourism Economics, Policy and Hospitality Management. 2014, 2(1), 1–18.

Goode J. The New Zealand Screwcap Initiative. www.wineanorak.com/new_zealand_screwcap_initiative.htm, o. J. Abgerufen am 21. April 2015.

Granite Belt Wine, Tourism Inc. About GBWT. www.granitebeltwinecountry.com.au/about-gbwt, 2015. Abgerufen am 18. November 2015.

Hall CM, Johnson G, Cambourne B, Macionis N, Mitchell RD, Sharples L. Wine tourism: An introduction. In: Hall CM, Sharples L, Cambourne B, Macionis N, editors. Wine Tourism Around the World. Oxford: Butterworth-Heinemann, 2000, 1–23.

Halstead L, Duboudin S, Rastegar N. Australian wine tourism: A unique connection with consumers. Wine Intelligence & Intellima White Paper, 2013.

Jones GV. Viticulture and wine. In: Salinger J, editor. Living in a Warmer World. How a Changing Climate Will Affect Our Lives. Auckland: David Bateman, 2013.

Kolyesnikova N, Dodd TH. There is no such thing as a free wine tasting: The effect of a tasting fee on obligation to buy. Journal of Travel & Tourism Marketing. 2009, 26, 806–819.

Kreilkamp E. Klimawandel und Tourismus – Herausforderungen für Destinationen. tw Zeitschrift für Tourismuswissenschaft. 2001, 3(2), 203–219.

McDonnell A, Hall CM. A Framework for the Evaluation of Winery Servicescapes: A New Zealand Case. PASOS. Revista de Turismo y Patrimonio Cultural. 2008, 6, 231–247.

McLaren Vale Grape Wine & Tourism Association. About MVGWTA. www.mclarenvale.info/association/about-mvgwta/, 2015. Abgerufen am 18. November 2015.

Ministry of Tourism. Tourism Sector Profile, Tourist Activity Wine Tourism. Wellington: Ministry of Tourism, 2009.

Mitchell R, Charters S, Albrecht JN. Cultural Systems and the Wine Tourism Product. Annals of Tourism Research. 2012, 39(1), 311–335.

Mitchell R, Hall CM. Wine tourism research: The state of play. Tourism Review International. 2006, 9, 307–332.

Mueller SC, Umberger W. Myth busting: who is the Australian cask wine consumer? Australian and New Zealand wine industry journal. 2009, 24(1), 52–58.

New Zealand Food and Wine Tourism Network. Food and Wine Tourism Experiences Product Manual 2012/13. Auckland: New Zealand Food and Wine Tourism Network, 2012.

New Zealand Wine. Winery Region List. http://www.nzwine.com/assets/sm/upload/wg/xd/1a/nd/Region_List_2013_Feb.pdf, 2013. Abgerufen am 13. April 2015.

O'Neill M, Charters S. Service quality at the cellar door: Implications for Western Australia's Developing Wine Industry. Managing Service Quality. 2000, 10(2), 112–122.

Organisation internationale de la vigne et du vin. Konjunkturdaten zum weltweiten Weinanbau, 2014. Pressemitteilung, 23. Oktober 2014.

Schott C, editor. Tourism and the Implications of Climate Change: Issues and Actions. Bingley, UK: Emerald Books, 2010.

South Australian Tourism Commission. South Australian Food and Wine Tourism Strategy. Adelaide: South Australian Tourism Commission, 2009.

Taylors Wines. Screwcap. http://www.taylorswines.com.au/food-and-wine/screw-cap, 2015. Abgerufen am 21. April 2015.

Tourism New Zealand, Insights Team. Tourist Special Interest, Wine Tourism. Wellington: Tourism New Zealand, 2014.

Tourism Research Australia. Food and Wine Tourism in Australia. Canberra: Australian Government, Department of Resources, Energy and Tourism, 2010.

Webb L, Whetton P, Barlow E. Future Climate Change Impacts on Australian Viticulture. Paper presented at Réchauffement climatique, quels impacts probables sur les vignobles? Global warming, which potential impacts on the vineyards? Dijon: Université de Bourgogne, 2007.

White L. Branding the Barossa – Pioneers, heritage and tourism in Australia's famous wine region. In: Harvey M, White L, Frost W, editors. Wine and Identity – Branding, Heritage, Terroir. Abingdon, UK: Routledge, 2014, 114–130.

Williams P. Positioning Wine Tourism Destinations: An Image Analysis. International Journal of Wine Marketing. 2001, 13(3), 42–58.

Wine Australia. Directions to 2025 – An industry strategy for sustainable success. Adelaide: Australian Wine and Brandy Corporation, 2007.

Wine Intelligence. Wine tourism – Australia's model investment. http://www.wineintelligence.com/wine-tourism-australias-model-investment-2/, 2013. Abgerufen am 20. April 2015.

Winebiz. Strategy 2025 – Market Opportunity. http://www.winebiz.com.au/statistics/strategy2025/2025_6.asp, 2015. Abgerufen am 16. April 2015.

Winetitles. The Australian and New Zealand Wine Industry Directory. Broadview, South Australia: Winetitles Media, 2014.

Yeoman I. Tomorrow's Tourists: Scenarios and Trends. Oxford: Elsevier, 2008.

Yeoman I, Tan R, Mars M, Wouters M. 2050 – Tomorrow's Tourism. Bristol: Channelview, 2012.

Stephanie Tischler und Ulrike Gretzel

6 Online-Marketing in Australien und Neuseeland

6.1 Ausgangsbetrachtung

Der Begriff Technologie ist zumeist keiner, der mit Australien oder Neuseeland assoziiert wird. Beide Länder sind ressourcenbasierte Volkswirtschaften, weit entfernt von globalen Technologiezentren. Besucher, die in Australien oder Neuseeland ankommen, merken diesen Unterschied meist sehr bald. In Bezug auf die Internetgeschwindigkeit rangiert Neuseeland beispielsweise nur auf dem 42. Platz (NZ Herald, 2015) und Australien sogar auf Platz 44 (ABC News, 2015). Somit liegen diese zwei Länder weit hinter den meisten hoch entwickelten Volkswirtschaften. Beide Staaten haben zwar Breitbandinitiativen gesetzt, diese sind jedoch noch nicht vollständig realisiert. Kostenlose Wi-Fi-Internetverbindungen sind überwiegend nicht sehr stark verbreitet, obwohl einige Destinationen (wie z. B. Brisbane) versuchen, sie für ihre Besucher zumindest an wichtigen Plätzen bereitzustellen. Zudem sind internationale Reisende von den hohen Gebühren für den Internetzugang in vielen australischen und neuseeländischen Hotels oft überrascht, die zu den häufig bereits ohnehin sehr teuren Zimmerpreisen noch hinzukommen (News.com.au, 2012).

Darüber hinaus ist festzustellen, dass die Mobilfunkversorgung bei Weitem nicht optimal ist. Mit den großen unbewohnten Gebieten in beiden Ländern, in denen typischerweise keine Mobilverbindungen bestehen, sind technologische Totzonen allgegenwärtig. 3G-und 4G-Konnektivität ist nur sehr selten möglich. Netzabdeckungskarten für den Mobilfunk (z. B. www.sensorly.com/map/2G-3G/NZ/New-Zealand/XT-Mobile-Network/gsm_53005%23%257Ccoverage und http://www.telstra.com.au/mobile/maps/mcm/wholesale.html als Anbieter mit der größten Netzabdeckung) zeigen dies in einem sehr ernüchternden Bild. Für Reisende heißt das, dass sie besonders leicht in Funklöcher tappen können, was für viele Besucher zu einer enormen Herausforderung werden kann. Andererseits trägt genau dieser Umstand zur speziellen Abenteueratmosphäre bei, die viele Gäste in Australien und Neuseeland suchen. Diese Ausgangslage erfordert bei vielen Urlaubern beispielsweise auch das (Wieder-)Erlernen von Fähigkeiten wie Kartenlesen und das Einholen von Informationen durch Gespräche mit Fremden (und nicht durch Anwendungen wie Siri; Pearce/Gretzel, 2012). Hiervon sind nicht nur einzelne Orte betroffen, sondern es sind teilweise sogar ganze Regionen in Australien und Neuseeland vorzufinden, wo eine Handynutzung völlig unmöglich und der Internetzugang äußerst begrenzt ist. Lord Howe Island vor der Ostküste Australiens ist ein prominentes Beispiel dafür. Hier stimmten überdies die Einwohner selbst gegen eine Anbindung an das Mobilfunknetz (siehe Gretzel, 2014).

Aber nicht nur die Hardware bzw. die mangelnden infrastrukturellen Voraussetzungen können Probleme bergen: Aufgrund strenger Urheberrechtsgesetze und kleiner Nachfragersegmente haben viele Anbieter beschlossen, ganze Märkte nicht zu bedienen oder nur sehr begrenzte Dienste anzubieten. Als Reisender in Australien oder Neuseeland erfährt man dies sehr schnell, wenn man beispielsweise auf der Suche nach Videos auf YouTube häufig auf die Meldung „Sie sind im falschen Land, um diesen Inhalt zu sehen" stößt. Dies veranschaulicht auch, dass das Internet nicht als so global oder einheitlich gesehen werden kann, wie manche heute denken mögen. Während diese Unterschiede für Länder wie China laufend thematisiert werden (The New York Times, 2015), würde man diese Problematik als Tourist in Australien und Neuseeland eher nicht erwarten, da beide Länder sowohl kulturell als auch wirtschaftlich besonders an Länder wie Großbritannien und die USA gebunden sind (Conaghan, 2013; Marquardt, 2014).

Überraschenderweise haben diese infrastrukturellen Hindernisse die Australier und Neuseeländer aber nicht davon abgehalten, Mobiltelefone und Social Media zu nutzen. Google's Consumer Barometer listet Australien als eines der Top-Länder weltweit (Rang elf) in Bezug auf die Smartphone-Penetration und Neuseeland nicht allzu weit dahinter auf Rang 16 (vor den USA und Deutschland) (On Device Research, 2014). Neueste Umfragen zeigen eine enorme Smartphone-Penetrationsrate von 89 Prozent für Australien und eine umfangreiche Verwendung von Smartphones und Tablets für eine Vielzahl von Aktivitäten (Haptic Industrie, 2015). Die Social-Media-Verwendung ist in Australien generell sehr hoch, Facebook und YouTube verzeichnen die meisten Nutzer (Socialmedianews.com.au, 2015). Auch Neuseeländer sind begeisterte Social-Media-Fans. 55 Prozent aller Online-Nutzer verwenden Facebook (Traverse, 2014). Diese Statistiken deuten des Weiteren darauf hin, dass Australier und Neuseeländer viel Zeit in sozialen Netzwerken verbringen und sie ihren Tag oft mit der Überprüfung ihrer Facebook-Konten beginnen und auch wieder beenden. Diese hohe Smartphone-Penetration und die intensive Social-Media-Nutzung der Verbraucher veranlassen australische und neuseeländische Unternehmen zunehmend dazu, nach neuen Geschäftschancen und vor allem Marketingmöglichkeiten im digitalen Bereich zu suchen.

Nachfolgend werden durch einige Beispiele und Fallstudien erfolgreiche Online- und im Speziellen Social-Media-Marketing-Bestrebungen von australischen und neuseeländischen Tourismusunternehmen dargestellt. Sie illustrieren die trotz der schwierigen Ausgangslage besonders gelungenen Innovationen in diesem Bereich in einem der entferntesten Winkel der Welt.

6.2 Verbreitung digitaler Technologien bei australischen Tourismusunternehmen

Während die folgenden Abschnitte des Kapitels ausgewählte Beispiele von erfolgreichem Online-Tourismusmarketing zeigen, ist vorweg ein wichtiger Punkt zu relativieren: Nicht alle Anbieter in Australien und Neuseeland zeigen eine hohe Technologieübernahme und -nutzung. Wie in den meisten anderen Ländern der Welt ist die Tourismusindustrie in Australien und Neuseeland stark fragmentiert und Kleinst- und kleine Unternehmen dominieren den Markt. Investitionen in Technologien sind für solche Betreiber mit limitierten Ressourcen und Zeitknappheit äußerst schwierig zu bewältigen. Des Weiteren ist generell eine mangelhafte Innovationsbereitschaft im Tourismus festzustellen, die in der Literatur bereits umfassend diskutiert wurde (Hjalager, 2010). Strukturelle, finanzielle und psychologische Hindernisse sprechen gegen die Übernahme und den Einsatz von Technologien. Das Internet und nun auch Social Media werden als Instrumente gesehen, um möglichst gleiche Voraussetzungen und Wettbewerbsbedingungen für Betriebe zu schaffen, da relativ geringe Investitionen im Voraus für die Technologie und die entsprechende Hardware und Software erforderlich sind. Nichtsdestotrotz sind Veränderungen in organisatorischen Denkweisen und in den personellen Ressourcen notwendig, um das Potenzial, das Online-Marketing birgt, vollständig ausschöpfen zu können.

Eine Studie im Auftrag von Tourism Research Australia (2013) zeigt, dass, während die meisten australischen Tourismusbetriebe zumindest eine eigene E-Mail-Adresse haben, nur 83 Prozent der Tourismusunternehmen auch eine eigene Internetseite betreiben. Der Bericht zeigt auch, dass nur 46 Prozent der Internetseitenbetreiber eine Buchungsmöglichkeit mit sofortiger Reservierungsbestätigung auf der jeweiligen Seite anbieten. Gretzel, Kennedy-Eden und Mistilis (2014) untersuchten die Online-Präsenz australischer Tourismusunternehmen und analysierten, ob sich durch Social Media für Anbieter neue Möglichkeiten ergeben, erfolgreiches Online-Marketing zu betreiben. Sie fanden heraus, dass 61,9 Prozent der Tourismusanbieter sowohl eine Internetseite als auch eine Social-Media-Präsenz hatten. 6,2 Prozent waren nur in sozialen Medien präsent, 20,8 Prozent zeigen hingegen nur eine Web-Präsenz. Weitere 4,2 Prozent der touristischen Unternehmer betreiben keine eigene Website, aber ihre Produkte und Dienstleistungen wurden über die Internetseite von Drittanbietern vermarktet. 6,5 Prozent verfügten über keinerlei Online-Präsenz. Gretzel et al. (2014) folgerten, dass ein ganz erheblicher Anteil jener Anbieter ohne eine Internetseite Social Media insbesondere dazu nutzten, um erstmals Online-Marketing-Aktivitäten einzusetzen. Dennoch unternahm auch ein überraschend großer Teil der Website-Betreiber keinerlei Anstrengungen im Social Media-Marketing-Bereich. Der Bericht kam des Weiteren zu dem Ergebnis, dass die Anwender- und Nutzungsmöglichkeiten auf einigen Internetseiten sehr begrenzt sind und dass viele der Internetseiten und Social-Media-Auftritte nicht regelmäßig aktualisiert werden. Darüber hinaus war nur etwa die Hälfte der Internetseiten auf eine mobile Verwendung vorbereitet und weniger als die Hälfte war für Suchmaschinen optimiert. Suchmaschinenmarketing wurde nur von einer Minderheit der Tourismusunternehmen verfolgt. Insgesamt weisen diese Ergebnisse auf deutliche Unterschiede im Online-Marketing australischer Reiseunternehmer hin und zeigen auch verschiedene Ausprägungen in der Durchführung sowie in der Fähigkeit, Online-Marketing zu betreiben.

6.3 Die australische Tourismus-Datenbank ATDW

Eine der wichtigsten strategischen Entscheidungen der australischen Tourismusindustrie im Hinblick auf die Förderung des Online-Marketings war die Schaffung des Australian Tourism Data Warehouse (ATDW; www.atdw.com.au). ATDW ist eine nationale Plattform für digitale Tourismusinformationen über Australien. Das ATDW-System verfolgt eine zentrale Speicherung und Verteilung von touristischen Produkten und Informationen über Destinationen aller australischen Bundesstaaten und Territorien. Diese Inhalte werden in einem national vereinbarten Format erstellt und sind für Tourismusunternehmer (Anbieter), Groß- und Einzelhändler sowie sonstige Händler zur Einbindung in ihre Internetseiten und Buchungssysteme elektronisch zugänglich. ATDW wird von allen staatlichen Tourismusbüros und der nationalen Marketingorganisation Tourism Australia finanziert und verwaltet. Während es die ursprüngliche Idee war, Produktbeschreibungen und Bilder in einer Weise zu sammeln, die elektronisch über digitale Plattformen zugänglich und übertragbar sind, bietet das ATDW-System nun zusätzliche Dienstleistungen, wie beispielsweise Buchungs-Widgets (http://www.bookingwidget.com.au/) und Anwendungen, die ortsbasiertes Marketing unterstützen (http://distribution.atdw.com.au/products/atlas/).

Seitens ATDW wurde nämlich sehr schnell realisiert, dass mehr geboten werden musste als nur eine digitale Plattform, die Tourismusunternehmen in ihren Online-Marketing-Bemühungen unterstützt. Daher startete ATDW die Entwicklung von sogenannten e-Kits (also Online-Trainingsprogrammen) zu verschiedenen Online-Marketing-Themen. Des Weiteren wurde stark in die Übersetzung der urlauberrelevanten Inhalte in Mandarin investiert, um dem schnell wachsenden chinesischen Markt gerecht zu werden. Diese Unterstützung bzw. dieses Coaching-Element des ATDW wurde ausgelagert und wird nun als ein umfassendes Produkt namens Tourism Tribe (http://www.tourismtribe.com/) angeboten. Tourism Tribe bietet Online-Tutorials sowie Offline-Coaching, um Tourismusunternehmern zu helfen, im Online-Marketing erfolgreich zu werden. Unterstützung wird beispielsweise zu Themen wie Suchmaschinenoptimierung, Web Analytics, Social-Media-Marketing und Mobile Marketing angeboten. Ein Bericht von Tourism Research Australia (2013) zeigt, dass diese Ausbildungsoffensive sehr erfolgreich war und Unternehmen gut unterstützen konnte, in den Bereich des Online-Marketings einzusteigen und sich auch laufend zu verbessern. Verglichen mit dem Durchschnitt der australischen Tourismusunternehmen sind Mitglieder des ATDW verstärkt digital präsent und zeigen einen professionelleren Online-Auftritt.

6.4 Social-Media-Marketing in Australien und Neuseeland

Trotz der technologischen Herausforderungen und der weit verbreiteten mangelnden Bereitschaft zur Digitalisierung unter Tourismusunternehmern haben es einige australische und neuseeländische Unternehmen und Destinationen geschafft, beeindruckende Online-Marketing-Kampagnen durchzuführen. Aufgrund ihrer innovativen Nutzung von Social Media zur Generierung von Bekanntheit, der Kommunikation spezifischer Destinationsimages und zur Schaffung von Aufmerksamkeit in sozialen Medien erhielten sie weltweit viel Beachtung. Im Folgenden werden Beispiele für herausragende Bemühungen und Kampagnen dargestellt, die Australien und Neuseeland als Reiseziel in den sozialen Medien platziert haben.

6.4.1 Das weltweit größte Social-Media-Team von Tourism Australia

Tourism Australia, die Regierungsstelle, die für die Bewerbung Australiens als Reiseziel verantwortlich ist, ist eine der erfolgreichsten Institutionen weltweit in Bezug auf die Bindung von Konsumenten an ihre Social-Media-Plattformen (Tnooz, 2013; Out&About Marketing, 2014). Seien es Facebook-„Likes" oder Instagram-Inhalte, Australien führt in der Regel die Ranglisten an. Die Facebook-Seite Australia.com hat derzeit über sechs Millionen Anhänger (zum Vergleich: die offizielle Facebook-Seite der Reisedestination Österreich hat nur etwa 300.000 Fans). Das Weibo-Konto für die Vermarktung auf dem chinesischen Markt ist ebenfalls eine der erfolgreichsten Destinationsseiten auf der chinesischen Social-Media-Plattform. Auf Twitter haben mehr als 240.000 Menschen die Tweets von Tourism Australia abonniert (zum Vergleich: Schweiz Tourismus, ebenfalls eine sehr aktive Tourismusorganisation auf diversen Social-Media-Plattformen, hat weniger als 35.000 Twitter-Follower). Im Jahr 2014 war das @Australia-Profil das Land mit den meisten Followern auf der gesamten Instagram-Plattform (Daily Mail, 2014).

Tourism Australia rühmt sich selbst, „das größte Social-Media-Team der Welt zu haben". Dies bezieht sich aber nicht auf ihre Vollzeitmitarbeiter im Social-Media-Bereich, sondern beruht auf dem speziellen Zugang der Organisation zum Social-Media-Marketing: Anstatt auf die sorgfältige inhaltliche Gestaltung und die Realisierung eigens entwickelter Kampagnen zu setzen, versucht Tourism Australia, Nutzen aus ihrer großen Fangemeinde zu ziehen. Die Fans werden somit zum eigentlichen Social-Media-Team. Eine der Online-Präsentationen von Tourism Australia (http://www.slideshare.net/TourismAustralia/the-worlds-biggest-social-media-team-16545786) fasst den Fan-basierten Ansatz überzeugend zusammen: Statt Rundfunkwerbebotschaften zu erarbeiten, werden gemeinsam mit den größten Fans aktiv Inhalte und Kampagnen erstellt. Alle Fans werden aufgerufen, selbst dazu beizutragen und Nachrichten auf den verschiedenen Seiten und Kanälen zu teilen. Dies führte einerseits zu einem deutlichen Wachstum in der Reichweite, andererseits auch zu einem verstärkten Social-Media-Engagement der Nutzer. Fans und Followers unterstützen Tourism Australia beispielsweise (alle Social-Media-Plattformen in Summe betrachtet) mit mehr als 1.000 Bildern pro Tag. So berichtet Tourism Australia, dass etwa 95 Prozent der Social-Media-Inhalte von Fans zur Verfügung gestellt werden.

Jeden Freitag ist zudem „Fan-Freitag" auf Australia.com. Dies bedeutet, dass etwa 35 Fan-Fotos ausgewählt und in einem speziellen Album vorgestellt werden. Diese Fan-basierte Strategie beruht zu einem guten Teil auf der Idee, Fans zu Helden werden zu lassen. Die Online-Präsentation erwähnt beispielsweise, dass Harry Willey, ein über 80-jähriger Australia.com-Facebook-Fan, häufig als wichtiger Teil des Social-Media-Teams vorgestellt und für seine zahlreichen Beiträge besonders anerkannt wird.

Das eigentliche Social-Media-Team, das in Vollzeit bei Tourism Australia beschäftigt ist, definiert drei Schwerpunkte für seine Arbeit: erstens jenes Reiseziel zu sein, über das weltweit am meisten gesprochen wird; zweitens einen Plattformaufbau zu verfolgen anstatt einmalige Initiativen zu setzen, um Partnerschaften mit Fans und Industriepartnern zu erweitern und zu vertiefen; und drittens Einblicke in die Organisation und in die gesamte Branche zu gewähren. Die Resultate auf den Social-Media-Plattformen zeigen, dass sich diese Strategie zu rechnen scheint, da stetig beachtliche Ergebnisse erzielt werden können (Out&About Marketing 2014). Während Tourism Australia für seine ikonischen Werbekampagnen bekannt ist (z. B. „Where the bloody hell are you?" https://www.youtube.com/watch?v=Y-ZLr9ePuj8 und „Put another shrimp on the barby" https://www.youtube.com/watch?v=Xn_CPrCS8gs mit Paul Hogan), hat das Social-Media-Team einen strategischeren Ansatz gewählt, sodass Verbraucher weit über einzelne Kampagnen hinweg involviert werden können.

6.4.2 Tourism Queensland – „Bester-Job-der-Welt"-Kampagne

2009 startete *Tourism Queensland* mit der „Bester-Job-der-Welt"-Kampagne, ein Online-Marketing-Phänomen, das heute noch diskutiert wird. Versprochen wurde dabei ein Job auf einer Queensland-Insel, bei dem ein Haus gehütet werden musste und in einem Blog genau darüber berichtet werden sollte. Details zur Kampagne sind im Tourism-Queensland-Blog zu finden (http://blog.queensland.com/best-of/best-job-in-the-world-best-of/). Alle Bewerber mussten im Rahmen eines Wettbewerbs ein Video erstellen, in dem sie beschreiben mussten, warum ausgerechnet sie für diesen Job qualifiziert wären. Die International Business Times (2013) berichtete, dass Tourism Queensland eine Million USD in die Kampagne investierte; erwirtschaftet wurde in der Folge eine Öffentlichkeitswirksamkeit im Wert von 70 Millionen USD allein im ersten Monat nach Kampagnenstart. Ein weiteres Indiz für den Erfolg, der oft in Verbindung mit dieser Kampagne erwähnt wird, ist die Tatsache, dass das durch diese Kampagne erzeugte Interesse sogar die Internetseite des Wettbewerbs zum Absturz brachte. Zwei Tage nach dem Start konnte der übermäßige Datenverkehr auf der Internetseite nicht mehr verarbeitet werden. So wollten etwa insgesamt 35.000 Interessenten ihre Bewerbungen im Rahmen der Kampagne einreichen. In einem vier Monate langen Auswahlprozess mit Online-Voting wurde der Job dann vergeben. Schließlich erhielt eine Person aus Großbritannien die Stelle als „Hausverwalter" für die Insel (für weitere Details siehe Tourism-Queensland-Blog). Die Kampagne erhielt zahlreiche Auszeichnungen und Anerkennungen für ihre besondere Fähigkeit, Online-Engagement von Konsumenten rund um die Welt forcieren zu können. Beispielsweise gewann die Kampagne zwei Preise beim Cannes Lions International Advertising Festival 2009: den Cannes Lions PR Grand Prix und den Direct Marketing Grand Prix (The Guardian, 2009).

Im Jahr 2013 nahm Tourism Australia die Idee dieser ersten Kampagne auf und bot sechs außergewöhnliche Arbeitsplätze in verschiedenen Regionen Australiens an: „Oberster Spaßvogel" für New South Wales, Wildtierbetreuer in Südaustralien, Park Ranger in Queensland, „Meister des guten Geschmacks" in Westaustralien, Abenteurer im Outback des Northern Territory und „Lifestyle-Fotograf" in Victoria. Die Kampagne (siehe Internetseite der Kampagne für genauere Informationen: http://www.tourism.australia.com/campaigns/Global-Youth-about-the-campaign.aspx) wurde von den jeweiligen staatlichen Tourismusverbänden sowie mehreren Unternehmen wie beispielsweise Virgin Australia und STA Travel unterstützt. Mehr als 330.000 Menschen aus 196 Ländern zeigten Interesse an diesen Jobs und mehr als 40.000 Videos wurden im Rahmen des Bewerbungsprozesses hochgeladen. Ein amerikanischer Hochschulabsolvent im Bereich der Finanzierung, ein brasilianischer Reisefotograf, ein irischer Internetunternehmer, eine französische Hochschulabsolventin im Bereich Tourismus, ein englischer Filmkostümdesigner und ein kanadischer Reiseleiter für Abenteuerreisen erhielten schließlich die Jobs (News.com.au, 2013). Tourism Australia berichtete, dass sich die Zahl der Anhänger der eigenen Facebook-Seite zum Thema „Reisen und Arbeiten in Australien" als Folge der Kampagne verdreifacht hat (Tourism Australia, 2013).

6.4.3 Hamilton Island Instameets

Hamilton Island ist eine Insel der Whitsunday-Islands-Gruppe und befindet sich im Herzen des Great Barrier Reef. Sie gilt als besonders gehobene Urlaubsdestination Australiens und wirbt unter dem Motto, „ein exquisiter Wasserspielplatz" zu sein, um Besucher. Die Insel selbst ist im Privatbesitz des australischen Winzers Bob Oatley, der sie 2003 gekauft hat. Hamilton Island ist eines der ersten Reiseziele Australiens, aber auch weltweit, das Instagram erfolgreich nutzen konnte.

2012 organisierte Hamilton Island das sogenannte Ultimate Instameet, wofür australische und amerikanische Instagrammer auf die Insel eingeladen wurden. Diesen Instagrammern wurden für ihre außergewöhnlichen Bildaufnahmen Wasserflugzeuge, Schiffe und Hubschrauber zur Verfügung gestellt. Durch ihre Instagram-Beiträge priesen sie die Insel an und fungierten so als Botschafter für deren Schönheit. Das Marketing Magazine (2013) berichtete, dass mehr als 400 Bilder während der Veranstaltung aufgenommen wurden. Diese erhielten 800.000 „Likes" und generierten mehr als 17.500 Kommentare. Die Kampagne wurde auch in andere Social-Media-Plattformen integriert und von Tourism Australia unterstützt, was insgesamt zu geschätzt acht Millionen Social-Media-Kontakten führte. Laut Marketing-Magazine-Bericht konnte die Zahl an Instagram-Followern nach der Kampagne um mehr als 3.000 Prozent erhöht werden, während die Facebook-Fangemeinde nur um über 20 Prozent wuchs. Eine Videozusammenfassung über das Hamilton Island Instameet stellt die Veranstaltung selbst sowie die teilnehmenden Instagrammer auf YouTube vor (https://www.youtube.com/watch?v=OqAu4gleAYs%23t=37).

Aufgrund des Erfolgs dieser ersten Instagram-Veranstaltung wurde im Mai 2013 eine zweite Instameet-Kampagne namens „Return2Paradise" gestartet. Laut Mumbrella.com.au (2013) war sie mit ihrer um 20 Prozent größeren Reichweite noch erfolgreicher als die erste Instameet-Kampagne. Dies ist teilweise auf die Zusammenarbeit mit der chinesischen Social-Media-Plattform Weibo zurückzuführen, die den Kontakt mit 800 Millionen Nutzern der Plattform ermöglichte. Die Kampagne erhielt zusätzlich viel Aufmerksamkeit in den Mainstream-Medien. Das Hamilton-Island-Team berechnete, dass der Werbewert 27 Mal höher war als das Budget, das in die Instameet-Kampagne investiert wurde (Socialmedianews.com.au, 2013). Ein Video, das das Ergebnis der „Return2Paradise"-Kampagne zeigt, verdeutlicht das Potenzial nutzergenerierter Inhalte mit authentischen Geschichten, die Hamilton Island durch diese Marketinginitiative in besonderer Weise erzielen konnte (https://www.youtube.com/watch?t=115&v=VVrBaUKMldA).

6.4.4 1888 Hotel Sydney – das weltweit erste Instagram-Hotel

Das *1888 Hotel* in Pyrmont, Sydney (http://www.1888hotel.com.au/), ist ein städtisches Boutique-Hotel, das sich als das „erste Instagram-Hotel der Welt" bezeichnet. Aufgrund seines einzigartigen Designs und seiner Marketingkampagnen konnte es die Vorteile dieser visuellen Social-Media-Plattform sehr gut nutzen. Mehrere Maßnahmen trugen zum Erfolg der Kampagne bei: Erstens wurde ein Fotorahmen für „Selfies" in der Hotellobby für Gäste aufgebaut, sodass sie sofort bei Ankunft und bereits während der Wartezeit auf ihren Check-in mit der Erstellung von einzigartigen Inhalten beginnen können. Die Hotelzimmer sind zudem jeweils unterschiedlich eingerichtet (beispielsweise werden in jedem Zimmer Kunstwerke ausgestellt oder verschiedene Designer-Möbelstücke präsentiert), was die Schaffung einer größeren Anzahl an Fotomotiven unterstützt. Zusätzlich gibt es kostenloses Wi-Fi, um das Hochladen von Fotos zu ermöglichen. Hotelgäste können auch eine „InstaWalk"-Karte herunterladen, die „Instagram-würdige" Sehenswürdigkeiten der näheren Umgebung aufzeigt. Darüber hinaus ist eine besonders wichtige Aktion das Angebot einer kostenlosen Übernachtung im Hotel für Instagrammer mit mehr als 30.000 Anhängern (siehe Internetseite des Hotels). Und zuletzt wird ein Wettbewerb ausgetragen, der das beste Instagram-Foto, das mit #1888Hotel markiert wurde, auszeichnet. Als Preis winkt eine kostenlose Übernachtung. Die Kampagne des Hotels ist somit ein gelungenes Beispiel dafür, wie

Social-Media-Marketing durch einfache Schritte erfolgen kann und wie auch Hotelgäste motiviert werden können, Kampagnen aktiv zu unterstützen.

6.4.5 Tägliche Tourberichterstattung der Margaret River Discovery Co.

Die *Margaret River Discovery Co.* (http://www.margaretriverdiscovery.com.au/) ist ein Reiseunternehmen in Westaustralien, das „Rundreisen für diejenigen anbietet, die keine Rundreisen machen". Das Angebot an Luxustouren umfasst Weintouren, Sonnenuntergang-Kanutouren und Übernachtungsabenteuer mit dem Eigentümer und Betreiber Sean Blocksidge. Das kleine Unternehmen wurde in der australischen Tourismusindustrie für sein erfolgreiches Social-Media-Engagement bekannt. Durch den Auftritt auf Facebook, Twitter, Tripadvisor, Instagram und YouTube konnte es eine große Fangemeinde (beispielsweise fast 5.000 Fans auf Facebook) mit einfachen, aber visuell besonders beeindruckenden Inhalten aufbauen. So postet Sean Blocksidge fast jeden Tag ein Bild von seinen Touren und den Teilnehmern. Die daraus resultierenden Bildgalerien sind eine gute Möglichkeit, Urlaubserlebnisse für diejenigen sichtbar zu machen, die ebenfalls gerne eine Tour machen möchten, aber sie sind auch bedeutende Erinnerungen für ehemalige Tourgäste. Wichtig hierbei zu erwähnen ist, dass die Bilder durch persönliche und oft freche Beschreibungen, die Seans Persönlichkeit authentisch widerspiegeln, ergänzt werden. So verwendet er z. B. oft australischen Slang wie „What a rippa idea!" (im Deutschen in etwa: „Was für eine geile Idee!") in seinen Kommentaren oder erwähnt Gäste namentlich, was zeigen soll, wie klein und maßgeschneidert die Tourgruppen sind. Des Weiteren reagiert er auch immer auf Kommentare, wobei die Schaffung eines echten Gesprächs (anstatt eines an Werbebotschaften orientierten Verkaufsgesprächs) im Vordergrund steht. Sean versteht es in besonderer Weise, die Vorteile von Social Media zu nutzen, um mit ehemaligen und potenziellen Kunden in Kontakt zu bleiben und so persönliche und langfristige Bindungen zu schaffen. Dieses Fallbeispiel zeigt auch, dass Social-Media-Kampagnen keineswegs auf großen Budgets aufgebaut sein müssen. Im Rahmen seines Vortrags beim ersten Social-Media-in-Tourism-Symposium in Australien (sometourism.com) erklärte Sean Blocksidge auch, wie wenig Zeit er tatsächlich in seine Kampagnen investieren muss: Er fotografiert üblicherweise während der Tour und postet die Bilder mit einem kurzen Kommentar gleich am jeweiligen Abend nach der Rückkehr. Laut einem vor Kurzem publizierten Interview investiert er nicht mehr als 15 Minuten pro Tag in seinen Social-Media-Auftritt (Cairns Post, 2015). Er bittet seine Kunden auch nicht explizit, die Tour auf TripAdvisor zu bewerten, aber er erwähnt bei seinen Touren, wie wichtig Social Media für seine Firma sind (Mucho, 2013). Das Resultat lässt sich sehen: Platz eins der 27 besten Outdoor-Aktivitäten in der Margaret-River-Region und mehr als 400 extrem positive und keine negativen Bewertungen auf TripAdvisor.

6.4.6 Absolutely Positively Wellington auf Facebook

Positively Wellington Tourism ist eine gemeinnützige Organisation, die für die Vermarktung von Neuseelands Hauptstadt als Reiseziel verantwortlich ist (www.WellingtonNZ.com). Die Organisation hat sich als innovativer Akteur im Social-Media-Marketing-Bereich etabliert und unter der Marke *Absolutely Positively Wellington* einige interessante Social-Media-Kampagnen initiiert. Ein besonderes Beispiel ist die Kampagne namens „Wellington Wishing Well". Im Oktober 2012 wurde der berühmte „Eimerbrunnen" in Wellington zu einem „magischen Online-Wunschbrunnen".

Mittels Facebook-App konnten die Positively-Wellington-Facebook-Anhänger virtuell Wünsche in den Brunnen „werfen". In einem Zeitraum von 31 Tagen konnten dann insgesamt 31 Wünsche erfüllt werden. Die Teilnehmer konnten ihre persönlichen Wünsche formulieren oder auch aus einer Liste an vorgegebenen „Wünschen", die die Destination Wellington erfüllen kann, wählen (z. B. ein Abendessen in einem Restaurant in Wellington, VIP-Tickets für Veranstaltungen oder die Möglichkeit, Berühmtheiten aus Wellington persönlich zu treffen). Sobald der Wunsch eingetragen wurde, sahen die Benutzer eine animierte Version des Brunnens und sie konnten beobachten, wie das Wasser von Eimer zu Eimer floss. Laut der Kampagnenwebsite war das Ziel dieser Aktion, die Facebook-Fangemeinde zu vergrößern und E-Mail-Newsletter-Abonnenten zu gewinnen (Positively Wellington Tourism, 2012). Der Wunsch des Marketingteams von Positively Wellington wurde jedenfalls wahr: Die Kampagne führte zu etwa 15.000 Facebook-„Likes" und fast 4.000 neuen Newsletter-Abonnenten. Positively Wellington berichtet auch, dass insgesamt mehr als 60.000 Wünsche eingingen. Obwohl die Kampagne auf inländisches Publikum abzielte, wurden durch Social Media Verbraucher in 63 verschiedenen Ländern animiert, ihre Wünsche zu übermitteln.

Im Juli 2015 schaffte die Absolutely-Positively-Wellington-Kampagne einen weiteren Meilenstein auf Facebook: die Erreichung von 100.000 „Likes". Dieses Ereignis wurde mit einem Wandbild aus nutzergenerierten Bildern gefeiert, das in den sozialen Medien geteilt und mit #ShareMeWLG getaggt wurde. Das ausgestellte Wandbild konnte außerdem in der Innenstadt Wellingtons besichtigt werden. Des Weiteren wurde es als Titelbild auf der Facebook-Seite veröffentlicht und alle eingereichten Bilder sowie das Wandbild wurden auf einer eigenen Webseite gezeigt (bit.ly/1fABYrQ). Über die Facebook-Seite waren die Fans außerdem eingeladen, zu kommentieren, warum sie Fan sind. Dabei hatten sie wiederum die Chance, Gutscheine für lokale Geschäfte und Restaurants in Wellington zu gewinnen.

Diese Werbeaktionen haben Positively Wellington nicht nur geholfen, eine große Fangemeinde zu bilden, die nun regelmäßig die Social-Media-Aktivitäten der Destination sieht, sondern hat auch dazu geführt, dass dem Marketingteam nun besonders attraktive nutzergenerierte Bilder für weitere Kampagnen und Ideen für besondere oder oft gewünschte Erlebnisse in Wellington zur Verfügung stehen. Gleichzeitig konnten mit den Kampagnen mehr Anreize geschaffen werden, die Interessierte sowohl auf die Social-Media-Plattformen als auch in die Stadt und in die lokalen Betriebe selbst locken.

6.5 Integrierte Online-Marketing-Kampagnen

Australische und neuseeländische Tourismusorganisationen waren auch bei der Schaffung von integrierten Marketing-Kampagnen, die die Online- und Offline-Welt verbinden, besonders erfolgreich. Die folgenden zwei Best-Practice-Beispiele werden vorgestellt, um zu zeigen, was diese integrierten Kampagnen beinhalteten und wie sie im Tourismusmarketing beider Länder eingesetzt wurden.

6.5.1 Play Melbourne

Die „Play-Melbourne"-Kampagne wurde von Tourism Victoria (2015), einer der staatlichen Destinationsmarketing-Organisationen Australiens, im Jahr 2011 gestartet. Das Budget für die vierjährige Kampagne betrug 14 Millionen AUD. Die Idee dabei war, Melbourne als Ziel für inländische Besucher neu zu positionieren und zu zeigen, dass es viele Seiten an der Stadt zu entdecken gibt, auch für diejenigen, die meinen, sie würden die Stadt bereits kennen. Im Rahmen der integrierten Kampagne wurden Botschaften in Online- und Offline-Medien kommuniziert. Virgin Australia beteiligte sich als Partner an dieser Aktion, die Printmedien, Fernsehen, Radio- und Kinospots, Social Media, digitale Werbung und Öffentlichkeitsarbeit umfasste. Tourism Victoria (2015) berichtete, dass die Kampagne speziell auf kreative Meinungsführer mit umfassenden sozialen Netzwerken abzielte, um positive Mundpropaganda zu erzeugen.

Das Kernstück der Kampagne war eine Microsite (eine Internetseite oder eine kleine Anzahl von vernetzten Seiten mit eigener URL, die einem spezifischen Thema oder einer spezifischen Aktivität gewidmet ist; playmelbourne.com.au), die Informationen über Melbourne in spielerischer Weise zur Verfügung stellte. Des Weiteren fand ein Wettbewerb statt, bei dem eine Reise nach Melbourne zu gewinnen war. Die zentrale Botschaft der Kampagne war, bei einem Besuch in Melbourne sämtliche Gelegenheiten wahrzunehmen, möglichst viele „Schätze" zu entdecken. Die Benutzer wurden insbesondere dazu eingeladen, ihre eigenen „Playlists" mit Aktivitäten, die man in Melbourne erleben kann, zu kreieren. In ähnlicher Weise griff die TV-Werbekampagne das Thema auf: Der Spot zeigte eine Gruppe von Reisenden, die Würfel entscheiden ließen, wohin sie der weitere Weg führen sollte, wodurch sie einzigartige Persönlichkeiten Melbournes treffen und auf Attraktionen in Melbourne stoßen konnten. Der TV-Spot (http://www.bestadsontv.com/ad/37684/Tourism-Victoria-Play-Melbourne)

erhielt eine Auszeichnung als einer der besten Werbespots Australiens. Die Kampagne umfasste auch die Entwicklung von iPhone-Apps, die die Play-Funktionalität sowie Navigationsunterstützung zur Verfügung stellte (Destination Melbourne, 2011). Digitale Werbetechniken (wie z. B. Bannerwerbung und Suchmaschinenmarketing) sollten zudem die Bekanntheit erhöhen und Webtraffic auf der Kampagnenwebsite generieren.

Tourism Victoria (2015) analysierte, dass innerhalb eines Jahres ab dem Start der Play-Melbourne-Kampagne eine Steigerung von fast elf Prozent bei den inländischen Übernachtungsausgaben sowie ein Anstieg von 6,4 Prozent bei der Anzahl an inländischen Übernachtungsgästen registriert werden konnte. Diese Kampagne wurde anschließend von der Melbourne-Remote-Control-Tourist-Kampagne abgelöst. Für diese Aktion wurden vier „Touristen" eingestellt und mit Live-Streaming-Videokameras sowie GPS ausgestattet. Eine Internetseite mit interaktiver Google-Karte zeigte ihre Routen und stellte relevante Inhalte dar. Menschen aus der ganzen Welt waren so in der Lage, diese vier „Touristen" via Facebook- und Twitter-Nachrichten zu verfolgen und zu lenken. An fünf Tagen im Oktober 2013 konnten ihre Erlebnisse in Melbourne live verfolgt werden. Die Idee dabei war, Konsumenten Melbourne aus der Ferne erleben zu lassen, bevor sie selbst dorthin reisen würden. Laut Kampagnenwebsite (http://www.visitvictoria.com/rct) erhielten die ferngesteuerten „Touristen" über 8.700 Nachrichten. Die vielen Videos und Kommentare, die auf der Google Map veröffentlicht wurden, stellen im Grunde einen von Nutzern erstellten Reiseführer dar. Die Kampagne mit einer globalen Reichweite von 150 Millionen Menschen, einem Medienwert von mehreren Millionen AUD und mehrfachen Auszeichnungen hat weltweit großes Interesse geweckt; ein Video zu dieser Fallstudie ist auf YouTube verfügbar (https://www.youtube.com/watch?v=jKhHQyDvZfw). Eine Zusammenfassung der Aktion lieferte auch Think Digital (2015) unter besonderer Betrachtung der erzielten Social-Media-Ergebnisse. Die Ergebnisse zeigen, wie wirkungsvoll eine medienübergreifende Kombination von Online- und Offline-Aktivitäten sein kann.

6.5.2 „More-Magic-Every-Day"-Kampagne von New Zealand Tourism

Tourism New Zealand startete im März 2015 eine Winterkampagne für die Zielgruppe der Reisenden aus Australien. Die Kampagne „Ski New Zealand: More Magic Every Day" (https://www.youtube.com/watch?v=0P19cVjrZpY) wurde in Zusammenarbeit mit Air New Zealand und dem Reisebüro Flightcentre initiiert. Ausgangspunkt der Online-Kampagne war die Internetseite newzea-land.com. Die Aktion umfasste darüber hinaus integrierte Aktivitäten auf Social-Media-Plattformen, aber auch TV-Werbung und Außenwerbung. Mit der Kampagne sollte die Vielzahl von Wintererlebnissen in Neuseeland kommuniziert werden, um Erstbesucher anzulocken, aber auch die Anzahl an Skitagen bei den Gästen zu erhöhen. Air New Zealand führte einen „Winterschlussverkauf" für ihre Tickets durch, um die Aktion zu unterstützen. Zusätzlich kooperierte Tourism New Zealand erstmals mit Instagram, um mit bezahlten Bildern und Videoinhalten die Kampagne zu verstärken und vor allem junge Australier zu erreichen (Adnews.com.au, 2015). Obwohl Instagram für nicht bewegte Bilder bekannt ist, werden nun auch vermehrt Videoinhalte angeboten, um die Vorteile aus der Präsentation von Musik und bewegten Bildern nutzen zu können. Die Kampagne von Tourism New Zealand war eine der ersten Kampagnen aus dem Tourismusbereich, die diese Möglichkeit wahrnahm.

Dies stellt aber noch nicht die Besonderheit der Kampagne dar, dies war vielmehr der Einsatz von Drohnen. Um der zunehmenden Popularität von „Selfies" Rechnung zu tragen, setzte Tourism New Zealand in Zusammenarbeit mit regionalen Tourismusanbietern während des Winters Drohnen ein, die die Skigebiete überflogen und „Dronies" (von Drohnen gefilmte Selfies) von den Touristen erstellten. „Dronies" wurden von Tourism New Zealand erstmals im Jahr 2014 initiiert und schnell zu einem Social-Media-Phänomen (Mashable.com, 2014). Über die Facebook-Seite von Tourism New Zealand konnten sich Touristen darüber informieren, wo das „Dronie"-Team unterwegs war. Sobald die Filme erstellt waren, konnten die Touristen diese kurzen Videos über soziale Medien mit dem Hashtag #NZdronie teilen, um die Teilnahme an dieser Aktion zu kommunizieren. Dadurch wurde die Kampagne schnell verbreitet und gestreut und war auch in der Lage, die Offline- mit der Online-Welt zu verbinden.

Tourism New Zealand erhöhte von 2010 bis 2015 den Budgetanteil für die digitalen Kampagnen, wie beispielsweise die oben dargestellte, von zehn bis 15 Prozent auf 70 bis 75 Prozent (StopPress, 2015). Diese rasche Umstellung auf digitale Maßnahmen deckt sich mit der engeren Zielmarktdefinition von Tourism New Zealand (2015). Statt auf Massenkommunikation in traditionellen Medien wird auf Digital Media gesetzt. Dies bietet die beste Möglichkeit, potenzielle Besucher, die Neuseeland bereits aktiv als Reisedestination recherchieren, zu erreichen. Die Internetseite newzea-land.com ist zentraler und strategischer Bestandteil jeder Kampagne. Da die Besucher mit ihrem Urlaubserlebnis in Neuseeland meist sehr zufrieden sind, war es Tourism New Zealand auch insbesondere möglich, soziale Medien zu nutzen, um Weiterempfehlungen anzuregen (StopPress, 2015).

6.6 Fazit

Die gezeigten Beispiele und Fallstudien machen deutlich, dass es trotz einiger technischer Schwierigkeiten wie beispielsweise der niedrigen Übertragungsgeschwindigkeiten und allgemein niedriger Technologieübernahme von australischen und neuseeländischen Tourismusbetrieben mehrere Destinationen und Tourismusanbieter in Australien und Neuseeland geschafft haben, mit ihren Online-Marketing-Kampagnen sehr innovativ und erfolgreich zu sein. Sie waren nicht nur in der Lage, generellen Online-Marketing-Trends zu folgen, sondern konnten in vielen Fällen auch Trendsetter sein, insbesondere was Social-Media-Marketing betrifft. Diese Anbieter konnten eindrucksvolle Online-Auftritte aufbauen, um mit unvergesslichen und authentischen Inhalten ein weltweites Publikum zu erreichen. Des Weiteren haben es diese Vorreiter geschafft, Möglichkeiten zu finden, um Offline- und Online-Kampagnen in effektiver Weise zu verbinden. Vor allem aber zeigen sie Kreativität und Spaß, was touristischen Marketingkampagnen häufig fehlt.

Australien und Neuseeland sind heute Sehnsuchtsdestinationen für viele Menschen weltweit (Brown/Chalip/Jago/Mules, 2004; Tourism New Zealand, 2009). Sie sind insbesondere für einen großen Teil der jungen Reisenden, die Urlaubsinformationen meist online unter Verwendung ihrer Smartphones beziehen, attraktiv. Aufgrund ihrer von Tourismuseinnahmen abhängigen Volkswirtschaften ist es für die jeweiligen Tourismusverbände von entscheidender Bedeutung, Trends nicht nur zu folgen, sondern digitale Marketingtrends selbst voranzutreiben und zu gestalten. Während die erfolgreichen Beispiele herausragen, besteht für die restlichen Tourismusbetriebe sicherlich eine starke Notwendigkeit, die eigenen Anstrengungen zu erhöhen, um die Wettbewerbsfähigkeit Australiens und Neuseelands als attraktive Tourismusdestinationen zu erhalten und weiter zu steigern. So gibt es derzeit seitens der Regierung geförderte Bemühungen, Tourismusanbietern maßgeschneiderte Weiterbildung anzubieten und digitale Innovationen zu unterstützen. Nichtsdestotrotz ist dies innerhalb einer fragmentierten Industrie, wie sie in diesen beiden Ländern vorzufinden ist und in denen Anbieter zum Teil an sehr abgelegenen Orten angesiedelt sind, sicherlich keine leichte Aufgabe.

Literatur

ABC News. Internet speeds: Australia ranks 44th, study cites direction of NBN as part of problem. http://www.abc.net.au/news/2015-01-12/australian-internet-speeds-rank-44th-in-the-world/6012570, 2015. Abgerufen am 1. Juli 2015.

adnews.com.au. More magic every day with Tourism New Zealand. http://www.adnews.com.au/campaigns/more-magic-every-day-with-tourism-new-zealand, 2015. Abgerufen am 15. Juli 2015.

Brown G, Chalip L, Jago L, Mules T. Developing Brand Australia: examining the roles of events. In: Morgan N, Pritchard A, Pride R, editors. Destination Branding: creating the unique destination proposition, 2nd edition. Burlington, MA: Elsevier Butterworth-Heinemann, 2004, 279–305.

Cairns Post. Expert says Cairns' tour operators must embrace social media. http://www.cairnspost.com.au/business/expert-says-cairns-tour-operators-must-embrace-social-media-story-fnjpusdv-1227551993973, 2015. Abgerufen am 24. Dezember 2015.

Conaghan G. An Australian Perspective on the Anglo-Australian Relationship: Migration, Investment and Economic Growth. The Blog, Huffington Post. www.huffingtonpost.co.uk/geoffrey-conaghan/britain-australia_b_3828830.html, 2013. Abgerufen am 17. Dezember 2015.

Daily Mail. Everybody loves @Australia! Amazing images of our sunburnt land prove Australia is the most popular country on Instagram, with more than ONE MILLION followers. www.dailymail.co.uk/news/article-2873135/Everybody-loves-Australia-Amazing-images-sunburnt-land-prove-

Australia-popular-country-Instagram-ONE-MILLION-followers.html%23ixzz3uulAZjNL, 2014. Abgerufen am 20. Dezember 2015.

Destination Melbourne. New iphone app to encourage tourists to play Melbourne. www.destinationmelbourne.com.au/2011/12/new-iphone-app-to-encourage-tourists-to-%2525E2%252580%252598play-melbourne%2525E2%252580%252599/, 2011. Abgerufen am 4. Juli 2015.

Gretzel U. Travel Unplugged: The case of Lord Howe Island, Australia. In: Mackay K, editor. Proceedings of the TTRA Canada Annual Conference. Yellowknife, Canada: TTRA, 2014, 24–26.

Gretzel U, Kennedy-Eden H, Mistilis N. Organizational Factors Driving Technology Non-Adoption in Australian Tour Operators (Research Note). 21st Annual ENTER 2014 Conference. Dublin, Ireland, http://ertr.tamu.edu/enter-2014-volume-4-research-notes/, 2014. Abgerufen am Abgerufen am 4. Juli 2015.

Haptic Generation. Survey Sheds Light on How Australians Use Smartphones and Tablets. http://www.hapticgeneration.com.au/survey-tells-us-how-australians-use-smartphones-and-tablets/, 2015. Abgerufen am 17. Juni 2015.

Hjalager AM. A review of innovation research in tourism. Tourism management. 2010, 31(1), 1–12.

International Business Times. ‚Best Job In The World' Receives 250K Applicants In First Week. http://www.ibtimes.com/best-job-world-receives-250k-applicants-first-week-1119339, 2013. Abgerufen am 20. Dezember 2015.

Marketing Magazine. Hamilton Island ‚Instameet' roadblocked Instagram's 100m global users. https://www.marketingmag.com.au/news-c/hamilton-island-instameet-roadblocked-instagrams-100m-global-users/, 2013. Abgerufen am 6. Juli 2015.

Marquardt N. America and Australia: economic ties as strong and important as security ties. The Strategist, Australian Strategic Policy Institute. http://www.aspistrategist.org.au/america-and-australia-economic-ties-as-strong-and-important-as-security-ties/, 2014. Abgerufen am 18. Dezember 2015.

mashable.com. Dronies are the only way to be photographed this winter. http://mashable.com/2014/07/23/dronies-new-zealand/, 2014. Abgerufen am 1. Juli 2015.

Mucho. How online reviews and social media took my travel business from blah to boom. http://www.mucho.com.au/online-reviews-travel-marketing/, 2013. Abgerufen am 24. Dezember 2015.

mumbrella.com.au. Tourism Instameets claim success. http://mumbrella.com.au/hamilton-island-claims-second-instameet-generated-3-7m-worth-of-earned-media-for-thursday-169109, 2013. Abgerufen am 6. Juli 2015.

news.com.au. Anger as Australian hotels charge up to $35 a day for internet use. http://www.news.com.au/travel/travel-updates/anger-as-australian-hotels-charge-up-to-35-a-day-for-internet-use/story-e6frfq80-1226542332593, 2012. Abgerufen am 5. Juni 2015.

news.com.au. Tourism Australia's Best Jobs in the World finalists named. http://www.news.com.au/travel/travel-updates/tourism-australias-best-jobs-in-the-world-finalists-named/story-e6frfq80-1226643320452, 2013. Abgerufen am 20. Dezember 2015.

NZ Herald. Need for speed: How our net ranks. www.nzherald.co.nz/business/news/article.cfm?c_id=3&objectid=11385759, 2015. Abgerufen am 1. Juli 2015.

On Device Research. Global Smartphone Penetration 2014. https://ondeviceresearch.com/blog/global-smartphone-penetration-2014, 2014. Abgerufen am 18. Dezember 2015.

Out&About Marketing. Superb Tourism Social Media? Australia Wins. http://www.outandaboutmarketing.com/2014/08/28/tourism-social-media-australia-winning/, 2014. Abgerufen am 20. Dezember 2015.

Pearce PL, Gretzel U. Tourism in Technology Dead Zones: Documenting Experiential Dimensions. International Journal of Tourism Sciences. 2012, 12(2), 1–20.

socialmedianews.com.au. Hamilton Island Proves Social Media's Positive Effect on Travel Desires. http://www.socialmedianews.com.au/hamilton-island-proves-social-medias-positive-effect-on-travel-desires/, 2013. Abgerufen am 24. Dezember 2015.

socialmedianews.com.au. Social Media Statistics Australia, http://www.socialmedianews.com.au/social-media-statistics-australia-february-2015/, 2015. Abgerufen am 5. Juli 2015.

StopPress. Tourism New Zealand takes to Instagram to attract Aussie skiers. http://stoppress.co.nz/news/tourism-new-zealand-takes-instagram-drive, 2015. Abgerufen am 27. Juli 2015.

The Guardian. 'Best job in the world' campaign storms Cannes Lions advertising awards. auf http://www.theguardian.com/media/2009/jun/23/best-job-advertising-awards, 2009. Abgerufen am 20. Dezember 2015.

The New York Times. China ranks last of 65 Nations on Internet Freedom.www.nytimes.com/2015/10/30/world/asia/freedom-house-report-china-internet-freedom.html?ref=topics&_r=0, 2015. Abgerufen am 18. Dezember 2015.

Think Digital. Spotlights: Tourism Victoria. http://thinkdigital.travel/spotlights/tourism-victoria, 2015. Abgerufen am 10. Juli 2015.

Tnooz. In a Q&A, Tourism Australia reveals the secrets of its Facebook dominance. http://www.tnooz.com/article/in-a-qa-tourism-australia-reveals-the-secrets-of-its-facebook-dominance/, 2013. Abgerufen am 20. Dezember 2015.

Tourism Australia. Australia's ‚Best Jobs' winners unveiled. http://www.tourism.australia.com/media/9195-9663.aspx, 2013. Abgerufen am 20. Dezember 2015.

Tourism New Zealand. Market Trends. http://www.tourismnewzealand.com/markets-stats/markets/australia/market-trends/, 2015. Abgerufen am 24. Dezember 2015.

Tourism New Zealand. Pure As – celebrating 10 years of 100 % Pure New Zealand. http://www.tourismnewzealand.com/media/1544/pure-as-celebrating-10-years-of-100-pure-new-zealand.pdf, 2009. Abgerufen am 24. Dezember 2015.

Tourism Research Australia. Tourism Operators' Digital Uptake Benchmark Survey 2013. www.tra.gov.au/documents/Tourism_Operators_Survey.docx, 2013. Abgerufen am 5. Juli 2015.

Tourism Victoria. Latest Melbourne Campaign. http://www.tourism.vic.gov.au/marketing-campaigns/domestic-marketing/melbourne-campaign.html, 2015. Abgerufen am 10. Juli 2015.

Traverse. 2014 Social Media Statistics in New Zealand. http://traverse.net.nz/2014-social-media-statistics/, 2014. Abgerufen am 2. Juli 2015.

Kim Werner

7 Eventtourismus in Australien und Neuseeland

7.1 Einleitung

Das vorliegende Kapitel beschreibt den Eventtourismus in Australien und Neuseeland, d. h., es zeigt auf, welche Bedeutung Events für die (Tourismus-)Wirtschaft der beiden Länder haben und wie Events strategisch im Destinationsmarketing eingesetzt werden, um die Attraktivität sowohl für Einheimische als auch für Touristen zu steigern.

7.2 Events

Um den Eventtourismus in Australien und Neuseeland analysieren zu können, ist es zunächst wichtig, den Begriff „Event" klar zu definieren. Was ist ein Event? In der Literatur existiert eine Fülle von unterschiedlichen Begriffsdefinitionen. Sie resultieren insbesondere aus den disparaten Erscheinungsformen von Events, denn der Eventbegriff umschließt so unterschiedliche Events wie Olympische Spiele, Weltausstellungen, Messen, Kongresse, Sportveranstaltungen, Festivals, Konzerte, Firmenfeiern, Jubiläen und Theateraufführungen (Getz, 1989). Die meisten Definitionen verweisen auf folgende Charakteristika eines Events (siehe Bowdin/Allen/O'Toole/Harris/McDonnell, 2011; Getz, 1989; Goldblatt, 2004; Holzbaur/Jettinger/Knauss/Moser/Zeller, 2010):
- geplant,
- organisiert,
- ziel-/zweckorientiert,
- einmalig oder zumindest selten,
- zeitlich begrenzt,
- erlebnisorientiert.

Um die bewusste und systematische Planung einer Veranstaltung zu betonen, wird im englischen Sprachgebrauch oft von „special events" gesprochen (Bowdin et al., 2011; Getz, 1989, Getz, 2005). Im touristischen Zusammenhang definieren Jago und Shaw (1998, 29) ein „special event" als „ein einmaliges oder selten stattfindendes Event von limitierter Dauer, das die Teilnehmer zu einer Freizeit- oder sonstigen sozialen Aktivität außerhalb ihres normalen Alltags einlädt. Solche Events ziehen [...] Touristen an und werden meist veranstaltet, um Profil, Image und Bekanntheitsgrad einer Region zu steigern."

Events werden meist nach Größe (z. B. Megaevents, Großevents, regionale Events, lokale Events) und Inhalt (z. B. Musikevents/Festivals, Sportevents, Businessevents) unterschieden (Allen/O'Toole/Harris/McDonnell, 2011).

7.3 Eventtourismus

Der Begriff Eventtourismus wurde erstmals in den 1980er-Jahren verwendet, als das New Zealand Tourist and Publicity Department auf Eventtourismus als wichtiges und schnell wachsendes Segment des internationalen Tourismus hinwies (Getz, 2008). Maßgeblich geprägt wurde der Begriff durch die Publikationen von Donald Getz (1989, 2008), die insbesondere die starke Verbindung zwischen Tourismus und Events unterstrichen (vgl. auch Getz/Page, 2015). In den vergangenen zwei Jahrzehnten ist der Eventtourismus sowohl als Forschungsfeld als auch in der professionellen Praxis exponentiell gewachsen und hat mehr und mehr an Aufmerksamkeit und Bedeutung gewonnen (Getz/Page, 2015). Getz und Wicks (1993, 2) definieren Eventtourismus als „die systematische Planung, Entwicklung und Vermarktung von Festivals und Events als Touristenattraktion, Katalysator (für den Tourismus) und Imageförderer". In diesem Zusammenhang bringen Events eine Reihe von Vorteilen für eine Tourismusdestination (vgl. Tab. 7.1).

Wie in Tab. 7.1 ersichtlich, ist der Eventtourismus unverkennbar mit dem Destinationsmanagement und -marketing verknüpft. Auch in Australien und Neuseeland nutzen die nationalen Destinationsmarketing-Organisationen Tourism Australia (TA) und Tourism New Zealand (TNZ) Events intensiv für ihre Zwecke und Ziele.

Tab. 7.1: Die Kernaussagen des Eventtourismus (Quelle: in Anlehnung an Getz & Page, 2015, 5).

1. Events ziehen Touristen an (aber auch die Medien, Sponsoren u. a.), die andernfalls die Region nicht besucht hätten; ihre Ausgaben generieren positive ökonomische Effekte; der Eventtourismus kann also genutzt werden, um die Saisonalität zu bekämpfen, Touristen geografisch besser zu verteilen und andere urbane und wirtschaftliche Entwicklungen zu fördern; Event-Portfolios können strategisch eingesetzt werden, um maximale Erfolge zu generieren – insbesondere indem sie unterschiedliche Zielgruppen ansprechen.
2. Events können das positive Image einer Destination schärfen und so bei Marketing, Branding und Re-Positionierung helfen.
3. Events helfen dem Standortmarketing, indem sie Destinationen lebenswerter und attraktiver machen.
4. Events beleben Städte, Resorts, Parks, urbane Plätze, Veranstaltungsstätten etc. und erhöhen die Bereitschaft, sie erstmalig oder erneut zu besuchen und sie effizienter zu nutzen.
5. Der Eventtourismus agiert als Katalysator für Entwicklungen und Verbesserungen in anderen Bereichen (z. B. städtebauliche Maßnahmen, Verbesserung der Infrastruktur, Förderung von Handlungskompetenzen und Wissen der Einwohner, verbessertes Marketing) und generiert somit langfristig positive Effekte.

7.4 Die australische und neuseeländische Eventindustrie

Auf den folgenden Seiten wird die australische und neuseeländische Eventindustrie vorgestellt und dabei die Bedeutung der Industrie für das (vornehmlich nationale) Destinationsmarketing beider Länder untersucht.

7.4.1 Die Entwicklung von Events in Australien

Events haben eine lange Tradition in Australien. Der Melbourne Cup, ein traditionsreiches Pferderennen, findet bereits seit 1861 jährlich statt. Insbesondere nach dem Zweiten Weltkrieg wurde eine Reihe von lokalen und regionalen Festivals gegründet und die 1970er-Jahre verzeichneten eine stetig steigende Zahl an Kunst- und Kulturveranstaltungen. Vor allem der ökonomische Boom der 1980er-Jahre verhalf der australischen Eventindustrie zu großer Blüte. In diese Zeit fallen bedeutende Großevents wie die Commonwealth Games 1982 in Brisbane, der Adelaide Formel 1 Grand Prix (1985) und der America's Cup (Segelevent) vor Fremantle sowie die Expo 1988 in Brisbane. Auch die nationale Ebene und die regionalen Regierungen begannen verstärkt, Events aufgrund ihrer positiven ökonomischen und sozialen Effekte zu fördern. Beispiele hierfür sind die Eröffnung des „Darling Harbour" in Sydney (mit dem „Sydney Convention and Exhibition Centre" und dem „Sydney Entertainment Centre"), der „South Bank Parklands" in Brisbane (das ehemalige Gelände der Expo 1988, auf dem seither jährlich mehrere große Festivals und Events stattfinden) und des „Southgate" am Yarra River in Melbourne (ein ehemaliges Industriegebiet, das mittlerweile zu den größten Vergnügungsvierteln der Stadt zählt und u. a. das Kasino, das „Melbourne Convention and Exhibition Centre" sowie das Zentrum für zeitgenössische Kunst beherbergt; Allen et al., 2011; O'Hanlon, 2009).

Diesem Boom versetzte die Rezession in den späten 1980er- und frühen 1990er-Jahren einen Dämpfer – bis Juan Antonio Samaranch, der damalige Präsident des Internationalen Olympischen Komitees (IOC), im September 1993 die Vergabe der Olympischen Spiele 2000 an Sydney verkündete. In der Folgezeit erwachte der Enthusiasmus der australischen Eventindustrie erneut. Mehr und mehr private und öffentliche Eventunternehmen wurden gegründet und eine Vielzahl von Events veranstaltet. Auch Unternehmen entdeckten die Marketing- und Image-fördernde Wirkung von Events und Eventsponsoring etablierte sich als attraktive Möglichkeit für Firmen und Großunternehmen im Marketing-Mix. In der Folgezeit stieg der Wettbewerb innerhalb der Eventbranche an, insbesondere zwischen den verschiedenen Staaten und Territorien Australiens, die seit der Olympiade in Sydney um die Ausrichtung von Groß- und Megaevents wetteifern (Allen et al., 2011; O'Brien, 2006). Insgesamt gehören die Olympischen Spiele 2000 in Sydney zu den erfolgreichsten Spielen der Neuzeit, Samaranch bezeichnete sie als „the best Games ever" (Morse, 2001). Für Australien brachten sie nicht nur die Möglichkeit, das Land als Urlaubsdestination zu positionieren; die Australier nutzten die Spiele zudem effizient, um einem globalen Publikum ihre Expertise bei der Durchführung von Großevents zu präsentieren (für weitergehende Informationen dazu, wie effektiv die australische Regierung die Olympischen Spiele für das Destinationsmarketing nutzte, vgl. u. a. Morse, 2001; O'Brien, 2006). Die Olympischen Spiele haben in Australien in der Folgezeit zu einem bis heute anhaltenden Eventboom und zur Austragung einer Vielzahl von Groß- und Megaevents geführt. Viele der im Rahmen der Spiele neu erbauten Sportstätten werden bis heute genutzt. Sydney 2000 ist damit ein Beispiel für gelungene langfristige Effekte von Sportevents (sog. „legacies"), auch wenn dies kein geradliniger und in vielen Fällen ein ungeplanter Prozess war (BBC Sport, 2012).

7.4.2 Die wirtschaftliche Bedeutung von Events für Australien

Aus wirtschaftlicher Sicht spielen insbesondere Sport- und Businessevents in Australien eine wichtige Rolle.

Sportevents-Sektor

Die Australier sind ein sehr sportbegeistertes Volk. Sport spielt eine große Rolle in der Kultur und Tradition des Landes. Viele große und bedeutende Sportevents fanden auf dem Fünften Kontinent statt, wie z. B. die „British Empire Games" (Vorläufer der heutigen Commonwealth Games) 1938 in Sydney, die Olympischen Sommerspiele 1956 in Melbourne und 2000 in Sydney, der Rugby World Cup 2003, die Commonwealth Games in Melbourne 2006, die Schwimmweltmeisterschaften in Melbourne 2007, die World Masters Games in Sydney 2009, die Cricket-Weltmeisterschaften (gemeinsam mit Neuseeland) 2015 und der Asian Cup 2015 (Fußball). 2017 ist Australien (zusammen mit Neuseeland) Gastgeber der Rugby-League-Weltmeisterschaften, 2018 werden an der australischen Gold Coast die 21. Commonwealth Games ausgetragen (Allen et al., 2011; Australian Government, Department of Health, 2015). Daneben findet eine große Anzahl an jährlich wiederkehrenden, bedeutenden Sportevents in Australien statt, wie z. B. die Formel 1 in Melbourne, die Australian Open (Tennis) in Melbourne, die Australian Open (Golf) in Sydney, das Sydney-to-Hobart-Segelrennen, die Tour Down Under (Radrennen rund um Adelaide) und der Bledisloe Cup (Rugby Union). Außerdem bewirbt sich Australien kontinuierlich um die Austragung von Weltmeisterschaften in einer großen Bandbreite von Sportarten, von Leichtathletik, Radrennen, Golf, Feldhockey, Rugby, Segeln, Schwimmen und Triathlon bis hin zu Rasen-Bowling, Rettungsschwimmen und Wasserski (Topend Sports Network, 2015). Insbesondere Melbourne hat sich in den letzten Jahrzehnten einen Namen im Bereich des Sports und der Sportevents gemacht (vgl. auch das separate Fallbeispiel Melbourne am Ende dieses Kapitels) und ist mittlerweile international als „Australiens Sport-Hauptstadt" bekannt (Church, 2012; Visit Melbourne, 2015).

Sportevents generieren positive ökonomische Effekte und werden daher von der nationalen Regierung und von den Regierungen der Bundesstaaten unterstützt. Aktuelle Beispiele sind 2015 der Asian Cup und die Cricket-Weltmeisterschaften. Der Asian Cup zog insgesamt etwa 500.000 Besucher (davon 30.000 aus Übersee) an, die die 32 Spiele in Sydney, Melbourne, Brisbane, Canberra und Newcastle besuchten. PricewaterhouseCoopers (PwC) schätzte die Einnahmen aus dem Event auf bis zu 23 Millionen AUD (ca. 15 Mio. EUR; Australian Clearinghouse for Sport, 2015). Eine weitere, kürzlich erschienene Studie von PwC (Tourism Australia, 2015a) zeigte, dass die Cricket-Weltmeisterschaften (Februar/März 2015, gemeinsame Ausrichtung mit Neuseeland) insgesamt 370.000 Besucher (davon 100.000 internationale Besucher) anzog und etwa 1,5 Millionen zusätzliche Übernachtungen (davon 815.000 von internationalen Besuchern) generierte. Die internationalen Besucher gaben während des Events etwa 325 Millionen AUD (ca. 206 Mio. EUR) aus. John O'Sullivan, Managing Director von TA, kommentierte dies wie folgt: „Neben steigenden Touristenzahlen und höheren Ausgaben der Besucher helfen diese Sportevents durch ihre hohe mediale Präsenz weltweit auch dabei, unser Land einer breiten Öffentlichkeit zu präsentieren, insbesondere in den für uns wichtigen internationalen Quellmärkten" (Tourism Australia, 2015a).

Businessevents-Sektor

Die Businessevents-Industrie ist für die australische Tourismusbranche ebenfalls von großer Bedeutung. Insgesamt nahmen im Finanzjahr Juli 2013 – Juni 2014 mehr als 37 Millionen Menschen an mehr als 412.000 Businessevents in Australien teil (Ernst/Young, 2015). Die Mehrheit dieser Events fand im Bundesstaat New South Wales (29,8 %) statt, gefolgt von Victoria (28,8 %). Den größten Anteil hatten Kongresse und Tagungen mit über 390.000 Veranstaltungen und über 26,4 Millionen Teilnehmern im Finanzjahr 2013/2014. An zweiter Stelle standen Messen und Ausstellungen (mehr als 2.000) mit über neun Millionen Teilnehmern, gefolgt von Incentive-Events (ca. 18.000) mit ca. 1,3 Millionen Teilnehmern 2013/2014 (Ernst/Young, 2015). Die internationalen Teilnehmer von Businessevents gaben im Jahr 2014 in Australien insgesamt ca. 13 Milliarden AUD (ca. 8,2 Mrd. EUR) aus. Teilnehmer aus Neuseeland stellten dabei die größte Gruppe dar (202.000 Teilnehmer), während die Teilnehmer aus den USA mit 329 Millionen AUD (ca. 209 Mio. EUR) die höchsten Ausgaben tätigten. Laut der Studie von Ernst/Young sind mehr als 237.500 Jobs direkt oder indirekt von der Businessevents-Branche abhängig (Ernst/Young, 2015). Businessevents-Teilnehmer sind aufgrund ihrer hohen Ausgaben sehr attraktiv. Ihre Durchschnittsausgaben liegen bei 238 AUD (ca. 151 EUR) pro Übernachtung, verglichen mit 161 AUD (ca. 102 EUR) pro Nacht eines Durchschnittstouristen (Business Events Australia, 2014a).

7.4.3 Die Entwicklung von Events in Neuseeland

Auch Neuseeland hat bereits eine große Zahl an wichtigen Großevents durchgeführt, wie z. B. die Commonwealth Games (1950, 1974, 1990), die erste Rugby-Weltmeisterschaft 1987 (gemeinsamen mit Australien), den Gipfel der APEC-Staaten 1999 (Asia-Pacific Economic Cooperation), das Segelrennen America's Cup (2000 und 2003 in Auckland), die „2005 British and Irish Lions Tour" (Turnierserie der britischen und irischen Rugby-Union-Teams), die Rugby-Weltmeisterschaften 2011, die Cricket-Weltmeisterschaften 2015 (gemeinsam mit Australien) und die U20-FIFA-Fußballweltmeisterschaft 2015 (Collier/Harraway, 2006; New Zealand Major Events, 2011). Als nächstes Großevent werden 2017 die sogenannten „World Masters Games" (Multisportveranstaltung für Seniorensportler) in Neuseeland ausgetragen (Heslop, 2012).

7.4.4 Die wirtschaftliche Bedeutung von Events für Neuseeland

Auch in Neuseeland spielen insbesondere Sport- und Businessevents eine wichtige wirtschaftliche Rolle.

Sportevents-Sektor

Die großen Sportevents der vergangenen Jahre haben zu hohen wirtschaftlichen Einnahmen geführt. Die Rugby-Weltmeisterschaften 2011, das größte jemals in Neuseeland durchgeführte Event, brachte 133.200 internationale Besucher aus über 100 Ländern nach Neuseeland, die ca. 390 Millionen NZD (ca. 232 Mio. EUR) ausgaben. Die Zahl der Übernachtungen stieg im September 2011 um 21 Prozent (verglichen mit September 2010). Durch die erhöhten Einnahmen in Einzelhandel und Gastgewerbe wuchs das BIP im zweiten Halbjahr 2011 um 0,7 Prozent (Statistics New Zealand, 2011).

Ein erst kürzlich veröffentlichter Bericht von PwC zeigt zudem, dass die 2015 gemeinsam mit Australien ausgerichteten Cricket-Weltmeisterschaften das neuseeländische BIP um 110 Millionen NZD (ca. 65 Mio. EUR) gesteigert haben und über 2.000 neue Jobs geschaffen wurden. Etwa 1,56 Millionen Menschen weltweit verfolgten das Event auf dem Bildschirm (PricewaterhouseCoopers, 2015). Jonathan Coleman, Minister für Sport und Freizeit, kommentierte die positiven Effekte wie folgt: Das Event „brachte wertvolle Vermarktungsmöglichkeiten, die langfristige Vorteile nach sich ziehen, unser Image als Destination für Touristen und Geschäftsleute stärken und weitere Touristeneinreisen in die Region garantieren" (National Party New Zealand, 2015). Zudem trug das Event dazu bei, „Neuseelands Fähigkeiten bei der Organisation von Events zu verbessern, was bei zukünftigen Bewerbungsverfahren und der Durchführung von Events in der Zukunft sehr wertvoll sein wird" (National Party New Zealand, 2015).

Businessevents-Sektor
Im Jahr 2014 nahmen ca. 500.000 Delegierte an etwa 5.200 Kongressen und Tagungen in Neuseeland teil. Etwa 34 Prozent der mehrtägigen Kongresse/Tagungen und 36 Prozent der eintägigen Kongresse/Tagungen fanden in Auckland statt. Insgesamt gab es 2014 ca. 35.100 Businessevents mit 2,1 Millionen Teilnehmern (davon 33 % in Auckland). Bei ca. 4,2 Millionen Teilnehmertagen entfielen 38 Prozent auf Meetings/Seminare, 23 Prozent auf Kongresse/Tagungen, 3,8 Prozent auf Messen, 2,1 Prozent auf Incentives und 33,2 Prozent auf besondere Anlässe (New Zealand Ministry of Business, Innovation and Employment, 2015a). Die internationalen Teilnehmer verbrachten im Durchschnitt 6,5 Nächte in Neuseeland, gaben ca. 304 NZD (ca. 180 EUR) pro Nacht (mehr als die doppelte Summe eines „normalen" internationalen Besuchers) und etwa 1.991 NZD (ca. 1.182 EUR) für den kompletten Aufenthalt aus. Insgesamt lagen die Ausgaben von Delegierten an mehrtägigen Kongressen/Tagungen bei 476 Millionen NZD (ca. 283 Mio. EUR), davon entfielen 117 Millionen NZD (ca. 69 Mio. EUR) auf internationale Besucher (25 %). Mehrtägige Kongresse/Tagungen brachten zudem etwa 895.000 Übernachtungen (New Zealand Ministry of Business, Innovation and Employment, 2015b).

7.5 Die Bedeutung von Events für das Destinationsmarketing

Das folgende Unterkapitel beschreibt zunächst die allgemeinen kurz- und langfristigen Auswirkungen von Events auf das Gastgeberland und beteiligte Anspruchsgruppen. Anschließend wird erläutert, mit welchen Strategien die nationalen und lokalen Regierungen in Australien und Neuseeland versuchen, von den positiven Auswirkungen verschiedener Events zu profitieren.

7.5.1 Die kurz- und langfristigen Auswirkungen von Events

Die o. a. Ausführungen haben insbesondere die positiven ökonomischen Effekte von Events für Destinationen deutlich gemacht (z. B. vermehrte Touristeneinreisen und -ausgaben, Verlängerungen der Aufenthalte vor Ort, höhere Steuereinnahmen, Schaffung von Arbeitsplätzen, neue Investitionen; vgl. Allen et al., 2011; Hall, 1997; Preuß, 2005). Daneben spielen soziale, kulturelle, ökologische und politische Auswirkungen für die Destinationen eine große Rolle. Analysen im Bereich der kurz- und langfristigen Auswirkungen von Events haben in den letzten 20 Jahren zahlenmäßig stark zugenommen (z. B. Allen et al., 2011; Harris, 2014; Preuß, 2005; Sallent/Palau/Guia, 2011; Stevenson, 2014; Thomson/Schlenker/Schulenkorf, 2013). Im soziokulturellen Bereich hat eine Reihe von Studien auf die positiven Auswirkungen von Events verwiesen, u. a. auf die Revitalisierung von Traditionen, das verstärkte Zusammengehörigkeitsgefühl der verschiedenen Gruppen und Mitglieder einer Kommune, den wachsenden Stolz der Einheimischen auf ihre Kommune/Gemeinde, die Zusammenführung und das verbesserte Verständnis unterschiedlicher Kulturen (z. B. Balduck/Maes/Buelens, 2011; Chalip, 2006; Kellett/Hede/Chalip, 2008). Im (tourismus-)politischen Bereich zählen das verschärfte Profil, das bessere Image und ein höherer Bekanntheitsgrad zu den positiven Auswirkungen. Durch steigende Investitionen in die Infrastruktur einer Destination, sowohl im technischen (Verkehrsinfrastruktur, Energieversorgung, Kommunikation) als auch im sozialen Bereich (Dienstleistungen, Gesundheitssystem, kulturelle Einrichtungen), profitieren Einheimische und Touristen (z. B. Allen et al., 2011; Hall, 1997; Larson, 2002). Schließlich kann ein Event auch dabei helfen, durch „Best-Practice"-Modelle das ökologische Bewusstsein von Einheimischen und Touristen zu schärfen (z. B. Collins/Jones/Munday, 2009; Hede, 2008; Jones, 2008). Kürzlich veröffentlichte Studien haben außerdem gezeigt, dass auch die Destination selbst sowie ihre touristischen Organisationen von der Durchführung von Events profitieren: Eine bessere Integration aller betroffenen Anspruchsgruppen, die vermehrte Zusammenarbeit, ein stärkeres Netzwerk und ein verbesserter Wissenstransfer sind nur einige der identifizierten Vorteile (z. B. Andersson/Getz, 2008; Singh/Hu, 2008; Werner/Dickson/Hyde, 2015a; Werner/Dickson/Hyde, 2015b).

Aufgrund dieser potenziell positiven Auswirkungen von Events haben viele Destinationen in den letzten Jahrzehnten damit begonnen, Events strategisch zu fördern (Getz/Page, 2015; Jago/Chalip/Brown/Mules/Ali, 2003). Viele Tourismusstrategien bedienen sich heutzutage Events aller Art, um mit ihrer Hilfe Touristen anzuziehen, aber auch die Attraktivität des Standorts für die Einheimischen zu erhöhen. Auch in Australien und Neuseeland wurden konkrete Eventstrategien und -konzepte entwickelt.

7.5.2 Die strategische Nutzung von Events im Destinationsmarketing Australiens

„Tourism 2020", die aktuelle Tourismusstrategie Australiens, wurde im Dezember 2011 von Tourism Australia (TA) in Zusammenarbeit mit den wichtigsten Anspruchsgruppen und Akteuren der australischen Tourismusindustrie sowie weiteren nationalen und bundesstaatlichen Regierungsorganisationen verfasst. Als Hauptziel verfolgt die Strategie die Steigerung der Ausgaben von Übernachtungsgästen auf 115 bis 140 Milliarden AUD (73 bis 89 Mrd. EUR) jährlich bis zum Jahr 2020 (von etwa 70 Mrd. AUD/44 Mrd. EUR im Jahr 2009; Tourism Australia, 2015b). Weiterhin soll „Tourism 2020" dazu beitragen, eine starke Marke zu etablieren, den „Traum vom Urlaub in Australien" in aktive Buchungen umzuwandeln, ein gutes, ganzheitliches Tourismusprodukt zu entwickeln und eine globale, wettbewerbsfähige Tourismusindustrie zu schaffen. Im Rahmen von „Tourism 2020" wurde im Juli 2013 zudem eine eigene „Business Events Strategy 2020" verabschiedet (Tourism Australia, 2015b).

Businessevents-Strategien

Als spezielle Geschäftseinheit innerhalb von TA hat *Business Events Australia* die Aufgabe, Australien als Businessevents-Destination aktiv zu vermarkten und die Mitglieder der Branche mit internationalen Auftraggebern, Käufern und Entscheidungsträgern zusammenzubringen – z. B. durch Einladungen nach Australien (zu „Kennenlern-Reisen"), Präsentationen, Teilnahmen an Messen und anderen Events. Mitarbeiter der Geschäftseinheit arbeiten im Hauptbüro in Sydney sowie in den vier Hauptmärkten China, Neuseeland, USA und Großbritannien. Dabei fokussiert das Team insbesondere auf Firmentagungen und Meetings, Incentives, Messen sowie Verbandskongresse und -veranstaltungen aller Art (Business Events Australia, o. J.). Bereits 2008 hat das Businessevents-Team in Zusammenarbeit mit der australischen Regierung (Ministerium für Ressourcen, Energie und Tourismus) und anderen führenden Organisationen der Businessevents-Branche die „National Business Events Strategy for Australia 2020" konzipiert (Business Events Council of Australia, 2008; Business Events Council of Australia, 2011). Neben einer genauen Analyse des Businessevents-Markts in Australien wurden spezifische Strategien und Empfehlungen entwickelt, um Australien als attraktive Businessevents-Destination weltweit zu positionieren und den Beitrag der Branche zum wirtschaftlichen Gewinn in der Zukunft strategisch noch besser zu gestalten. Diese Empfehlungen beziehen sich u. a. auf die Bereiche Luftfahrt (insbesondere Flugkapazitäten), Klimawandel und Nachhaltigkeit, Entwicklung der Infrastruktur, Forschung, Steuern, Visa- und Einreisebestimmungen, Technologie sowie Training und Weiterbildung der Beschäftigten und des Nachwuchses (Business Events Council of Australia, 2011).

Im Juni 2012 wurde der sogenannte „Business Events Sector Progress Report" veröffentlicht, der spezifische Strategien vorschlägt, wie sich der Businessevents-Sektor an der Zielerreichung von „Tourism 2020" beteiligen kann (Business Events Australia, 2012). Dazu gehört,
- ein umfassendes, globales Marketingprogramm für Businessevents zu entwickeln,
- die Zusammenarbeit mit den Organisationen des australischen Eventssektors zu fördern,
- internationale Eventplaner und Entscheidungsträger von der Destination Australien zu überzeugen,
- mehr Eventforschung zu betreiben und Hintergrundinformationen zu generieren, um internationale Businessevents-Teilnehmer besser zu verstehen und besser ansprechen zu können,
- neue potenzielle Märkte zu identifizieren,
- mit der Eventindustrie zusammenzuarbeiten, um ein gutes, konkurrenzfähiges „Businessevents-Produkt" anzubieten und in den Hauptzielmärkten zu vermarkten.

Neben den traditionellen Märkten (Nordamerika, Neuseeland, Großbritannien) will sich das Businessevents-Team strategisch auch auf neue Märkte in Asien wie China, Südkorea, Japan, Singapur, Indonesien, Malaysia und Indien konzentrieren. Gemeinsam mit der „Australian Trade Commission (Austrade)" hat das Team einen Leitfaden erstellt („Attracting Business Events to Australia"), der die konkreten Unterstützungsmöglichkeiten für die Akteure der Branche ausweist (Business Events Australia, 2015a):

1. Unterstützung bei Bieterverfahren und internationalen Bewerbungen: z. B. Unterstützungsbriefe durch das Ministerium für Handel und Investitionen, Hilfe bei der Zusammenstellung von Bewerbungsunterlagen, Zugang zu Daten und Statistiken, Bereitstellung von Werbe- und Informationsmaterial.
2. Unterstützung beim Eventmarketing: Nutzungsmöglichkeiten von speziellen Kanälen und Netzwerken für die Vermarktung eines Events (soziale Medien, Online-Kommunikation, Datenbanken etc.), Hilfe bei PR-Initiativen, Kontakte zu Medien und Presse, Zugang zu Bilder- und Videodatenbanken.
3. Attraktivitätssteigerung der Events: Hilfe bei der Ausflugsgestaltung und bei Exkursionen vor und nach einem Event, Hilfestellungen bei der Ausrichtung von Networking-Events mit wichtigen Entscheidungsträgern und potenziellen Investoren („Business Matching").

Besonders förderwürdige Industrien und Branchen wurden ebenfalls definiert. Hierzu zählen die Ernährungs- und Agrarwirtschaft, die Fertigungstechnologie (Luft- und Raumfahrt, Automobilbranche, Meerestechnik), die Infrastruktur-, Ressourcen- und Energiewirtschaft, die Gesundheits- und die Dienstleistungsindustrie (Finanzwirtschaft, Informations- und Kommunikationstechnologie; Business Events Australia, 2015a).

Zudem hat das Businessevents-Team das sogenannte „Delegate Booster Programme" eingeführt. Es unterstützt die begleitenden Marketingkampagnen von ausgewählten Businessevents und hat das Ziel, die Teilnehmerzahl dieser Events zu steigern. Unterstützt werden dabei vornehmlich Marketingkampagnen von Events, die mindestens 350 internationale Teilnehmer anziehen, einen Mehrwert für die Destination Australien bringen, alle wichtigen Anspruchsgruppen integrieren, bereits über innovative und kreative Marketingideen und -konzepte verfügen und einer der o. a. bevorzugten Branchen angehören. Events, die diese Kriterien erfüllen, müssen sich schriftlich mittels eines mehrseitigen Bewerbungsformulars bewerben. Die Fördersumme von Tourism Australia liegt bei mind. 10.000 AUD (ca. 6.300 EUR; Business Events Australia, 2015b).

Sportevent-Strategien

Auch im Sportevent-Bereich wurde in den letzten Jahren eine Reihe von Strategien erarbeitet, um den Sektor strategisch zu fördern und von steigenden Einnahmen zu profitieren. Im Jahr 2000 veröffentlichte das „Commonwealth Department of Industry, Science and Resources" den ersten Entwurf einer nationalen Sporttourismus-Strategie. Das Dokument beinhaltet eine Vielzahl von Empfehlungen und Strategien, um den inländischen und internationalen Sporttourismus zu fördern (z. B. verstärkte Zusammenarbeit der Branche, Förderung von Aus- und Weiterbildung, mehr Forschung und Datenanalyse im Bereich von Sporttourismus und Sportevents, Förderung der Sportinfrastruktur), und unterstreicht die Bedeutung des Sports für das zukünftige Wachstum der australischen Tourismusindustrie (Commonwealth Department of Industry, Science and Resources, 2000). Da jedoch wenig später der Tourismus und der Sport verschiedenen australischen Ministerien zugeordnet wurden, ist das Strategiedokument bis heute nur als Entwurf verfügbar und wurde nicht final verabschiedet. Dies verdeutlicht die Notwendigkeit einer engen Zusammenarbeit der beiden Bereiche. Eine Studie des „Cooperative Research Centre for Sustainable Tourism (CRC)" zu den Auswirkungen der Olympischen Spiele in Sydney 2000 hat gezeigt, dass insbesondere die Regionen und Bundesstaaten profitierten, die die Aktivitäten ihrer Sport- und Tourismusabteilungen zusammengelegt oder zumindest aufeinander abgestimmt hatten (Australian Department of Industry Tourism Resources, 2002; Jago, 2003). Hier besteht in Zukunft also weiterer Handlungsbedarf, um die Kollaboration von Sport- und Tourismusabteilungen insbesondere auf nationaler Ebene zu fördern und so besser von Events profitieren zu können (Jago, 2003).

In einem anderen Bereich, der sogenannten „Sports Diplomacy" (sie bezieht sich auf die Nutzung von Sport als Mittel, um politische und diplomatische Beziehungen zu beeinflussen und zu verbessern; Australian Institute of International Affairs, 2015), wurde im Juni 2015 ein von mehreren Ministerien und Behörden gemeinsam erarbeitetes Strategiepapier veröffentlicht, die „Australian Sport Diplomacy Strategy 2015–2018" (Australian Government, 2015). Grundlage für das Konzept sind neben der Sportbegeisterung der Australier vor allem die erfolgreichen Olympischen Spiele 2000 in Sydney und die daraus und in der Folgezeit entstandene australische Expertise im Bereich der Sportevents (vor allem in den Bereichen Bewerbungsverfahren, Eventplanung und -durchführung, Eventmanagement, Eröffnungs- und Schlusszeremonien, Design und Bau von Sportstätten). Das Strategiepapier sieht vier Strategien für die Zukunft vor, von denen sich eine explizit auf Sportevents bezieht: die verstärkte Präsentation von Australien als Sport- und Sportevent-Nation, basierend auf der vorhandenen Fülle an Experten in allen Bereichen der Sportevents. Diese Expertise hat in den letzten Jahren zu einem verstärkten Export geführt, weit über die Indo-Pazifische Region hinaus in eine große Zahl wichtiger Märkte wie China, Brasilien, Japan, Korea, Russland, Peru, den Mittleren Osten und Nordafrika (Australian Government, 2015).

Diese Sport- und Sportevent-Fähigkeiten Australiens sollen in Zukunft strategisch noch besser vermarktet werden, insbesondere in Asien und dem Mittleren Osten. Dafür wurde eine Reihe von Projekten und Programmen angestoßen (Australian Government, 2015):

- „Match Australia": ein internationales Sportbusiness-Programm, das die wirtschaftlichen und bilateralen Beziehungen zu anderen Ländern durch Großevents fördern soll,
- die Einrichtung einer „Major Sporting Events Taskforce", die die Beteiligung der australischen Regierung an Großevents koordinieren, die wirtschaftliche Vorteile aus diesen Events steigern und somit langfristige positive Effekte für Handel, Tourismus und Investitionen garantieren soll,
- ein spezielles Journalistenprogramm, insbesondere auf Sportjournalisten ausgerichtet, um internationale Aufmerksamkeit in führenden Medien des Sports zu generieren,
- „Sports Envoy": die Nutzung bekannter australischer Sportpersönlichkeiten, um Australien als Sportevent-Destination zu bewerben.

Beim „Match-Australia"-Programm engagiert sich insbesondere die „Australian Trade Commission (Austrade)", die offizielle australische Regierungsbehörde zur Förderung des internationalen Handels, der Bildung und Investitionen. Sie ist außerdem für Richtlinien und Forschung im Bereich des Tourismus zuständig. In der Broschüre „Australia. Creating world class sporting events" (in sechs Sprachen erschienen) und auf einem eigenen YouTube-Kanal verweist Austrade auf die über 140 australischen Firmen, die eine große Rolle bei der Planung und Durchführung der Sommer- und Winterolympiaden, FIFA-Weltmeisterschaften und weiterer Großevents der letzten Jahre gespielt haben (z. B. durch den Bau von Sportstätten und olympischen Dörfern). Austrade positioniert Australien somit als führende Nation bei der Planung und Durchführung von globalen Sportgroßevents und bietet anderen Ländern Hilfestellung und Expertise bei der Ausrichtung solcher Events sowie die Vermittlung und Vernetzung mit australischen Eventspezialisten und Experten an (Australian Trade Commission, 2015).

Bundesstaatliche und regionale Strategien

Auch die Bundesstaaten und Territorien haben in den letzten Jahren Events zunehmend strategisch für ihr Destinationsmarketing genutzt, z. B. Destination New South Wales (2015), die South Australian Tourism Commission (2015), Tourism Victoria (2015) und Tourism and Events Queensland. Queensland fokussiert insbesondere auf Groß-, Mega- und Businessevents und hat allein sechs regionale Businessevents-Büros über den Bundesstaat verteilt. Zudem werden verschiedene Finanzierungs- und Sponsoringprogramme für die unterschiedlichen Arten von Events angeboten (Tourism and Events Queensland, 2015). Eine detaillierte Beschreibung und Analyse der Initiativen auf bundesstaatlicher/territorialer und regionaler Ebene würde allerdings den Rahmen dieses Artikels sprengen.

7.5.3 Die strategische Nutzung von Events im Destinationsmarketing Neuseelands

Durch die Erfolge mit Events wie dem America's Cup (2000, 2003) und dem APEC-Gipfel (1999) begann die neuseeländische Regierung insbesondere um die Jahrtausendwende mit der Entwicklung von Eventtourismus-Strategien. Bereits zwischen 1990 und 1996 war die Zahl der Events um 40 Prozent gestiegen. 1998 setzte der damalige Tourismusminister Murray McCully erstmals eine sogenannte „Events Action Group" ein, um Events für den Tourismus zu fördern (Gnoth/Anwar, 2000). Es dauerte jedoch einige Zeit, bis konkrete Strategien verabschiedet wurden.

Groß- und Megaevent-Strategien

Im Jahr 2001 richtete die Regierung Neuseeland die sogenannte „Inter-Agency Events Group (IAEG)" ein, um die Beteiligung der Regierung an Groß- und Megaevents besser koordinieren und effizientere Entscheidungen darüber treffen zu können, welche Events unterstützt werden. Eine Überprüfung der Vorgänge und Prozesse der IAEG im Jahr 2003 fiel positiv aus, Herausforderungen wurden vor allem im Bereich der Zusammenarbeit mit anderen Institutionen und der Eventfinanzierung gesehen. Die beteiligten Ministerien und die IAEG kamen überein, dass ein strategischer Ansatz in der Zukunft wünschenswert wäre, damit Events noch höhere wirtschaftliche Effekte erzielen könnten und das internationale Profil Neuseelands geschärft würde. 2004 wurde die „Major Events Strategy" verabschiedet und finanzielle Mittel für die Unterstützung ausgewählter Event wurden zur Verfügung gestellt. Die Strategie fokussierte somit auf Großevents („major events"), die eine globale Bedeutung haben (New Zealand Major Events, 2015b). Im Jahr 2009 beschloss die Regierung einen überarbeiteten Ansatz für den Umgang mit Großevents. Die Regierung sollte nicht mehr länger nur als Finanzgeber, sondern vielmehr als ein essenzieller Partner bei der Gewinnung und Durchführung von qualitativ hochwertigen Großevents wirken, um dadurch langfristige Erfolge zu erzielen. Die finanziellen Mittel, der sogenannte Major Events Development Fund, wurde 2011 auf zehn Millionen NZD (ca. 5,9 Mio. EUR) pro Jahr erhöht. 2012 schließlich folgte die letzte Anpassung der Strategie: Ein verstärkter Fokus liegt nun auf langfristigen Effekten (sog. „legacies") und der aktiven Bewerbung und Gewinnung von attraktiven Großevent, um von den positiven ökonomischen, sozialen und kulturellen Effekten in Zukunft noch besser profitieren zu können (New Zealand Major Events, 2015b). Zwischen 2005 und 2014 hat die Regierung mithilfe des Fonds etwa 160 Events mit 77,51 Millionen NZD (ca. 46,02 Mio. EUR) gefördert. Ein eigenes Team, das „New Zealand Major Events Team" (innerhalb des Ministeriums für Business, Innovation und Beschäftigung), unterstützt die Bewerber und berät sie in den Bereichen Sicherheit, Transport, Finanzierung, Marketing und Personal. Die Vergabe erfolgt mithilfe eines zweistufigen Bewerbungsprozesses. Dabei werden insbesondere solche Events bevorzugt, die eine große Anzahl internationaler Touristen nach Neuseeland ziehen, Neuseeland nach außen attraktiv darstellen, Möglichkeiten für erhöhte Export- und Investitionsaktivitäten bieten, die aktive Teilnahme der Neuseeländer an einer Sportart oder am Kultur- und Kunstleben ermöglichen, zu mehr Beschäftigung führen, neue Bildungsmöglichkeiten ermöglichen und Kultur und Traditionen aufleben lassen (New Zealand Major Events, 2015a).

Businessevents-Strategien

Ein eigenes Team innerhalb von Tourism New Zealand, *Business Events New Zealand*, kümmert sich um den Bereich der Businessevents, insbesondere um Konferenzen, Tagungen, Kongresse und Incentives. Ziel ist es, Entscheidungsträger und Organisatoren von großen Businessevents verstärkt von der Destination Neuseeland zu überzeugen. Neben den Hauptbüros in Auckland und Wellington sitzen Businessevents-Teams in Los Angeles, Sydney, Singapur und Shanghai. Das Businessevents-Team von TNZ berät bei der Auswahl von geeigneten Veranstaltungsstätten, der Planung und Durchführung von Events (inkl. der Möglichkeit zur Gestaltung des Rahmenprogramms), zu besonderen Erlebnismöglichkeiten für Incentive-Reisen sowie bei der Auswahl von professionellen Eventagenturen und -firmen und es verhilft zu Bild, Video- und anderem Werbematerial. Zudem wurde ein eigenes „Business Events Toolkit" entwickelt, das Fakten- und Datenblätter (z. B. zu Veranstaltungsstätten), Routen- und Ablaufvorschläge und eine eigene Businessevents-App enthält (Business Events New Zealand, 2014). Für besonders attraktive Events bietet das Team im Rahmen des sogenannten „Conference Assistance Programme (CAP)" auch finanzielle und personelle Unterstützung bei der Bewerbung um die Ausrichtung (Business Events New Zealand, 2015). Im Finanzjahr 2013/2014 unterstützte das CAP die Teilnahme an 33 internationalen Eventbewerbungsverfahren, davon wurden sieben (mit einem wirtschaftlichen Wert von ca. 15,6 Mio. NZD/9,3 Mio. EUR) gewonnen (Tourism New Zealand, 2014b).

Im September 2013 wurde die Businessevents-Kampagne „Naturally Beyond Convention" eingeführt und die Businessevents-Website neu überarbeitet. Die Regierung Neuseelands verpflichtete sich zu einer zusätzlichen finanziellen Unterstützung in Höhe von 34 Millionen NZD (ca. 20 Mio. EUR) über vier Jahre für die verstärkte Vermarktung von Businessevents (The Misfits Media Company, 2013). Die Kampagne fokussiert insbesondere auf die fantastischen Landschaften, die freundlichen Gastgeber und die hochwertigen Veranstaltungsstätten Neuseelands. Sie will das Land als eine Businessevents-Destination darstellen, die sehr viel mehr als nur Businessevents bietet. Als Hauptzielgruppen wurden die Industriebranchen Tourismus, Agrarwirtschaft, Meerestechnik, Nahrungs- und Genussmittelindustrie, Luft- und Raumfahrt, Geowissenschaften und Gesundheitswissenschaften identifiziert, d. h. Branchen, in denen Neuseeland bereits eine besondere Expertise vorweisen kann. Zielmärkte sind insbesondere die USA, China, Australien und Südostasien. Ein zusätzlicher Fokus liegt auf dem Luxus-Incentive-Markt (The Misfits Media Company, 2013).

Eine weitere wichtige Entwicklung für die Zukunft ist der derzeitige Bau bzw. die Planung von drei neuen Kongresszentren in Christchurch, Queenstown und Auckland

(Conventions and Incentives New Zealand, 2014; Tourism New Zealand, 2014a), mit deren Ankündigung Neuseeland in der internationalen Businessevents-Branche für Aufsehen sorgte. Vor allem vom neuen Kongresszentrum in Auckland (für ca. 402 Mio. NZD/239 Mio. EUR) erhofft man sich ein großes Potenzial in der Zukunft. Es wird damit gerechnet, dass es jährlich 33.000 neue Besucher nach Neuseeland zieht und ca. 90 Millionen NZD (ca. 53 Mio. EUR) zum BIP beiträgt (Tourism Industry Association New Zealand, 2014).

Im März 2015 wurde zudem das sogenannte „Business Events Advocates Programme" (Multiplikatorenprogramm) eingeführt (Business Events New Zealand, 2014). Ziel ist es, einflussreiche Persönlichkeiten und Multiplikatoren (z. B. Chefärzte und Professoren, führende Wissenschaftler, CEOs) in den verschiedenen Industriebranchen zu gewinnen, die in ihren Verbänden, Vereinen und sonstigen Netzwerken aktiv Werbung für Neuseeland als Businessevents-Standort machen. Partner des Programms sind das Auckland Convention Bureau sowie Air New Zealand, die nationale Fluggesellschaft. Air New Zealand selbst hat 2014 das „Air New Zealand Conference Support Programme" aufgelegt, das dabei helfen soll, Kongresse und Tagungen nach Neuseeland zu locken. Es bietet potenziellen internationalen Kongressorganisatoren (mit mind. 150 Teilnehmern) u. a. Freiflüge zur Vorab-Besichtigung und -besprechung, Hilfe bei der Planung von Transport und Anreise der Delegierten sowie Hilfe bei der Bewerbung an (Air New Zealand, 2014).

Sportevent-Strategie

Auch im Sportevent-Bereich hat Neuseeland 2014 eine neue Strategie („Better outcomes from New Zealand Sporting Events") erarbeitet (Sport New Zealand, 2014). Das Strategiekonzept listet zunächst die positiven Effekte von Sportevents für Neuseeland auf, unterteilt nach Auswirkungen auf den Sport (höhere Partizipation von Kindern und Erwachsenen, bessere Präsentation von Sportarten, die sonst wenig Aufmerksamkeit erhalten, steigende Expertise und Know-how sowohl bei den Sportarten als auch bei der Organisation und Durchführung von Events), ökonomische Auswirkungen (steigende Anzahl von Touristeneinreisen und höhere Tourismuseinnahmen, verbesserte Infrastruktur, steigende Reputation, besseres Image, höhere Beschäftigung) und soziale Auswirkungen (Stolz der Einheimischen auf ihr Land, Zusammenführung von Menschen, sozialen Gruppen und Kulturen, Hilfe bei der Bekämpfung von Vorurteilen, Steigerung des Wohlbefindens und der Gesundheit). Aufgrund all dieser Vorteile sollen Sportevents in Zukunft mithilfe des sogenannten „New Zealand Sporting Events Systems (NZSES)" strategisch noch besser gefördert werden. Das Strategiekonzept richtet sich an alle Größen von Sportevents (kleinere Events der Kommunen, regionale Events, Großevents und Megaevents) und möchte alle Anspruchsgruppen (z. B. Sportorganisationen und -institutionen, nationale und regionale Regierungsorganisationen, Sponsoren und die Neuseeländer selbst) einschließen. Darin werden detaillierte Leistungskennzahlen für die Jahre 2014, 2015 und 2016 sowie permanent laufende konkrete Aufgaben formuliert (z. B. für 2015: „Entwicklung eines ‚Best-Practice'-Leitfadens für Machbarkeitsstudien von Sportevents in Neuseeland"). Im Rahmen des NZSES soll u. a. verstärkter Wert auf die Zusammenarbeit der verschiedenen Anspruchsgruppen, eine klare Rollenverteilung und Kommunikation der Beteiligten, Sponsoring und Finanzierung und einen erhöhten Austausch von Wissen und Knowhow gelegt werden (Sport New Zealand, 2014). Ein weiteres großes Ziel des NZSES ist die Entwicklung und Formulierung eines Strategieplans für Groß- und Megaevents („Event Prospecting Plan MME"). Für diesen sollen die Events ausgewählt werden, die am besten zu Neuseeland passen und am besten die o. a. positiven Auswirkungen erzielen. Der Plan soll in einen Zehn-Jahres-Kalender der ertragsreichsten Events münden, die dann in Neuseeland ausgerichtet werden sollen (Sport New Zealand, 2014).

Regionale Strategien

Auch auf regionaler Ebene wurden in den letzten Jahren verstärkt Strategien und Konzepte verabschiedet, um Events und die daraus entstehenden Vorteile strategisch zu nutzen, insbesondere durch die regionalen Destinationsmarketing-Organisationen (vor allem in Auckland, Christchurch, Wellington und Queenstown) und regionalen Convention Bureaus. Auckland verfügt beispielsweise über ein eigenes Eventteam und entwickelte 2011 eine „Major Event Strategy", die insbesondere auf Groß- und Megaevents abzielt (ATEED, 2011). 2014 folgte „Auckland's Business Events Plan", der das Ziel hat, die Beteiligung des Businessevents-Sektors am wirtschaftlichen Ergebnis von 236 Millionen NZD (ca. 140 Mio. EUR) im Jahr 2013 auf 430 Millionen NZD (255 Mio. EUR) im Jahr 2023 zu erhöhen und Auckland als weltweit anerkannte „Business Events City" zu positionieren (ATEED, 2014). Auckland ist zudem einer der Hauptpartner des „Advocate Programme" und arbeitet eng mit TNZ zusammen. Auch andere „Regional Tourism Organisations (RTOs)", z. B. in Christchurch (Christchurch and Canterbury Tourism, 2014) und Queenstown (Queenstown Lakes District Council, 2015), haben Eventstrategien und -konzepte verabschiedet. Eine detailliertere Analyse der regionalen Ebene ist im Rahmen dieses Artikels allerdings nicht vorgesehen.

7.6 Fazit

An den o. a. Beispielen wird die hohe Bedeutung von Events im Destinationsmarketing von Australien und Neuseeland deutlich. Beispielhaft wurde hier vor allem die nationale Ebene betrachtet (und auch hier konnten nicht alle Strategien, Konzepte und Aktivitäten berücksichtigt werden) und auf die bundesstaatliche/territoriale (Australien) und regionale Ebene aus Platzgründen nur sehr kurz eingegangen.

Events sind seit Jahrzehnten ein fester Bestandteil im Kalender der beiden Destinationen. Sie werden aktiv genutzt, um die Destinationen sowohl für Einheimische als auch für Besucher attraktiver zu gestalten, aber auch, um von den vielen sozialen, politischen, ökologischen und insbesondere wirtschaftlichen Vorteilen zu profitieren.

Die Nutzung von Events zu diesen Zwecken ist nicht neu. Erkennbar ist aber der zunehmend strategische Ansatz, wie z. B. die spezifische Gründung von Eventteams (bis hinunter auf die lokale Ebene) sowie die Verabschiedung von konkreten Strategien und Konzeptpapieren, insbesondere im Bereich der Sport- und Megaevents und seit Kürzerem auch Businessevents. Gerade im Megaevent- und Businessevent-Bereich hat sich ein regelrechter Wettbewerb unter den Destinationen der Welt entwickelt, um sich international als *die* Sportevent-Destination oder *die* Businessevent-Destination präsentieren zu können und so auch ein „Stück vom großen Kuchen" der vielen (vor allem wirtschaftlichen) Vorteile abzubekommen (z. B. Chalip, 2015; Getz/Page, 2015; WTM, 2015). Neue Strategien wie z. B. die, das internationale Event-Know-how und die Expertise strategisch zu vermarkten (siehe Australien), spielen dabei eine immer größere Rolle. Allerdings bleibt abzuwarten, wie sich der Eventtourismus in Zukunft entwickeln wird, da er durch viele äußere Faktoren beeinflusst wird.

Bei den Sportevents sieht Yeoman (2012) vor allem die zunehmende Technologisierung als Herausforderung. Durch die immer schnelleren technologischen Weiterentwicklungen (z. B. neue Technologien bei der TV-Übertragung, vermehrter Bau wetterunabhängiger Stadien, Innovationen bei Spielanalysen und Kameratechniken, Neuerungen im Bereich der Sportmedizin und -wissenschaft etc.) und die dadurch steigenden Ausgaben bestehe die Gefahr, dass insbesondere Entwicklungs- und Schwellenländer die Ausrichtung eines solchen Events nicht mehr länger finanzieren können. Zudem bewirke die Technologisierung auch eine Steigerung der Ticketpreise, sodass viele Sportfans sie sich nicht mehr länger leisten könnten. Durch 3D- und andere neue TV-Techniken, die ein nahezu reales Erlebnis des Sportevents in den eigenen vier Wänden ermöglichten, könne das Interesse an einem Besuch von Megaevents ebenfalls nachlassen. Yeoman (2012) warnt also vor einer sinkenden Nachfrage nach Sportevents in der Zukunft. Auch die Korruptionsvorwürfe gegenüber den großen internationalen Sportverbänden wie dem Internationalen Olympischen Komitee (IOC) und der FIFA haben zuletzt das Interesse der Bürger an der Ausrichtung und Unterstützung von großen Sportevents stark minimiert (Hecker, 2015).

Im Bereich der Businessevents sieht eine Studie des German Convention Bureau (2013) für die Zukunft insbesondere fünf große Einflussfaktoren: die zunehmende Globalisierung und Internationalisierung (d. h. Events werden internationaler, Kenntnisse bezüglich fremder Sprachen und Kulturen werden wichtiger), steigende Mobilität (kurze, einfache und komfortable An- und Abreisen werden wichtiger), Nachhaltigkeit (Ausrichter und Teilnehmer werden vermehrt auf die Nachhaltigkeit eines Events achten), zunehmender Einfluss von Technologie und Technik und der demografische Wandel (alternde Gesellschaft, mehr berufstätige Frauen). Diese Faktoren werden sich in Zukunft auf internationale Businessevents auswirken und die Ansprüche der Teilnehmer erhöhen (z. B. in Bezug auf Nachhaltigkeit, Anreiseformen, Einsatz von Technologien und Zielgruppenansprache). Um weiterhin wettbewerbsfähig zu bleiben, müssen sich auch Australien und Neuseeland in Zukunft verstärkt auf diese sich verändernden Rahmenbedingungen einstellen.

Das Businessevents-Team von Tourism Australia hat kürzlich in einer Umfrage unter 550 Managern von Businessevents-Firmen in den zehn Hauptmärkten von Tourism Australia nach bestehenden Hindernissen und Herausforderungen für die Zukunft gefragt (Business Events Australia, 2014b). Hier wurden insbesondere die Lage (lange Anreise, z. T. schwierige Erreichbarkeit) und die damit verbundenen hohen Kosten genannt. Aber auch eine Wissenslücke bei vielen Ausrichtern und Entscheidungsträgern über die Businessevents-Destination Australien und deren umfangreiches Angebot mit den vielen attraktiven Möglichkeiten wurde deutlich.

Es bleibt daher abzuwarten, wie die beiden Destinationen Australien und Neuseeland in Zukunft mit diesen Veränderungen und Herausforderungen umgehen werden. Der Umgang und die Reaktion auf die vielen äußeren Einflussfaktoren werden maßgeblich bestimmen, wie der Eventtourismus der Zukunft in Australien und Neuseeland aussehen wird.

Fallbeispiel: Melbourne – Die Entwicklung zur Sport- und Eventstadt mit Weltruf
Ende der 1970er-Jahre befand sich Melbourne aufgrund der stagnierenden Produktions- und Fertigungsindustrie in einer Krise. Neuere Industrien wie die Finanzindustrie, die Medienwirtschaft und die Technologieindustrie suchten sich vermehrt Sydney oder das sonnige Queensland als Standort aus. Für die Zukunft wurden düstere Szenarien der wirtschaftlichen Stagnation und einer Arbeitslosigkeit von 15–20 Prozent vorhergesagt. Sogar vor daraus resultierendem städtebaulichem Verfall und sozialen Unruhen wurde gewarnt. Als Antwort auf die bedrohliche Lage legte die neugewählte Regierung Victorias unter Premierminister John Cain (Labor Party) ab 1982 ihren Fokus auf die Bereiche Sport, Kultur und Events. Man besann sich auf die vorhandenen Stärken: Bereits zu diesem Zeitpunkt galt Melbourne als Sporthauptstadt Australiens mit zahlreichen bedeutenden Events wie dem Melbourne Cup und den Australian Open (Tennis). Fünf der sechs größten Sportverbände Australiens hatten ihren Sitz in Melbourne. Die neue Regierung legte eine Reihe neuer Strategien fest, stellte Ressourcen und Expertise zur Verfügung und gründete verschiedene Projektgruppen (O'Hanlon, 2009).

Seither ist Melbourne ein exzellentes Beispiel für eine gelungene Transformation des physischen, sozialen und kulturellen Profils und ein Vorbild dafür, wie Sport- und Großevents eingesetzt werden können, um die wirtschaftliche Entwicklung einer Destination zu fördern und die Wirtschaft neu zu beleben (Smith, 2001; O'Hanlon, 2009). Mit Beginn der frühen 1980er-Jahre wurde der innerstädtische Bereich Melbournes komplett umgestaltet und modernisiert. In diesem Zusammenhang wurde beispielsweise das Sportstadion „Melbourne Cricket Ground (MCG)" komplett umgebaut (Sitzkapazität nun 100.000), ein neues In- und Outdoor-Stadion in den Docklands konstruiert (heute das „Ethihad Stadium"), das National Tennis Centre als Sports- und Entertainmentzentrum ausgebaut (nun bekannt als „Melbourne Park", u. a. mit der Rod Laver Arena, in der alljährlich die Australian Open stattfinden), und das Melbourne Sports and Aquatic Centre errichtet (heute Teil des Melbourne Sports Hub, dem mittlerweile auch ein Netball- und Hockey-Zentrum, ein Leichtathletikzentrum und verschiedene Sportinstitute angehören) (O'Hanlon, 2009). Auch die Umwandlung des früheren industriellen Gebietes „Southbank" am Yarra River zu einer touristischen und kulturellen Zone Ende der 1980er-/Anfang der 1990er-Jahre ist Zeuge dieser Entwicklung. Im Kulturbereich wurden zwischen 1990 und 2000 u. a. die Staatsbibliothek von Victoria, das Melbourne Museum und die Nationalgalerie von Victoria neu gestaltet und der berühmte Federation Square mit Bars, Cafés, Shops und weiteren Museen und öffentlichen Einrichtungen erbaut. All diese Einrichtungen und Sehenswürdigkeiten befinden sich in direkter Nähe zur Innenstadt, in einem Radius von max. fünf Kilometern. Sie wurden aus der öffentlichen Hand bezahlt oder durch öffentlich-privaten Partnerschaften finanziert (Major Projects Victoria, 2015; O'Hanlon, 2009).

Melbourne nutzte diese Sport-, Kultur- und Freizeitattraktionen in der Folgezeit, um als „Events City" immer mehr australische und vor allem internationale Touristen anzuziehen. Der monatliche Kalender an Events ist seit der Jahrhundertwende gefüllt mit zahlreichen Events und Festivitäten. Ein besonders attraktives Jahr war 2006, als in Melbourne u. a. die Commonwealth Games, die Australian Open, der Formel 1 Grand Prix, die International Flower and Garden Show, der Melbourne Cup, das Finale der Australian Football League (AFL) und viele weitere Kultur- und Kunstfestivals stattfanden (O'Hanlon, 2009). All diese Entwicklungen haben Melbourne weltweit einen herausragenden Ruf als Sport- und Eventstadt eingebracht (Church, 2012; O'Hanlon, 2009). 2014 wurde die Stadt bereits zum zweiten Mal bei den SportsBusiness Ultimate Sports City Awards zur „Ultimate Sports City" in der Kategorie der Großstädte gekürt und stach dabei Konkurrenten wie Kapstadt, Berlin, Singapur und Sydney aus (Church, 2012; cim magazine, 2014). Die durch diese Entwicklungen entstandenen wirtschaftlichen Vorteile sind bemerkenswert. Im Jahr 2014 generierten Events in Victoria zusätzliche Einnahmen von ca. 1,8 Mrd. AUD (ca. 1,2 Mrd. Euro) für die Wirtschaft des Bundesstaates. Die Eventindustrie schafft in Victoria ca. 4.690 Vollzeitjobs, mehr als die Hälfte davon stehen im Zusammenhang mit durchgeführten Großevents (Victorian Parliament, 2014).

Allerdings ist in den letzten Jahren die inneraustralische Konkurrenz stark gestiegen, insbesondere durch New South Wales und Queensland. New South Wales hat seit 2011 über 110 neue Sport-, Kultur- und andere Events zum Eventkalender hinzugefügt. Als Reaktion hat die Regierung Victorias Anfang des Jahres 2015 damit begonnen, die Strategien für die Tourismus- und Eventwirtschaft Victorias zu evaluieren, um so die herausragende Stellung innerhalb Australiens auch in Zukunft zu halten (The Hon Daniel Andrews MP, 2015). Die positiven Entwicklungen der letzten 40 Jahre bestärken die Hoffnung, dass dies auch gelingen wird.

Literatur
Church M (2012). Melbourne: Several times the ‚Ultimate Sports City' worldwide. In G. Trosien (Hrsg.), Sports in the co-opetition of metropolitan regions (S. 71–110). Berlin: epubli.
cim magazine (2014). Melbourne crowned world's greatest sports city. Verfügbar unter http://www.cimmagazine.com/cim-magazine-latest-news/melbourne-crowned-worlds-greatest-sports-city#.VcDmt_kvvK_. Abgerufen am 31. Juli 2015.
Major Projects Victoria (2015). Our projects. Verfügbar unter http://www.majorprojects.vic.gov.au/projects/. Abgerufen am 30. Dezember 2015.
O'Hanlon S (2009). The Events City: Sport, Culture, and the Transformation of Inner Melbourne, 1977–2006. Urban History Review, 37(2), 30–39.
Smith A (2001). Sporting a new image? Sport-based regeneration strategies as a means of enhancing the image of the city tourist destination. In C. Gratton, I. Henry (Hrsg.), Sport in the city: The role of sport in economic and social regeneration (S.109–124). London: Routledge.
The Hon Daniel Andrews MP (2015). Review to keep Victoria the major events capital. Verfügbar unter https://4a5b508b5f92124e39ff-ccd8d0b92a93a9c1ab1bc91ad6c9bfdb.ssl.cf4.rackcdn.com/2015/03/150310-Review-To-Keep-Victoria-The-Major-Events-Capital.pdf. Abgerufen am 31. Juli 2015.
Victorian Parliament (2014). Inquiry into budget estimates 2015–16. Melbourne: Public accounts and estimates committee – Tourism & Major Events. Verfügbar unter http://www.parliament.vic.gov.au/images/stories/committees/paec/2015-16_Budget_Estimates/Transcripts_Presentations/Tourism_-_Verifed_2015-16_BEH.pdf. Abgerufen am 31. Juli 2015.

Literatur

Air New Zealand. Conference Support Programme. http://www.airnewzealand.com/conference-support, 2014. Abgerufen am 4. August 2015.

Allen J, O'Toole W, Harris R, McDonnell I. Festival and special event management, 5th edition. Milton, Australia: John Wiley & Sons, 2011.

Andersson T, Getz D. Stakeholder management strategies of festivals. Journal of Convention & Event Tourism Management. 2008, 9(3), 199–220.

ATEED. Auckland's Major Events Strategy. http://businessaucklandnz.com/resources/MajorEventsStrategy.pdf, 2011. Abgerufen am 12. August 2015.

ATEED. Business events to boost Auckland's visitor economy. http://www.aucklandnz.com/ateed/media-centre/listing/business-events-to-boost-aucklands-visitor-economy, 2014. Abgerufen am 4. August 2015.

Australian Clearinghouse for Sport. Economic Contribution of Sport. https://secure.ausport.gov.au/clearinghouse/knowledge_base/organised_sport/value_of_sport/economic_contribution_of_sport, 2015. Abgerufen am 27. Juli 2015.

Australian Department of Industry Tourism Resources. The 10 Year Plan for Tourism: A Discussion Paper. Canberra, Australia: Australian Department of Industry Tourism Resources, 2012.

Australian Government. Australian Sport Diplomacy Strategy 2015–2018. Canberra: Australian Government. http://dfat.gov.au/about-us/publications/Documents/aus-sports-diplomacy-strategy-2015-18.pdf, 2015. Abgerufen am 2. August 2015.

Australian Government, Department of Health. Major sporting events. http://www.health.gov.au/internet/main/publishing.nsf/Content/sport-events, 2015. Abgerufen am 27. Juli 2015.

Australian Institute of International Affairs. Sport: A tool for international diplomacy. www.internationalaffairs.org.au/australian_outlook/sport-a-tool-for-international-diplomacy/, 2015. Abgerufen am 31. Juli 2015.

Australian Trade Commission. Major Sporting Events. http://www.austrade.gov.au/Buy/Australian-Industry-Capability/Major-sporting-events/Overview, 2015. Abgerufen am 31. Juli 2015.

Balduck A, Maes M, Buelens M. The social impact of the Tour de France: Comparisons of residents' pre- and post-event perceptions. European Sport Management Quarterly. 2011, 11(2), 91–113.

BBC Sport. David Bond investigates Sydney's Olympic legacy. http://www.bbc.com/sport/0/olympics/17276362, 2012. Abgerufen am 4. August 2015.

Bowdin G, Allen J, O'Toole W, Harris R, McDonnell I. Events Management. 3rd edition. Abingdon, UK: Routledge, 2011.

Business Events Australia. 2020: The Business Events Sector Progress Report. Sydney: Business Events Australia. http://businessevents.australia.com/docs/business-events/Statistics-factsheets/BE2020-Potential-2012.pdf, 2012. Abgerufen am 4. August 2015.

Business Events Australia. The Business Events Sector Quarterly Progress Report. Sydney: Business Events Australia. http://www.tourism.australia.com/documents/Statistics/Business-Events-Quarterly-progress-Report-March-2014.pdf, 2014a. Abgerufen am 31. Juli 2015.

Business Events Australia. New research to help the Australian business events sector. businessevents.australia.com/docs/business-events/BE_CDP_research_summary.pdf, 2014b. Abgerufen am 4. August 2015.

Business Events Australia. Attracting Business Events to Australia. Sydney: Business Events Australia. http://businessevents.australia.com/docs/business-events/attracting-business-events-guide.pdf, 2015a. Abgerufen am 4. August 2015.

Business Events Australia. Delegate Boosting Program. Sydney: Business Events Australia. businessevents.australia.com/docs/business-events/1516_BEA_DBP_ExpressionsOfInterest.pdf.pdf, 2015b. Abgerufen am 4. August 2015.

Business Events Australia. Attracting business events to Australia. Sydney: Tourism Australia. http://businessevents.australia.com/docs/business-events/attracting-business-events-guide.pdf, o. J. Abgerufen am 4. August 2015.

Business Events Council of Australia. A national business events strategy for Australia 2020. Sydney: Business Events Council of Australia. www.businesseventscouncil.org.au/files/BES%2520full%2520doc%2520Nov08.pdf, 2008. Abgerufen am 4. August 2015.

Business Events Council of Australia. National Business Events Strategy. http://www.businesseventscouncil.org.au/national-business-events-strategy.html, 2011. Abgerufen am 31. Juli 2015.

Business Events New Zealand. Become a business event advocate. Auckland: Business Events New Zealand. http://businessevents.newzealand.com/MediaLibraries/TNZ.BusEvts/images/PDFs/BecomeaNZBusinessEventAdvocate.pdf, 2014. Abgerufen am 4. August 2015.

Business Events New Zealand. Resources and support. http://businessevents.newzealand.com/en/help-and-support/, 2015. Abgerufen am 4. August 2015.

Chalip L. The tourism agencies' and local business actors' perspectives. In: Parent MM, Chappelet J, editors. Routledge Handbook of Sport Event Management. Abingdon, UK: Routledge, 2015, 248–266.

Chalip L. Towards social leverage of sport events. Journal of Sport & Tourism. 2006, 11(2), 109–127.

Christchurch & Canterbury Tourism. Business Events Strategy. http://www.christchurchnz.com/media/1807418/5-business-events-workshop.pdf, 2014. Abgerufen am 4. August 2015.

Church M. Melbourne: Several times the ‚Ultimate Sports City' worldwide. In: Trosien G, editor. Sports in the co-opetition of metropolitan regions. Berlin: epubli, 2012, 71–110.

Collier A, Harraway S. The New Zealand Tourism Industry, 5th edition. Auckland, New Zealand: Pearson Education, 2006.

Collins A, Jones C, Munday M. Assessing the environmental impacts of mega sporting events: Two options? Tourism Management. 2009, 30(6), 828–837.

Commonwealth Department of Industry Science and Resources. Towards a National Sports Tourism Strategy (Draft). Canberra: Commonwealth Department of Industry, Science and Resources. www.tourisminsights.info/ONLINEPUB/SPORT%2520AND%2520EVENTS/SAET%2520PDFS/SportTourismStrategy.pdf, 2000. Abgerufen am 31. Juli 2015.

Conventions & Incentives New Zealand. NZ's new convention centres major talking point at AIME. http://www.conventionsnz.co.nz/DKFeb2014, 2014. Abgerufen am 4. August 2015.

Destination New South Wales. Event Strategies. http://www.destinationnsw.com.au/events, 2015. Abgerufen am 4. August 2015.

Ernst & Young. The value of business events to Australia. Sydney: Ernst & Young, www.businesseventscouncil.org.au/files/View_Report.pdf, 2015. Abgerufen am 6. August 2015.

German Convention Bureau. Meetings and Conventions 2030: A study of megatrends shaping our industry. http://www.gcb.de/en/meetings-and-conventions-2030:-a-study-of-megatrends-shaping-our-industry, 2013. Abgerufen am 6. August 2015.

Getz D. Event management and event tourism, 2nd edition. New York: Cognizant, 2005.

Getz D. Event tourism: Definition, evolution, and research. Tourism Management. 2008, 29(3), 403–428.

Getz D. Special events: Defining the product. Tourism Management. 1989, 10(2), 125–137.

Getz D, Page S. Progress and prospects for event tourism research. Tourism Management, in press. 2015, 1–39.

Getz D, Wicks B. Editorial. Festival Management and Event Tourism. 1993, 1(1), 1–3.

Gnoth J, Anwar SA. New Zealand Bets on Event Tourism. Cornell Hotel and Restaurant Administration Quarterly. 2000, 41(4), 72–83.

Goldblatt J. Special Events: Event Leadership for a New World, 4th edition. Chichester, UK: John Wiley & Sons, 2004.

Hall CM. Mega-events and their legacies. In: Murphy P, editor. Quality management in urban tourism. Chichester, UK: John Wiley & Sons, 1997, 75–87.

Harris R. The role of large-scale sporting events in host community education for sustainable development: an exploratory case study of the Sydney 2000 Olympic Games. Event Management. 2014, 18(3), 207–230.

Hecker A. Der Tod der Spiele: Hamburgs Nein zu Olympia. Frankfurter Allgemeine Zeitung. http://www.faz.net/aktuell/sport/hamburgs-olympia-referendum-der-tod-der-spiele-13941206.html, 2015. Abgerufen am 4. Januar 2016.

Hede AM. Managing special events in the new era of the triple bottom line. Event Management. 2008, 11(1–2), 13–22.

Heslop J. Auckland secures World Masters Games. 3 News. http://www.3news.co.nz/Auckland-secures-World-Masters-Games/tabid/415/articleID/246794/Default.aspx, 2012. Abgerufen am 4. August 2015.

Holzbaur U, Jetting E, Knauß B, Moser R, Zeller M. Eventmanagement. Veranstaltungen professionell zum Erfolg führen, 4. Auflage. Berlin: Springer Verlag, 2005.

Jago LK. Sport tourism in Australia. Journal of Sport & Tourism. 2003, 8(1), 7–8.

Jago LK, Chalip L, Brown G, Mules T, Ali S. Building Events Into Destination Branding: Insights from Experts. Event Management. 2003, 8(1), 3–14.

Jago LK, Shaw RN. Special events: A conceptual and definitional framework. Festival Management and Event Tourism. 1998, 5, 21–32.

Jones C. Assessing the environmental impact of a major sporting event. Tourism Economics. 2008, 14(2), 343–360.

Kellett P, Hede AM, Chalip L. Social policy for sport events: Leveraging (relationships) with teams from other nations for community benefit. European Sport Management Quarterly. 2008, 8(2), 101–122.

Larson M. A political approach to relationship marketing: Case study of the Storsjoyran Festival. International Journal of Tourism Research. 2002, 4(2), 119–143.

Morse J. The Sydney 2000 Olympic Games: How the Australian Tourist Commission leveraged The Games for tourism. Journal of Vacation Marketing. 2001, 7(2), 101–107.

National Party New Zealand. Economic benefits from Cricket World Cup. https://www.national.org.nz/news/news/media-releases/detail/2015/06/30/Economic-benefits-from-Cricket-World-Cup, 2015. Abgerufen am 4. August 2015.

New Zealand Major Events. Investing in world class events. http://www.med.govt.nz/majorevents/pdf-library/med-0041-final.pdf, 2011. Abgerufen am 14. Juli 2015.

New Zealand Major Events. Investment criteria. http://www.med.govt.nz/majorevents/investment-process/investment-criteria, 2015a. Abgerufen am 14. Juli 2015.

New Zealand Major Events. Strategy. http://www.med.govt.nz/majorevents/new-zealand-major-events/strategy, 2015b. Abgerufen am 14. August 2015.

New Zealand Ministry of Business, Innovation & Employment. Convention Activity Survey Report. http://www.med.govt.nz/sectors-industries/tourism/tourism-research-data/other-research-and-reports/convention-research/convention-activity-survey/cas-report-ye-Q4-2014.pdf, 2015a. Abgerufen am 4. August 2015.

New Zealand Ministry of Business, Innovation & Employment. Convention Delegate Survey Report. http://www.med.govt.nz/sectors-industries/tourism/tourism-research-data/other-research-and-reports/convention-research/pdf-library/convention-delegate-survey/CDS-dec-2014.pdf, 2015b. Abgerufen am 4. August 2015.

O'Brien D. Strategic business leveraging and the Sydney 2000 Olympic Games. Annals of Tourism Research. 2006, 16(4), 309–329.

O'Hanlon S. The Events City: Sport, Culture, and the Transformation of Inner Melbourne, 1977–2006. Urban History Review. 2009, 37(2), 30–39.

Preuß H. The economic impact of visitors at major multi-sport events. European Sport Management Quarterly. 2005, 5(3), 281–304.

PricewaterhouseCoopers. Cricket World Cup 2015 Ltd. https://admin.beehive.govt.nz/sites/all/files/PwC-CWC-2015-Economic-impact-and-benefits-report.pdf, 2015. Abgerufen am 4. August 2015.

Queenstown Lakes District Council. Events Strategy 2015–2018. www.qldc.govt.nz/assets/OldImages/Files/Strategies/Events_Strategy/Events-Strategy-2015-18.pdf, 2015. Abgerufen am 4. August 2015.

Sallent O, Palau R, Guia J. Exploring the legacy of sport events on sport tourism networks. European Sport Management Quarterly. 2011, 11(4), 397–421.

Singh N, Hu C. Understanding strategic alignment for destination marketing and the 2004 Athens Olympic Games: Implications from extracted tacit knowledge. Tourism Management. 2008, 29(5), 929–939.

South Australian Tourism Commission. Events South Australia. http://tourism.sa.gov.au/events.aspx, 2015. Abgerufen am 4. August 2015.

Sport New Zealand. Better Outcomes from New Zealand Sporting Events. Wellington: Sport New Zealand. http://www.sportnz.org.nz/assets/Uploads/attachments/managing-sport/events/Better-Outcomes-from-New-Zealand-Sporting-Events.pdf, 2014. Abgerufen am 14. Juli 2015.

Statistics New Zealand. Impact of the Rugby World Cup in New Zealand's macro-economic statistics.www.stats.govt.nz/browse_for_stats/economic_indicators/NationalAccounts/impact-of-rugby-world-cup.aspx, 2011. Abgerufen am 4. August 2015.

Stevenson N. Culture and the 2012 Games: Creating a tourism legacy? Journal of Tourism and Cultural Change. 2012, 10(2), 137–149.

The Misfits Media Company. New Zealand ramps up business events strategy. http://www.thenibbler.com.au/article/New-Zealand-ramps-up-business-events-strategy/, 2013. Abgerufen am 4. August 2015.

Thomson A, Schlenker K, Schulenkorf N. Conceptualizing sport event legacy. Event Management. 2013, 17(2), 111–122.

Topend Sports Network. Guide to Australia at Major Sporting Events. http://www.topendsports.com/world/countries/australia/sport/events/index.htm, 2015. Abgerufen am 5. August 2015.

Tourism & Events Queensland. Events. http://teq.queensland.com/en-AU/Events/, 2015. Abgerufen am 5. August 2015.

Tourism Australia. ICC Cricket World Cup demonstrates value of big events. https://secure.ausport.gov.au/__data/assets/pdf_file/0011/637391/ICC_World_Cup_2015.pdf, 2015a. Abgerufen am 7. August 2015.

Tourism Australia. Tourism 2020. http://www.tourism.australia.com/statistics/tourism-2020.aspx, 2015b. Abgerufen am 31. Juli 2015.

Tourism Industry Association New Zealand. Tourism 2025: Growing value together. Wellington: Tourism Industry Association New Zealand.http://tourism2025.plasticstudio.co/assets/Documents/Tourism-2025-Summary.pdf, 2014. Abgerufen am 31. Juli 2015.

Tourism New Zealand. New Zealand climbs in ranking of business events destinations. http://www.tourismnewzealand.com/news/new-zealand-climbs-in-ranking-of-business-events-destinations/, 2014a. Abgerufen am 4. August 2015.

Tourism New Zealand. New Zealand launches new business events advocates programme. http://www.scoop.co.nz/stories/BU1410/S00843/new-zealand-launches-new-business-events-advocates-programme.htm, 2014b. Abgerufen am 4. August 2015.

Tourism Victoria. Events programs. http://www.tourism.vic.gov.au/tourism-industry/events-programs.html, 2015. Abgerufen am 4. August 2015.

Visit Melbourne. Melbourne. http://www.visitmelbourne.com/Regions/Melbourne/Events/Sports, 2015. Abgerufen am 27. Juli 2015.

Werner K, Dickson G, Hyde KF. Learning and knowledge transfer processes in a mega-events context: The case of the 2011 Rugby World Cup. Tourism Management. 2015b, 48, 174–187.

Werner K, Dickson G, Hyde KF. The impact of a mega-event on inter-organisational relationships and tie strength: Perceptions from the 2011 Rugby World Cup. Sport Management Review. 2015a, 18(3), 421–435.

WTM. Sport Tourism Innovation for Destinations & Events. http://www.wtmlondon.com/en/Sessions/15922/Sport-Tourism-Innovation-for-Destinations-Events, 2015. Abgerufen am 4. Januar 2016.

Yeoman I. 2050 – tomorrow's tourism. Bristol, UK: Channel View Publications, 2012.

Cornelia Voigt
8 Salus per aquam Down Under? Entwicklung und zentrale Merkmale des australischen Wellnesstourismus

8.1 Einleitung

In den Medien, aber auch in der Fachliteratur ist immer wieder zu lesen, dass Gesundheitstourismus einen, wenn nicht sogar den entscheidenden Wachstumsmarkt der Zukunft im Tourismus darstellt. In der Tat nahm die Entwicklung dieser Form des Tourismus in den letzten Jahrzehnten weltweit rasant zu – auch in Destinationen, die traditionell eher nicht primär mit Gesundheitstourismus assoziiert werden. Dieses Kapitel beschäftigt sich mit der Entwicklung und Organisation des Wellnesstourismus in Australien. Dabei wird hauptsächlich die Anbieterseite beleuchtet. Das Kapitel stützt sich vor allem auf die Ergebnisse einer 2010 veröffentlichten landesweiten Studie, die zum Ziel hatte, die Angebots- und Nachfragestruktur des australischen Gesundheitstourismus umfassend und systematisch zu untersuchen (Voigt et al., 2010). Die Ergebnisse der Studie basieren auf einer Reihe von quantitativen und qualitativen Methoden: 18 Tiefeninterviews mit Interessenvertretern, fünf Standort-Fallstudien, die Sekundärdatenanalyse von Datensätzen aus nationalen und internationalen Besucherumfragen und die primäre Datenanalyse eines Fragebogens, der an alle australischen Wellnesstourismus-Betriebe gesendet wurde (n = 152). Bevor die Ergebnisse dieser Studie genauer vorgestellt werden, werden die Begriffe Wellness, Gesundheits- und Wellnesstourismus sowie die historische Entwicklung des Wellnesstourismus in Australien betrachtet.

8.2 Annäherung an die Konzepte Wellness, Gesundheits- und Wellnesstourismus

Weder in der deutsch- noch in der englischsprachigen Literatur gibt es einheitliche Definitionen der Begriffe Gesundheitstourismus oder Wellnesstourismus. Zum einen liegt das an dem sich schnell wandelnden, dynamischen Anbieterumfeld, dessen Dienstleistungen, z. B. aus den Bereichen Schul- und Komplementärmedizin, Psychologie, Ernährung, Bewegung und Schönheitsbehandlungen, immer neu zusammengestellt und immer spezialisierteren Gruppen von Touristen angeboten werden, sodass es zunehmend schwieriger wird, zwischen verschiedenen Gesundheitstourismus-Segmenten zu unterscheiden. Zum anderen liegt das auch daran, dass die

Begriffe Gesundheit und Wellness – eigenständig sowie in Verbindung mit Tourismus – kulturell und philosophisch geprägt sind und ständigem historischem Wandel unterliegen, der in verschiedenen Ländern unterschiedlich verläuft. Diese Begriffe repräsentieren somit individuell und gesellschaftlich relative Werte, die nicht immer verallgemeinert werden können.

Laut dem Oxford English Dictionary wurde das Wort „wellness" das erste Mal 1654 schriftlich in einem Dokument festgehalten (Simpson/Weiner, 1989), auch wenn das Wort danach nicht allzu gebräuchlich war. Nach dem Zweiten Weltkrieg erfuhr der Begriff in der englischen Sprache eine Revitalisierung durch Halbert Dunn (1959), der Mitbegründer eines Diskurses über ein völlig neues Gesundheitsverständnis war. In diesem Diskurs wurde „wellness" in der Literatur verschiedenartig, nämlich als Lebensstil (z. B. Hattie et al., 2004), als Prozess (z. B. Travis/Ryan, 1988) oder als positiver Geisteszustand (Ryan/Deci, 2001) bezeichnet. Im weitesten Sinne kann man Wellness aber als alternative, ganzheitliche und positive Neuorientierung des Gesundheitsverständnisses verstehen, das im Gegensatz zum biomedizinischen Gesundheitsmodell steht. Während im biomedizinischen Modell Gesundheit negativ als Abwesenheit von Krankheit definiert wird und das Hauptaugenmerk auf biologischen und physiologischen Prozessen liegt, ist Gesundheit im Wellness-Gesundheitsmodell ein mehrdimensionales Phänomen, das physische, psychische, soziale und spirituelle Dimensionen berücksichtigt. Schon Dunn (1959) betonte, dass Wellness keinen einmal erreichten Zustand darstelle, sondern als aktiv anzustrebender Prozess Richtung Wohlbefinden verstanden werden sollte. Somit steht nicht der Organismus eines Menschen im Zentrum der Gesundheit, sondern das erlebende Individuum. Deshalb nimmt die Eigenverantwortung für die Gesundheit, die sich wiederum im alltäglichen Lebensstil jedes Individuums widerspiegelt, eine zentrale Rolle im Wellness-Gesundheitsmodell ein.

Dabei ist es wichtig, zu verstehen, dass Gesundheit und Krankheit im Wellnessparadigma unabhängig voneinander verstanden werden können und Gesundheit subjektiv erfahren wird. Personen, die weder psychische noch physische Symptome aufweisen, können sich unwohl fühlen und Menschen mit chronischen Krankheiten oder Behinderung können trotzdem ihr Wohlbefinden steigern. Im englischsprachigen Kontext wurden der von Dunn (1959) wiederbelebte Wellnessbegriff und das zugrunde liegende ganzheitliche Gesundheitsverständnis spätestens in den 1970er-Jahren von Befürwortern der politischen und betrieblichen Gesundheitsförderung weitgehend übernommen. Darüber hinaus wurde Wellness von verschiedenen Konsumentenbewegungen sowie von Anhängern der Alternativ- und Komplementärmedizin aufgegriffen. Anhänger der Komplementärmedizin betonen zusätzlich zur Eigenverantwortung auch inhärente Selbstheilungskräfte, die jeder im Rahmen seiner Möglichkeiten mobilisieren könne (z. B. O'Connor, 2000). Während im biomedizinischen Gesundheitsmodell die Behandlung von einer immer stärker technisierten Diagnose und möglichst schneller Beseitigung der Symptome geprägt ist, ist eine auf dem Wellnessmodell basierende Intervention von einem sehr hohen Stellenwert des Gesprächs zwischen Patient und Heilendem, einer ganzheitlichen Analyse des Menschen und seines Umfelds und der kollaborativen Erarbeitung oft langfristiger gesundheitsförderlicher Maßnahmen gekennzeichnet. Aus diesem Grund nehmen allgemeine Gesundheitsförderung und Prävention einen stärkeren Stellenwert ein, als dies in der Schulmedizin tendenziell üblich ist.

„Wellness" in Verbindung mit „Tourismus" scheint interessanterweise zuerst im deutschsprachigen Raum existiert zu haben, denn in der englischen Fachliteratur taucht der Begriff vor 2005 so gut wie nie auf. Zu diesem Zeitpunkt gab es in Europa schon unzählige Wellnesshotels. In der deutschen Sprache werden Anglizismen gerne bewusst eingesetzt, um Produkte und Dienstleistungen als besonders modisch hervorzuheben (Bohmann, 1996; Ritter, 2005). Manche Autoren weisen darauf hin, dass die geradezu inflationäre Verwendung des Wortes Wellness zu Marketingzwecken dazu führte, dass die dahintersteckende Gesundheitsphilosophie im besten Fall in den Hintergrund getreten ist und der Begriff von vielen Touristen mehrheitlich mit passiven Verwöhnangeboten gleichgesetzt wird (Ritter, 2005; Rulle, 2004). Außerhalb Europas – und somit auch in Australien – kann man aber davon ausgehen, dass das ganzheitliche Gesundheitsmodell mit dem Wort Wellness viel stärker in Verbindung gebracht wird, da dieses dort historisch in einem jahrzehntelangen Diskurs zur Gesundheitsversorgung verwendet wurde (Dörpinghaus, 2009).

Wichtig ist jedenfalls, dass sich die jeweils herrschenden Vorstellungen von Gesundheit und Krankheit tief greifend auf das Serviceangebot und den Umgang des Gesundheitspersonals mit den Klienten auswirkt – auch im Tourismusbereich. So unterscheidet trotz der Vielzahl an Definitionen die Mehrheit der Autoren zwischen Medizintourismus und Wellnesstourismus als grundsätzlich unterschiedliche Segmente des Gesundheitstourismus (z. B. Müller/Lanz Kaufmann, 2001; Puczkó/Bacharov, 2006; Rulle/Hoffmann/Kraft, 2010; Voigt, 2014). Anbieter im Medizintourismus sind oft Kliniken, Rehabilitationszentren und Krankenhäuser, die sich auf technisierte Diagnostik und schulmedizinische Behandlung konzentrieren und solche Touristen anziehen, die bestimmte Krankheitssymptome (auch „Missstände" kosmetischer Natur) beseitigen oder lindern wollen. Wellnesstourismus-Anbieter dagegen zielen viel mehr auf Gesundheitsförderung ab, die meisten Dienstleistungen, Behandlungen und Angestellten entstammen nicht dem schulmedizinischen Bereich. In der Praxis ist besonders in Europa eine trennscharfe Abgrenzung zwischen Medizin- und Wellnesstourismus-Angeboten allerdings nicht immer möglich, da vor allem der Kurtourismus eine Brücke zwischen dem klassischen und dem Wellness-Gesundheitsverständnis schlägt. Die Kooperation zwischen schulmedizinischen und Wellnessangeboten wird im deutschsprachigen Raum häufig als „Medical Wellness" bezeichnet, was aufgrund der vorhergegangenen Diskussion über die Gesundheitsmodelle etwas paradox erscheint und deshalb von Experten und Organisationen wie dem Deutschen Wellness Verband als „Nonsens-Begriff" bewertet wird (Hertel, 2009).

In diesem Kapitel wird Wellnesstourismus ebenfalls als eigenständiges Segment des Gesundheitstourismus angesehen und wie folgt definiert:

> Wellness tourism is the sum of all phenomena resulting from a journey by individuals whose motive in whole or in part is to maintain or promote their health and wellbeing, and who stay at least one night at a facility that is specifically designed to holistically enable and enhance people's physical, psychological, spiritual and/or social wellbeing, and that ideally also takes into account environmental and community wellness in a sustainable manner. (Voigt, 2014, 33)

Diese Definition basiert auf einem Gesundheitsverständnis, das auf dem ganzheitlichen Wellnessmodell beruht und auf Gesundheitsförderung abzielt. Des Weiteren wird durch die Erwähnung von Nachhaltigkeit die Gesundheit des Individuums bewusst mit der „Gesundheit" von Umwelt und Gesellschaft verknüpft.

In diesem Abschnitt wurden die relevanten Begriffe „Gesundheitstourismus" und „Wellnesstourismus" erörtert, definiert und voneinander abgegrenzt. Zudem wurde kurz auf linguistische und kulturelle Unterschiede im deutsch- und englischsprachigen Raum hingewiesen, die wichtig sind, um die Entwicklung im jeweiligen Kontext – in diesem Fall Australien – zu verstehen. Der nächste Abschnitt fasst die historische Entwicklung des Wellnesstourismus in Australien zusammen, wobei deutlich wird, dass dieses Segment des Gesundheitstourismus bis in die 1990er-Jahre nur eine marginale Rolle spielte. Während Abschnitt 8.3 erklärt, warum Wellnesstourismus historisch zunächst recht wenig Erfolg hatte, werden im Abschnitt 8.4 zunächst die Faktoren erklärt, die ein enormes Wachstum von Wellnesstourismus in Australien herbeigeführt haben. Der Hauptteil dieses Kapitels fokussiert auf Ergebnisse der eingangs erwähnten Studie, die die Natur der Anbieterseite beleuchtet, vor allem auf deren Angebot, Distribution und Wirtschaftlichkeit.

8.3 Historische Entwicklung des Wellnesstourismus in Australien

Ein wichtiger Grund für die äußerst schleppende Entstehung des Wellnesstourismus ist, dass Australien nicht über Vulkanquellen und nur über wenige Thermalquellen verfügt, die im historischen Kontext in vielen Destinationen eine entscheidende Grundlage für Wellness- bzw. Gesundheitstourismus darstellen. In vielen australischen Thermalquellen kann man entweder aus gesundheitlichen Gründen nicht schwimmen, wie z. B. in den radioaktiven Paralana Hot Springs nördlich von Adelaide, oder sie liegen im sehr entlegenen Outback, z. B. im Tjuwaliyn Hot Springs Park im Northern Territory und in den Witjira-Dalhousie Springs in South Australia, die frei zugänglich, aber touristisch wenig erschlossen sind. Erst seit Kurzem gibt es im Bundesstaat Victoria zwei Einrichtungen, die Thermalquellen touristisch nutzen: die lokal sehr bekannten Peninsula Hot Springs (eröffnet 2005) und die Deep Water Geothermal Baths in Warrnambool (eröffnet 2007).

Mineralquellen, von denen sich die meisten im Bundesstaat Victoria befinden, werden ebenfalls selten touristisch genutzt. Eine bedeutende Ausnahme bilden die Mineralquellen in der Region Daylesford/Hepburn Springs, in der italienisch-schweizerische Siedler schon 1865 ein Komitee gründeten, um die Quellen bei Hepburn Springs zu schützen, sie aber auch als Baderesort zu propagieren (White, 2012). Diese Siedler errichteten auch eine Reihe von kleineren Hotels und Gästehäusern und 1894 wurde schließlich das Badehaus eröffnet. Vor allem bis zu den 1930ern war Hepburn Springs/Daylesford ein populäres touristisches Ziel und wurde schon früh als „Spa Capital" bezeichnet (Tourism Victoria, 2011; White, 2009).

Nur wenige andere Betriebe, wie z. B. das Hydro Majestic in den Blue Mountains, strebten kurzfristig an, einen luxuriösen, prächtigen Badekomplex zu schaffen, der vergleichbar mit Bädern in Baden-Baden oder Karlsbad sein sollte. Letztere waren ursprünglich allerdings in erster Linie Kurorte für die Elite und Hocharistokratie und stellten nicht nur Zentren der Heilung dar, sondern dienten auch als gesellschaftlicher Treffpunkt mit vielen Angeboten zur Unterhaltung in Form von Theater, Orchesteraufführungen und sogar Spielkasinos. Australische Bestrebungen dieser Art waren wenig erfolgreich. White (2012) sieht den Grund dafür darin, dass die Anfänge der Kolonialisierung und die australische Identität bis heute von Werten einer egalitären Gesellschaft mit einem Sinn für das „fair go" und für Kameradschaft („mateship") geprägt sind. Als klare Abgrenzung zum dünkelhaften „Mutterland" Großbritannien wurden soziale Unterschiede wenig beachtet, was erklären könnte, warum touristische Einrichtungen, die auf eben dieses elitäre Klassenbewusstsein abzielten, nicht die gewünschte Resonanz erfuhren. Diese These lässt jedoch außer Acht, dass ab Ende des 19. Jahrhunderts in vielen Ländern Europas eine Demokratisierung des Gesundheits- bzw. Kurtourismus stattfand. Eine verbesserte Infrastruktur und staatliche Regulierung sowie eine verstärkte Medikalisierung machten den Gesundheitstourismus in Form der Kur für die Massen zugänglich. Die heilende Wirkung von Wasser wurde zunehmend wissenschaftlich untersucht und die Hydrotherapie, Balneotherapie und Thalassotherapie entstanden. In vielen europäischen Ländern übernahm der Staat teilweise oder ganz die Kosten einer Kur und unter bestimmten Voraussetzungen hatte jeder Arbeitnehmer das Recht auf eine Kur. Die sozialversicherte Kur zielte nicht darauf ab, den Menschen ein üppiges ästhetisches Umfeld und Unterhaltungsprogramm zu bieten, sondern war darauf ausgerichtet, Krankheitssymptome zu beseitigen. Wissenschaftler weisen darauf hin, dass die Idee der Kur als staatlich gestützte und medizinisch anerkannte beziehungsweise tolerierte gesundheitspolitische Maßnahme von europäischen Auswanderern selten in ihre neue Heimat importiert wurde.

In der „Neuen Welt" waren gesundheitstouristische Bade- und Hotelkomplexe daher von Anfang an nicht mit politisch gestützter Gesundheitsversorgung verknüpft (Weisz, 2011). In englischsprachigen Ländern wie den USA, Kanada, Neuseeland und eben auch Australien leisteten vor allem Siedler aus Großbritannien kulturelle Pionierarbeit. Gerade in Großbritannien jedoch, wo vor Mitte des 19. Jahrhunderts eine durchaus ausgeprägte Baderesort-Landschaft existierte, war der Gesundheitstourismus wegen mangelnder Regulation und Hygiene, schlechtem Service und überhöhten Preisen dem Niedergang geweiht (Bacon, 1997). Zusammen mit einem Mangel an leicht zugänglichen Mineral- und Thermalquellen in den meisten australischen Bundesstaaten ist vermutlich auch der Niedergang des Gesundheitstourismus in England ein Grund, warum Baderesorts in Australien äußerst selten als eine attraktive Investitions- und Freizeitmöglichkeit in Betracht gezogen wurden. Selbst in der Region Daylesford/Hepburn Springs, die bis in die 1930er-Jahre viele Touristen anzog, ging das Angebot stark zurück (White, 2012).

Zusammenfassend lässt sich also zunächst einmal sagen, dass Australien nicht über eine ausgedehnte Kur- oder Badetradition verfügt. Wie im Folgenden aufgezeigt wird, erfuhr der australische Wellnesstourismus aufgrund verschiedener Einflussfaktoren Ende der 1990er-Jahre aber ein enormes Wachstum.

8.4 Derzeitige Entwicklung des Wellnesstourismus in Australien

Der Hauptteil dieses Abschnitts befasst sich mit der Angebotsstruktur, der Verbreitung und der Wirtschaftlichkeit von australischen Wellnesstourismus-Anbietern. Dieser Analyse liegt eine Typologie von drei Anbieterkategorien (Beauty-Spa-Hotels/ -Resorts, Lifestyle-Resorts und Spirituelle Retreats) zugrunde, die im Folgenden vorgestellt und erklärt werden. Zuerst werden in diesem Absatz aber die wichtigsten Faktoren aufgelistet, die für die Entstehung und das Wachstum des australischen Wellnesstourismus in jüngster Zeit verantwortlich gemacht werden können. Zwar sind diese Determinanten nicht nur in Australien für die Zunahme der Nachfrage an Wellnesstourismus-Angeboten maßgeblich, sie können aber durchweg auch hier nachgewiesen werden.

8.4.1 Wichtige Wachstumsfaktoren

Aufgrund ähnlicher massiver globaler Veränderungen ist die Anzahl der Wellnesstourismus-Anbieter nicht nur in Australien, sondern auch in vielen anderen westlichen Ländern angestiegen. Der US-amerikanische Zukunftsforscher John Naisbitt (1982) prägte für diese Art der langfristigen Veränderungen den Begriff „Megatrend". Megatrends beeinflussen über Jahrzehnte Werthaltungen, Lebensstile und Bedürfnisse und können das Angebot und die Nachfrage nach einer Ware oder Dienstleistung fundamental verändern. In Bezug auf die steigende Nachfrage nach Wellnesstourismus und wachsende Anbieterzahlen können folgende Megatrends in Betracht gezogen werden (Voigt/Pforr, 2014a):
1. Ganzheitliche Gesundheitsphilosophie und gesteigertes Gesundheitsbewusstsein: Die Wellnessbewegung und die Entstehung eines neuen Gesundheitsverständnisses wurden eingangs schon beschrieben. Es gibt immer mehr gesundheitsbewusste Menschen, und zumindest für diejenigen, die es sich leisten können, ist Gesundheitsversorgung pluralistischer und konsumentenfreundlicher geworden. In Bezug auf chronische und lebensstil-bedingte Krankheiten hat

sich die Schulmedizin oft als wenig wirkungsvoll erwiesen, weshalb sich Menschen verstärkt der Alternativ- und Komplementärmedizin zuwenden – oft nicht als Ersatz, sondern als Ergänzung zu konventionellen Behandlungen oder als Präventionsmaßnahme (Yeoman, 2008). Der Anteil der Gesundheitsausgaben an den Gesamt-Konsumausgaben privater australischer Haushalte hat in den letzten Dekaden stetig zugenommen; außerdem nehmen Schätzungen zufolge zwischen 52 und 69 Prozent der Australier komplementärmedizinische Maßnahmen in Anspruch (MacLennan et al., 2002; Xue et al., 2007).

2. Alterung der Gesellschaft und die „Neuen Alten": Die Bedürfnisse der „Babyboomer"-Konsumentengeneration (1944–1965), die die nächste Kohorte an Rentnern bilden, unterscheiden sich maßgeblich von vorhergehenden Seniorengruppen. Sie gelten als gesundheitsbewusster, fitter und wohlhabender und ihr Bedürfnis nach Gesundheitsförderung wird häufig als ein maßgeblicher Grund für die gesteigerte Nachfrage nach Wellnesstourismus gesehen (Smith/Kelly, 2006; Yeoman, 2008). Da die Kombination von fallenden Geburtenraten und höherer Lebenserwartung in den meisten Industrienationen zu einer Alterung der Gesellschaft führt, kann damit gerechnet werden, dass die Nachfrage an Gesundheitsprodukten und -dienstleistungen wie die des Wellnesstourismus auch in Zukunft steigen wird. In Australien hat sich im 20. Jahrhundert der Anteil an Senioren von vier auf zwölf Prozent gesteigert und er soll noch in diesem Jahrhundert sogar auf 30 Prozent anwachsen (Healy et al., 2006).

3. Individualisierung: Ein viel zitierter Faktor, der die Gesellschaft westlicher Nationen prägt, ist der immer stärker werdende Hang zur Individualisierung, auch in Form von personalisierten Produkten und Dienstleistungen. Nach Meinung verschiedener Autoren (Horx, 2005; Smith/Kelly, 2006) lässt sich das im Zentrum stehende Selbst oder Ich im Rahmen des Wellnesstourismus besonders gut bedienen. Auf der einen Seite wird argumentiert, dass viele Wellnesstouristen danach streben, das wahre Selbst zu entdecken und sich selbst zu verwirklichen. In der Tat hat sich Selbsttransformation in einer Motivationsstudie mit australischen Wellnesstouristen als das zentrale Leitmotiv herausgestellt (Voigt/Brown/Howat, 2010). Auf der anderen Seite wird aber auch kritisiert, dass manche Wellnesstouristen nicht mit ihrem Inneren beschäftigt, sondern eher auf eine ungesunde Weise auf ihr Äußeres fixiert sind und dieses mit exzessivem Fitnesswahn und kosmetischen Behandlungen erhalten und verbessern wollen (Smith/Puczkó, 2014).

4. Zunahme von Geschwindigkeit in allen Bereichen des Lebens: Vom Verkehr über neue Technologien und verändertes Kommunikationsverhalten in den Sozialmedien bis hin zum immer stärker empfundenen Leistungsdruck bei der Arbeit ist eine Beschleunigung in allen Lebensbereichen der Menschen spürbar. Stressbedingte Konditionen wie Erschöpfung oder Schlaflosigkeit sowie psychische Phänomene wie Burn-out, Depression oder Angst nehmen zu. Gleichzeitig wird das Verlangen nach Entschleunigung immer größer. Australische Wellnesstouristen werden u. a. durch den Wunsch nach Stressabbau, Entspannung und Flucht

aus dem hektischen Alltag geleitet, wellnesstouristische Anbieter aufzusuchen (Voigt/Brown/Howat, 2010).
5. Geltungsverzicht („inconspicious consumption"): Manche Autoren verbinden Wellnesstourismus mit Konsumentenbewegungen, die allgemein unter dem Stichwort „Geltungsverzicht" zusammengefasst werden können. Yeoman (2008) z. B. argumentiert, dass Touristen Luxus in zunehmenden Maße nicht mehr mit materiellen Statussymbolen verknüpfen, sondern als eine Zeit, die man zur Persönlichkeitsentfaltung und Selbstverwirklichung nutzt. Mit anderen Worten: Prahlende, zur Schau gestellte Dekadenz ist out, Bescheidenheit und Einfachheit sind in. Auch in der deutschen Sprache werden englische Bezeichnungen dieser Art der Konsumbewegungen übernommen, z. B. „Slow Movement", „Lifestyle of Voluntary Simplicity" oder „downshifting". Alle sind charakterisiert durch das Streben nach Verlangsamung und Entschleunigung und einen hohen Stellenwert von Freizeit und Lebenszeit anstelle von materiellen Gütern und Alltagszwängen. Wellnesstourismus wird außerdem mit der Gruppe der LOHAS (Akronym für „Lifestyles of Health and Sustainability") in Verbindung gebracht (Smith/Puczkó, 2014). LOHAS sind Menschen, deren Leben und Konsumausrichtung auf Gesundheitsförderung und Nachhaltigkeit konzentriert sind, die also gezielt faire Produkte erstehen, die nicht nur ihrer eigenen, sondern auch der Gesundheit von Umwelt und Mitmenschen dienlich sind. In Australien wurden 26 Prozent der Bevölkerung als LOHAS-Konsumenten identifiziert (Lancaster, 2012).
6. Streben nach Spiritualität: Die amerikanische Trendforscherin Patricia Aburdene (2007) bezeichnet das Streben nach Spiritualität als größten Megatrend des 21. Jahrhunderts. Trotz zunehmender Säkularisierung sind Menschen immer noch auf der Suche nach dem Sinn ihrer Existenz und der Selbstverwirklichung in ihrem Leben. Auf persönlicher Ebene werden spirituelle Bedürfnisse z. B. durch Pop-Psychologie, die New-Age-Bewegung, Selbsthilfe-Bücher, Meditationszentren und Yoga und auch Komplementärmedizin bedient und ausgelebt. Aburdene (2007) betont jedoch, dass sich die Spiritualität auch auf die institutionelle Ebene übertragen lässt, und spricht von einem neuen, „bewussten" Kapitalismus, in dem Betriebe ethischen Leitlinien folgen, die von Werten wie Nachhaltigkeit und sozialer Gerechtigkeit geprägt sind. Obwohl eine Abnahme von Religiosität in Form von sinkenden Kirchen-Mitgliedschaften erkennbar ist, gibt es auch in Australien immer mehr Menschen, die sich für Spiritualität interessieren und sich z. B. Meditation und Yoga zuwenden (Bouma, 2006; Tacey, 2003).

8.4.2 Typologie der Wellnesstourismus-Anbieter

Im Folgenden wird eine Typologie von Wellnesstourismus-Anbietern vorgestellt, die vor allem in jenen Destinationen relevant ist, in denen Kurbetriebe und Kurorte wenig bis gar keine Rolle spielen. Wie schon erwähnt, gibt es die im europäischen Raum verbreitete Unterscheidung zwischen Kurtourismus und Wellnesstourismus in Australien nicht und es existieren auch keine Kurbetriebe. Eine weitere Besonderheit dieser Typologie ist die Einbeziehung von Anbietern des „Spirituellen Tourismus". In der englischen Literatur wird „Spiritueller Tourismus" viel häufiger als eine Kategorie des Wellnesstourismus verstanden als in deutschsprachigen Quellen (Heintzman, 2013; Pernecky/Johnston, 2006; Smith/Kelly, 2006; Smith/Puczkó, 2014; Smith/Puczkó, 2015). Auch die Forschung in Australien hat gezeigt, dass sich Betreiber Spiritueller Retreats dem Wellnesstourismus zugeordnet fühlen (Inside Story, 2007; Voigt et al., 2010). Für den australischen Kontext haben Voigt et al. (2010) deshalb eine Typologie dreier Arten von Wellnesstourismus-Anbietern vorgestellt:

1. Beauty-Spa-Hotels/-Resorts: Der Hauptfokus dieser Art von Wellnesstourismus-Betrieben liegt auf non-invasiven Schönheits- und Körperbehandlungen sowie einer Reihe von Wasser- und Saunaanwendungen, mit oder ohne Nutzung von Mineral- oder Thermalquellen. Die Nutzer sind in der Regel eher passiv an den Anwendungen beteiligt. Die meisten Beauty-Spa-Hotels/-Resorts sind mit vier oder fünf Sternen versehen und zählen damit zum High-End der Wellnesstourismus-Versorgung. Spas werden häufig auch mit anderen Tourismus-Luxusprodukten in Verbindung gebracht, z. B. dem Golf-, Wein- oder Skitourismus wie etwa das Noosa Springs Golf & Spa Resort in Queensland, das Balgownie Estate Vineyard Resort & Spa und das Breathtaker Allsuite Hotel and Alpine Spa Retreat, beide in Victoria. Die sogenannten Day Spas sind den Beauty Spas sehr ähnlich, bieten jedoch keine Übernachtungsmöglichkeiten an.

2. Lifestyle-Resorts: Diese Form der Wellnesstourismus-Anbieter wird teilweise auch als „destination spa" bezeichnet und hat zum Ziel, den Gästen zu einem gesünderen Lebensstil zu verhelfen. Beispiele sind das Camp Eden Health Retreat und das Gwinganna Lifestyle Retreat in Queensland und das Golden Door Health Retreat Elysia in New South Wales. Gesundheit wird ganzheitlich angestrebt und beinhaltet typischerweise Ernährung, Bewegung, Stressmanagement und Mind-/Body-Interventionen. Am Anfang eines Aufenthalts wird mit den Gästen ein an die jeweiligen Bedürfnisse und Gesundheitsziele angepasstes Programm ausgearbeitet und eine Art täglicher Stundenplan festgelegt. Dieser Stundenplan umfasst aktive und passive Einzel- und Gruppenaktivitäten wie z. B. Fitness- und Dehnungsübungen, Seminare zu Gesundheitsthemen, Beratungsgespräche oder Kochdemonstrationen. Oft muss auch eine Art Vertrag unterzeichnet werden, in dem Gäste geloben, gesundheitsschädigendes Verhalten (wie z. B. das Trinken von Alkohol oder Rauchen) zu unterlassen. Annehmlichkeiten wie Telefon, Fernseher oder Internet werden den Gästen selten zur Verfügung gestellt, um Ablenkungen von außen zu vermeiden. Mahlzeiten finden zu festgelegten Zeiten statt. Ein Beauty Spa ist oft auf dem Gelände integriert, aber die erhältlichen Behandlungen sind selten in den Kosten inbegriffen. Manche Lifestyle-Resorts bieten an speziellen Terminen im Jahr auch speziell ausgerichtete Gesundheitsprogramme wie z. B. „Men's Wellness" oder „Mindful Workplace" an. Aufgrund

der vielfältigen Angebote erfordern Lifestyle-Resorts generell ein hohes Investment. Obwohl viele Einrichtungen im Luxussegment platziert sind, gibt es auch eher einfachere Betriebe, die an ein Bootcamp erinnern.

3. Spiritual Retreats: Der Fokus der Spiritual Retreats liegt auf geistig-spiritueller Persönlichkeitsentwicklung. Es gibt religiöse und nicht religiöse Einrichtungen. Ganz im Gegensatz zu Europa, wo religiöse Retreats mit Urlaub im Kloster und Exerzitien gleichgesetzt werden, werden christlich orientierte Klosterurlaube in Australien äußerst selten angeboten. Dafür gibt es eine Reihe von religiösen Einrichtungen asiatischer Glaubensrichtungen, wie z. B. den Nan Tien Temple in Wollongong, der verschiedene Meditationsworkshops, buddhistische Seminare, aber auch ein zeitlich begrenztes Miterleben des Tempelalltags offeriert. Alle Spiritual Retreats bieten aktive und passive Meditationspraktiken verschiedener Art an (z. B. Vipassana, Zen, Tai-Chi, Qigong, Yoga oder Gehmeditationen). Speziell ausgelegte Meditationsorte wie z. B. Gärten, Labyrinthe oder Räume der Stille mit Matten und Polstern spielen deshalb eine wichtige Rolle. Des Weiteren kann man zwischen stillen und nicht stillen Retreats unterscheiden. In stillen Retreats wird die ganze Zeit schweigend und meditierend verbracht. Reden, telefonieren, fernsehen und lesen ist nicht erlaubt, alles ist ausgerichtet auf das Sein in der Gegenwart und die Besinnung auf das Ich. Vor allem im Vergleich zu den anderen Wellnessanbietern sind Aufenthalte in Spiritual Retreats eher günstig oder sogar auf Spendenbasis erhältlich. Dafür sind die Gästezimmer meistens eher zweckmäßig und spartanisch eingerichtet, manchmal gibt es nur Mehrbettzimmer. Oft wird von den Gästen auch erwartet, dass sie bei anfallenden Arbeiten (z. B. Abwaschen, Fegen, Gartenarbeit) mithelfen.

8.4.3 Derzeitige Verbreitung australischer Wellnesstourismus-Anbieter

Vor der anfangs erwähnten Studie (Voigt et al., 2010) gab es nur wenige Informationen über die Anzahl und Verbreitung von australischen Wellnesstourismus-Betrieben. Von daher musste zunächst ein Audit durchgeführt werden. Als Basis diente eine Datenbank des Australian Tourism Data Warehouse (ATDW), in der alle Betriebe gelistet waren, die als Touristenerfahrung „Gesundheit und Wohlbefinden" angegeben hatten. Diese Datenbank wurde von zwei Forschungsteam-Mitgliedern unabhängig voneinander überprüft und Betriebe, die nicht der oben genannten Wellnesstourismus-Definition entsprachen, wurden gelöscht. Anschließend wurde diese Datenbank mit anderen Quellen wie den Online-Verzeichnissen SpaFinder und RetreatFinder, der Mitgliederliste der Australian Spa Association (ASpa) und auch den Gelben Seiten verglichen und gegebenenfalls erweitert. Obwohl aufgrund der Definition Einrichtungen mit Übernachtungsmöglichkeiten von größerem Interesse waren, wurden auch Day Spas in die Datenbank aufgenommen, um einen Überblick darüber zu erhalten, wie stark sie von Touristen frequentiert werden. Am Ende des Audits waren in der Datenbank 590 Betriebe aufgeführt, bestehend aus 262 Day Spas, 201 Beauty-Spa-Hotels/-Resorts, 28 Lifestyle-Resorts, 83 Spirituellen Retreats sowie 16 „Hybrids" (nicht zuordenbare Einrichtungen). Von den 312 Anbietern, die über Übernachtungsmöglichkeiten verfügen, bestand die Mehrheit (64 %) aus Beauty Spas, gefolgt von Spirituellen Retreats (27 %) und Lifestyle-Resorts (9 %). Eine weitere Datenbankanalyse machte deutlich, dass Wellnessbetriebe unterschiedlich über die australischen Staaten verteilt sind. Die meisten Anbieter befanden sich in New South Wales (29 %), gefolgt von Victoria (24 %), Queensland (22 %), Westaustralien (12 %), Südaustralien (7 %) und Tasmanien (4 %; vgl. Abb. 8.1, die eine Übersicht aller australischen Staaten und Territorien sowie die Hauptballungsregionen des regionalen Wellnesstourismus zeigt). Nur zwei Prozent der Anbieter entfielen auf das australische Hauptstadtgebiet Canberra und ein Prozent auf das Nordterritorium. Bezüglich der verschiedenen Wellnesstourismus-Betreibertypen waren proportional die meisten Beauty Spas in

Abb. 8.1: Australische Staaten und Territorien mit Hauptballungsregionen des Wellnesstourismus (kursiv dargestellt).

Queensland zu finden und die meisten Lifestyle-Resorts und Spiritual Retreats in New South Wales.

Vom Standpunkt des Destinationsmanagements innerhalb jedes Staates ist natürlich von besonderem Interesse, zu wissen, wo es zu einer Ballung von Wellnesstourismus-Anbietern kommt, um entsprechende Kommunikationsstrategien für Wellnesstouristen für diese regionale Destination zu entwickeln und ein kohärentes spezifisches Tourismusangebot zu schaffen. Im Rahmen dieser Forschung wurde keine spezifische Clusteranalyse vorgenommen. Dennoch waren einige solche Häufungen deutlich erkennbar. Die Daylesford/Hepburn-Springs-Region in Victoria wurde eingangs schon erwähnt. Auch auf der Mornington Peninsula im gleichen Bundesstaat war eine Ansammlung wellnesstouristischer Anbieter erkennbar. Im tropischen Norden Queenslands, besonders um Palm Cove, waren besonders viele luxuriöse Beauty- und Day Spas zu finden, aber auch an der Gold- und Sunshine Coast. In New South Wales war eine Ballung im Hunter Valley, in den Blue Mountains und besonders in Byron Bay erkennbar. Die letztgenannte Destination wurde von besonders vielen Interviewteilnehmern als führende „inoffizielle" australische Wellnessdestination bezeichnet. Die Fallstudie über Byron Bay, wo sich ursprünglich besonders Hippies und Surfer angesiedelt hatten, zeigte, dass Gemeinden mit Wellness-verwandten Werten wie einem alternativen, gesundheitsbewussten Lebensstil und Umweltaktivismus nicht nur die Ressourcen schützen, die für den Wellnesstourismus von großer Bedeutung sind (siehe Abschnitt 8.4.6), sondern auch Touristen mit ähnlichen Werten anziehen (Wray/Lang/Voigt, 2010).

Um mehr über die Wellnessbetriebe zu erfahren, wurde ein Fragebogen entwickelt, der Fragen zum Betriebsprofil (Gründungsjahr, Anzahl der Mitarbeiter, Art der angebotenen Dienstleistungen, Promotion- und Vertriebsstrategien) und zum Profil der Klienten sowie vorgefertigte Statements mit bezüglich Zustimmung und Ablehnung abgestuften Antwortmöglichkeiten zu verschiedenen Themen wie Nachhaltigkeit, Wellnessbildung und Unterstützung staatlicher Tourismusorgane enthielt. Alle Betriebe wurden zunächst telefonisch kontaktiert, die Umfrage vorgestellt und der Name der zuständigen Person notiert. An diese Personen wurde der Fragebogen Anfang 2009 mit einer anonymen, kostenfreien Rücksendemöglichkeit versendet. Insgesamt 156 Antworten wurden mithilfe der SPSS-Software erfasst und ausgewertet. Im Folgenden werden ausgewählte Ergebnisse dieses Fragebogens vorgestellt.

8.4.4 Art der Dienstleistungen und Ausstattung

Tab. 8.1 zeigt einen Überblick über die Dienstleistungen und die Ausstattung, die von allen drei Wellnesstourismus-Anbieterkategorien sowie Day Spas angeboten werden. Dabei kann man deutliche Unterschiede zwischen den Anbietertypen erkennen. Eine Ausnahme bilden allerdings Massagen, die mit 90 Prozent von fast allen Anbietertypen angeboten werden. Bei australischen Wellnessanbietern kann man Massagen auf der Basis von Techniken aus den verschiedensten Kulturen erhalten. Teilnehmer führten schwedische, thailändische und balinesische Massagen, Shiatsu, Kodo, Lomi Lomi, tibetische Energiemassagen, Hot Stone, Bambusmassage, Aromatherapie, Lymphdrainage, Sportmassagen und Schwangerschaftsmassage an. Relativ kategorienübergreifend war außerdem, dass die Mehrheit aller australischen Wellnessbetriebe (74 %), vor allem aber Beauty Spas und Day Spas, ihre Einkünfte auch durch den Weiterverkauf von Produkten in einem Ladengeschäft (z. B. Bücher, CDs, Kosmetikartikel, Teemischungen, Kerzen und Kleidung) erzielt.

Wenig überraschend ist, dass viel mehr Beauty- und Day Spas Schönheits- und Körperbehandlungen anbieten als die anderen beiden Kategorien der Wellnesstourismus-Anbieter. Auffällig ist allerdings, dass nicht einmal die Hälfte aller australischen Beauty-Spa-Hotels/-Resorts wasserbasierte Anwendungen anbieten und zwei Drittel kein Schwimmbad und keine Sauna oder Dampfbäder aufweisen. Auf die recht seltene Nutzung von natürlichem Mineral- oder Thermalwasser wurde schon in Abschnitt 8.3 hingewiesen. Tab. 8.1 zeigt auch, dass im Gegensatz zu Beauty-Spa-Hotels/-Resorts Spirituelle Retreats fast nie irgendeine Art von Körper- und Schönheitsbehandlungen anbieten.

Wie erwartet, hatten Lifestyle-Resorts am ehesten eine Bandbreite von Ernährungsangeboten, privater Beratung und Gruppenberatung, Alternativ- und Komplementärmedizin (genannt wurden hier Ayurveda, TCM, Kinesiologie, Feldenkrais, Bachblütentherapie, Homöopathie, Naturheilkunde, Iridologie, Hypnotherapie, mediale Behandlungen und Steinheilkunde) sowie Mind-Body und herkömmliche Bewegungstherapien im Programm. Im Gegensatz dazu beinhalten Spirituelle Retreats herkömmliche Bewegungs- und Fitnessangebote wie Aerobic oder Gewichtheben eher selten, was aber nicht heißt, dass Retreat-Besucher sich physisch nicht bewegen. Im Gegenteil: 73 Prozent der Retreats bieten Yoga und 32 Prozent Tai-Chi oder Qigong an und auch geführte Wanderungen, die ja auch in Form von Gehmeditationen ausgeführt werden können, sind nicht selten. Wie erwartet, bieten alle Spirituellen Retreats Meditation und die Mehrheit spirituelle oder religiöse Studien an, während Letzteres bei den anderen beiden Wellnessanbieter-Kategorien selten bis nie vorkommt. Das Ergebnis, dass 19 Prozent aller Day Spas Meditation anbieten, war etwas überraschend, denn ein vorausgegangener Check australischer Online-Spa-Services enthielt keinerlei Hinweis auf Meditation. Es könnte sein, dass befragte Personen beim Ausfüllen eher an einen meditativ entspannten Zustand ihrer Kunden dachten als an angeleitete Meditation. Obwohl Ernährungsangebote und -beratung besonders bei Lifestyle-Resorts wichtig sind, gibt es auch einige Spirituelle Retreats, die spezielle Ernährung anbieten, besonders oft vegetarisch oder sogar vegan und biologisch. In Lifestyle-Resorts kommt zusätzlich oft noch eine salz und zuckerarme oder sogar zuckerfreie Zubereitungsweise hinzu. Während Lifestyle-Resorts, die Detoxing oder Fasten anbieten, eher die Gewichtsabnahme oder innere Reinigung zum Ziel haben, soll das Fasten bei Spirituellen Retreats eher das Streben nach Konzentration oder Erleuchtung unterstützen (Fredricks, 2013).

Tab. 8.1: Überblick über Dienstleistungen und Ausstattung, aufgeteilt auf die unterschiedlichen Wellnessanbieter-Kategorien.

Ausstattung und Services	Wellnessanbieter-Kategorie				Gesamt
	Day Spas	Spa-Hotels/-Resorts	Lifestyle-Resorts	Spirituelle Retreats	
Bewegungstherapien					
Fitnessklassen/ Persönlicher Trainer	5 %	16 %	32 %	–	14 %
Geführte Wanderungen	–	12 %	56 %	36 %	20 %
Geführte Wassergymnastik/Wassersport	3 %	4 %	24 %	5 %	7 %
Mind-/Body-Therapien					
Yoga	8 %	25 %	68 %	73 %	35 %
Tai-Chi oder Qigong	3 %	10 %	36 %	32 %	16 %
Körper- und Schönheitsbehandlungen					
Wasserbasierte Behandlungen	41 %	34 %	20 %	–	28 %
Schwimmbad/-bäder	11 %	34 %	36 %	5 %	24 %
Bäder/Jacuzzi/Whirlpool	70 %	68 %	40 %	–	54 %
Pool(s) mit natürl. Mineral- oder Thermalwasser	–	1 %	–	–	1 %
Dampfbad/-bäder	22 %	28 %	24 %	–	22 %
Sauna(s)	22 %	35 %	40 %	–	28 %
Vichydusche(n)	41 %	37 %	16 %	–	29 %
Ganzkörperpackungen und Peelings	100 %	90 %	56 %	–	74 %
Maniküre und Pediküre	95 %	79 %	32 %	–	64 %
Gesichtsbehandlungen	100 %	94 %	56 %	5 %	76 %
Massagen					
Massage(n)	100 %	100 %	88 %	45 %	90 %
Reflexologie	43 %	34 %	52 %	9 %	36 %
Ernährung					
Spezielle Kost	11 %	15 %	64 %	55 %	28 %
Gewichtsmanagement	16 %	1 %	56 %	–	14 %
Kochunterricht/ Ernährungsberatung	–	1 %	60 %	32 %	15 %
Detoxing/Fasten	11 %	1 %	52 %	18 %	14 %
Alkohol nicht erlaubt	11 %	13 %	48 %	55 %	24 %
Kaffee und Tee nicht erlaubt	8 %	9 %	32 %	18 %	14 %
Schul- und Komplementärmedizin					
Allgemeinarzt oder Krankenschwester vor Ort	5 %	3 %	20 %	5 %	7 %
Allgemeine Gesundheitsbeurteilung	11 %	1 %	32 %	–	9 %
Kleinere kosmetische Eingriffe	14 %	3 %	4 %	–	5 %
Überweisung zum Allgemeinmediziner	8 %	1 %	16 %	5 %	6 %
Alternativ- und Komplementärmedizin	24 %	9 %	60 %	18 %	22 %
Meditation	19 %	7 %	68 %	100 %	34 %
Spirituelle oder religiöse Studieninhalte	5 %	–	24 %	82 %	17 %
Private Beratung	14 %	4 %	60 %	32 %	20 %
Gruppenberatung	5 %	–	28 %	18 %	9 %
Ladengeschäft	95 %	74 %	64 %	45 %	73 %

Schlussendlich zeigt Tab. 8.1, dass schulmedizinische Vorkehrungen in australischen Wellnessbetrieben eher selten sind. Nur sieben Prozent der Betreiber haben einen Allgemeinarzt oder eine Krankenschwester vor Ort und nur neun Prozent führen eine allgemeine Beurteilung des Gesundheitszustands durch. Bei allen Betreiberkategorien ist eine Berührung mit der Schulmedizin in Lifestyle-Resorts am wahrscheinlichsten. Dort kommt es bei immerhin 32 Prozent der Betreiber zu einer Beurteilung des Gesundheitszustands, und 16 Prozent der Betreiber empfehlen bei bestimmten Problemen auch, herkömmliche Mediziner aufzusuchen. In den Interviews stellte sich heraus, dass die meisten Teilnehmer ihr Angebot als wichtigen Beitrag zur Gesundheitsförderung sehen, aber weder von den meisten Schulmedizinern noch vom staatlichen Gesundheitswesen ernst genommen werden. Dennoch erklärten die meisten, dass ihrer Meinung nach ein weiteres Wachstum im Wellnesstourismus vor allem durch das Zusammenarbeiten mit dem herkömmlichen Gesundheitssystem möglich werden würde.

8.4.5 Geschäftsprofil und Wirtschaftlichkeit

Die Anbieteranalyse aufgrund von wirtschaftlichen Kennzahlen ist wichtig, um den ökonomischen Stellenwert der jeweiligen Tourismusbranche festzustellen und zu zeigen ob sie einen relevanten Wirtschaftsfaktor darstellt. Zum Zeitpunkt der hier beschriebenen Studie lagen grundsätzliche Informationen und Zahlen wie die Anzahl der Besucher, Aufenthaltsdauer und Umsätze – auch über verschiedene Zeiträume – so gut wie nicht vor (siehe auch Voigt et al., 2010). Eine ähnliche nationale Studie wurde seit 2009 nicht mehr durchgeführt, sodass leider keine temporalen Vergleiche gezogen werden können. Trotzdem sind die folgenden Angaben bedeutsam, da sie zum ersten Mal den Status quo des australischen Wellnesstourismus beziffern.

Zunächst sollten die befragten Personen angeben, wie lange ihr Unternehmen schon existiert. Fast die Hälfte aller australischen Anbieter (48 %) waren zum Zeitpunkt der Befragung (2009) höchstens fünf Jahre im Geschäft. Dies zeigt zum einen, wie jung das Angebot des australischen Wellnesstourismus ist, und zum anderen, wie rasant es gewachsen ist. Der Anteil von Anbietern, die schon länger existieren, war bei den Spirituellen Retreats wesentlich höher als bei den anderen Kategorien (59 % der Spirituellen Retreats bestehen mindestens schon seit elf Jahren, im Vergleich zu 8 % der Day Spas, 21 % der Beauty-Spa-Hotels/-Resorts und 16 % der Lifestyle-Resorts).

Des Weiteren sollten die Befragten Angaben zu jährlichen Besucherzahlen sowie zu ihrem Gesamtumsatz des letzten Jahres machen (vgl. Tab. 8.2). Es stellte sich heraus, dass australische Wellnessbetriebe 2008 schätzungsweise 2,2 Millionen Touristen empfingen und dabei einen Umsatz von 277 Millionen AUD erzielten. Tab. 8.2 zeigt, dass 86 Prozent aller australischen Wellnessbetriebe weniger als eine Million AUD Umsatz pro Jahr machten. Deutlich wird auch, dass Lifestyle-Resorts einen eher höheren Umsatz und Spirituelle Retreats am wenigsten Umsatz generieren. Beachtenswert

Tab. 8.2: Geschäftsumsatz im letzten Jahr.

	Wellnessanbieter-Kategorie				
	Day Spas	Spa-Hotels/-Resorts	Lifestyle-Resorts	Spirituelle Retreats	Gesamt
Weniger als 100.000 AUD	6 %	17 %	35 %	36 %	20 %
100.000 bis 499.000 AUD	53 %	47 %	48 %	27 %	46 %
500.000 bis 999.000 AUD	31 %	26 %	4 %	5 %	20 %
1 Mill. bis 1.499.999 AUD	8 %	8 %	–	–	5 %
1,5 Mill. bis 1.999.999 AUD	–	–	–	5 %	1 %
mehr als 2 Mill.	3 %	2 %	9 %	–	3 %
Spendenbasis	–	–	–	9 %	1 %
Non-Profit-Organisation	–	2 %	4 %	18 %	4 %

ist, dass neun Prozent der Wellnessanbieter von Spirituellen Resorts auf Spendenbasis operieren. Teilnehmer können nicht nur in Form von Geld spenden, sondern auch in Form von Essen oder indem sie ihre Arbeitszeit zur Verfügung stellen. Außerdem sind vier Prozent aller Wellnessbetriebe und fast ein Fünftel aller Spirituellen Retreats Non-Profit-Organisationen, das heißt, sie sind nicht in erster Linie vom Ziel der Gewinngenerierung geleitet. Obwohl zur Zeit dieser Umfrage die Weltwirtschaftskrise in vollem Gange war, gaben 61 Prozent der Befragten an, eine Umsatzsteigerung im Vergleich zum vorhergehenden Jahr erzielt zu haben, und weitere 14 Prozent gaben keine Umsatzveränderung an.

Erwähnenswert ist des Weiteren, dass australische Wellnessanbieter fast ausschließlich auf Direktverkaufsbasis operieren. Nur zwei Prozent aller Wellnessbetriebe werden durch kommerzielle Zwischenhändler und nur ein Prozent durch staatliche Organisationen (z. B. Touristenbüros oder Besucherzentren) vermittelt. Dies ist ein weiterer Hinweis darauf, dass Wellnesstourismus eine neue Wachstumsbranche ist, die weder von den meisten australischen nationalen und regionalen Destinationsmanagement-Organisationen (siehe auch Abschnitt 8.4.7) noch von australischen Reiseveranstaltern beachtet wird. Im Vergleich dazu wurden im gleichen Zeitraum in Deutschland die meisten Wellnessreisen als Pauschalreise angeboten, und 2007/2008 gab es laut Berg (2008) 35 Reiseveranstalter wie TUI-Vital oder Neckermann Care, die sich auf Gesundheits- und Wellnessreisen spezialisierten.

8.4.6 Die Bedeutung von Natur, kulturellen und indigenen Ressourcen

Die Nutzbarmachung natürlicher, kultureller und indigener Ressourcen ist für Wellnesstourismus-Anbieter von zentraler Bedeutung (Pechlaner/Fischer, 2006; Voigt/Pforr, 2014b). In Bezug auf Anbieter und Wellnesszulieferer wie Kosmetikketten wurden aktuelle Werbe- und Informationsmaterialien (Stand: 2015), vor allem Webseiten australischer Wellnesstourismus-Anbieter gesichtet und analysiert, daher werden auch Betriebe angegeben, die in der nationalen Befragung von Voigt et al. (2010) noch nicht existierten.

Nichts scheint so typisch für Australien wie die schon fast sprichwörtlichen endlosen Weiten, die unberührten und wilden Landschaften wie das Outback oder auch der dicht bewachsene Regenwald, schroffe Felsregionen, kilometerlange Sandstrände und natürlich der „bush". In Australien befinden sich 72 Prozent aller Wellnessbetriebe im ländlichen und nicht im städtischen Raum (Voigt et al., 2010). Aktuelle Werbematerialen solcher ländlichen Wellnessbetriebe unterstreichen die „ausgedehnten Flächen", die den Besuchern zur Verfügung stehen, betonen „atemberaubende" und „spektakuläre" Aussichten und angeblich „unberührte Natur", „isoliert vom Rest der Welt". Die Einrichtungen sind nicht nur Orte, in denen man Begegnungen mit der „üppigen Tierwelt" haben kann, sondern auch „Oasen der Ruhe" und Orte „vollkommener Abgeschiedenheit" mit „extrem besänftigende[r] Szenerie", die Erlebnisse des „Eins-Sein[s] mit der Natur" hervorrufen sowie „Kraft, Inspiration und Transzendenz" vermitteln. Die klimatischen Bedingungen in Form von vielen Sonnenstunden und wenig Niederschlag in den meisten australischen Gegenden lassen es zu, dass viele aktive und passive Wellnesstourismus-Aktivitäten komplett im Freien ausgeübt werden können.

Wissenschaftlich lässt sich tatsächlich belegen, dass sich Naturerfahrungen positiv auf die Gesundheit und das Wohlbefinden der Menschen auswirken (z. B. Hartig et al., 2003; Herzog et al., 2003). In der geografiebezogenen Gesundheitsforschung hat sich daher in den letzten Jahrzehnten das Konzept der „therapeutischen Landschaft" entwickelt, für die Spas und Spirituelle Retreats auch explizit als Beispiel genannt werden (Gesler, 2003; Hoyez, 2007). Viele australische Wellnessanbieter benutzen auch Naturressourcen wie z. B. einheimische Hölzer, Steine und andere Materialien in der Architektur und im Dekor. Die Architektur soll harmonisch in die umliegende Landschaft integriert werden. Die Bauten dieser Wellnessanbieter bestehen oft aus einem Mix aus Holz, viel Glas, Stahlbeton und auch Wellblech und neutrale Naturfarbtöne herrschen vor. Diese Art von Architektur, die eine authentische australische Essenz verkörpern soll, kann man als minimalistisch, luftig, „eco-chic" oder „barefoot-luxury" beschreiben. Beispiele für diese Art von Anbieter sind die Southern Ocean Lodge auf Kangaroo Island in Südaustralien, das Qualia Resort in Queensland, das Billabong Retreat in den Blue Mountains, New South Wales, und der Saffire Freycinet in Tasmanien.

Nicht nur die oben beschriebenen natürlichen Ressourcen, sondern auch kulturelle Ressourcen sind für den Wellnesstourismus wichtig. Bis heute gilt Australien als das Ziel für Auswanderer schlechthin. Zweifelsohne hat sich die australische Kultur immer mehr von ihren britischen Wurzeln gelöst und ist von einer vielfältigen Multikulturalität geprägt. Allerdings ist besonders der asiatische Einfluss unverkennbar, was sich auch im Wellnesstourismus widerspiegelt. Der Einfluss asiatischer Religionen auf Spirituelle Retreats wurde schon im Abschnitt 8.4.2 erklärt. Auch bei den Beauty- und Day Spas ist dieser Einfluss deutlich zu erkennen. Zwar gibt es Anbieter, die sich in der Architektur, der Dekoration und der Benutzung von kosmetischen Produkten an europäischen Badetraditionen orientieren, wie z. B. das Aqua Day Spa im Sheraton Noosa oder das Aurora Spa Retreat im Palazzo Versace, die an römische Thermen erinnern. Die Mehrheit der Anbieter scheint aber eher von fernöstlichen Traditionen beeinflusst zu sein, manchmal etwas diffus und willkürlich erscheinend im Sinne von „einer Buddhastatue hier, einer Shiatsumassage da", oft aber auch konkret von einer bestimmten Heiltradition bestimmt wie z. B. das chinesisch inspirierte Chuan Spa at The Langham in Melbourne, das Shizuka Ryokan Japanese Country Spa & Wellness Retreat in Hepburn Springs oder das Ikatan Balinese Day Spa an der Sunshine Coast in Queensland.

Einige australische Wellnessanbieter integrieren australisch-indigene Elemente, um ihr Angebot für Touristen attraktiver zu machen. Daintree Eco Lodge & Spa z. B. betont die Bedeutung der umliegenden Natur, die schon seit jeher zur „Heilung des Geistes" des lokalen Kuku-Yalanji-Aborigine-Stammes beigetragen hätte. Die Spa-Betreiber geben an, in ihrem Angebot auf indigenes Heilungswissen und Heilungsmethoden zurückzugreifen und dafür bei den Stammesältesten der Kuku Yalanji um Erlaubnis gefragt zu haben. Weiterhin gibt es mit Li'Tya und Jurlique australische Kosmetikzulieferer, die sich die indigene Kenntnis über die medizinisch-spirituelle Heilkraft bestimmter Pflanzen und Schlämme zunutze machen. Diese kosmetischen Produkte, die auch mit bestimmten Ritualen, Techniken und Aromatherapien der Aborigines verwendet werden sollen, werden von einigen australischen Spas angeboten. Derartige Anwendungen werden oft von Geräuschen aus dem Regenwald, Didgeridoo-Klängen, aber auch von Menschen, die etwas in indigener Sprache sprechen, begleitet. Andere australische Kosmetikzulieferer wie Sodashi, iKou und Jindilli oder Kosmetikhersteller, die gleichzeitig Day Spas führen, wie Aesop, oder auch Spa-Ketten, die gleichzeitig Kosmetikprodukte herstellen, wie Endota Organic Skincare, greifen ebenfalls auf einheimische Pflanzen zurück, ohne jedoch speziell auf indigenes Heilwissen hinzuweisen.

Bei der Nutzung natürlicher und kultureller Ressourcen kann es schnell zur Fehl- oder Übernutzung kommen. Von daher spielt Nachhaltigkeit im Tourismus generell eine immer wichtiger werdende Rolle und ist thematisch durch die Wellnessphilosophie, wonach die Gesundheit jedes Einzelnen auch von Umwelt- und Gesellschaftsfaktoren abhängt, eng mit dem Wellnesstourismus verknüpft. Nicht nur aus ideellen, sondern auch aus ökonomischen Gründen ist die Bewahrung von Ressourcen in einer Destination wichtig, um den Tourismus langfristig zu erhalten. Das Thema der Nachhaltigkeit scheint im australischen Wellnesstourismus von Bedeutung zu sein, denn jeweils 82 Prozent aller befragten Wellnessbetreiber stimmten den Aussagen „Der Betrieb ist umweltfreundlich und hat nachhaltige umweltfreundliche Geschäftspraktiken implementiert" und „Der Betrieb ist aktiv in Gemeinschaftsprojekte involviert" zu. Vor dem australischen Hintergrund ist das Thema der (Aus-)Nutzung indigener Ressourcen im Wellnesstourismus ein besonders sensibles Thema. Obwohl die Mehrheit aller Befragten in unserer Studie keine Meinung zur Aussage „Einige Wellnessbetriebe beuten Aborigine-Kultur aus" hatten, stimmten 26 Prozent zu, während 21 Prozent nicht zustimmten. Bis heute ist die indigene Bevölkerung in Bezug auf die Gesundheitsversorgung benachteiligt und der Besuch vieler touristischer Wellnessbetriebe liegt offensichtlich außerhalb der ökonomischen Möglichkeiten vieler Aborigines. Wellnessbetriebe sind äußerst selten in indigenem Besitz. Die einzige Ausnahme, die im Rahmen der Studie von Voigt et al. (2010) gefunden wurde, ist der abgelegene Dilthan Yolngunha Healing Place der Yothu Yindi Foundation im Arnhem Land. Dort werden hin und wieder „Healing-Tourism"-Programme abgehalten, bei denen Touristen von Frauen des Yolngu-Stammes etwas über „bush pharmacy" und traditionelle Heilungsmethoden erfahren können.

8.4.7 Destinationsmanagement und unterstützende Verbände

Das Thema Destinationsmanagement kann hier nur kurz gestreift werden. Bedeutsam ist, dass das Thema Wellnesstourismus bei nationalen und den meisten regionalen Destinationsmanagement-Organisationen (DMOs) in Australien auf wenig Interesse stößt und kaum erwähnt oder vermarktet wird. Die einzige Ausnahme bildet Tourism Victoria, wo zusammen mit den wichtigsten Industrieinteressenvertretern ein strategischer Plan entwickelt wurde, um Wellnesstourismus regional zu stärken. Vor allem bezieht sich dieser Plan auf Daylesford/Hepburn Springs, wobei der historische Hintergrund und das Vorkommen mineralischen Wassers besonders hervorgehoben werden. Im Jahr 2009 startete Tourism Victoria eine 7,3 Millionen AUD teure Werbekampagne, um Daylesford/Hepburn Springs als die führende australische Spa-Destination zu etablieren. Doch fast 70 Prozent der Befragten in unserer Studie stimmten der Aussage „Die Konsumenten sind nicht gut über australische Wellnessangebote informiert" zu und vor allem Beauty Spas und Lifestyle-Resorts fühlten sich von Tourismusorganisationen nicht gut vertreten. In Interviews mit Managern von Spirituellen Retreats wurde deutlich, dass sich viele Retreats überhaupt nicht der Tourismusindustrie zugehörig fühlen und dass bezweifelt wurde, dass Tourismusorganisationen ihr Angebot überhaupt verstehen würden. Dies stimmt mit Ergebnissen einer weltweiten Studie mit Retreat-Besitzern von Kelly (2010) überein, die auch feststellt, dass der Begriff „Touristen" bei Retreat-Betreibern negativ besetzt ist.

In vielen Destinationen wird die Professionalisierung der Wellnessindustrie durch eine eigens gegründete Organisation unterstützt und vorangetrieben. In Australien wurde 2000/01 die Australasian Spa Association (ASpa) ins Leben gerufen. Im Jahr 2007 hatte ASpa über 460 Mitglieder, eine Anzahl, die bis 2012 jedoch auf 280 schrumpfte. 2015 wurde ASpa aufgelöst, dafür jedoch eine neue Organisation, die Australasian Wellness Association (ASWell), ins Leben gerufen. In unseren Interviews waren einige Teilnehmer unzufrieden mit der ASpa und beklagten die fehlenden Vorteile einer Mitgliedschaft, eine zu enge Aufstellung, die die Bandbreite von verschiedenen Wellnessangeboten nicht berücksichtige, und vor allem die fehlende Qualitätssicherung. In anderen Ländern tragen unabhängige Wellnesstourismus-Organisationen wie z. B. der Deutsche Wellnessverband mit der Schaffung von Qualitätssiegeln zur Qualitätssicherung zum Schutz des Verbrauchers bei. Eine positive Entwicklung ist, dass sich die ASWell breiter aufgestellt hat und nicht nur Spas als Wellnessanbieter wahrnimmt. Ob sie weitere branchenfördernde Aufgaben wie die Qualitätssicherung übernimmt, wird sich erst in Zukunft zeigen.

8.5 Zusammenfassung und Ausblick

Das vorliegende Kapitel beschreibt mit Australien eine recht junge Wellnesstourismus-Destination, die mit sehr wenigen Ausnahmen kaum auf historische Wurzeln in diesem Bereich bauen kann. Es wurde dargestellt, dass es seit Ende der 1990er-Jahre aufgrund tief greifender gesellschaftlicher und demografischer Veränderungen, der sogenannten Megatrends, zu einem rasanten Anstieg der Zahl australischer Wellnesstourismus-Betriebe gekommen ist, die momentan hauptsächlich durch inländische Nachfrage abgedeckt werden. Drei Grundtypen von australischen Wellnesstourismus-Anbietern, nämlich Beauty-Spa-Hotels/-Resorts, Lifestyle-Resorts und Spirituelle Retreats, wurden vorgestellt und beschrieben. Die Ergebnisse der vorliegenden Studie zeigen, dass es zwischen den drei Wellnesstourismus-Kategorien deutliche Unterschiede in Bezug auf ihr Serviceangebot und ihr Geschäftsprofil gibt. Vor dem Hintergrund, dass der Begriff Wellness für eine bestimmte Gesundheitsphilosophie steht, kann man weiterhin argumentieren, dass besonders Lifestyle-Resorts und Spirituelle Retreats einen langfristigen und nachhaltigen Beitrag zur aktiven, individuellen Gesundheitsförderung leisten, während das eher passiv ausgerichtete Angebot der Beauty-Spa-Hotels/-Resorts wahrscheinlich eher eine kurzfristige Steigerung des Wohlbefindens erzielt.

Obwohl sich die australische Wellnesstourismus-Branche erst kürzlich entfaltet hat, macht der vorliegende Beitrag deutlich, dass es gewisse australische Eigenheiten gibt, die diese Destination von anderen unterscheidet. Als Kerngedanke kann man zunächst einmal festhalten, dass „Salus per aquam" oder „Gesundheit durch Wasser" kaum eine Rolle spielt. In Australien ist Wasser in den meisten Wellnessbetrieben kein zentrales Element. Das liegt zum einen daran, dass es keine Vulkanquellen und nur wenige Thermal- und Mineralquellen gibt, von denen noch weniger erreichbar und touristisch erschlossen sind. Zum anderen kann es aber auch daran liegen, dass Australien seit Jahren mit einem chronischen Wassermangel kämpft und die Idee des Wassersparens durch umfangreiche Kampagnen bei den Bürgern tief verwurzelt ist. Groß angelegter Wasserverbrauch wird als verschwenderisch, ja vielleicht sogar als „unaustralisch" angesehen. Des Weiteren zeichnet sich Wellnesstourismus in Australien generell nicht durch prunkhafte Opulenz, Extravaganz und historische Prachtbauten aus, sondern durch Naturverbundenheit, minimalistische Schlichtheit und „eco-chic". Der australische Wellnesstourismus scheint der Surferkultur und den

(Neo-)Hippies näher zu stehen als der Hautevolee und dem Jetset. Obwohl die Natur auch in anderen Wellnessdestinationen eine zentrale Rolle spielt, haben Begriffe wie „Abgeschiedenheit", „Ruhe" und „Isolation" in Australien eine andere Dimension. Dass die Mehrheit der australischen Betriebe dabei umweltfreundliche Geschäftspraktiken integriert und sich auch ihrer sozialen Verantwortung bewusst ist, ist als positiv zu bewerten und verbindet die Themen Wellness und Nachhaltigkeit. Die Nutzung indigener Ressourcen ist dagegen ambivalent. Während einige Wellnessanbieter durchaus auf indigenes Heilwissen zurückgreifen, sehen andere die Gefahr einer Ausbeutung.

Ein weiteres Erkennungsmerkmal des australischen Wellnesstourismus ist die fast ausschließliche Ausrichtung auf Gesundheitsförderung und nicht auf Heilung. Anders als in vielen europäischen Kurorten kommt es in Australien zu so gut wie keiner Berührung mit Schulmedizinern oder schulmedizinischen Anwendungen. Eine weitere Charakteristik besteht im deutlichen Einfluss asiatischer Heilmethoden und spiritueller Praktiken auf den australischen Wellnesstourismus. Besonders erkennbar ist dies bei den Spirituellen Retreats, bei denen es – anders als in Europa – fast keine christlich basierten Angebote gibt.

Trotz der relativ hohen Anzahl an Betrieben, der rasanten Entwicklung des Wellnesstourismus und des beachtlichen Umsatzes gibt es derzeit wenig Unterstützung oder Anerkennung vonseiten staatlicher DMOs oder Industrieverbänden. Vielleicht ist der „Salus-per-aquam"-Gedanke in den Köpfen vieler noch zu eng mit dem Wellnesstourismus verknüpft, was auch erklärt, warum ausgerechnet Daylesford/Hepburn Springs, die Gegend, in der Wasser eben doch eine zentrale Rolle spielt, als einzige australische Wellnessdestination offiziell vermarktet wird. Wenn das Fehlen von Badetradition und Kur-Kulturerbe als Ansporn für die kreative Neugestaltung touristischer Gesundheitsförderung und nicht als Mangel angesehen wird und wenn der Wellnesstourismus in Australien in Zukunft von DMOs, Verbänden und Qualitätssicherungssystemen unterstützt und professionalisiert wird, ist zu erwarten, dass Wellnesstourismus weiter ausbaufähig ist. Auch wenn es eher unwahrscheinlich ist, dass viele internationale Besucher nur wegen bestimmter Wellnessangebote den weiten Weg nach Australien antreten, könnte Wellness eine ansprechende Erweiterung in der momentanen Positionierungsstrategie darstellen, in der die Einzigartigkeit der Natur sowie identitätsstiftende Merkmale wie der australisch entspannte Lebensstil unter dem Motto „no worries, mate" bereits hervorgehoben werden.

Literatur

Aburdene P. Megatrends 2010: The Rise of Conscious Capitalism. Charlottesville: Hampton Roads Publishing Company, 2007.
Bacon W. The rise of the German and the demise of the English spa industry: a critical analysis of business success and failure. Leisure Studies. 1997, 16, 173–187.

Berg W. Gesundheitstourismus und Wellnesstourismus. München: Oldenbourg, 2008.

Bohmann S. Englische Elemente im Gegenwartsdeutsch der Werbebranche. Marburg: Tectum Verlag, 1996.

Bouma G. Australian Soul: Religion and Spirituality in the Twentyfirst Century. Melbourne: University Press, 2006.

Dörpinghaus, S. Medical Wellness: Zukunftsmarkt mit Hindernissen. Forschung Aktuell, 6, http://www.iat.eu/forschung-aktuell/2009/fa2009-06.pdf, 2009. Abgerufen am 12. Januar 2016.

Dunn HL. What high-level wellness means. Canadian Journal of Public Health. 1959, 50, 447–457.

Fredricks R. Fasting: An exceptional human experience. San Jose: All Things Well Publications, 2013.

Gesler WM. Healing Places, Lanham: Rowman & Littlefield Publishers, 2003.

Hartig T, Evans GW, Jamner LD, Davis DS, Garling T. Tracking restoration in natural and urban field settings. Journal of Environmental Psychology. 2003, 23, 109–123.

Hattie JA, Myers JE, Sweeney TJ. A factor structure of wellness: theory, assessment, analysis and practice. Journal of Counselling & Development. 2004, 82, 354–364.

Healy J, Sharman E, Lokuge B. Australia. Health system review. Health Systems in Transition. Copenhagen: European Observatory on Health Systems and Policies, 2006.

Hertel L. Medical Wellness: Echter Trend oder trügerischer Irrweg? www.wellnessverband.de/infodienste/beitraege/medical_wellness_trend.php, 2009. Abgerufen am 12. Januar 2016.

Heintzman P. Retreat tourism as a form of transformational tourism. In: Reisinger Y, editor. Transformational tourism: Tourist perspectives. Wallingford: CABI, 2013.

Herzog T, Maguire P, Nebel M. Assessing the restorative components of environments, Journal of Environmental Psychology. 2003, 23, 159–170.

Inside Story. Understanding wellbeing tourism: market research findings. Sydney: Tourism Australia, 2007.

Horx M. Der Selfness-Trend: Was kommt nach Wellness? Kelkheim: Zukunftsinstitut, 2005.

Hoyez AC. The „world of yoga": the production and reproduction of therapeutic landscapes. Social Science & Medicine. 2007, 65, 112–124.

Kelly C. Analysing wellness tourism provision: a retreat operators' study, Journal of Hospitality and Tourism Management. 2010, 17, 108–116.

Lancaster S. Green Australia: A snapshot. Kent Town: Wakefield Press, 2012.

MacLennan AH, Wilson DH, Taylor AW. The escalating cost and prevalence of alternative medicine. Preventive Medicine. 2002, 35, 166–173.

Müller H, Lanz Kaufmann E. Wellness Tourism – Market Analysis of a Special Health Tourism Segment and Implications for the Hotel Industry. Journal of Vacation Marketing. 2001, 7, 5–17.

Naisbitt J. Megatrends: Ten New Directions Transforming Our Lives. New York: Warner Books, 1982.

O'Connor B. Conception of the Body in Complementary and Alternative Medicine. In: Kelner M, Wellman B, Pescosolido B, Saks M, editors. Complementary and Alternative Medicine: Challenge and Change. London: Routledge, 2000, 39–60.

Pechlaner H, Fischer E. Alpine Wellness: a resource-based view. Tourism Recreation Research. 2006, 31, 67–77.

Pernecky T, Johnston C. Voyage through numinous space: applying the specialization concept to New Age tourism. Tourism Recreation Research. 2006, 31, 37–46.

Puczkó L, Bachvarov M. Spa, bath, thermae: what's behind the labels. Tourism Recreation Research. 2006, 31, 83–91.

Ryan RM, Deci E. On happiness and human potentials: a review of research on hedonic and eudaimonic well-being. Annual Review of Psychology. 2001, 52, 141–166.

Ritter S. Trends and skills needed in the tourism sector: "tourism for wellness". In: Strietska-Ilina O, Tessaring M, editors. Trends and Skill Needs in Tourism, Luxembourg: Office for Official Publications of the European Communities, 2005, 79–88.

Rulle, M. Eduwellness: Vom passiven Konsum zum selbstverantwortlichen Handeln. Spektrum Freizeit. 2004, 26, 53–59.

Rulle M, Hoffmann W, Kraft K. Erfolgsstrategien im Gesundheitstourismus: Analyse zur Erwartung und Zufriedenheit der Gäste. Berlin: Erich Schmidt Verlag, 2010.

Simpson JA, Weiner ES. Wellness. In: Simpson JA, Weiner ES, editors. The Journal of Complementary and Alternative Medicine. 2008, 13, 643–650.

Tacey DJ. Re-enchantment: The New Australian Spirituality. Sydney: HarperCollins, 2000.

Tourism Victoria. Victoria's spa and wellbeing tourism action plan 2011 – 2015, 6, www.tourism.vic.gov.au/component/edocman/?view=document&task=document.download&id=250, 2011. Abgerufen am 12. Januar 2016.

Travis JW, Ryan RS. The Wellness Workbook, 2nd edition. Berkeley: Ten Speed Press, 1988.

Simpson JA, Weiner ES. Wellness. In: Simpson JA, Weiner ES, editors. The Oxford English Dictionary, 2nd edition, Vol 11. Oxford: Clarendon Press, 1989.

Smith M, Kelly, C. Holistic tourism: journeys of the self?, Tourism Recreation Research. 2006, 31, 15–24.

Smith M, Puczkó L. Health and Wellness Tourism, Oxford: Butterworth-Heinemann, 2009.

Smith M, Puczkó L. Health, Tourism and Hospitality: Spas, Wellness and Medical Travel, Milton Park: Routledge, 2014.

Smith M, Puczkó L. More than a special interest: defining and determining the demand for health tourism. Tourism Recreation Research. 2015, 40, 205–219.

Voigt C. Towards a conceptualisation of wellness tourism. In: Voigt C, Pforr C, editors. Wellness tourism: A destination perspective. Milton Park: Routledge, 2014, 19–44.

Voigt C, Brown G, Howat G. Wellness tourists: in search for transformation, Tourism Review. 2011, 66, 16–30.

Voigt C, Laing J, Wray M, Brown G, Howat G, Weiler B, Trembath R. Wellness and medical tourism in Australia: supply, demand and opportunities. Gold Coast: CRC for Sustainable Tourism, 2010.

Voigt C, Pforr C. Concluding discussion: implications for destination development and management. In: Voigt C, Pforr C, editors. Wellness tourism: A destination perspective. Milton Park: Routledge, 2014b, 289–310.

Voigt C, Pforr C. Wellness tourism from a destination perspective: why now? In: Voigt C, Pforr C, editors. Wellness tourism: A destination perspective. Milton Park: Routledge, 2014a, 3–18.

Weisz G. Historical reflections on medical travel. Anthropology & Medicine. 2011, 18, 137–144.

Wray M, Laing J, Voigt C. Byron Bay. An Alternate Health and Wellness Destination. Journal of Hospitality & Tourism Management. 2010, 17, 158–166.

White C. Harnessing spa and wellness opportunities: An Australian experience. In: Bushell R, Sheldon PJ, editors. Wellness and tourism: Mind, body, spirit, place, New York: Cognizant Communication Corporation. 2009, 151–161.

White R. From the majestic to the mundane: democracy, sophistication and history among the mineral spas of Australia. Journal of Tourism History. 2012, 4, 85–108.

Yeoman I. Tomorrow's Tourist, London: Butterworth-Heinemann, 2008.

Xue CCL, Zhang AL, Lin V, da Costa C, Story DF. Complementary and alternative medicine use in Australia: a national population-based survey. The Journal of Complementary and Alternative Medicine. 2008, 13, 643–650.

Anita Zehrer und Jakob Trischler
9 Servicedesign für Themenparks – eine australische Perspektive am Beispiel der Ferienregion Gold Coast

9.1 Einleitung

Die Gold Coast ist ein schmaler australischer Küstengürtel, begrenzt durch den Pazifischen Ozean im Osten und durch die Great Dividing Range, das australische Bergland, im Westen. Ursprünglich war die Region gekennzeichnet durch eine lose Ansammlung kleiner Siedlungsgebiete. Durch das enorme Bevölkerungswachstum der letzten 60 bis 70 Jahre gleicht das zwölf Kilometer schmale und 80 Kilometer lange Gebiet der Gold Coast aber mittlerweile einem einzigen urbanisierten Küstenstreifen, der parallel zum Strand verläuft (Stimson/Minnery, 1998). Die Gold Coast zählt zu den drei am schnellsten wachsenden Regionen Australiens und ist integraler Bestandteil der Sonnengürtelmetropole, eines urbanen Konglomerats entlang der Ostküste Australiens (Australian Bureau of Statistics, 2012; Dedekorkut-Howes/Bosman, 2011). Heute erstreckt sich die Gold Coast an der östlichen Seite von Queensland von der Grenze von New South Wales und Queensland bis nördlich des Logan River, der ungefähr 20 Kilometer südlich der Landeshauptstadt Queenslands, Brisbane, liegt.

Neben dem starken Bevölkerungswachstum wurde die Gold Coast von zahlreichen durch Unternehmer und Großinvestoren in den 1980er-Jahren initiierte Infrastrukturprojekte geprägt (Hajdu, 1993). Dazu zählen v. a. Investitionen in die Tourismusinfrastruktur wie beispielsweise Casinos, Themenparks, Golfresorts, unzählige Hochhausapartments, Hotels sowie der Q1 (Queensland Number One Tower), der zweithöchste Wolkenkratzer auf der Südhalbkugel (Dedekorkut-Howes/Bosman, 2011; Lawton, 2005). Die populärsten Touristenmagnete sind Surfers Paradise und Broad Beach. Beide verkörpern den typischen Gold-Coast-Lifestyle, der generell als frech, trendig, hoch entwickelt, entspannt und überurbanisiert gilt (Bosman/Dredge, 2011; Stimson/Minnery, 1998).

Ein zentrales Element des Tourismusprodukts der Gold Coast sind die sechs Themenparks und Attraktionen, die von der Ardent Leisure Group und der Village Roadshow Limited betrieben werden. Die Gold Coast verfügt über die höchste Dichte an Themenparks in Australien. Sie zieht jährlich ca. sechs Millionen Besucher an und generiert als Tourismusdestination jährlich ca. 4,3 Millionen Übernachtungen australischer Touristen und 820.000 Übernachtungen internationaler Touristen (Tourism Queensland, 2014). Diese Zahlen unterstreichen nicht nur die Wichtigkeit der Themenparks für die Gold Coast, sondern legen den Schluss nahe, dass neben den Einheimischen der Küstenregion v. a. Tagesgäste im Einzugsgebiet vom nördlichen New South Wales bis zur Landeshauptstadt Brisbane eine Zielgruppe für die Themenparks an der Gold Coast darstellen.

Das vorliegende Kapitel gibt einen detaillierten Überblick über die Gold Coast und diskutiert ihre Entwicklung als hoch urbanisierte Region und Tourismusdestination. Zudem wird auf den Stellenwert von Themenparks als Teil des touristischen Produkts eingegangen und gezeigt, wie das touristische Erlebnis in Themenparks mithilfe von Servicedesign-Tools und Methoden analysiert werden kann. Dabei wird das Produkt „Themenpark" von einer Dienstleistungsperspektive aus analysiert und diskutiert. Die Autoren zeigen damit die Wichtigkeit des Wissens über Kundenerlebnisse in Themenparks auf. Das Kapitel schließt mit einer Diskussion, wie spezifische Servicedesign-Tools für die Analyse von Kundenerlebnissen eingesetzt werden können, und zeigt kritische Kundenkontaktpunkte auf, die sich in weiterer Folge auf die Zufriedenheit bzw. Unzufriedenheit der Besucher auswirken können.

9.2 Die Gold Coast

Die Gold Coast ist ein Produkt der zweiten Hälfte des 20. Jahrhunderts (Dedekorkut-Howes/Bosman, 2011; Mullins, 1992). Von 1840 bis 1940 war das Gebiet der Gold Coast vorrangig ein Holzabbaugebiet sowie eine Landwirtschaftsregion (Pideaux, 2004). In den 1950er-Jahren wuchs sie rasant: von 9.000 Einwohnern 1947 auf 33.000 im Jahr 1961, 77.000 im Jahr 1971 und 270.000 im Jahr 1991 (Stimson/Minnery, 1998). Die Gold Coast wurde so zu einem der größten und am schnellsten wachsenden urbanen Ballungsräume in Australien mit beinahe 500.000 Einwohnern im Jahr 2009 und einer jährlichen Wachstumsrate von vier Prozent (Dedekorkut-Howes/Bosman, 2011; Hoffman et al., 2003). Im Jahr 2014 zählte die Gold Coast 546.067 Einwohner.

Einer der Hauptgründe für das rasche Wachstum der Gold Coast ist die sogenannte Alters- oder Lifestyle-Migration (Gurran, 2008), eine Art Landflucht älterer Menschen an die Küsten oder Bergregionen auf der Suche nach einer höheren Freizeit- und Lebensqualität (Gurran, 2008; Loeffler/Steinicke, 2007; Nepal/Jamal, 2011). Als Überbegriff dafür wird oft Counter-Urbanisierung verwendet, was die Verlagerung der Bevölkerung von der Stadt auf das Land beschreibt, im Vergleich zum Gegentrend der Urbanisierung und Abwanderung der Landbevölkerung in die Stadt (Gurran, 2008). In Australien erfuhren vor allem die Küstengebiete im nördlichen New South Wales und im Südosten von Queensland seit den späten 1970er-Jahren ein signifikantes Wachstum (Gurran und Blakely, 2007).

Zwei Faktoren waren ausschlaggebend für die Bevölkerungsverschiebung in den australischen Küstengebieten: Zum einen sind die Entwicklungen an den Küsten ein Resultat des städtischen Wachstums, das dazu geführt hat, dass die Besiedlung sich in die Küstenregionen und ins Hinterland ausbreitete. Zum anderen haben technologische Entwicklungen im Bereich Telekommunikation und Transport sowie die vermehrte Freizeitorientierung der westlichen Gesellschaften die Gold Coast zu einer attraktiven Wohngegend gemacht (Gurran, 2008; Gurran/Blakely, 2007; Williams/ McIntyre, 2012). Diese Tendenzen wurden zusätzlich durch die sich neu entwickelnde Mittel- und Oberschicht verstärkt, die in Australien in den 1990er-Jahren zu einer prosperierenden Wirtschaft und einem Aufschwung des städtischen Immobilienmarkts beigetragen hat (Gleesson, 2006).

Ein weiteres Charakteristikum der Gold Coast ist das Ballungsgebiet, das sich entlang der Ostküste von der nördlichsten Landesgrenze von New South Wales über 80 Kilometer in den Süden von Queensland bis zur Landeshauptstadt Brisbane erstreckt. In Australien sind derartige Ballungszentren v. a. in den großen Hauptstädten Sydney, Melbourne, Brisbane und Perth zu finden (Gleesson, 2006) und hauptsächlich ein Resultat der städtischen Verdichtung. Mit lediglich marginaler Unterstützung durch urbane Entwicklungspolitik breitet sich die Gold Coast weiterhin in alle Richtungen aus. Trotz des starken Wachstums liegt die Bevölkerungsdichte nur bei etwas über vier Einwohner pro Hektar (Dedekorkut-Howes/Bosman, 2011). Die Gold Coast ist daher nicht eine typische Stadt mit einem zentralen Stadtkern, sondern vielmehr eine zersiedelte Stadt entlang der Küste (Gurran, 2008), die geprägt ist von einer schlecht entwickelten Infrastruktur (Dedekorkut-Howes/Bosman, 2011).

9.2.1 Die Gold Coast als Tourismusdestination

Die Gold Coast hat sich in der zweiten Hälfte des zwanzigsten Jahrhunderts auch als Tourismusdestination drastisch verändert. Ursprünglich war die Gold Coast ein beliebtes Wochenendziel und Urlaubsdestination für die Bevölkerung Brisbanes. Southport und Coolangatta waren die am meisten frequentierten Städte, v. a. nach der Fertigstellung der Eisenbahnlinie von Brisbane nach Southport 1889 und ihrer Verlängerung nach Tweed Heads 1903 (Gold Coast City Council, 2012). Die Stadt Southport war v. a. aufgrund ihrer windgeschützten Sandstrände im Vergleich zu den Stränden in Surfers Paradise, die dem teilweise rauen Ozean ausgesetzt sind, sehr beliebt.

Bis in die frühen 1980er-Jahre stammte beinahe die Hälfte der Gäste an der Gold Coast aus Brisbane, wobei nur ein Fünftel der Gäste in Hotels oder Motels übernachtete und Zweitwohnsitze eine große Bedeutung bekamen (Prideaux, 2004). Nach 1985 wurde die Gold Coast v. a. durch die Entwicklungen in der Luftfahrtindustrie eine zunehmend beliebte Destination für internationale Gäste aus Japan, Taiwan, Korea, Singapur und Thailand (Mullins, 1992; Turner/Reisinger, 1999). Während in den frühen 1980er-Jahren die größten Investitionen in Motels, Wohnungen und Apartments flossen, änderte sich dieser Trend nach 1985 mit groß angelegten Investitionen in Luxushotels und Shopping-Infrastruktur (Hajdu, 1993; Hoffman et al., 2003). Damals wurden viele der Ferienhäuser sowie Zweitwohnsitze abgerissen und durch Motels ersetzt, die später ihrerseits der Wolkenkratzerarchitektur der Neuzeit weichen mussten (Dedekorkut-Howes/Bosman, 2011).

Der Großteil der Hotel- und Shopping-Infrastruktur wurde für die Touristen aus Asien, v. a. auch aus Japan, gestaltet. 1997 kamen bereits 38 Prozent der internationalen Gäste aus Japan, gefolgt von 37 Prozent aus anderen asiatischen Ländern, eine Zahl, die bis 2002 stabil blieb (Tourism Queensland, 2003). 2002 zog die Gold Coast knapp 800.000 internationale Touristen an, 1,9 Millionen Gäste aus anderen australischen Bundesstaaten und über 1,6 Millionen innerstaatliche Gäste. Insgesamt verzeichnete die Gold Coast 2002 knapp 22 Millionen Übernachtungen (Tourism Queensland, 2003).

Internationale Besucherzahlen zeigten ein stetiges Wachstum in den darauffolgenden Jahren bis 2010/11, als ein Minus von 14 Prozent (von 820.000 auf 720.000 internationale Touristen) zu verzeichnen war (Tourism Queensland, 2014). Dieser Einbruch war hauptsächlich auf Naturkatastrophen in Japan und Neuseeland sowie auf die anhaltende wirtschaftliche Instabilität in Europa zurückzuführen (Becken et al., 2014). Seit 2013 zeigen die internationalen Besucherzahlen jedoch wieder einen Aufwärtstrend und erreichten Ende 2014 bereits wieder einen Stand von 819.000 (Tourism Queensland, 2014). Im gleichen Jahr sanken jedoch die inländischen Übernachtungen um drei Prozent (oder 126.000 Gäste) auf 3,5 Millionen (Tourism Queensland, 2014).

Heute zählt die Gold Coast zu den sieben größten Städten Australiens und ist von internationalen Gästen die am vierthäufigsten, von Inländern die am siebthäufigsten besuchte Tourismusdestination Australiens. Die Küste zählt knapp 10.000 Tourismusbetriebe, die jährlich ungefähr vier Milliarden AUD erwirtschaften. Aufgrund des sehr starken Wachstums wird die Gold Coast oft als Stadt ohne Geschichte oder Kultur beschrieben und zeigt sich heute als eine glitzernde amerikanisierte Destination der Extravaganz (Dedekorkut-Howes/Bosman, 2011; Turner/Reisinger, 1999). Dieses Image haftet der Gold Coast trotz der jüngsten Bestrebungen, die Berge und Regenwälder des Hinterlands mehr in den Fokus zu rücken, immer noch an.

9.2.2 Die Themenparks der Gold Coast

Mit sechs großen Themenparks und 5,9 Millionen Besuchern pro Jahr weist die Gold Coast die größte Konzentration an Attraktionen in Australien auf. Australiens größte Themenparks – Dreamworld und Warner Bros. Movie World – mit je 1,35 Millionen Besuchern befinden sich beide an der Gold Coast. Zum Vergleich: Der gesamte Themenparksektor in Australien zieht jährlich neun Millionen Besucher an (Australian Bureau of Statistics, 2010). Allerdings ist der australische Markt verglichen mit dem Asien-Pazifik-Raum, in dem die Top-20-Themenparks 2012 108,7 Millionen Besucher und der größte Themenpark Tokyo Disneyland 14,8 Millionen zählte, eher klein (Themed Entertainment Association, 2013).

Die Themenparks an der Gold Coast sind im Besitz der Ardent Leisure Group und der Village Roadshow Limited und werden von diesen Unternehmen auch betrieben.

Die Ardent Leisure Group, die Dreamworld und White Water World betreibt, verzeichnete 2014 einen Gesamtumsatz von 100,1 Millionen AUD, was eine Umsatzsteigerung von 3,1 Prozent im Vergleich zum Vorjahr bedeutete (Ardent Leisure, 2014). Die Besucheranzahl ist im selben Zeitraum ebenfalls um 8,9 Prozent auf 2,04 Millionen Besucher gestiegen (Becken et al., 2014). Village Roadshow Limited, die Sea World, Warner Bros. Movie World, Wet ‚n' Wild und Outback Spectacular betreibt, verzeichnete 2014 3,7 Prozent Einkommenssteigerung und einen Gesamtumsatz von 282,5 Millionen AUD (Village Roadshow Limited, 2014). Die Besucherzahlen waren stabil und beliefen sich auf 5,4 Millionen im Jahr 2014, wobei diese Zahlen auch andere Themenparks des Unternehmens umfassten wie beispielsweise den kürzlich eröffneten Wasserpark Wet ‚n' Wild in Sydney (Becken et al., 2014).

Die Themenparks stellen ein wesentliches Element des touristischen Produkts der Gold Coast dar. So investierte die Regierung von Queensland gemeinsam mit den beiden Betreibern der Themenparks zwischen November 2013 und März 2014 15 Millionen AUD in eine große Werbekampagne unter dem Titel „Theme Park Capital of Australia" (Becken et al., 2014). Die Themenparks sind vor allem auf den Inlandsmarkt und das Einzugsgebiet und damit auf Tagesgäste angewiesen. Jedoch zeigen jüngste Besucherprofil- und Zufriedenheitsstudien, dass nur 33 Prozent der Tagesgäste an der Gold Coast während ihres Aufenthalts Themenparks besuchten (Tourism Research Australia, 2013).

Jüngere Statistiken zeigen zusätzlich, dass der Inlandsmarkt an der Gold Coast rückläufig ist. So verzeichnete die Gold Coast beispielsweise einen Rückgang der Übernachtungen Einheimischer um 6,1 Prozent oder 200.000 Übernachtungen bis September 2014, während der Staat Queensland im selben Zeitraum und auf dieselbe Zielgruppe bezogen insgesamt einen Zuwachs von 5,1 Prozent oder 900.000 Übernachtungen verzeichnete (Tourism Queensland, 2014). Die Zahl der Tagesausflügler an die Gold Coast ist sogar um neun Prozent von 7,4 Millionen auf 6,9 Millionen gesunken. Die Stadt Brisbane ist der Hauptabsatzmarkt für Tagesgäste der Gold Coast (4,4 Mio. Tagesausflüge) und hauptsächlicher Grund für die Rückgänge (Becken et al., 2014).

Diese rückläufigen Zahlen bedeuten, dass sich die Gold Coast ständig neu erfinden muss, um ihre Wettbewerbsfähigkeit auf dem Hauptabsatzmarkt zu erhalten. Da der Hauptzielmarkt der Gold Coast identisch mit jenem der Themenparks ist, wäre ein erster möglicher Ansatzpunkt die Analyse des Produkts Themenpark als Basis für ein Dienstleistungs(re)design. Immerhin stellen die Themenparks das Tourismusprodukt der Gold Coast dar, beschäftigen mehr als 4.000 Mitarbeiter und generieren einen jährlichen Umsatz von 380 Millionen AUD. Im weiteren Verlauf des Kapitels wird daher das Produkt Themenpark näher diskutiert. Dazu verwenden die Autoren die Perspektive des Dienstleistungssystems als theoretischen Rahmen und integrieren Servicedesign-Elemente als neue Ansatzpunkte für das bessere Verständnis und die effektive Analyse des touristischen Kundenerlebnisses in Themenparks.

9.3 Der Themenpark als ein komplexes Dienstleistungssystem

Ein besonderes Unterscheidungsmerkmal eines Themenparks im Vergleich zu anderen Vergnügungsparks ist das prägnante und überzeugende Thema, das sich wie ein roter Faden durch den gesamten Park zieht und dadurch den Besucher fasziniert. Themenparks in ihren unterschiedlichen Formen ermöglichen durch die Geschichten, die erzählt werden, eine Flucht in eine Fantasiewelt und integrieren dabei alle möglichen Aspekte wie Architektur, kostümiertes Personal, Shows, Restaurants sowie Merchandising-Artikel (Milman, 2001; Richards, 2002). Ohne dieses vordergründige Thema bzw. die erzählte Geschichte wäre ein Themenpark nur eine Ansammlung von Fahrgeschäften, Spielen und Erfrischungen (Wong/Cheung, 1999).

Ein Themenpark ist ein erlebnisorientiertes, spaßmaximierendes Konsumerlebnis, bei dem Besucher in eine Fantasiewelt entfliehen und in eine andere Zeit eintauchen. Laut Pine und Gilmore (1999) repräsentiert ein Themenparkprodukt realitätsfremde Erfahrungen und Erlebnisse, bei denen Besucher aktiv in eine fiktive Umgebung versinken. Bei diesen Erlebnissen geht es nicht nur darum, die Besucher zu unterhalten, sondern auch darum, sie persönlich in die Erlebnisse zu integrieren. Die Unterhaltung bezieht sich also nicht auf die passive Vertiefung, z. B. durch das Ansehen von Vorstellungen, das Hören von Musik oder das Lesen eines Buches. In Themenparks möchten Besucher in die Stimmung eintauchen und aktiv an der Kreation des gewünschten Erlebnisses teilhaben.

Um diese realitätsfremden Erfahrungen und Erlebnisse zu generieren, müssen Themenparks sicherstellen, dass jede Kundendienstleistung das Thema des Parks konsequent stützt (Pine/Gilmore, 1999). Laut Trischler und Zehrer (2012) repräsentiert das Thema den Kern des Themenparkprodukts, während die individuellen Dienstleistungen sich wie ein roter Faden durch das gesamte Dienstleistungserlebnis ziehen. Kundendienstleistungen sind vergleichbar mit Kundenkontaktpunkten, bei denen der Kunde mit der Organisation interagiert und in die Produktion der Leistung in den unterschiedlichsten Formen und mit unterschiedlicher Intensität involviert ist (Morelli, 2009).

Jede Kundendienstleistung als Teil des Themenparkprodukts kann als ein komplexes Dienstleistungssystem definiert werden, das mit anderen Systemen interagiert, um Mehrwert zu generieren. Dienstleistungssysteme sind folglich wertgenerierende Konfigurationen von Personen, Technologien und weiteren Ressourcen, die zur Werterzeugung mit anderen Dienstleistungssystemen interagieren (Maglio/Spohrer, 2008). Dabei kann jeder Vorgang zur Werterzeugung die Natur des Systems zu einem gewissen Grad verändern (Wieland et al., 2012), weshalb Dienstleistungssysteme als dynamische und komplexe wertgenerierende Konfigurationen verstanden werden (Maglio et al., 2006; Maglio/Spohrer, 2008).

In Themenparks zeigt sich diese Systemperspektive vor allem dadurch, dass beide, der Dienstleistungsanbieter und der Dienstleistungsnachfrager, während des Themenparkbesuchs Ressourcen integrieren und Wert generieren. Das trifft vordergründig für realitätsfremde Erlebnisse zu, da durch die aktive Teilnahme im Themenpark Besucher gemeinsam mit dem Dienstleistungsanbieter einzigartige Erlebnisse kreieren, d. h., die Wertgenerierung findet großteils im Wirkungsbereich des Besuchers statt und Besucherinformationen sollten folglich einen zentralen Aspekt im Design neuer Dienstleistungen einnehmen (Lusch et al., 2008; Payne et al., 2008).

Eine der größten Herausforderungen von Themenparks ist die effektive Integration von Kundenerlebnissen, Interaktionen und Verfahren in ein Dienstleistungssystem-Design, das die gemeinsame Kreation bzw. Erstellung von gewünschten Erlebnissen unterstützt (Patricio et al., 2011; Teixeira et al., 2012). Servicedesign (Dienstleistungsdesign) sollte sich daher weniger an den Kerndienstleistungen oder den physischen Produkten orientieren, sondern sich vielmehr darauf konzentrieren, Kundenkontaktpunkte auf das übergeordnete Dienstleistungssystem auszurichten (Zehrer, 2009). Das übergeordnete Dienstleistungssystem sollte dabei auch sekundäre Dienstleistungen in Betracht ziehen, die nicht primär Teil des Themenparkprodukts sind, aber nichtsdestotrotz einen Einfluss auf die Gesamtwahrnehmung des Besuchers und sein Erlebnisempfinden haben können (Grönroos, 2007; Kandampully, 2007). Mögliche Beispiele für sekundäre Dienstleistungen sind in diesem Zusammenhang Transportmöglichkeiten, die Unterkunft, Shopping-Möglichkeiten sowie andere touristische Dienstleistungen.

Da jede Dienstleistung einzigartig ist und während des Erlebens in ihrem Kontext vom Kunden wahrgenommen wird (Grönroos, 2011), fordert das Design einer Dienstleistung ein profundes Verständnis der Kundenkonsumerfahrung (Helkkula et al., 2012). Laut Gummesson (1994, 85) basiert Servicedesign auf „hands-on activities to describe and detail a service, the service system and the service delivery process". Im nächsten Abschnitt wird diskutiert, wie das Kundenerlebnis und die Kundeninformation in Themenparks weiterentwickelt bzw. neu gestaltet werden können. Unter Gestaltung wird hier allerdings nicht nur „optisch gestalten" verstanden, es bedeutet vielmehr „weiterentwickeln und konzipieren". So umfasst Design den Einbezug der Umwelt und der Unternehmensstrategie und soll dabei helfen, die Unternehmensziele zu verwirklichen (Zehrer, 2012). Es werden daher zwei Instrumente von Servicedesign – Personas und Servicemapping – exemplarisch präsentiert und im Anschluss in einem Themenpark an der Gold Coast angewendet.

9.3.1 Kundengruppenprofile (Personas) als Methode zum besseren Verständnis der Besucherwelt

Eine Methode, die hilfreich ist, um das Kundenerlebnis im Themenpark besser zu verstehen, ist die Persona-Technik (Trischler/Zehrer, 2012). Personas sind fiktive Kundenprofile einer Zielgruppe samt detaillierter Beschreibung der Interessen sowie Verhaltensweisen, die typisch und relevant für die Kundengruppe sind (Lidwell et al., 2010). Meist werden Personas mittels Steckbrief erfasst, der einen fiktiven Namen der Zielgruppe, ein Bild, Foto oder Comic, das durchschnittliche Alter und den Ausbildungsstand enthält sowie die Einstellungen und Verhaltensweisen der Zielgruppe kurz skizziert. Die Stärke der Persona-Technik liegt im kundensensibilisierenden Einfluss, adaptiert vom kundenzentrierten Ansatz, der Designern helfen kann, den Kunden besser zu verstehen und diesen detaillierter zu untersuchen (Burdon, 2006). Die Erstellung von Personas basiert typischerweise auf einer kleinen Stichprobe von archetypischen Kunden, wobei jedes Kundenprofil eine Teilpopulation abbilden sollte (Lidwell et al., 2010).

Die Erstellung von Personas basiert auf Tiefeninterviews mit einer kleinen Anzahl an Probanden, die die Zielgruppe repräsentieren. Die Interviews zielen auf das bessere Verstehen des Alltagslebens der Besucher ab und gehen insbesondere auf die täglichen Gewohnheiten der Besucher, auf Lieblingsbeschäftigungen, Motivationen und Frustrationen ein. Die generierten Informationen werden dann in fiktive Personas für eine Zielgruppe zusammengefasst (Lidwell et al., 2010).

Die Erstellung dieser Kundenprofile hat zwei grundlegende Vorteile. Erstens eröffnet die Technik ein tieferes Verständnis des Kundenerlebnisses, da es die spezifischen Erwartungen, Bedürfnisse, Motivationen und Stimmungen einer Zielgruppe erfasst. Zweitens wird die betreffende Zielgruppe durch die Erstellung der fiktiven Personas „greifbarer" als über herkömmliche Marktforschung. Die Methode bietet daher tiefe Einblicke in die Verhaltensweisen der Kunden, ermöglicht ein ganzheitliches Bild der Zielgruppe und ist eine gute Basis für die Analyse der einzelnen Dienstleistungselemente. Eine bewusste und systematische Bearbeitung von Personas liefert letztlich wesentliche Erkenntnisse über die Verhaltensweisen der Besucher (Pruitt/Adlin, 2010).

9.3.2 Servicemapping als visuelle Darstellung des komplexen Dienstleistungsprozesses

Auf der Basis der definierten Personas kann in einem weiteren Schritt das Dienstleistungssystem analysiert werden, das die relevanten Zielgruppen in der Kreation ihrer gewünschten Erlebnisse unterstützt. Aus Designsicht wird argumentiert, dass der Kunde nicht das komplette Dienstleistungssystem erlebt, sondern lediglich eine persönliche Kundenreise durch das System (Buchanan, 2001). Das bedeutet, dass Kunden, selbst wenn sie in das Dienstleistungssystem integriert werden, lediglich spezifische Kundenkontaktpunkte oder Touchpoints wahrnehmen, jedoch nicht das Gesamtsystem an Leistungen (Stickdorn et al., 2010). Diese Kundenkontaktpunkte formen in der Folge die sogenannte Customer Journey, also die Kundenreise, die der Kunde erlebt hat (Voss/Mikkola, 2007). Das Erstellen eines sogenannten Kundenpfads ermöglicht die chronologische Abbildung des gesamten Dienstleistungsprozesses, der in der Interaktion zwischen dem Kunden und den Dienstleistungsmitarbeitern entsteht. Alle Kontaktpunkte, die während des Dienstleistungskonsums stattfinden, werden auf Papier nachweislich festgehalten (Zehrer, 2012).

Servicedesign beschäftigt sich also mit dem Konsumerlebnis von Kunden und evaluiert Kundenkontaktpunkte, die während des Konsumerlebnisses auftreten (Wetter-Edman et al., 2014). Dabei ist der Kunde, der aktiv Mehrwert generiert und an der Erstellung des eigenen Erlebnisses beteiligt ist, der Haupteinflussfaktor in der Komplexität des Dienstleistungssystems (Prahalad/Ramaswamy, 2004). Daher ermöglicht ein besseres Verständnis des Alltagslebens des Besuchers zudem, jene Touchpoints innerhalb des Servicesystems zu identifizieren, die die Kundenerlebnisse am meisten beeinflussen.

In einem Themenpark umfasst die Visualisierung der Kundenreise mehrere Schritte. So können beispielsweise Beobachtungen von Besuchern vor Ort im Themenpark helfen, das Themenparkprodukt aus Sicht des Besuchers zu verstehen. Dabei hilft die vorhin beschriebene Technik der Personas dem Forscher, sich in die Rolle des Besuchers hineinzuversetzen und dadurch den Themenpark genauso wahrzunehmen, wie es der Besucher tun würde (Trischler/Zehrer, 2012). Während der Beobachtung sollte vor allem auf Körpersprache, Emotionen und Reaktionen sowie auf den Einfluss anderer Gäste auf den Besucher sowie die Interaktion des Besuchers mit Mitarbeitern geachtet werden. Diese Technik kann also Einblick geben, wie gewisse Dienstleistungen vom Besucher genutzt werden, wie lange ein Besucher bei einer Themenparkattraktion verweilt und wie der Besucher mit Mitarbeitern des Themenparks interagiert.

Zudem können Leitfadeninterviews mit Besuchern einer bestimmten Zielgruppe helfen, ein ganzheitlicheres Bild des Besuchserlebnisses zu erhalten und kritische Momente oder Ereignisse zu erfassen. Kritische Ergebnisse sind dabei „specific interactions between customers and service firm employees that are especially satisfying or especially dissatisfying" (Bitner et al., 1990, 73). Ein solches Ereignis existiert, „if it makes a ‚significant' contribution, either positively or negatively, to the general aim of the activity" (Flanagan, 1954, 338). Laut Grundannahme des Critical-Incident-Ansatzes bewirkt das Auftreten von kritischen Ereignissen einen Abwanderungsprozess, den es zu untersuchen gilt. Der Einsatz von Interviews kann dabei helfen, die potenziellen Fehlinterpretationen bei der Beobachtung zu reduzieren, indem der Besucher sein Themenparkerlebnis in seinen eigenen Worten reflektiert. Die generierten Informationen und Daten dienen danach dem Management von Kundenrückgewinnungsaktionen und der Identifikation von abwanderungsgefährdeten Kunden.

Die im Zuge von Interviews und Beobachtungen erhaltenen qualitativen Daten können in eine sogenannte Customer Journey Map, auch Touchpoint-Matrix genannt, übertragen werden. Diese Matrix zeigt dann, wie das Dienstleistungssystem im Sinne von individuellen Kundenkontaktpunkten den jeweiligen Themenpark unterstützt und wie die relevante Zielgruppe diese Kontaktpunkte erlebt hat. Dabei können kritische Berührungspunkte innerhalb des Dienstleistungssystems identifiziert werden, die beim Besucher in wahrgenommener Zufriedenheit oder Unzufriedenheit resultieren. Diese Matrixtechniken gelten als hilfreich, um ein besseres Verständnis des Kundenerlebnisses zu erhalten (Parker/Heapy, 2006; Zomerdijk/Voss, 2010), und helfen dabei, Ideen und komplexe Systeme in visuelle Darstellungen zu transformieren (Mager, 2009; Segelström, 2009). Die Customer Journey Map reduziert daher nicht nur die Komplexität des Dienstleistungssystems, sondern bietet auch eine wichtige Grundlage für eine mögliche Neugestaltung von Dienstleistungen.

9.4 Praktische Anwendungen und Erkenntnisse

Am Beispiel eines Themenparks an der Gold Coast (Trischler/Zehrer, 2012) wurden Personas zweier Zielgruppen – Kinder und Teenager mit Jahreskarte (als Maßstab für einen regulären Themenparkbesucher) und wohnhaft in New South Wales oder Queensland (jene beiden Staaten, aus denen 70 bis 80 Prozent der Besucher von Themenparks kommen) – erstellt, um deren Besuchserlebnis im Themenpark besser zu verstehen. Die Erstellung der beiden fiktiven Personas basierte auf Interviewdaten und umfasste die Analyse spezifischen Verhaltens und der Routinen während des Besuchs. Durch die Einblicke im Zuge der Interviews war es möglich, das Erlebnis des Besuchers in eine nachfolgende Analyse des Dienstleistungssystems zu integrieren. Die Persona-Technik zeigt dabei interessante Einblicke in die Erlebniswelt des Kunden, die nicht nur isolierte Kundenkontaktpunkte erfasst, sondern die Identifikation von Themen der jeweiligen Zielgruppe ermöglicht.

Auf der Basis der Informationen der Personas wurden die jeweiligen Zielgruppen mithilfe der teilnehmenden Beobachtung durch den Themenpark begleitet, um das Dienstleistungssystem zu analysieren. Allerdings gab die teilnehmende Beobachtung weder Aufschluss darüber, warum ein bestimmter Kundenkontaktpunkt als negativ empfunden wurde, noch konnte damit erfasst werden, welche Faktoren für eine bestimmte Wahrnehmung des Themenparkerlebnisses ausschlaggebend waren. Daher wurden zusätzliche Informationen durch im Anschluss durchgeführte Interviews eingeholt.

Die am Ende erstellte Customer Journey Map ermöglichte eine Analyse, wie das Dienstleistungssystem durch den jeweiligen Themenpark unterstützt und wie es von der jeweiligen Zielgruppe erlebt wird. Es zeigte sich, dass Besucher den Interaktionen mit Zeichentrickfiguren während der gesamten Kundenreise eine hohe Wichtigkeit beimaßen. Dieses Ergebnis unterstützt die Annahme, dass Themenparkbesucher realitätsferne Erlebnisse suchen. Zudem hoben Besucher Ruhebereiche und Unterhaltung während der Wartezeit hervor, die das Warten auf den nächsten Ride überbrücken, was die wichtige Rolle der Dienstleistungsumwelt im Produkt Themenpark zeigt. Die Map zeigte auch, dass ein Dienstleistungssystem in sich verständlich und schlüssig sein muss, denn der Themenparkbesucher sieht das Erlebnis in einem Themenpark als einen zusammenhängenden Dienstleistungsprozess und nicht als eine Aneinanderreihung individueller Dienstleistungen. Zudem stellen Themenparks ein komplexes System dar, das den Besucher dabei unterstützt, gemeinsam mit dem Dienstleistungsanbieter sein gewünschtes Erlebnis zu gestalten (Trischler/Zehrer, 2012).

Schließlich führte die Analyse des Themenparkerlebnisses zur Identifikation von grundlegenden Faktoren, die einen negativen Einfluss auf Tagesbesucher der Gold-Coast-Themenparks haben, falls der Besuch eines Themenparks Teil eines Familienausflugs war. Diese Zielgruppe äußerte sich v. a. negativ über Verkehrsstörungen und fehlende öffentliche Transportmöglichkeiten an der Gold Coast vom und zum Themenpark, Herausforderungen, die oftmals in der Literatur diskutiert werden (Hoffman et al., 2003; Yigitcanlar et al., 2008). Die Mehrheit der Bevölkerung (91,2 %) ist auf die tägliche Benutzung des Privatfahrzeugs angewiesen und legt im Durchschnitt täglich (einfache Fahrt) 31,9 Kilometer zur Arbeit zurück (Yigitcanlar et al., 2008). Aufgrund der zunehmenden Bevölkerungsdichte an der Gold Coast ist die Bereitstellung einer adäquaten Transportinfrastruktur (v. a. im Bereich des öffentlichen Verkehrs) eine der zentralen künftigen Herausforderungen der Destination (Hoyle, 2011; Yigitcanlar et al., 2008).

Vor dem Hintergrund, dass Touristen ihre Fahrzeuge benötigen, um von zu Hause in die Urlaubsdestination und wieder retour zu reisen, hat Leiper (1990) den Transport bereits Anfang der 1990er-Jahren als die zentrale Komponente im Tourismussystem bezeichnet. Auch Prideaux (2000) hat das Transportsystem als zentralen Faktor für die Tourismusindustrie gesehen, jedoch nicht nur auf das private Verkehrsmittel von und zum Urlaubsort Bezug genommen, sondern auch auf das sichere, kostengünstige und komfortable Fortbewegungsmittel innerhalb der Urlaubsdestination. Auch an der Gold Coast wird der Verkehr ein wichtiges Kriterium für die Weiterentwicklung der Region als Tourismusdestination und als Wohngegend sein. Diese Erkenntnis hebt die Wichtigkeit der Untersuchung von Dienstleistungserlebnissen hervor, auch wenn es sich nicht um das Primärprodukt (Themenpark) handelt, sondern um eine sekundäre Dienstleistung; allerdings kann auch diese erheblichen Einfluss auf die Gesamtwahrnehmung des Besuchers und sein Erlebnisempfinden haben (Grönroos, 2007).

9.5 Zusammenfassung

Der vorliegende Beitrag beschreibt zunächst die Entwicklung der Gold Coast als Stadt und Tourismusdestination sowie den Stellenwert von Themenparks als Teil des touristischen Produkts an der Ostküste Australiens. Des Weiteren wird darauf eingegangen, wie das touristische Erlebnis in Themenparks mithilfe von Servicedesign-Tools und -Methoden analysiert werden kann, um Dienstleistungen zu gestalten und weiterzuentwickeln. Durch Methoden wie Personas, die Customer Journey oder die Methode der kritischen Ereignisse sowie Interviews werden Kundenkontaktpunkte eruiert sowie Kundenprobleme bzw. Schwachstellen und besonders kritische Ereignisse ausfindig gemacht. Dienstleistungen können so optimal an die sich stets ändernden Kundenbedürfnisse und steigenden Erwartungen angepasst werden.

Das Produkt „Themenpark" wird im Beitrag aus einer Dienstleistungsperspektive analysiert und diskutiert. Es wird gezeigt, dass Kundenerlebnisse in Themenparks mithilfe spezifischer Servicedesign-Tools besser verstanden werden können. Wichtig dabei ist, dass Dienstleistungen exakt an den Kundenbedürfnissen ausgerichtet werden, erst dann können gezielte Maßnahmen zur Qualitätsverbesserung beitragen. Es gibt also eine Vielzahl verschiedener Möglichkeiten, Ideen für die Weiterentwicklung bzw. Inszenierung von Dienstleistungen zu finden. Zwei der wichtigsten Ideenquellen sind und bleiben der Markt und die Kundenbedürfnisse selbst. Unabdingbar bleiben jedoch auch das Verständnis und der Wille des Themenparkmanagements, das bestehende Produkt infrage zu stellen und ständig an der Verbesserung der Dienstleistung zu arbeiten.

Die Untersuchung liefert zudem ein Ergebnis, das in der qualitativen Analyse von Themenparkbesuchern erwähnt wurde, jedoch nur nachrangig mit dem Themenparkerlebnis zu tun hat, nämlich die Problematik des Transports bzw. der öffentlichen Verkehrsmittel zu und von der Gold Coast. Die Tatsache der mangelhaft ausgebauten Verkehrsinfrastruktur wird von den Besuchern als negativ wahrgenommen und zählt für sie sichtlich zum Erlebnis. Umso mehr zeigt die Studie, dass das touristische Produkt aus primären und sekundären Leistungen besteht und der Kunde am Ende das Gesamterlebnis in seiner Bewertung berücksichtigt.

Der Freizeitmarkt lebt als ein serviceintensiver Wirtschaftszweig unmittelbar von der Qualität seiner Dienstleistungen. Es gilt daher, die sich ändernden Bedürfnisse der Besucher sowie deren Konsumerfahrung zu kennen, um den steigenden Qualitätsansprüchen gerecht zu werden. Dies ist gerade aufgrund des hohen Anteils der persönlichen Leistungserbringung direkt am Besucher und der mangelnden Steuerbarkeit der Dienstleistung als große unternehmerische Herausforderungen zu interpretieren. Die Erlebnisorientierung in Themenparks bedeutet daher, Dienstleistungen zu gestalten, die einen zugänglichen und erkennbaren Nutzen für die Besucher bieten und ihren Qualitätsanforderungen entsprechen, und zwar vor, während und auch nach dem Besuch des Themenparks.

Literatur

Ardent Leisure. Annual Financial Report June 2014, https://www.ardentleisure.com/investor-centre/annual-reports/, 2014. Abgerufen am 4. September 2015.
Australian Bureau of Statistics. Regional Population Growth, Australia 2010–2011, www.abs.gov.au/ausstats/abs@.nsf/Products/3218.0~2010-11~Main+Features~Main+Features?OpenDocument%23PARALINK6, 2012. Abgerufen am 4. September 2015.
Australian Bureau of Statistics. Selected Amusement and Leisure Industries, http://www.abs.gov.au/ausstats/abs@.nsf/mf/8688.0., 2010. Abgerufen am 4. September 2015.

Becken S, McLennan CL, Gardiner S, Wardle C. 2013/2014 Financial-Year Tourism Industry Report Gold Coast. Brisbane: Griffith University, 2014.

Bitner MJ, Booms BH, Tetreault MS. The Service Encounter: Diagnosing favorable and unfavorable incidents. Journal of Marketing. 1990, 54(1), 71–84.

Bosman C, Dredge D. Histories of Placemaking in the Gold Coast City: The Neoliberal Norm, the State Story and the Community Narrative. Gold Coast: Griffith University, 2011.

Buchanan R. Design research and the new learning. Design Issues. 2001, 17(4), 3–23.

Burdon M. The power of personas. Marketing. 2006, 111(28), 17.

Dedekorkut-Howes A, Bosman C. The Unbearable Lightness of being Gold Coast. Gold Coast: Griffith University, 2011.

Flanagan JC. The Critical Incident Technique. Psychological Bulletin. 1954, 51(4), 327–358.

Gleesson B. Australian Heartlands: Making Space for Hope in the Suburbs. Crows Nest: Allen & Unwin, 2006.

Gold Coast City Council. Gold Coast History. http://www.goldcoast.qld.gov.au, 2012. Abgerufen am 4. September 2015.

Grönroos C. Service Management and Marketing: Customer Management in Service Competition. Hoboken: John Wiley & Sons, 2007.

Grönroos C. Value co-creation in service logic: A critical analysis. Marketing Theory. 2011, 11(3), 279–301.

Gummesson E. Service Management: An evaluation and the future. International Journal of Service Industry Management. 1994, 5(1), 77–96.

Gurran N. The turning tide: Amenity migration in coastal Australia. International Planning Studies. 2008, 13(4), 391–414.

Gurran N, Blakely E. Suffer a sea change? Contrasting perspectives towards urban policy and migration in coastal Australia. Australian Geography. 2007, 38(1), 113–132.

Hajdu J. The Gold Coast, Australia: Spatial model of its development and the impact of the cycle of foreign investment in property during the late 1980s. Erdkunde. 1993, 47, 40–51.

Helkkula, A, Kelleher C, Pihlström M. Characterizing value as an experience: Implications for service researchers and managers. Journal of Service Research. 2012, 15(1), 59–75.

Hoffman LM, Fainstein SF, Judd DR. Cities and visitors: Regulating people, markets, and city space. In: Mullins P, editor. The evolution of Australian tourism urbanization. Oxford: Blackwell Publications. 2003, 126–142.

Hoyle J. Gold Coast: Sun, sand, surf, and now light rail. International Railway Journal. 2011, 51(11), 20–22.

Kandampully J. Services Management: The new paradigm in hospitality. Upper Saddle River: Pearson, 2007.

Lawton LJ. Resident Perceptions of Tourist Attractions on the Gold Coast of Australia. Journal of Travel Research. 2005, 44(2), 188–200.

Leiper N. Tourist Attraction System. Annals of Tourism Research. 1990, 77(3), 367–384.

Lidwell W, Holden K, Butler J. Universal Principles of Design. Beverly: Rockport Publishers, 2010.

Loeffler R, Steinicke E. Amenity migration in the U.S. Sierra Nevada. Geographical Review. 2007, 97(1), 67–88.

Lusch RF, Vargo SL, Wessels G. Toward a conceptual foundation for service science: Contributions from service-dominant logic. IBM Systems Journal. 2008, 47(1), 5–14.

Mager B. Service Design as an Emerging Field. In: Miettinen S, Koivisto M, editors. Designing Services with Innovative Methods. Helsinki: Savonia University of Applied Sciences, 2009, 28–43.

Maglio PP, Spohrer J. Fundamentals of service science. Journal of the Academy of Marketing Science. 2008, 36(1), 18–20.

Maglio PP, Srinivasan S, Kreulen JT, Spohrer J. Service systems, service scientists, SSME, and innovation. Communications of the ACM. 2006, 49(7), 81–85.
Milman A. The Future of the Theme Park and Attraction Industry: A Management Perspective. Journal of Travel Research. 2001, 40(2), 139–147.
Morelli N. Service as value co-production: Reframing the service design process. Journal of Manufacturing Technology Management. 2009, 20(5), 568–590.
Mullins P. Cities for pleasure: the emergence of tourism urbanization in Australia. Built Environment. 1992, 18(3), 187–198.
Nepal SK, Jamal TB, Resort-induced changes in small mountain communities in British Columbia, Canada. Mountain Research and Development. 2011, 31(2), 89–101.
Parker S, Heapy J. The Journey to the Interface: How Public Service Design Can Connect Users to Reform. London: Demos, 2006.
Patricio L, Fisk RP, Falcao e Cunha J, Constantine L. Multilevel Service Design: From customer value constellation to service experience blueprinting. Journal of Service Research. 2011, 14(2), 180–200.
Payne AF, Storbacka K, Frow P. Managing the co-creation of value. Journal of the Academy of Marketing Science. 2008, 36(1), 83–96.
Pine JB, Gilmore JH. The Experience Economy. Boston: Harvard Business School Press, 1999.
Prahalad CK, Ramaswamy V. Co-creation experiences: The next practice in value creation. Journal of Interactive Marketing. 2004, 18(3), 5–14.
Prideaux B. The role of the transport system in destination development. Tourism Management. 2000, 21(1), 53–63.
Prideaux B. The resort development spectrum: The case of the Gold Coast, Australia. Tourism Geographies. 2004, 6(1), 26–58.
Pruitt J, Tamara A. The persona lifecycle: Keeping people in mind throughout product design. Amsterdam: Morgan Kaufmann, 2010.
Richards G. Marketing China overseas: The role of theme parks and tourist attractions. Journal of Vacation Marketing. 2002, 8(1), 28–38.
Segelström F. Communicating through visualizations: Service designers on visualizing user research. Oslo: First Nordic Conference on Service Design and Service Innovation, 2009.
Stickdorn M, Grabmueller A, Zehrer A, Siller H. Service Design im Tourismus – Die Erfassung der touristischen Kontaktpunktkette durch mobile Ethnographie. Pinkafeld: FFH, 4. Forschungsforum der österreichischen Fachhochschulen, 2010, 204–209.
Stimson R, Minnery J. Why people move to the 'Sun-belt': A case study of long-distance migration to the Gold Coast, Australia. Urban Studies. 1998, 35(2), 193–214.
Teixeira J, Patricio L, Nunes NJ, Nobrega L, Fisk RP, Constantine L. Customer experience modeling: From customer experience to service design. Journal of Service Management. 2012, 23(3), 362–376.
Themed Entertainment Association. The Global Attractions Attendance. Los Angeles: Themed Entertainment Association, 2013.
Tourism Queensland. Gold Coast Regional Snapshot. Brisbane: Tourism Queensland, 2014.
Tourism Queensland. Gold Coast Regional Summary. Brisbane: Tourism Queensland, 2003.
Tourism Research Australia. Gold Coast Visitor Profile and Satisfaction Report. Canberra: Tourism Research Australia, 2013.
Trischler J, Zehrer A. Service design: Suggesting a qualitative multistep approach for analyzing and examining theme park experiences. Journal of Vacation Marketing. 2012, 18(1), 57–71.
Turner L, Reisinger Y. Importance and expectations of destination attributes for Japanese tourists to Hawaii and the Gold Coast compared. Asia Pacific Journal of Tourism Research. 1999, 4(2), 1–18.

Village Roadshow Limited. Annual Report 2014. http://www.villageroadshow.com.au/Annual-Report-2015.htm, 2014. Abgerufen am 4. September 2015.

Voss CA, Mikkola JH. Service Science – The Opportunity to Re-think What We Know About Service Design. Cambridge: Services Science Meeting Cambridge, 2007.

Wetter-Edman K, Sangiorgi D, Edvardsson B, Holmlid S, Grönroos C, Mattelmäki T. Design for value co-creation: Exploring synergies between design for service and service logic. Service Science. 2014, 6(2), 106–121.

Wieland H, Polese F, Vargo SL, Lusch RF. Toward a service (eco) systems perspective on value creation. International Journal of Service Science, Management, Engineering, and Technology. 2012, 3(3), 12–25.

Williams DR, McIntyre N. Place Affinities, Lifestyle Mobilities, and Quality-of-Life. In: Uysal M, Perdue R, Sirgy JM, editors. Handbook of Tourism and Quality-of-Life Research: Enhancing the Lives of Tourists and Residents of Host Communities. London: Springer, 2012, 209–231.

Wong KK, Cheung PW. Strategic theming in theme park marketing. Journal of Vacation Marketing. 1999, 5(4), 319–332.

Yigitcanlar T, Fabian L, Coiacetto E. Challenges to urban transport sustainability and smart transport in a tourist city: The Gold Coast. The Open Transportation Journal. 2008, 2, 29–46.

Zehrer A. Service Design – Voraussetzungen und Anwendungsmöglichkeiten im Tourismus. In: Beritelli P, Laesser C (Hg.). Schweizer Jahrbuch für Tourismus 2012. Berlin: ESV Verlag, 2012, 175–186.

Zehrer A. Service experience and service design – concepts and application in tourism SMEs. Managing Service Quality. 2009, 19(3), 332–349.

Zomerdijk LG, Voss CA. Service design for experience-centric services. Journal of Service Research. 2010, 13(1), 67–82.

Dirk Reiser und Christof Pforr
10 Die Arche des Tasmanischen Teufels? Zootourismus in Australien

10.1 Einleitung

Jährlich besuchen mehr als 181 Millionen Menschen weltweit Zoos und Aquarien (Association of Zoos and Aquariums, 2016). Unter diesen Besuchern befinden sich viele internationale, aber auch viele Inlandstouristen. Diese hohe Besucherzahl ist ein deutliches Indiz für die Popularität dieser Institutionen, die sich außer der Unterhaltung auch der Forschung, der Erziehung/Bildung und der Artenerhaltung verschrieben haben (Patrick/Tunnicliffe, 2015). Zoomanager, auch in Australien, beschreiben ihre Institutionen daher oft als Arche, in der gefährdete Tierarten aus aller Welt, wie beispielsweise der Tasmanische Teufel, bewahrt werden, bis die Gefahr für deren Lebensraum vorbei ist und sie wieder ausgewildert werden können (Mazur, 2001). Zoos enthalten daher oft Tiere, die in der Natur nur noch selten vorkommen, und sind aus diesem Grunde auch sehr attraktiv für Besucher, inklusive Touristen.

Zootourismus wird dabei oft als Teil des stark wachsenden Naturtourismus beschrieben. Auch wenn diese Einbeziehung von Besuchen in zoologischen Gärten als Teil des Naturtourismus nicht unproblematisch ist, versteht doch auch die australische Regierung sie als solche (GIFT/TRA, 2015). Derartige Besuche beinhalten die Zurschaustellung wilder Tiere als das wichtigste Grundelement. Dies kreiert eine Reihe von Herausforderungen an die Institution.

Folglich beginnt dieses Kapitel mit einer Beschreibung des Naturtourismus, gefolgt von einer speziellen Betrachtung des Naturtourismus in Australien. In einem nächsten Punkt wird die allgemeine Geschichte der Entwicklung zoologischer Gärten als Teil des Naturtourismus beschrieben. Auch hier wird ein spezieller Bezug zur Geschichte der Zoos in Australien und zum Zootourismus hergestellt. In einem letzten Punkt werden exemplarisch wichtige Themen der Zootierhaltung in Australien erklärt, bevor ein Fazit der australischen Zoos unter anderem auch als Arche des Tasmanischen Teufels gezogen wird.

10.2 Naturtourismus

Naturtourismus ist ein weltweiter Wachstumsmarkt (Moore/Rodger/Taplin, 2013), der in Ökotourismus, Geotourismus, Abenteuertourismus und Wildtiertourismus (e. g. Zootourismus) unterteilt werden kann (Newsome/Moore/Dowling, 2012). Er ist insbesondere attraktiv für Länder mit einer einzigartigen Umwelt, beispielsweise

Australien. Im Folgenden wird zunächst der Begriff Naturtourismus im Allgemeinen erörtert, bevor er exemplarisch für das Land Australien näher dargestellt wird.

10.2.1 Definition Naturtourismus

Generell kann gesagt werden, dass der Naturtourismus ein Teil des „Phänomen[s] der Sehnsucht nach Natur in der heutigen Freizeitkultur" (Kirchhoff/Vicenzotti/Voigt, 2012, 7) darstellt. Der Begriff selber ist umstritten (Weaver/Faulkner/Lawton, 1999). Während Buckley (2009) den Begriff als alle Arten des Tourismus, die von einer relativ ungestörten Natur oder natürlichen Gegebenheiten abhängen, definiert, argumentiert Strasdas (2001), dass er alle Reisen in naturnahe Gebiete umfasst, bei denen das Erleben der Natur im Mittelpunkt steht. Während beispielsweise der Besuch eines Zoos nur schwierig in die erste Begriffserklärung passt, lässt er sich in die zweite Definition des Reisens in naturnahe Gebiete problemlos einordnen. Das Massenphänomen des Naturtourismus ist u. a. vom Wunsch geprägt, die psychische und physische Gesundheit zu verbessern, aber auch von der Sehnsucht nach Natur, die in vielen Kulturen mit positiven Assoziationen verbunden wird (Kirchhoff/Vicenzotti/Voigt, 2012). Dementsprechend hat der Naturtourismus, nicht zuletzt auch wegen seiner explosiven Wachstumsraten seit den 1980ern, einen hohen Bedeutungsgrad für die Tourismusindustrie erlangt (Wolter, 2014), vorzugsweise in Ländern wie Australien und Neuseeland, die in hohem Maße von ihrer einzigartigen Flora und Fauna profitieren. Die Tourism Australia Corporate Website (2016) bestätigt, dass Australiens einmalige Wildtiere, seine zugängliche Natur und die abwechslungsreichen Landschaften Hauptattraktionen für Besucher darstellen.

10.2.2 Naturtourismus in Australien

Australien hat eine außergewöhnliche Tier- und Pflanzenwelt, denn es „ist eine uralte Landschaft, entstanden über Jahrmillionen, von der Erosion rund und flach geschliffen, mit tiefen versteckten Schluchten und einer in Isolation entstandenen einzigartigen Tier- und Pflanzenwelt" (Blank, 2014, 13). Wildtiere und Natur gehören daher zu den größten Touristenattraktionen Australiens (Wildlife Australia, 2016). Folglich ist es nicht ungewöhnlich, dass die naturräumlichen Eigenschaften Australiens für viele Touristen einer der Hauptmotivatoren sind, dieses Land zu besuchen.

Im Jahr 2014 verzeichnete der Naturtourismus in Australien mit 37,8 Millionen internationalen Touristen und Inlandstouristen einen bedeutenden Anteil an der australischen Tourismusindustrie (GIFT/TRA, 2015, Tourism Australia, 2015). Insbesondere das Interesse internationaler Touristen ist mit 4,2 Millionen (66 %) aller 6,4 Millionen internationalen Ankünfte (TRA, 2015) sehr hoch (GIFT/TRA, 2015). Diese Touristen, vorwiegend aus China, dem Vereinigten Königreich, Neuseeland und den USA, sind auch deshalb von besonderer Bedeutung, weil internationale Naturbesucher im Durchschnitt eine längere Aufenthaltsdauer aufweisen und mehr Geld ausgeben als Besucher, die an keiner Naturtourismus-Aktivität teilnehmen (Tourism & Transport Forum, 2014).

Die australische Regierung definiert Naturtouristen als Inlandstouristen oder internationale Touristen, die während ihrer Reise mindestens an einer der folgenden Naturtourismus-Aktivitäten teilnehmen (GIFT/TRA, 2015):
- Besuch eines Nationalparks oder eines Reservats,
- Besuch eines botanischen Gartens oder anderer öffentlicher Gärten,
- Busch- oder Regenwaldwanderung,
- Wal- oder Delfinbeobachtungen im natürlichen Lebensraum der Tiere,
- Schnorcheln,
- Gerätetauchen,
- Besuch eines Wildparks, Zoos oder Aquariums.

Der Besuch eines zoologischen Gartens wird also von offizieller Seite als Teil der Naturtourismus-Aktivitäten in Australien definiert, aber diese Besuche werden häufig zugunsten des Aufenthalts in der Natur, insbesondere in Nationalparks, „vernachlässigt". Trotz des Umstands, dass die ersten Zoos vor den Nationalparks (erster Nationalpark in Australien: Royal National Park südlich von Sydney, eröffnet am 26. April 1879, während der erste Zoo in Australien am 9. Oktober 1862 in Melbourne eröffnet wurde; Australia Government, 2016a,b) und dem begleitenden Naturtourismus etabliert wurden, werden sie oft von diesen überschattet. Zoologische Gärten werden oft von denjenigen, die sich den Besuch der Nationalparks als „echte" Wildnis nicht leisten können, als „zweite Wahl" angesehen. Allerdings werden moderne Zoos durchaus als ein integraler Bestandteil des Naturtourismus betrachtet (Frost, 2011b), der komplementär zur Beobachtung in der Wildnis gesehen werden kann. Bereits im Jahr 1999 unterteilten die australischen Forscher Weaver, Faulkner und Lawton Naturtourismus nach spezifischen Typen in Abenteuertourismus, Ökotourismus, 3-S-Tourismus (Sonne, See und Sand), Gesundheitstourismus, konsumtiven Naturtourismus (z. B. Jagdtourismus) und den Besuch von Tieren in Gefangenschaft. Von besonderer Bedeutung ist hier die Einordnung des Besuchs von Tieren in Gefangenschaft in den Naturtourismus. Ebenso könnte diese Art des Tourismus aber auch in den Oberbegriff Wildtiertourismus eingefügt werden (Newsome/Moore/Dowling, 2013).

10.3 Zootourismus

In vielen Ländern der Erde, insbesondere in Afrika, aber auch in Australien, ist die Beobachtung von Wildtieren einer der wichtigsten Gründe für Touristen, in entsprechende Gegenden zu reisen (Okech, 2012). Wildtiertourismus, verstanden als Tourismus zum Zweck der Wildtierbeobachtung und/oder -interaktion (Newsome/Dowling/

Moore, 2005), bezieht folglich den Besuch von zoologischen Gärten ein. Diese Art der Zurschaustellung hat eine lange Geschichte, die nachfolgend beschrieben wird, bevor auf die Entwicklung und die aktuelle Situation des Zootourismus in Australien eingegangen wird.

10.3.1 Historische Entwicklung zoologischer Gärten und Zootourismus

Die wichtigste Einrichtung zur Beobachtung von Tieren in Gefangenschaft sind Zoos. Sie sind Institutionen, die vorwiegend wilde Tiere auf einer begrenzten Fläche von 45 Hektar oder weniger zur Beobachtung durch Menschen mit oder ohne Eintrittsgelder ausstellen. Dies geschieht mindestens sieben Tage im Jahr (Deutsche Tierpark-Gesellschaft, 2016; Hunter-Jones/Hayward, 1998; Webster Dictionary, 2015). Die Hauptaufgaben moderner Zoos werden oft als aus drei (Frost, 2011a) oder vier Bereichen bestehend (Australian Government, 2016) betrachtet: Erziehung, Bildung, Unterhaltung und Artenerhaltung, und in gewissen Fällen auch noch Forschung. Grund dafür, dass Forschung nicht immer als Teil der Arbeit von Zoos betrachtet wird, sind die unnatürlichen Lebenswelten, in denen Zootiere leben. Jeder Vergleich der Zoobeobachtung mit dem Verhalten in der natürlichen Umwelt ist daher schwierig bis unmöglich (tierschutz.org, 2016).

Von wilden Tieren unterhalten zu werden ist kein neues Konzept. Historische Texte (z. B. Bostock, 1993; Jamieson, 1985; Tribe, 2004) gehen davon aus, dass bereits die Pharaonen im alten Ägypten (z. B. Königin Hatschepsut), die Kaiser von China (z. B. Wen, der erste Kaiser der Zhou-Dynastie), die Azteken und die Römer wilde Tiere zu ihrem Amüsement in Menagerien hielten (Australian Government, 2016a; Fennell, 2012). In manchen Fällen sammelten die Königshäuser diese Tiere, während sie in anderen Fällen Geschenke anderer Herrscher waren, wie beispielsweise die Bengalischen Tiger, die der indische Maharadscha Königin Victoria von England schenkte. Diese „Tradition" wurde bis in das 20. Jahrhundert durch Königshäuser und Staatsoberhäupter wie beispielsweise den jugoslawischen Präsidenten Tito fortgesetzt, der einen Privatzoo auf der Insel Brioni unterhielt (Fennell, 2012).

Allerdings veränderte sich seither die Sichtweise. Die Wahrnehmung, dass Menagerien ein königliches Privileg seien, wandelte sich in die Vorstellung, dass Zoos allen Menschen zugänglich sein sollten. Dies führte letztendlich zum Konzept öffentlicher zoologischer Gärten (Tisdale, 1993) als formelle Institutionen. Das Konzept ist sehr eng mit der Entwicklung europäischer Gesellschaften während der Zeit der Aufklärung verbunden, in der v. a. die Ideen von Rousseau und die Arbeiten von Descartes und Newton dazu führten, dass Tiere mehr zu erzieherischen Zwecken benutzt wurden (Altick, 1978). Der moderne Zoo, so Fennell (2012, 77), hat seinen Ursprung deshalb in einer Zeit lange vor der Etablierung des ersten öffentlichen zoologischen Gartens in Schloss Schönbrunn in Österreich im Jahr 1765 und der Umwandlung der

Menagerien von Versailles in einen bürgerlichen Zoo im Jahr 1794. 1828 öffnete der Zoo in London, der eine wissenschaftliche Komponente in seinem Leitbild aufnahm, zunächst für Forscher, 1847 dann auch für die Öffentlichkeit (Tisdale, 1993).

Der Eröffnung des Londoner Zoos folgten Eröffnungen in vielen größeren Städten Europas und der Vereinigten Staaten, die dem Londoner Modell folgten. Zoos entwickelten sich zu populären Freizeitattraktionen, zunächst für die lokale Bevölkerung, aber zunehmend auch für nationale und internationale Touristen. Trotzdem dauerte es bis in die 1950er-Jahre und die Massenmotorisierung, bis das Interesse an Zoobesuchen einen dramatischen Anstieg erlebte (Reichenbach, 2002). Außerdem half der Babyboom der 1950er-Jahre, dass zoologische Gärten in dieser Periode den Höhepunkt ihrer Attraktivität erreichten, da Familien mit Kindern eine der Hauptbesuchergruppen darstellen (Frost, 2011b). Zu dieser Zeit waren die zoologischen Anlagen meistens am Stadtrand gelegen, in einer angenehmen Entfernung vom Wohnort und gut geeignet für einen Ausflug mit der Familie dorthin.

Diese Popularisierung der Zoos hatte allerdings auch die Auswirkung, dass die wissenschaftlichen Elemente immer mehr in den Hintergrund gedrängt wurden. Zoos wurden sowohl zu Orten der Unterhaltung und der Erholung als auch zu „Schaukästen" zur Ausstellung von Launen der Natur. Dementsprechend veränderten sich Zoos vom „einfachen Betrachten" von Tieren hin zum Füttern, Streicheln und Reiten von Tieren sowie zu Tiershows. Die öffentliche Wahrnehmung zoologischer Gärten als exotische Stätten führte schließlich dazu, dass sie zu Pseudo-Vergnügungsorten wurden, an denen öffentliche und elitäre gesellschaftliche Veranstaltungen stattfanden (Tribe, 2004). Australien folgte dieser internationalen Entwicklung mit einer kurzen zeitlichen Verzögerung. Der erste öffentliche Zoo, ausgerichtet am Londoner Zoo, öffnete seine Tore am 6. Oktober 1862 in Melbourne (Australian Book of Records, 2016; Australian Government, 2016a).

10.3.2 Zootourismus in Australien

Historisch gesehen folgt die Entwicklung zoologischer Gärten in Australien gegen Ende des 19. Jahrhunderts dem europäischen Vorbild. Die ältesten Zoos Australiens neben Melbourne sind in Adelaide (Eröffnung am 23. Mai 1883; Zoo South Australia, 2012), in Perth (17. Oktober 1898; Perth Zoo, 2015) und mit dem weithin bekannten Taronga Zoo auch in Sydney (7. Oktober 1916) zu finden. Es muss aber auch angemerkt werden, dass der erste öffentlich zugängige Zoo im Bundesstaat New South Wales nicht Taronga, sondern der von der Zoologischen Gesellschaft New South Wales betriebene Zoo in Billy Goat Swamp in Moore Parks war (Eröffnung im März 1884; Taronga Zoo Conservation Society, 2016). Während die meisten dieser Einrichtungen staatlich waren, öffneten im Laufe der Jahre auch private Zoos ihre Tore, wie beispielsweise das Lone Pine Koala Sanctuary im Jahr 1927 (Koala.net, 2016) oder das

Currumbin Wildlife Sanctuary an der Gold Coast im Jahr 1947 (Tourism Australia, 2016).

Geschichtlich kann die Entwicklung der zoologischen Gärten in Australien in drei Phasen unterteilt werden (vgl. Tab. 10.1): die Gründungs- und Entwicklungsphase (1857–1920), die Überlebensphase (1920–1960) und die Modernisierungsphase (seit 1960; du Courcy, 2001). Außer von globalen (insbesondere europäischen und US-amerikanischen) Einflüssen sind alle drei Phasen auch von lokalen Besonderheiten wie der Abgeschiedenheit Australiens geprägt worden.

Vor allem seit den 1990er-Jahren ist nicht nur eine stärkere Modernisierung der australischen Zoos zu verzeichnen, auch ihr gesellschaftlicher Stellenwert ist seither stark gestiegen, u. a. wegen der wachsenden Bedeutung für den Tourismus. Insbesondere die Geschwindigkeit der globalen Umweltveränderungen, die beispielsweise durch Klimaveränderung und Bevölkerungswachstum immer größeren Druck auf die Lebensräume von Tieren ausüben, lässt den Schluss zu, dass die Bedeutung dieser Einrichtungen in der Zukunft noch weiter wachsen wird (Frost, 2011b), ein Trend, der sich in den australischen Entwicklungen der letzten Jahre widerspiegelt.

Die Besucherzahlen der australischen Zoos halten sich auf einem hohen, leicht ansteigenden Niveau: Zoos im Bundesstaat Victoria (Melbourne Zoo, Healesville Sanctuary und Werribee Open Range Zoo) haben beispielsweise einen Anstieg von 1,5 Millionen im Jahr 2008/2009 auf 2,1 Millionen im Jahr 2013/2014 (Zoos Victoria, 2014) und auf mehr als 2,3 Millionen im Jahr 2014/2015 (Zoos Victoria, 2015) verzeichnet. Die Hauptbesuchergruppe kam aus dem Stadtgebiet von Melbourne (76 %), gefolgt von Besuchern aus dem Bundesstaat Victoria (9 %), internationalen Touristen (8 %) und Besuchern aus anderen Bundesstaaten (6 %). Die Touristen generierten in der Saison 2014/2015 fast 4,3 Millionen AUD (ca. 2,8 Mio. EUR) an Eintrittsgebühren (Zoos Australia, 2015) und haben auch deshalb eine große Bedeutung für die australische Tourismuswirtschaft.

Im Jahr 2013 besuchten insgesamt 1,9 Millionen von insgesamt 6,5 Millionen internationalen Touristen (Tourism Australia, 2014) sowie 2,1 Millionen Inlandstouristen und 1,9 Millionen Tagestouristen Wildparks, Zoos und Aquarien in Australien (Tourism & Transport Forum Australia, 2014). Diese Zahlen verdeutlichen, dass die Zurschaustellung von Tieren eine bedeutende Tourismusressource ist. Tiere als Besucherattraktionen findet man allerdings nicht nur in Zoos und Wildparks, sondern auch in manchen Transportformen (z. B. Pferdekutsche), als Markenzeichen Australiens (z. B. Koalas, Kängurus), als Reisebegleiter (z. B. Hunde) und als Teil der lokalen und nationalen Küche (z. B. Kängurus, Krokodile; Markwell, 2015).

Die Einfuhr von Tieren im Allgemeinen, aber auch spezifisch für Zoos, unterliegt dabei besonderen Regeln. Die gesetzlichen Regelungen zum Einführen und Halten von Tieren in Australien ist auf internationaler (z. B. CITES), nationaler (z. B. Australian Commonwealth Agencies) und lokaler Ebene (Bundesstaat/Territorium) verankert. International gesehen spielt die 1975 ins Leben gerufene *Convention on International Trade in Endangered Species of Wild Fauna and Flora (CITES)* eine bedeutende

Tab. 10.1: Entwicklungsphasen zoologischer Gärten in Australien (Quelle: De Courcy, 2001).

Phase	
Gründungs- und Entwicklungsphase (1857–1920)	• Gründe für die Eröffnung zoologischer Gärten: Erziehung/Bildung, Unterhaltung, ein vages Interesse an Forschung, individueller Enthusiasmus, Bürgerstolz, Akklimatisierung außergewöhnlicher Haustiere zum Vorteil der Kolonie • Erster öffentlicher Zoo (Melbourne Zoo), orientiert am Londoner Zoo, eröffnet im Jahr 1862 • Probleme der Tierbeschaffung durch räumliche Distanz von Quellmärkten, niedrige Einnahmen, Benachteiligung im Wettbewerb mit finanziell besser ausgestatteten Zoos in Europa und den USA, Verkauf einmaliger einheimischer Tierarten zur Finanzierung oder im Austausch gegen exotische Tiere als Besuchermagnet • Ziele waren (passive) Erziehung/Bildung und Unterhaltung (öffentliche Fütterungen, zusätzliche Infrastruktur wie Verpflegungsmöglichkeiten und Veranstaltungen wie Konzerte üblich), Artenerhaltung und Forschung waren zweitrangig • Keine Zugangsbeschränkungen, Zoos durften an manchen Tagen, in einigen Fällen an keinem Tag, Eintritt verlangen, da sie von Staatsgeldern abhingen, Besucher kamen vornehmlich aus der Arbeiterklasse
Überlebensphase (1920–1960)	• Zoos waren etablierte Institutionen mit hohem lokalem Besucheranteil; in vielen Zoos waren ikonische, exotische Tiere (z. B. Giraffe, Bison, Elefant, Löwe) zu sehen • Probleme: finanzielle Engpässe aufgrund der wirtschaftlichen Rezession (Great Depression) und des Zweiten Weltkriegs (Mitarbeitermangel durch Kriegsdienst), mangelnde Fokussierung, Rückkehr zu altmodischem Käfigdesign (mit Ausnahme des Taronga Zoo) und dadurch bedingt erhebliche öffentliche Kritik • Erziehung/Bildung, Forschung und Naturschutz waren weitgehend unbedeutend
Modernisierungsphase (seit 1960)	• Teilnahme an Modernisierungsmaßnahmen, die sich international seit den 1960er-Jahren immer mehr durchsetzten: Verbesserung der Tierunterkünfte und des Erscheinungsbilds, neuer Ansatz bezüglich des Erwerbs von Tieren (z. B. Begrenzung des willkürlichen Erwerbs von Tieren), Etablierung der Vereinigung der australischen und neuseeländischen Zoodirektoren (Association of Zoo Directors of Australia and New Zealand – AZDANZ) im Jahr 1968 • Der Wert der Einrichtungen für die (Weiter-)Bildung war grundlegend für Modernisierung: Einführung von Lehrzentren und landesweite Forschungskooperationen, Öffentlichkeitsarbeit, um die Schlüsselrolle der Zoos in Artenerhaltungsprogrammen zu verdeutlichen, der einheimischen Fauna wird ein höherer Stellenwert zugemessen, Unterhaltung bleibt ein wichtiges Element • Gründung von Organisationen, die ihre Mitglieder zur aktiven Mitarbeit ermuntern und die Zoos bei der Mittelbeschaffung unterstützen

Rolle. Diese Konvention soll den internationalen Handel vom Aussterben bedrohter Tierarten verhindern (Zoo and Aquarium Association, 2016; für mehr Informationen siehe http://www.cites.org/). Auf der nationalen Ebene spielen insbesondere Grenzkontrollen eine wichtige Rolle, denn die Einfuhr von Tierarten wird durch zwei Commonwealth-Bundesagenturen reguliert, zum einen durch die Abteilung für Landwirtschaft, Fischerei und Forstwirtschaft (Department of Agriculture, Fisheries and Forestry, DAFF) und zum anderen durch den australischen Quarantäne- und Inspektionsservice (Australian Quarantine and Inspection Service, AQIS). Andere wichtige Institutionen sind die Abteilung für Nachhaltigkeit, Umwelt, Wasser, Bevölkerung und Gemeinschaften (Department of Sustainability, Environment, Water, Population and Communities, SEWPaC), die den internationalen Transport (Einfuhr und Ausfuhr) von Wildtieren und Wildtierprodukten überwacht, und das Komitee, das für die Koordination der Politik und Planung der Tierschädlingsbekämpfung verantwortlich ist (Vertebrate Pest Committee, VPC; Zoo and Aquarium Association, 2016). Sobald die Tiere in Australien eingetroffen sind, unterliegen sie den Regelungen zur Haltung und des Transports von Tieren der jeweiligen Bundesstaaten (Zoo Outreach Organisation, 2016), die je nach Bundesstaat sehr unterschiedlich gestaltet sein können. Folglich ist der Ankauf von neuen Tieren auf dem internationalen Markt zwar durch weltweit geltende Gesetze geregelt, doch die Bundesregierung kontrolliert letztendlich, welche Tiere unter welchen Umständen nach Australien einreisen dürfen. Sobald die Tiere im Land sind, greifen schließlich die unterschiedlichen gesetzlichen Regelungen der einzelnen Bundesstaaten und Territorien.

10.4 Zoos und Zootourismus in Australien: Themen und Probleme

Im Folgenden werden Themen und Probleme der Zootierhaltung in Australien exemplarisch beschrieben. Dabei handelt es sich in der Mehrzahl der Fälle um globale Zoothemen, die nicht auf Australien beschränkt sind, dort aber eine landesspezifische Ausprägung zeigen.

Allgemeine Probleme der Zootierhaltung haben ihre Wurzeln häufig im Tier-Mensch-Verhältnis. Im Allgemeinen werden Tiere in kapitalistischen Gesellschaften als Objekte mit einem instrumentellen Wert gesehen, die demzufolge ausgebeutet werden können (Markwell, 2015). Auch in australischen Zoos gibt es eine Vielzahl von Beispielen, die eine solche Auffassung vermuten lassen. Ein Beispiel hierfür ist die Debatte um die Behandlung von Tieren und Mitarbeitern 2015 im Australia Zoo, einem über die Grenzen Australiens hinaus bekannten Zoo in Beerwah in Queensland, der durch den inzwischen verstorbenen „Krokodiljäger" Steve Irwin geleitet wurde. Aufgrund finanzieller Probleme wurden Mitarbeiterstruktur und Arbeitsbedingungen verändert, was letztendlich zu einer Verkleinerung der Belegschaft führte, wodurch, so Beers (2015), verletzte Tiere in manchen Fällen unsachgemäß versorgt und Tiere durch unerfahrene Mitarbeiter verletzt wurden. Derartige Berichterstattungen haben einen negativen Einfluss auf die touristischen Besucherzahlen, deswegen versucht man sie zu vermeiden. Ein weiteres Beispiel, das den problematischen Stellenwert der Tiere als Ware verdeutlich, ist deren Veräußerung, sobald sie keinen Profit mehr abwerfen (Shell Ethics, 2015). Diese unter Zoos gängige Praxis hat beispielsweise dazu geführt, dass im Zoo Melbourne dem Gorillaweibchen Julia ein Jungtier weggenommen und an einen anderen Zoo weitergegeben wurde (Animal Liberation Victoria, 2015). Außerdem erlauben die Zoostandards in Australien eine Tötung überschüssiger Tiere, auch wenn derartige Entscheidungen selten öffentlich gemacht werden (Animals Australia, 2016). Dies kann – wie im Fall der Giraffe Marius im Zoo von Kopenhagen – zu einer sehr negativen Berichterstattung über die betroffenen Institutionen und somit zu einer Reduzierung der Besucherzahlen und einem negativen Image führen.

Die Mensch-Tier-Beziehung ist auch durch den jeweiligen soziokulturellen Kontext konstruiert (z. B. Religion; Markwell, 2015). In Australien hat sich diese Beziehung im Laufe der Geschichte des Landes verändert. Während die Siedlergesellschaft der frühen Jahre Furcht vor der einheimischen Natur empfand und deswegen wilde Tiere und Haustiere aus dem ursprünglichen Heimatland einführte und schätzte, gleichzeitig aber auch die einheimische Fauna jagte, änderte sich dieses Verhalten mit zunehmender Unabhängigkeit von Großbritannien. Einheimische Tierarten wurden positiv mit der sich selbstständiger entwickelnden Nation assoziiert und symbolisierten so die wachsende Unabhängigkeit Australiens, eingeführte Tierarten dagegen wurden zu Symbolen des Kolonialismus. Heute vermischen sich diese Mensch-Tier-Beziehungen miteinander und kreieren eine verwirrende Vielfalt von Tieren, die geschätzt und bekämpft werden (Franklin, 2006). Diese sehr verallgemeinert dargestellten Entwicklungen spiegeln sich auch in der Geschichte der Entwicklung der australischen zoologischen Gärten (De Courcy, 2001) und den Vorstellungen der besuchenden Touristen wider.

Bestimmt durch die Erwartungen der Besucher, war und ist die Hauptrolle der Tiere im Zootourismus die der Unterhalter (Markwell, 2015). Dies zeigt sich besonders deutlich in der Darstellung von nachtaktiven Tieren. In Australien sind etwa 90 Prozent der Säugetiere nachtaktiv. Um sie während des Tages für die Zoobesucher zugänglich und erlebenswert zu machen, werden sie entweder in Nachthäusern, in denen die umgekehrte Tageszeit simuliert wird, oder in Außengehegen, in denen die Tiere oft nur im schlafenden oder dösenden Zustand zu beobachten sind, untergebracht (Hawkins, 2007).

Wie wichtig Zoos in anderer Hinsicht sind, zeigt sich in der immer bedeutender werdenden Stellung der Erhaltung der Biodiversität in Australien, der sich zoologische Gärten verschrieben haben. Seit der Ankunft von James Cook im Jahr 1770 gingen mindestens 41 Vogel- und Säugetierarten und über 100 Pflanzenarten verloren (Australian Government, 2016a). Die meisten Zoos sehen heute eine Politik der Artenerhaltung als Teil ihrer wichtigsten Aufgaben. Dies ist von Bedeutung, um in der heutigen Gesellschaft als relevant angesehen zu werden (Tribe, 2016). So vermarkten sich diese

Einrichtungen nicht nur als Orte der Unterhaltung und der Erholung, sondern auch als Orte der Bildung, der Forschung und der Artenerhaltung, um das Halten von Tieren in Gefangenschaft zu rechtfertigen (Australian Government, 2016a). Als Konsequenz, so Catibog-Sinha (2008), wird der Zootourismus als ein Werkzeug zur Erhaltung der Biodiversität durch Tourismus genutzt.

In Australien genießt hierbei der Tasmanische Teufel eine besondere Stellung. Der Lebensraum des einst über weite Teile Kontinentalaustraliens verbreiteten Beutelteufels wurde auf die Insel Tasmanien reduziert, auf der sein Vorkommen durch verschiedene Umstände (e. g. Wildunfälle, Gesichtstumor) um 90 Prozent zurückging (Lemeric, 2015). Sein Schicksal wird oft mit dem des Tasmanischen Tigers verglichen. Das letzte Tier dieser Tierart starb am 7. September 1936 in einem Zoo in Hobart, Tasmanien, aufgrund von Vernachlässigung (Owen, 2003). Um ein ähnliches Schicksal beim Tasmanischen Teufel zu vermeiden, wurde er 2008 auf die Rote Liste der gefährdeten Tierarten der International Union for Conservation of Nature (IUCN) in Australien aufgenommen (IUCN, 2016), die er mit zehn Vogelarten, zwölf Froscharten, 13 Reptilienarten, 32 Vogelarten, 33 Säugetierarten und 209 Pflanzenarten teilt (Australian Government, 2016a). Gleichzeitig gehört diese nachtaktive Tierart, die im Jahr 2015 zum offiziellen Tiersymbol des Bundesstaates Tasmanien gekürt wurde (Lemeric, 2015), zu den beliebtesten touristischen Attraktionen Australiens (Associated Press, 2016). Seine Berühmtheit wird durch Taz, eine Figur der Warner Bros. Looney Tunes (Looney Tunes, 2016), noch erhöht. Daher wurde die Verhinderung der möglichen Ausrottung dieser Tierart zu einem der wichtigsten Elemente der Umweltpolitik des Staates und der tasmanischen Zoos. Es wurden spezielle Programme entwickelt wie beispielsweise „Save the Tasmanian Devil". Im Rahmen dieser Programme wurden Beutelteufel beispielsweise in verschiedene Zoos in Australien, auf abgelegene australische Orte und der ganzen Welt gebracht, um ihre Zukunft in der „Arche der Zoos" zu sichern und um Touristen anzulocken. Der Tasmanische Teufel ist daher ein Symbol für die vielschichtigen Beziehungen des Tourismus mit Zoos. Auf der einen Seite besuchen Touristen Zoos, um den Tasmanischen Teufel zu sehen, und es werden hohe finanzielle Mittel aufgewendet, um die Population zu sichern, auf der anderen Seite tragen die Touristen durch ihre Mobilität zu Wildunfällen bei, durch die auch Beutelteufel getötet werden. Eine Aufklärung der Touristen, u. a. in Zoos, über das Verhalten der Tiere im Straßenverkehr könnte ein probates Mittel sein, um diese zu schützen (Bolger, 2016).

Allerdings ist es fraglich, ob Touristen und einheimische Besucher in Australien diese Institutionen zwecks Erziehung und Bildung besuchen. Eine Studie von Reiser, Huyton und Falks (2006) im Zoo und Aquarium von Canberra beispielsweise, bei der 27 Zooattribute aus den Bereichen Unterhaltung und Besucherkomfort, Tierschutz und Artenerhaltung sowie Bildung/Erziehung auf ihre Wichtigkeit hin evaluiert wurden, kam zu dem Ergebnis, dass Besucher (in der Mehrheit Familien mit Kindern) Folgendes als am wichtigsten einschätzen: die Ästhetik und Aussichten der Parklandschaft, saubere und regelmäßig gereinigte Toiletten, den Zoo als Treffpunkt für Freun-

de, die Möglichkeit, ein Familienticket zu kaufen, eine gute Sicht auf die Tiere und eine gute Größe der Gehege. Diese Ergebnisse lassen darauf schließen, dass Bildung und Artenerhaltung für die Besucher immer noch eher untergeordnete Themen sind. Eine Wiederholung dieser Untersuchung in einem Wildpark in Tasmanien, der auch Tasmanische Teufel zeigt, erbrachte allerdings ein anderes Ergebnis (Reiser, 2014). Wildparks sind Institutionen, in denen in der Regel einheimische Tiere gezeigt werden. Hier wurden die folgenden Attribute als am wichtigsten bewertet:
– Bildung und Erziehung, insbesondere, dass Informationen über die Tiere in einer für Kinder guten Höhe angebracht sind, dass geführte Touren möglich sind und dass Gehege Informationsschilder haben,
– die Artenerhaltung, insbesondere, dass der Wildpark Besuchern erlaubt, Wildtiere zu sehen, ohne deren natürlichen Lebensraum zu zerstören, und dass Wildparks wichtige Orte sind, um Wildtiere zu erhalten, sowie
– die Gesundheit der Tiere, insbesondere, dass die Gehege den natürlichen Lebensraum der Tiere reproduzieren.

Diese Ergebnisse unterstützen die Feststellung, dass Zoobesucher, inklusive Touristen, Unterhaltungselemente tendenziell höher bewerten als andere wie beispielsweise Artenerhaltung, Bildung oder Tierschutz. Sie sagen aber auch, dass Bildung, Tierschutz und Artenerhaltung in Wildparks eine höhere Bedeutung haben und diese daher, besonders unter Berücksichtigung der speziellen Tierwelt Australiens, eine mögliche Lösung darstellen, damit derartige Institutionen ihre Aufträge bezüglich Unterhaltung, Forschung, Artenerhaltung und Bildung erfüllen können. In diesem Sinne argumentiert Fennell (2012, 11): „If we place the interests of animals over the interests of humans [...] and this is not the case in zoos or any other activity that compromises the wellbeing of animals for pleasure – we will have made a decisive step towards the realisation of a more ethical ecotourism [tourism] industry."

10.5 Fazit

Im Tourismus, insbesondere im Naturtourismus, gibt es viele Schnittstellen in der Tier-Mensch-Beziehung. Zoologische Gärten sind dabei nur ein Ort, an dem diese Beziehung ihren Ausdruck findet. Auch wenn diese Institutionen positive Einflüsse auf die Umwelt haben, wie z. B. die Schaffung einer bejahenden Einstellung zur Bewahrung der Natur, verbunden mit einer positiveren Sichtweise der Tierwelt (Markwell, 2015), werden sie doch auch immer kritisch gesehen. Es ist daher nicht auszuschließen, dass sich Zoos in der Zukunft, auch in Australien, weiter verändern oder gegebenenfalls sogar nicht fortbestehen werden.

Historisch betrachtet haben sich Zoos immer wieder verändert und an neue Bedingungen angepasst. In den letzten drei Jahrzehnten wurden moderne Zoos beispielsweise mehr und mehr in die Debatte über die Nachhaltigkeit und den nachhaltigen Tourismus einbezogen. Dies wird zu tief greifenden Veränderungen führen, denn ihre gegenwärtige Ausgestaltung ist nicht unbedingt mit dem Nachhaltigkeitsgedanken in Einklang zu bringen (Hancocks, 2001). Sie sind Institutionen für Menschen und nicht für Tiere (Rothfels, 2002). Daher plädieren manche Fachleute, beispielsweise Wearing und Jobberns (2011), sogar für die Abschaffung von Zoos, da sie ihrer Ansicht nach nicht zu einem nachhaltigen Tourismus beitragen, ihm sogar widersprechen, weil die Misshandlung von Tieren und deren dauerhafte Gefangenschaft generell die Antithese zu dem ist, was Ökotourismus im Kern repräsentiert.

Um sich auch zukünftig einer weitgehenden Akzeptanz und Unterstützung der Bevölkerung erfreuen zu können, wird sich der moderne Zoo neben der Unterhaltung im besonderen Maße der Artenerhaltung verschreiben müssen. Er sollte seine Besucher in dieser Hinsicht informieren und weiterbilden (Frost, 2011b) und somit zu einem neuen Naturverständnis beitragen können. Außerdem werden Zoos zunehmend mit der Frage konfrontiert sein, inwiefern in die Lebenswelt wilder Tiere zum Ziele der Förderung des Tourismus eingegriffen werden darf (Markwell, 2015). Donaldson und Kymlicka (2013) beispielsweise argumentieren, dass Tieren, auch in zoologischen Gärten, universelle Grundrechte zustehen sollten, die ihnen dort zurzeit noch weitestgehend verweigert werden.

Auch in Australien werden die Menschen lernen müssen, neue Wege des Zusammenlebens zu finden (Franklin, 2006), und dies betrifft Wildtiere ebenso wie Zootiere. Insbesondere die Rolle der australischen Zoos in den Bereichen Artenerhaltung (e. g. des Tasmanischen Teufels) und Bildung der Besucher könnte stärker ausgeprägt sein. Dies bezieht sich besonders auf einheimische Wildtiere und würde die örtliche und persönliche Verbindung mit der Natur in diesem Zusammenhang bedeutsamer machen. Im Moment sind diese Institutionen allerdings noch zu sehr kommerzialisiert, überfüllt und vor allem auf die Unterhaltung von Kindern fokussiert, als dass sie die Besucherbildung und die Artenerhaltung fördern (Kazarov, 2008). Um ihre wichtige Rolle in der australischen Tourismusindustrie weiterhin erfüllen zu können, müssen Zoos sich an die genannten Entwicklungen anpassen, möglicherweise durch eine Umwandlung in Wildparks.

Gerade in Australien bieten sich aber auch andere, tierfreundlichere Alternativen zu Zoos an, wie zum Beispiel die Möglichkeit, Tiere in ihrer natürlichen Umgebung zu bewundern oder Schutzgebiete zu besuchen (Animals Australia, 2016). Diese Schutzzentren sind Rettungszentren, in der Regel betrieben von Non-Profit-Organisationen, die missbrauchten, vernachlässigten, verletzten und verwaisten Tieren Schutz gewähren. Außerdem sollte am Hauptgrund der Gefährdung so vieler Tierarten gearbeitet werden: menschliches Verhalten, was die Abholzung, die Jagd, die Wilderei (Shell Ethics, 2015) und die Folgen des anthropogenen Klimawandels angeht.

Literatur

Altick RD. The shows of London. Cambridge: Belknap Press, 1978.
Animal Liberation Victoria. Another tragic death at Melbourne Zoo. http://www.alv.org.au/another-tragic-death-at-melbourne-zoo/, 2015. Abgerufen am 22. Mai 2016.
Animals Australia, 5 things we need to stop telling ourselves about zoos. http://www.animalsaustralia.org/features/things-we-need-to-stop-telling-ourselves-about-zoos.php, 2016. Abgerufen am 25. Mai 2016.
Associated Press, Saving devils in a single disease-free corner of Tasmania. http://nbc4i.com/2016/05/21/saving-devils-in-a-single-disease-free-corner-of-tasmania/, 2016. Abgerufen am 15. Juni 2016.
Association of Zoos and Aquariums, Visitor demographics. https://www.aza.org/visitor-demographics/, 2016. Abgerufen am 23. Mai 2016.
Australian Book of Records, Oldest Zoo. http://www.theaustralianbookofrecords.com/r94-oldest_zoo.php, 2016. Abgerufen 13. Mai 2016.
Australian Government, Zoos in Australia. http://www.australia.gov.au/about-australia/australian-story/zoos-in-australia, 2016a. Abgerufen 30. April 2016.
Australian Government, National Parks. http://www.australia.gov.au/about-australia/australian-story/national-parks, 2016b. Abgerufen am 16.Mai 2016.
Beers LM. Animals ‚are being mistreated' at former crocodile hunter Steve Irwin's Australia Zoo in a ‚toxic wirk environment'. http://www.dailymail.co.uk/news/article-3292608/Animals-mistreated-former-crocodile-hunter-Steve-Irwin-s-Australia-Zoo-toxic-workplace-environment.html, 2015. Abgerufen am 22. Mai 2016.
Blank E. Australien. Ein Länderporträt. Berlin: Landeszentrale für Politische Bildung, 2014.
Bolger R. RACT calls for roadkill education a spart of Tasmanians tourist road safety strategy, ABC News. http://www.abc.net.au/news/2016-02-16/ract-calls-for-tourist-road-strategy/7172328, 2016. Abgerufen am 15. Juni 2016.
Bostock SC. Zoos and animal rights: The ethics of keeping animals. London: Routledge, 1993.
Buckley R. Ecotourism: Principles and Practices. Wallingford: CAB International, 2009.
Bundeszentrale für politische Bildung. Globalisierung. Bonn: Bundeszentrale für politische Bildung, 2011.
Catibog-Sinha C. Zoo tourism: biodiversity conservation through tourism. Journal of Ecotourism. 2008, 7(2&3), 155–173.
De Courcy C. Zoological Gardens in Australia. In: Kisling Jr VN. Zoo and Aquarium History. Ancient Animal collections to zoological Gardens. Boca Raton: CRC Press, 2001, 181–213.
Deutsche Tierpark-Gesellschaft. Willkommen bei der deutschen Tierpark-Gesellschaft (DTG). http://www.deutsche-tierparkgesellschaft.de/home/81-tierpark-tiergarten-oder-zoo.html, 2016. Abgerufen am 1. Mai 2016.
Donaldson S, Kymlicka W. Zoopolis. Eine politische Theorie der Tierrechte. Berlin: Suhrkamp Verlag, 2013.
Fennell DA. Tourism and animal ethics. New York: Routledge, 2012.
Franklin A. Animal nation. The true story of animals and Australia. Sydney: University of New South Wales Press, 2016.
Frost W. ‚Rethinking zoos and tourism'. In: Frost W. Zoos and tourism: Conservation, education, entertainment? Bristol: Channel View, 2011a, 1–12.
Frost W. ‚Zoos and Tourism in a changing world'. In: Frost W. Zoos and tourism: Conservation, education, entertainment? Bristol: Channel View, 2011b, 227–235.
Hancocks D. A different nature. The paradoxical world of zoos and their uncertain future. Berkley: University of California Press, 2001.

Hawkins M. Do we do enough enrichment for Australian mammals? http://www.enrichment.org/MiniWebs/Australasia/workshop02.pdf, 2007. Abgerufen am 22. Mai 2016.

IUCN. The IUCN Red List of Threatened Species: Sarcophilus harrisii (Tasmanian Devil). 2016.

Jamieson D. Against Zoos. In: P. Singer, editor. In Defence of Animals. Oxford: Blackwell, 1985, 108–117.

Kazarov E. The role of zoos in creating an conservation ethic in visitors. http://digitalcollections.sit.edu/cgi/viewcontent.cgi?article=1579&context=isp_collection, 2008. Abgerufen am 22. Mai 2016.

Kirchhoff T, Vicenzotti V, Voigt A (Hg.). Sehnsucht nach Natur. Über den Drang nach draußen in der heutigen Freizeitkultur. Bielefeld: transcript Verlag, 2012.

Koala.net. Lone Pine Koala Sanctuary. http://www.koala.net/, 2016. Abgerufen am 15. Mai 2016.

Lemeric W. Tasmanian Devil become official state emblem, International Business Times. http://www.ibtimes.com.au/tasmanian-devil-becomes-official-state-emblem-1450574, 2015. Abgerufen am 15. Juni 2016.

Looney Tunes. Taz. Tasmanischer Teufel. http://www.looneytunes.com/de-de/characters/taz, 2016. Abgerufen am 15. Juni 2016.

Markwell K. ‚Exploited elephants and pampered pets: reflecting on tourism-animal relationship'. In: Markwell K. Animals and tourism. Understanding diverse relationships. Oxford: Channel View Publications, 2015, 288–301.

Mazur N. After the ark. Environmental policy-making and the zoo. Charlton South: Melbourne University Press, 2001.

Moore SA, Rodger K, Taplin R. Moving beyond visitor satisfaction to loyalty in nature-based tourism: a review and research agenda. Current Issues in Tourism. 2013, 18(7), 667–683.

Newsome D, Dowling R, Moore S. Wildlife tourism. Clevedon: Channel View Publications, 2005.

Newsome D, Moore SA, Dowling R. Natural area tourism: Ecology, impacts and management, 2nd edition. Clevedon: Channel View Publications, 2012.

Okech RN, Wildlife tourism. In: Robinson, P, editor. Tourism. Key Concepts. London: Routledge, 2012, 279–282.

Owen D. Thylacine: The tragic tale of the Tasmanian Tiger. Crows Nest: Allen & Unwin, 2003.

Patrick PG, Tunnicliffe SD. Zoo talk. Dordrecht: Springer Verlag, 2013.

Perth Zoo. 2015 Zoological Park Authority Annual Report. http://perthzoo.wa.gov.au/wp-content/uploads/2011/06/PerthZoo-overview_FINAL.pdf, 2015. Abgerufen am 15. Mai 2016.

Reichenbach H. Lost Menageries – Why and How Zoos Disappear, Part I. International Zoo News, 3(49), 2002.

Reiser D. Le Parc animalier local, avenir du parc zoologique? Revue espaces. 328, Février 2016.

Reiser D, Hummel F. The end of zoos or the revival of human stewardship: Public attitudes, visitor perceptions and management implications for zoo tourism in a changing world. In: Nunkoo R, Seetanah D, Sannassee VS, editors. Conference Proceedings 4th Advances in Hospitality, Tourism Marketing and Management, Le Meridien Hotel, Mauritius, 25.–27. 06. 2014, 2014, 33–34.

Reiser D, Huyton J, Faulks, P. ‚Zoos in the 21st Century: Public Attitudes, Visitor Perceptions and Management Implications', Beyond Nature. New Zealand Tourism and Hospitality Research Conference 2006 (Dunedin, New Zealand), published in conference proceedings, 05.–07. 12. 2006, 2006.

Rothfels N. Savages and beasts. The birth of the modern zoo. Baltimore: The John Hopkins University Press, 2002.

Ryan C, Saward J. The Zoo as Ecotourism Attraction – Visitor Reactions, Perceptions and Management Implications: The Case of Hamilton Zoo, New Zealand. Journal of Sustainable Tourism. 2004, 3(12), 245–266.

Shell Ethics. What is wrong with zoos? http://www.shellethics.com/ethics/what-is-wrong-with-zoos/, 2015. Abgerufen am 25. Mai 2016.

Strasdas W. Ökotourismus in der Praxis. Zur Umsetzung der sozio-ökonomischen und naturschutzpolitischen Ziele eines anspruchsvollen Tourismuskonzeptes in Entwicklungsländern. Ammerland: Studienkreis für Tourismus und Entwicklung e. V., 2001.

Taronga Zoo Conservation Society. Taronga Zoo. https://taronga.org.au/about-us/history/taronga-zoo. 2016. Abgerufen am 15. Mai 2016.

The Australian Book of Records. Oldest Zoo., 2016. Abgerufen am 30. April 2016.

The Griffith Institute for Tourism (GIFT) und Tourism Research Australia (TRA). Nature-based tourism in Australia. Year Ending December 2014, TRA, Canberra. https://www.griffith.edu.au/__data/assets/pdf_file/0007/725758/GIFT-TRA-Nature-Based-Tourism-Fact-SheetQANTASFINAL-1.pdf, 2015. Abgerufen am 24. April 2016.

Tierschutz.org. http://www.tierschutz.org/tierschutz/problembereiche/wildtiere/zoo.php, 2016. Abgerufen am 1. Mai 2016.

Tisdale S. London Zoo Review. American Way. 1993, 1, 74–76.

Tourism Australia. Currumbin Wildlife Sanctuary. http://www.tourism.australia.com/documents/Champion-Profiles/Currumbin-Wildlife-Sanctuary.pdf, 2016. Abgerufen am 15. Mai 2016.

Tourism Australia. Nature-based tourism, Tourism Australia, Canberra. http://www.tourism.australia.com/nature-based-tourism.aspx. 2015. Abgerufen am 24. April 2016.

Tourism Australia Corporate Website. Nature and wildlife. http://www.tourism.australia.com/story-ideas/nature.aspx, 2016. Abgerufen am 25. April 2016.

Tourism & Transport Forum. Nature and the Australian visitor economy. http://www.tourism.australia.com/documents/National-Landscapes/Presentation_TTF_NL_Forum_Aug14.pdf, 2014. Abgerufen am 25. April 2016.

Tourism Research Australia (TRA). International Visitors to Australia. Year ending December 2014, TRA, Canberra. http://tra.gov.au/documents/ivs/IVS-one-pager-Dec-14-FINAL.PDF, 2015. Abgerufen am 24. April 2016.

Tribe A. The contribution of Australian zoos to the conservation of Australian wildlife, The Hernon Slade Foundation. http://www.hermonslade.org.au/projects/HSF_00_2/hsf_00_2.htm, 2016. Abgerufen am 15. Juni 2016.

Tribe A. Zoo Tourism. In: Higginbottom K, editor. Wildlife Tourism: Impacts, Management and Planning. Victoria: Common Ground Publishing, 2004, 35–56.

Wearing S, Jobberns C. ‚Ecotourism and the commodification of wildlife: animal welfare and ethics of zoos'. In: Frost W. Zoos and tourism: Conservation, education, entertainment? Bristol: Channel View, 2001, 47–48.

Weaver D, Faulkner B, Lawton L. Nature-based tourism in Australia and beyond: a preliminary investigation. Canberra: CRC Tourism, 1999.

Wildlife Tourism Australia. 3rd Australian Wildlife Tourism Conference 2015. http://www.wildlifetourism.org.au/blog/events/wildlife-tourism-conference-2015/, 2016. Abgerufen am 16. Mai 2016.

Wolter L. Nature-based tourism in Mallorca's natural areas. The benefits of tourism for natural areas. Wiesbaden: Springer Gabler, 2014.

Yuh E. Australian wildlife sanctuary is a heaven for Tasmanian devils: Bonorong, outside of Hobart, is the anti-zoo, National Post. http://news.nationalpost.com/life/travel/australian-wildlife-sanctuary-is-a-heaven-for-tasmanian-devils-bonorong-outside-of-hobart-is-the-anti-zoo?__lsa=3fb3-0899, 2016. Abgerufen am 15. Juni 2016.

Zoo and Aquarium Association. Legal requirements. http://www.zooaquarium.org.au/index.php/press-releases/legislative-requirements/, 2016. Abgerufen am 25. April 2016.

Zoo Outreach Organisation. Australia. Zoo and related legislation. http://zooreach.org/ZooLegislation/Australia/Introduction.pdf, 2016. Abgerufen am 1. Mai 2016.

Zoo South Australia. Living conservation. A strategic plan for zoos SA 2012–2017. http://www.zoossa.com.au/wp-content/uploads/Zoos-SA-Strategic-Plan-2012.pdf, 2012. Abgerufen am 15. Mai 2016.

Zoos Victoria. 2014–2019 Zoos Victoria Corporate Plan. Journey to Excellence. http://www.zoo.org.au/sites/default/files/ZoosVictoriaCorporatePlan2014.pdf, 2014. Abgerufen am 16. Mai 2016.

Zoos Victoria. A year with Zoos Victoria. 2014–2015 Annual Report. http://www.zoo.org.au/sites/default/files/201415%20Annual%20Report%20ZV_0.pdf, 2015. Abgerufen am 16. Mai 2016.

Nicolai Scherle

11 Im Spannungsfeld von „Didgeridoos", „fliegenden Ärzten" und „Multikulturalität des Gaumens": Alltagskultur in deutschsprachigen Australien-Reiseführern

11.1 Einleitung

Je „fremder" respektive „exotischer" Destinationen von Touristen wahrgenommen werden, desto offensichtlicher erschließt sich der enge Konnex von Reisen und Fiktion: Die Fremde bietet sich in der heutigen Zeit nicht mehr nur als Projektionsfläche an, sie verlangt geradezu nach Projektionen, wobei sie sich mit vertrauten Vorstellungen kaum mehr fassen lässt, vielmehr werden entsprechende Leerstellen durch das immer professioneller werdende „Exotikmanagement" einer zunehmend kundenorientierten und ausdifferenzierten Tourismusindustrie gefüllt. Am konsequentesten greifen dieses Moment touristische Medien auf, die in erster Linie als gefällige „Fluchthelfer" in echte und falsche Paradiese fungieren (Hennig, 1999; Luger, 1994/2004; Scherle/Hopfinger, 2007). Ihnen kommt in diesem Kontext nicht nur zugute, dass Reiseberichte eine jahrtausendealte Tradition als „Wegweiser in die Fremde" aufweisen, sondern dass gegen die wachsende Leere auf Reisen schon immer das Schreiben half. Schütze (1998, 51) konstatiert in diesem Zusammenhang: „Den bleibenden Ort der Reise, und nicht bloß einen verschwommenen, flüchtigen Aufenthalt, bildet der Reisebericht, das Buch. Im Buch kreuzen sich sämtliche Routen und die Kreuzungen verdichten sich, in der Benennung und Wiederholung haben die Wege ein Ziel." Inwieweit allerdings die Schöpfer der entsprechenden Werke – die gerade in früheren Zeiten häufig den Charakter von Robinsonaden oder Utopien aufwiesen – auf Wahrheit achteten, ist ausgesprochen umstritten und kann in der Regel nur mittels einer möglichst exakten Rekonstruktion der jeweiligen Entstehungsgeschichte entschieden werden (Bitterli, 1991; Francillon, 2000).

Wer reist und Reiseführer nutzt respektive wer „erlesene" mit konkret „erlebten" Destinationen vergleicht, der weiß, wie viel Fiktion, wie viel Konstruktion dem Reisen und seinen Repräsentationen innewohnt (Loew, 2011). Dieses Phänomen trägt nicht zuletzt dem weit verbreiteten Wunsch Rechnung, die bzw. das Fremde als Gegenentwurf zum eigenen Alltag zu erleben; ein Faktum, das Hennig (1999, 95) treffend auf den Punkt bringt: „Unsere imaginäre Geographie siedelt in Marokko malerische Araber mit Turban und farbige Basare an, in Venedig Gondeln und verfallene Palazzi, in Andalusien Flamenco-Tänzerinnen und rauschende Fiestas. Solche Bilder suchen wir auf unseren Reisen; wir sind beglückt, wenn wir sie treffen, und enttäuscht, wenn wir sie nicht finden." Der vorliegende Beitrag greift mit einer inhaltsanalytischen Untersuchung deutschsprachiger Australien-Reiseführer ein Land auf, das spätestens seit Erscheinen der Traumpfade von Bruce Chatwin im Jahr 1987 auf der literarischen Landkarte omnipräsent ist und das in vielfacher Hinsicht geradezu idealtypisch jene Attribute widerspiegelt, die wir von einem „exotischen" Reiseziel erwarten: „Schnorcheln im Paradies" (Polyglott on tour, 2015, 12), „Zeugnisse alter Wüstenkulturen" (Lonely Planet, 2014, 12), „Tropische Regenwälder und schroffe, schneebedeckte Alpengipfel" (Marco Polo, 2013, 14), „Schlemmen im Land der Schlemmer" (Baedeker Reiseführer, 2015, 87) und nicht zuletzt „Die fliegenden Ärzte im Outback" (DuMont Reise-Handbuch, 2015, 8) sind nur eine Handvoll Etikettierungen, die als – vermeintlich – typische Blaupausen imaginärer Geografien Australiens fungieren.

Diesen imaginären Geografien Australiens heftet sich der vorliegende Beitrag mittels einer hermeneutischen Inhaltsanalyse von acht aktuellen deutschsprachigen Australien-Reiseführern auf die Spur. Ausgangspunkt ist die insbesondere in der sozialwissenschaftlichen Tourismusforschung immer wieder vertretene These, dass Reiseführer nicht nur news you can use vermitteln sollten, sondern darüber hinaus – als Literaturgenre, das wie kaum ein zweites in die Dialektik des Verständnisses von Eigenem und Fremdem eingebunden ist – eine „Brückenfunktion zwischen den Kulturen" einnehmen. Vor diesem Hintergrund wird davon ausgegangen, dass die interkulturelle Dimension von Reiseführern – im Sinne von Verständnis für andere Länder und Kulturen zu wecken – einen zentralen Baustein qualitativ hochwertiger Reiseführer darstellt (Scherle, 2001; Scherle, 2011; Steinecke, 1988). Generell gilt: Je größer die kulturelle Distanz zwischen „Reisenden" und „Bereisten" ist, desto wichtiger werden verständnisfördernde Informationen jenseits klassischer Images und Stereotypen, die in der Regel als weitgehend unerschöpfliche Quelle für imaginäre Geografien fungieren. Zunächst erfolgt im nachfolgenden, zweiten Abschnitt eine historisch-konzeptionelle Annäherung an das Untersuchungsobjekt Reiseführer. Neben den wichtigsten Etappen in der Entwicklung dieses ausgesprochen traditionsreichen Mediums wird vor allem dessen komplexes konzeptionelles Selbstverständnis im Spannungsfeld von Konditionierung und interkultureller Wegweiserfunktion beleuchtet, wobei Letztgenannte – gerade aus normativer Perspektive – eine immer wichtiger werdende Rolle bei Reiseführern einnimmt. Der dritte Abschnitt reflektiert ausgewählte Aspekte einer Dialektik des Verständnisses von Eigenem und Fremdem, die sich als zentrale konzeptionelle Blaupause für die interkulturelle Dimension von Reiseführern begreifen lässt. Der anschließende, vierte Abschnitt stellt ausgewählte Ergebnisse einer inhaltsanalytischen Untersuchung deutschsprachiger Australien-Reiseführer vor, die im Rahmen des Resümees noch einmal reflektiert werden.

11.2 Mehr als ein touristisches Gebrauchsmedium: Historisch-konzeptionelle Annäherungen an Reiseführer

Etliche Jahrzehnte galt es in weiten Kreisen der geistes- und sozialwissenschaftlichen scientific community als schick, Reiseführer als triviales, zumindest jedoch fragwürdiges Produkt des modernen Massentourismus abzutun, um ihnen damit den Stempel eines „nicht wissenschaftlichen" bzw. „forschungsunwürdigen" Untersuchungsobjekts aufzudrücken (Agreiter, 2003; Lauterbach, 1989; Wicke, 2011); eine Sichtweise, die deutlich zu kurz greift, wenn man bedenkt, dass das Genre der Reiseführerliteratur eine weit vor die Zeit des modernen Tourismus zurückreichende Tradition aufweist. Gerade aus tourismuswissenschaftlicher Perspektive ist die Entwicklungsgeschichte des Mediums Reiseführer ausgesprochen interessant, da sich in ihr neben den historisch-genetischen Etappen der touristischen Entwicklung einschließlich deren strukturellen Transformationen auch die wandelnden Ansprüche von Reisenden an dieses Literaturgenre manifestieren. Bogeng (1952, 206) konstatiert in diesem Zusammenhang:

> Mannigfach haben sich die Arten der Reisen vervielfacht, und damit die Bedürfnisse derer, die darüber Auskunft wünschten. Dementsprechend haben sich die uns heute unentbehrlich gewordenen Fassungen der „Reiseführer" im Verlaufe von Jahrtausenden spezialisiert. In Buchform werden sie heute durch eine höchst verfeinerte Spezialliteratur für Reisende vertreten. In ihren langen Entwicklungsreihen spiegeln sich die Anpassungen an jeweilige Reisebedürfnisse und Verkehrslagen wider.

Als erste große Etappe in der Entwicklung des touristischen Mediums Reiseführer gelten die sogenannten Periegesen, die vor allem im Hellenismus (ca. 4. bis 1. Jahrhundert v. Chr.) eine bemerkenswerte Blüte erlebten und von so berühmten Zeitgenossen wie Dionysios, Herakleides oder Pausanias verfasst wurden. Periegesen beschäftigten sich in erster Linie mit Topografie, Artefakten und deren Geschichte sowie Bräuchen, wobei die Grenzen zu Geografie, Lokalgeschichte, Mythologie und zu anderen literarischen Gattungen stets fließend waren (Habicht, 1985; Scherle, 2000; Zimmers, 1995). Auch wenn das Reisen zur damaligen Zeit vorwiegend wohlhabenden Schichten vorbehalten blieb, erfreuten sich Periegesen einer regen Nachfrage. Besonders beliebt war die Periegesis tes Hellados von Pausanias aus Kleinasien, der eine detaillierte Beschreibung Griechenlands schuf. Habicht (1985, 31), der sich intensiv mit Vita und Opus des Pausanias auseinandergesetzt hat, vermerkt über das Werk: „Man kann schon daraus schließen, daß sein Buch als Reiseführer gedacht war, für Reisende, die (so wenigstens hoffte Pausanias) ihm auf denselben Routen folgen und sich von seiner Beschreibung leiten lassen würden. [...] Die Absicht des Verfassers, einen Reiseführer von der Art eines Baedekers zu liefern, ist unverkennbar." Auf konkrete reisepraktische Informationen, die in der heutigen Zeit zum Standardrepertoire eines jeden Reiseführers zählen, mussten die Leser von Periegesen allerdings verzichten.

Als eine weitere bedeutende Etappe auf dem Weg zum modernen Reiseführer gilt die christliche Pilgerbewegung im Hoch- und Spätmittelalter (ca. 11. bis 15. Jahrhundert). Das wichtigste Reisemotiv stellte zu jener Zeit der im christlichen Glauben verwurzelte Wunsch nach Seelenheil dar, dem die Kirche durch den Ablasshandel ein für sie lukratives Ausdrucksmittel schuf. Da der Ablass in der Regel an eine Wallfahrt gekoppelt war, entwickelte sich in der mittelalterlichen europäischen Gesellschaft eine ausgeprägte, vorwiegend religiös inspirierte Mobilität (Gorsemann, 1995). Die Pilger konnten bei ihren Wallfahrten auf ein erstaunlich diversifiziertes Publikationsangebot zurückgreifen, das ihnen den Weg zu den heiligen Stätten wies. Dabei speiste sich der mittelalterliche Pilgerführer zum einen aus der topografisch dominierten Tradition der Itinerarien des Römischen Reichs, zum anderen aus den Erfahrungsberichten der Wallfahrer selbst (Wicke, 2011).

In der frühen Neuzeit (ca. 16. bis 18. Jahrhundert) bildete sich ein weiteres zentrales Genre der Reiseführerliteratur heraus, die sogenannten Apodemiken, deren konzeptionelles Selbstverständnis Wicke (2011, 80) wie folgt umschreibt: „Im Geiste des Humanismus, welcher die Vervollkommnung des menschlichen Charakters mittels Erfahrungswissen anstrebt, entwickelt sich die Idee vom Reisen als Schule des Lebens – ein Ideal, das auch die Italienreisen der Zeit deutlich prägt und sich darüber hinaus in jenen ab dem 16. Jahrhundert aufkommenden Apodemiken widerspiegelt." Essenzielle Triebfeder für diese Form von Reiseführer war die sogenannte Grand Tour, eine mehrjährige Bildungsreise vorwiegend heranwachsender Adeliger, die – weitgehend unabhängig von zeitlichen und finanziellen Restriktionen – Zentren der europäischen Kulturgeschichte aufsuchten (Brilli, 2012). Die Autoren von Apodemiken wollten mit ihren Schriften die jungen Reisenden vom bloßen Herumschweifen abhalten, deshalb instruierten sie ihre Leser mit systematischen Anweisungen zum „richtigen Reisen" und griffen dabei ein ungemein vielschichtiges Themenspektrum auf, etwa Argumente für und gegen das Reisen, konkrete Informationen über „Land und Leute", Beschreibungen einschlägiger Sehenswürdigkeiten und nicht zuletzt logistische und moralische Reiseratschläge (Hlavin-Schulze, 1998; Wagner, 1990).

Die Entstehung des modernen Reiseführers in der ersten Hälfte des 19. Jahrhunderts fällt in eine Phase einschneidender sozioökonomischer Entwicklungen, etwa der sukzessiven Transformation von der agrarischen zur gewerblich-technischen Produktion, der Schaffung eines leistungsfähigen Verkehrswesens oder der fortschreitenden Emanzipation des Bürgertums (Osterhammel, 2009). Im Jahr 1832 wird mit „Die Rheinreise" der erste Baedeker publiziert, der wie kaum ein zweiter Reiseführer das Reisen als Ausdruck bürgerlicher Emanzipation begriff, indem er dezidiert auf die spezifischen Bedürfnisse seiner bürgerlichen Leser setzte: Reisen musste sowohl zeitlich als auch finanziell planbar bzw. kalkulierbar sein; eine mehrjährige räumliche Abwesenheit wie bei der in aristokratischen Kreisen gepflegten Grand Tour wäre schon aufgrund schwer kalkulierbarer Kosten ein allzu riskantes Unterfangen gewesen. Eingedenk der bis dato kaum vorhandenen Reiseerfahrungen bewegte sich der bürgerliche Reisende noch weitgehend unsicher auf fremdem Terrain; ein Manko, dem Baedeker –

in Bezugnahme auf Pretzel (1995, 64) – insbesondere mit folgenden Elementen entgegentreten wollte:
1. Übersichtlichkeit durch ein Inhaltsverzeichnis;
2. Einteilung des Buches nach geografisch sinnvollen Routen, unter denen man alle am Wege liegenden Orte und Sehenswürdigkeiten beschrieben findet;
3. Klassifizierung von Sehenswertem, Hotels und Restaurants mit ★Sternchen;
4. Aktualität des Inhalts;
5. Nachschlagemöglichkeit anhand eines Registers.

Der große Erfolg des Baedekers basierte letztendlich auf seiner konsequenten Orientierung an den Reiseinteressen seiner vorwiegend bürgerlichen Leser; ein Faktum, das trefflich im nachfolgenden Zitat von Müller (2012, 38 ff.) zum Tragen kommt, die sich intensiv mit der kulturgeschichtlichen Entwicklung dieses Prototyps eines modernen Reiseführers auseinandergesetzt hat:

> In seinen Reisehandbüchern führt Baedeker einen Feldzug gegen unnötige Ausgaben, hohe Trinkgelder und betrügerische Wirte. „Wer Teppiche, Goldspiegel und Pendulen, Mahagonystühle, Marmortische und Plüsch-Sopha's [sic!] nicht entbehren kann", so das Vorwort der Rheinreise von 1849, „möge sich in die großen Gasthöfe begeben und über hohe Preise sich dann nicht beschweren; der einfache bescheidene Reisende wird aber mit diesem Buch in der Hand die guten Häuser altbürgerlicher Art bald herausfinden."

Das 20. Jahrhundert öffnete die Welt des Reisens einer immer größeren Anzahl von Menschen und führte schließlich dazu, dass man heute in diesem Kontext von einem Massenphänomen sprechen kann. Dabei führte die sukzessive Diversifizierung des touristischen Angebots zu einer immer größeren Ausdifferenzierung und Spezialisierung des Reiseführerangebots, die Wagner (1990, 30 f.) wie folgt skizziert: „Nie vorher in den Epochen der Geschichte war die Flut der Reisebücher so überquellend, so mächtig, so differenziert wie heute, aufgesplittert nach Reisezielen und Reisemotiven, nach Gesichtspunkten der vielfältigsten wissenschaftlichen Fächer, nach buchtechnischer Anlage und Druckqualität etwa der Farbbilder." Zum Abschluss dieser Tour d'Horizon durch die Entwicklungsgeschichte der Reiseführerliteratur sei angemerkt, dass die verstärkte publizistische Inwertsetzung der „Sehnsucht nach der Ferne" in den letzten Jahren vor allem für die sogenannten neuen Medien einen enormen Schub eingeläutet hat. Will man sich als Tourist über nicht vertraute Destination informieren, so stehen einem heute neben dem Printmedium Reiseführer unter anderem Reisehörbücher, Reisevideos, Reisesendungen und nicht zuletzt das zunehmend von Social Media dominierte Internet zur Verfügung, wobei alle erwähnten Medien – ungeachtet kulturpessimistischer Kassandrarufe – keinesfalls zu einer Verdrängung, sondern vielmehr zu einer Ergänzung traditioneller Reiseinformationsmedien geführt haben (Scherle/Hopfinger, 2007; Scherle/Lessmeister, 2013; Strauch, 2003).

Einhergehend mit der ungebrochenen Popularität von Reiseführern ist auch das wissenschaftliche Interesse an diesem lange Zeit marginalisierten Gebrauchsmedium gestiegen. Insbesondere in den Sozialwissenschaften sind in den letzten Jahren einige grundlegende Beiträge erschienen, die einen profunden Einblick in das ausgesprochen komplexe konzeptionelle Selbstverständnis von Reiseführern gewähren, wobei sich das Forschungsinteresse primär auf historische Betrachtungsweisen, auf Typisierungen von Reiseführern sowie auf Untersuchungen der in Reiseführern vermittelten Bilder respektive Images bezieht (Agreiter, 2004; Jaworski/Loew/Pletzing, 2011). Im Rahmen einer komprimierten konzeptionellen Annäherung an Reiseführer kann es selbstverständlich nicht darum gehen, sämtliche Facetten dieses ungemein vielschichtigen Gebrauchsmediums aufzurollen, vielmehr sollen im Verlauf des vorliegenden Beitrags ganz bewusst einige ausgewählte Akzente gesetzt werden. Konkret geht es um Reiseführer im Spannungsfeld von Konditionierung und interkultureller Wegweiserfunktion, die beide in engem Konnex zur Dialektik des Verständnisses von Eigenem und Fremdem sowie zur durchgeführten Inhaltsanalyse stehen.

Es gibt wohl kaum ein Phänomen, das die sozialwissenschaftliche Reiseführerforschung – und nicht zuletzt die Kritiker dieser Literaturgattung – derart intensiv beschäftigt hat wie die Lenkung touristischer Ströme durch Reiseführer. So vermerkte Enzensberger (1958, 713) bereits Ende der 1950er-Jahre in seiner viel zitierten Theorie des Tourismus:

> Die Normung der Reiseziele beginnt schon mit der Erfindung des Reiseführers. Murrays Red Book von 1836 leitet den Touristenstrom bereits in vorgegebene Kanäle. Dieser Steuerung unterwirft sich der Reisende zunächst noch freiwillig. Er wird durch das Buch zwar psychisch, aber noch nicht physisch konditioniert. Das genormte Grundelement der Reise ist die „sight", die Sehenswürdigkeit, sie wird nach ihrem Wert durch einen, zwei oder drei Sterne klassifiziert.

Kritiker von Reiseführern, welche die Konditionierung des Reisenden durch dieses Gebrauchsmedium beklagen und in diesem Zusammenhang immer wieder auf eine träge, unkritische und primär dem Konsum frönende Touristenmasse verweisen, übersehen nur allzu gerne, dass die Entwicklung unserer Reisekultur schon immer entscheidend von Reiseliteratur und bildender Kunst mitgetragen wurde (Cosgrove/Daniels, 2000; Crouch/Lübbren, 2003; Robinson, 2005). Rousseaus Nouvelle Héloise (1761) oder Pilchers Sommer am Meer (1992) haben Tausende von Reisenden inspiriert; ebenso viele blickten mit den Augen Claude Lorrains (1600–1682) oder Caspar David Friedrichs (1774–1840) auf die klassischen Landschaften Italiens und Deutschlands. Einschlägige Texte und Bilder stehen nicht nur in engem Konnex mit der bereits erwähnten Fiktionalisierung touristischer Wahrnehmungen, sie kreieren letztendlich auch die Erwartungen an unsere Reiseerfahrung. Destinationen, die in einschlägigen Büchern nicht erwähnt wurden oder die ästhetisch den beliebten Landschaftsgemälden à la Nicolas Poussin (1594–1665) oder William Turner (1775–1851) nicht entsprachen, weckten Enttäuschung oder galten schlicht als uninteressant. So vermerkt der französische Historiker Corbin (1990, 72) über Reisende des 18. Jahrhunderts: „Vollständige Blindheit herrscht [...] gegenüber jenen Plätzen, von denen die berühmten Texte keine Notiz nehmen." Der romantische Reisende will nicht primär fremde Wirklichkeit erkennen, er will vielmehr – um mit den Worten Corbins (1990, 234) fortzufahren – „den aus einer Ahnung erwachsenen individuellen Traum vollenden. Die laufenden Verschiebungen vom Realen zum Imaginären [...] stehen im Vordergrund der Reise."

Eine Annäherung an Reiseführer, die einschlägige Publikationen ausschließlich auf einen Cicerone für mehr oder weniger Sehenswertes reduzierte, würde dem konzeptionellen Selbstverständnis dieser Literaturgattung nicht gerecht werden, da sie wie kaum eine zweite in die Dialektik des Verständnisses von Eigenem und Fremdem eingebunden ist (Duncan/Gregory, 1999; Scherle, 2001; Scherle, 2011). Als „Wegweiser in die Fremde" spiegeln Reiseführer infolge ihrer pragmatischen Leserorientierung Verstehensinteressen und Verstehensansprüche der jeweiligen Zeit wider, wobei sie mit ihren Erläuterungen unbekannter Destinationen Durchdrucke unterstellter leserkultureller Vorstellungen, Verstehenspositionen und Referenzrahmen empfohlener Verhaltensmuster in der Fremde liefern und somit – zumindest aus normativer Perspektive – dezidiert eine interkulturelle Dimension aufweisen (Wierlacher/Wang, 1996); eine Dimension, die nicht nur von wissenschaftlicher, sondern auch von verlegerischer Seite erkannt und artikuliert wird, wie das nachfolgende Zitat von Hälker (1999, 84 f.), der Cheflektorin eines führenden deutschen Reiseführerverlags, illustriert:

> Es geht um den Versuch, Brücken zu anderen Kulturen zu bauen, den Blick zu öffnen, die Wahrnehmung zu schärfen, ungewohnte Phänomene zu erklären, Einfühlung zu ermöglichen. Dies ist wohl die am wenigsten „dienstleisterische" Ebene von Reiseführern. Und es geht dabei um mehr als um die solide Beschreibung von Sehenswürdigkeiten mit den notwendigen Eckdaten oder um Vorschläge von Routen, die eine Reise wert sind. Eher geht es um Dinge, die sich zwischen den Zeilen solcher Sachinformationen lesen lassen. [...] Das Eintauchen in andere Welten und Zusammenhänge kann unerwartete Erlebnisse und geistige Bereicherungen bringen, bei denen Reiseführer Anregungen bieten und Augen öffnen können.

Der besondere Reiz von Reiseführern liegt genau darin, dass sie sich mit fremden, dem Touristen nicht vertrauten Kulturen beschäftigen und diese ihren Lesern näherbringen. Gerade die Reflexion kultureller Aspekte kann nicht nur ein tiefer greifendes Verständnis der fremden Kultur ermöglichen, sondern auch neue Einblicke in die eigene Kultur fördern (Schäffter, 1991; Scherle, 2016; Wiater, 2012). Vor diesem Hintergrund können – und sollten – Reiseführer als „Wegweiser in die Fremde", die wie kaum ein zweites Medium in die Dialektik des Verständnisses von Eigenem und Fremdem eingebunden sind, dem Reisenden beim fremdkulturellen Verstehen Hilfestellungen bieten. Ein Umstand, der insbesondere dann zum Tragen kommt, wenn die Primärerfahrung, sprich die direkte Umweltbeobachtung bzw. das unmittelbare Erleben vor Ort, fehlt. Die Förderung interkultureller Kompetenz beim Reisenden kann jedoch nur dann ermöglicht werden, wenn sich Reiseführer nicht alleine auf ein alphabetisches Abhandeln von Sehenswürdigkeiten oder das Aufzeigen einschlägiger Touristikrouten beschränken, sondern vielmehr eine kritische und verständnisfördernde Auseinandersetzung mit der unbekannten Destination bieten.

11.3 Nichts Fremdes ist mir fremd: Die Dialektik des Verständnisses von Eigenem und Fremdem als Blaupause für die interkulturelle Dimension von Reiseführern

> Die Rede vom Fremden verführt zur Hypokrisie. Man redet von ihm und tut gleichzeitig so, als wüßte man nicht, wovon man redet. Dieser schillernde Charakter erweist sich als Ingredienz der Sache selbst, sobald wir auf Erfahrungen des Fremden zurückgehen [...]. Sprache, Blick oder Zugriff der einen sind zumeist schneller als jene der anderen, wenn es darauf ankommt, der Erfahrung des Fremden standzuhalten; denn es gehört zur Eigenart des Fremden, daß es mit dem Eigenen nicht synchronisiert ist, und wenn, dann nur auf sehr unzulängliche Weise. [...] Doch wenn es eine Rätselhaftigkeit des Fremden gibt, dann besteht sie darin, daß das Fremde die Bedeutung jenes Wortes, dem es angeheftet oder aufgepfropft wird, affiziert und infiziert wie ein Virus. Die Konfrontation mit dem Fremden löst stets einen Rückschlag aus. Erfahrung, Sprache, Land, Leib, Vernunft und Ich, die als fremd auftreten können, hören auf, schlicht das zu sein, was sie bislang waren. Erfahrung des Fremden, die mehr bedeutet als einen Erfahrungszuwachs, schlägt um in ein Fremdwerden der Erfahrung und ein Sich-Fremdwerden dessen, der die Erfahrung macht. Fremdheit ist in diesem Sinne ansteckend wie Krankheit, Liebe, Haß oder Gelächter.

Anknüpfend an die vorangestellten Reflexionen von Waldenfels (1997, 9 f.) soll in diesem Abschnitt mit dem Sujet Eigenes und Fremdes für ein Forschungsfeld sensibilisiert werden, das in Anbetracht zunehmend globaler Vernetzungstendenzen aktueller denn je ist, stellen sich doch verstärkt Fragen hinsichtlich eines in der Regel als herausfordernd empfundenen Umgangs mit Heterogenität bzw. Pluralität (Bartmann, 2012; Stichweh, 2012; Wiater, 2012).

Zunächst einmal gilt es festzuhalten, dass das Fremde kein objektiver Tatbestand ist, sondern vielmehr eine Zuschreibung, wenn man so will eine Etikettierung nicht oder nur unzureichend vertrauter Strukturen, die subjektiv vonstattengeht und in ihrem Ergebnis selten als eindeutig einzustufen ist. Letztendlich verkörpert das Fremde ein vergleichsweise abstraktes Konstrukt, das in Abgrenzung zum Eigenen entsteht und somit erst durch unsere Beteiligung kreiert wird (Reuter, 2002). Der Konstruktcharakter des Fremden im Kontext interkultureller Aspekte ist spätestens seit der von Said (1978) verfassten Studie Orientalism in den Kultur- bzw. Sozialwissenschaften common sense; ein Faktum, das sich auch in zahlreichen Publikationen widerspiegelt, die in eine Dialektik des Verständnisses von Eigenem und Fremdem eingebunden sind und deren Grundlage eine imaginäre Geografie darstellt (Ashcroft/Griffiths/Triffin, 2008; Huggan, 2001; Nederveen Pieterse/Parekh, 1995; Pratt, 2009). In der Regel wird dabei die Zuschreibungsinstanz als Ort des Eigenen ausgewiesen und tritt in der Praxis des Zuschreibens als privilegierter Ort der Wahrnehmung hervor, von dem aus den jeweiligen Strukturen respektive Akteuren Bedeutung verliehen wird (Jarosz, 1992; Ogborn, 2002). Fragt man nach der Entstehung entsprechender Fremdheitskonstrukte, so wird evident, dass sie keine autonomen Kreationen eines Individuums, sondern vielmehr gesellschaftlich mitgeprägt sind, ohne dass die „Richtigkeit" der Norm permanent reflektiert würde. Denn die durch die Gesellschaft vorgegebenen

Deutungsmuster zur Wirklichkeitskonstruktion verlieren im Verlauf des Sozialisierungs- bzw. Internalisierungsprozesses ihren Konstruktcharakter und gewinnen an Selbstverständlichkeit und „Normalität".

Die Dialektik des Verständnisses von Eigenem und Fremdem, die im vorliegenden Beitrag als konzeptionelle Blaupause für die interkulturelle Dimension von Reiseführern fungiert, entspringt keiner ausschließlichen Abgrenzung, sondern vielmehr einem komplexen Prozess der Ein- und Ausgrenzung. Dabei sind die Grenzlinien zwischen Eigenem und Fremdem labil und verschiebbar, sie sind integrierender Teil der Überlieferung, in der das Eigene jeweils neu umgesetzt und das Andere, das Fremde in verschiedener Hinsicht ausgegrenzt wird (Hammerschmidt, 1997). Seit jeher gilt dabei das Fremde als das Abweichende von der eigenen Norm, als Differenzerfahrung, die unterschiedliche Erfahrungsmodi des Fremderlebens generiert, wobei der Fremde traditionell eine singuläre respektive außergewöhnliche Stellung eingenommen hat: der Exotische mittels Stilisierung, der Idealisierte mittels Übersteigerung, der Minderwertige mittels Herabsetzung, der Ausgebeutete mittels Benutzung, der Feindliche mittels Bekämpfung und der Kolonisierte mittels Unterwerfung (Bourdieu, 1989; Hunfeld, 1996; Schäffter, 1991; Ward/Bochner/Furnham, 2011).

Fremdheit als Zuschreibung eines Individuums oder einer Gruppe unterstreicht aber auch die Konstruktionsgrenzen unseres Bewusstseins: Zuschreibungen reduzieren den Heterogenitätsgrad der Umgebung, indem sie diese in Zonen der Relevanz und Irrelevanz respektive der Nähe und Ferne einteilen. „Würden wir", so Reuter (2002, 39) in diesem Zusammenhang, „diese Einteilungen im Sinne von Pauschalisierungen nicht vornehmen, wären wahrscheinlich Chaos und Orientierungslosigkeit die Konsequenz, da die Komplexität der Wirklichkeit undifferenziert auf uns einfiele." Vor diesem Hintergrund ist jede Vorstellung und Ordnung der Wirklichkeit relativ und damit inkohärent und unvollständig. In der Regel oszilliert die Erfahrung des Fremden zwischen den Polen Angst und Faszination, denn sie bedingen einander (Bochner, 1982; Cray/Mallory, 1998; Oberg, 1960): Einerseits geht vom Fremden – das heißt von fremden Personen, die nicht „dazugehören", genauso wie von nicht vertrauten Lebenswelten, etwa „exotischen" Ländern und Religionen – eine nicht zu unterschätzende Verlockung aus, die eigene Ordnung auf sie auszudehnen. Andererseits weist das Fremde zugleich etwas „anziehend Abschreckendes" auf, wird doch die vertraute Ordnung zur Disposition gestellt und somit dem Risiko eines Zusammenbruchs ausgesetzt (Janz, 2001).

Gerade in touristischen Kontexten treten die Anziehung und Abstoßung durch das Fremde prononciert hervor: Dabei steht der Idealisierung des Fremden seit jeher dessen Verachtung polar entgegen. Anziehung und Abstoßung durch das Unbekannte sind zwei Seiten einer Medaille – das Verhältnis zum Fremden bleibt in allen Kulturen ambivalent. Das Unbekannte bietet sich als Projektionsfläche für Fantasien und Wünsche jeder Art an, ihm lagern sich – wie die Ausführungen von Hennig (1999, 126) zeigen – negative Vorstellungen ebenso an wie positive: „Der Fremde kann als Edler Wilder erscheinen [...] Er bildet aber auch eine Negativ-Folie für die eigene Kultur und wirkt dann als Barbar, als ungeformter Mensch außerhalb der eigenen, für selbstverständlich gehaltenen Ordnung."

Es versteht sich von selbst, dass die heutige touristische Angebotsseite – seien es Destinationen, Reiseveranstalter oder die in diesem Beitrag relevanten Reiseführer – fast ausnahmslos ein positives Bild von der Fremde bzw. dem Fremden zeichnet, denn negative Konnotationen haben in unseren gängigen Reisevorstellungen, die vor allem den Genuss des Unterwegsseins betonen, nichts verloren und wären darüber hinaus kontraproduktiv für eine erfolgreiche touristische Vermarktung bzw. Kundengewinnung. Dabei soll die Fremde nicht nur als bloße Gegenwelt zum eigenen Alltag erfahrbar gemacht werden, vielmehr wird sie bewusst im Konnex imaginärer Geografien inszeniert und fungiert als Projektionsraum, der – wie die nachfolgende Inhaltsanalyse deutschsprachiger Australien-Reiseführer aufzeigt – eigenen Gesetzen folgt, die nur bedingt mit der Realität kompatibel sind.

11.4 Ein Streifzug durch die Alltagskultur in deutschsprachigen Australien-Reiseführern: Ausgewählte Einblicke einer inhaltsanalytischen Untersuchung

Drehten sich die bisherigen, vergleichsweise abstrakten Ausführungen in erster Linie um das konzeptionelle Selbstverständnis von Reiseführern sowie um die systemimmanente Dialektik des Verständnisses von Eigenem und Fremdem, so sollen in diesem Abschnitt Reiseführer – mittels ausgewählter Zitate – selbst Zeugnis von ihrer immer wieder mit ihnen assoziierten Funktion als „Wegweiser in die Fremde" ablegen. Ausgangspunkt der nachfolgenden Ausführungen sind ausgewählte Ergebnisse einer 2015 vom Verfasser durchgeführten inhaltsanalytischen Untersuchung von acht aktuellen deutschsprachigen Australien-Reiseführern. Um den konzeptionell-thematischen respektive zielgruppenspezifischen Unterschieden der berücksichtigten Reiseführer gerecht zu werden, wurde auf eine Reiseführertypisierung zurückgegriffen, die sich bei inhaltsanalytischen Untersuchungen bewährt hat und die zwischen vier verschiedenen Reiseführertypen – „Einsteiger"-Reiseführer, „Generalist"-Reiseführer, „Individual"-Reiseführer sowie „Spezial"-Reiseführer – unterscheidet (Scherle, 2001/2001; Scherle/Jonasson, 2014). Die nachfolgende Tab. 11.1 stellt sowohl das konzeptionelle Selbstverständnis der vier verschiedenen Reiseführertypen als auch die im Rahmen der Inhaltsanalyse untersuchten Reiseführer vor.

Ausgehend von einem erweiterten Kulturbegriff, der sich – im Sinne von Wagner (1990, 12) – nicht auf klassische Hochkultur beschränkt, sondern vielmehr alle „Überhöhungen unseres menschlichen Daseins, unseres Alltags, beim Wohnen, beim Genießen von Freizeit und nicht zuletzt beim Reisen und Urlaubmachen" umfasst, laden die nachfolgenden Ausführungen zu einem Streifzug durch die „Gedruckten Urlaubswelten" Australiens ein. Im Gegensatz zu früheren Reiseführeranalysen (vgl. Scherle,

Tab. 11.1: Reiseführertypen, ihr konzeptionelles Selbstverständnis sowie berücksichtigte Australien-Reiseführer.

Reiseführertyp	Konzeptionelles Selbstverständnis	Berücksichtigte Reiseführer
„Einsteiger"-Reiseführer	Der „Einsteiger"-Reiseführer dient primär zur ersten Information des Lesers über die jeweilige Destination. Die behandelten Aspekte sind – sowohl in Bezug auf den allgemeinen als auch auf den regionalen Teil des Reiseführers – knapp gehalten; ein Umstand, der sich nicht zuletzt in zahlreichen tabellarischen Darstellungen widerspiegelt. Leser werden bei diesem Reiseführertyp ohne große Umschweife zu den touristischen Highlights hingeführt, wobei destinationsspezifische Hintergrundinformationen einen eher untergeordneten Stellenwert einnehmen.	Marco Polo Australien (2013). Ostfildern: MairDuMont. Polyglott on tour Australien (2015). München: Travel House Media.
„Generalist"-Reiseführer	Der „Generalist"-Reiseführer zeichnet sich vor allem durch sein inhaltlich breites wie tiefes Themenspektrum aus, das dem Leser einen möglichst umfassenden Eindruck von der jeweiligen Destination vermitteln möchte. In der Regel weist dieser Reiseführertyp einen sehr ausführlichen allgemeinen bzw. regionalen Teil auf, der um reisepraktische Informationen ergänzt wird. Nicht selten verbindet man mit dem „Generalist"-Reiseführer den Klassiker unter den Reiseführern, den Baedeker, sowie auf Rezipientenseite den viel zitierten Bildungsbürger.	Baedeker Reiseführer Australien (2015). Ostfildern: Karl Baedeker Verlag. DuMont Reise-Handbuch Australien (2015). Ostfildern: DuMont Reiseverlag.
„Individual"-Reiseführer	Der „Individual"-Reiseführer wendet sich in erster Linie an jene Lesergruppe, die ihre Destination auf eigene Faust kennenlernen möchte. Ein besonderes Augenmerk wird darauf gelegt, dass die jeweilige Destination jenseits ausgetretener Pfade erschlossen wird. Des Weiteren nehmen reisepraktische Informationen, die dem Leser Planung und Aufenthalt seines Urlaubs erleichtern, einen wichtigen Stellenwert ein. Die Autoren dieses Reiseführertyps verstehen sich als ausgesprochene Insider, die – nicht selten in einem unkonventionellen Sprachstil – persönliche Erfahrungen einfließen lassen.	Lonely Planet Australien (2014). Ostfildern: MairDuMont. Stefan Loose Travel Handbuch Australien (2014). Ostfildern: DuMont Reiseverlag.
„Spezial"-Reiseführer	Der „Spezial"-Reiseführer beschränkt sich auf die vertiefte Behandlung eines Schwerpunktthemas bzw. richtet sich an eine ganz spezifische Zielgruppe. Als Beispiele seien in diesem Zusammenhang Kunstreiseführer sowie Reiseführer, die sich explizit an Frauen wenden, genannt. Charakteristisch für diesen Reiseführertyp ist die vertiefte Behandlung eines Themas zugunsten einer breiten inhaltlichen Streuung. Seit geraumer Zeit ist eine verstärkte Diversifizierung und Spezialisierung bei „Spezial"-Reiseführern zu konstatieren, die in enger Verbindung mit den derzeit ablaufenden strukturellen Veränderungen in der Welt des Tourismus stehen.	Reise Know-How Kulturschock Australien (2013). Bielefeld: Reise Know-How Verlag Peter Rump. Australien Natur-Reiseführer mit Neuseeland: Tiere und Pflanzen am touristischen Wegesrand (2015). München: Hupe.

2000/2001; Scherle/Jonasson, 2014) wurde ganz bewusst auf eine Strukturierung des Kulturbegriffs in ausgewählte Komponenten respektive Aspekte verzichtet, um der immer komplexer werdenden Ausdifferenzierung an Themen Rechnung zu tragen.

Die sicherlich anspruchsvollste Herausforderung für Reiseführerautoren ist die Darstellung der Bevölkerung eines Landes, da in diesem Fall besonders häufig die Gefahr besteht, Stereotype zu kolportieren oder – bewusst wie unbewusst – einer „Exotisierung" Vorschub zu leisten. Getreu dem Motto „Die aufregendste Sehenswürdigkeit für Menschen ist immer noch der Mensch" (Müllenmeister, 1989, 102) greifen sämtliche der analysierten Reiseführer die komplexe Bevölkerungsstruktur Australiens auf, wobei Aborigines als indigene Bevölkerung einen zentralen Part einnehmen. Die Qualität der jeweiligen Ausführungen ist sehr unterschiedlich. So findet man einerseits ausgesprochen stereotype Passagen, in denen Aborigines zur archaischen Staffage einer wilden Sehnsuchtslandschaft degradiert werden:

> Rote Erde, unendliche Weite, Straßen, die über Hunderte Kilometer geradeaus führen: Das Outback übt auf viele Europäer eine starke Faszination aus. Eine von einem Ureinwohner geführte Wanderung um den Uluru [...] gehört ebenso zum Outback-Erlebnis wie der Besuch einer entlegenen Opal-Kommune [...], wo Glücksritter seit Jahrzehnten nach Edelsteinen graben. (Stefan Loose Travel Handbuch, 2014, 27)

Andererseits findet man Passagen, in denen man dezidiert das Bemühen der Autoren erkennt, ein differenziertes Bild der indigenen Bevölkerung zu zeichnen, und sei es nur der Hinweis, dass es nicht „die" Aborigines gibt:

> Die indigene Bevölkerung sieht sich selbst in der Regel wesentlich differenzierter, d. h. als zugehörig zu bestimmten Volksgruppen. Es gibt kein Volk der Aboriginals, sondern eine Vielzahl an Völkern [...], die vor Gründung der britischen Kolonie seit Tausenden von Jahren auf dem australischen Kontinent, welches somit ihr Land war, sesshaft waren. (Reise Know-How Kulturschock, 2013, 153 f.)

Vor dem Hintergrund eines neuen Reiseführertyps à la „1000 places to see before you die" erfreuen sich – gerade bei „Einsteiger"-Reiseführern – Rankinglisten zunehmender Beliebtheit. Dies kann dazu führen, dass Artefakte von Aborigines als „exotische Must-haves" unter Kapitelüberschriften wie „50 Dinge, die Sie [...] mit nach Hause nehmen sollten" auftauchen: „Das Blasinstrument der Aborigines [Didgeridoo; Anm. d. Verf.], aus einem von Termiten ausgehöhlten Eukalyptusast gefertigt, gibt es direkt von Aborigines auf der Aboriginal Art Fair in Darwin" (Polyglott on tour, 2015, 16). „Ein Gemälde von einem Künstler der Aborigines ist nicht nur ein Souvenir, sondern auch ein bleibender Wert" (Polyglott on tour, 2015, 16).

Es versteht sich von selbst, dass einschlägige Ausführungen – gerade aus interkultureller Perspektive – nur bedingt als kultursensible „Wegweiser in die Fremde" fungieren können. Analog zu Souvenirs und weitgehend destinationsunabhängig erfreut sich seit jeher der Themenkomplex „Feste und Veranstaltungen" großer Beliebtheit; ein Faktum, das vor allem darauf zurückzuführen ist, dass sich nach landläufiger

Meinung auf Festen besonders plastisch das – vermeintlich authentische – kulturelle Erbe der Bevölkerung erschließen lässt:

> Das kulturelle Erbe der Ureinwohner lebt bei den Aborigine-Festen auf, die besonders im Northern Territory und in Queensland noch ihr authentisches Gepräge haben. Dies gilt besonders für das Garma Festival, eine fünftägige Hommage an die Yolgnu-Kultur im Nordosten des Landes. Gefeiert wird sie Anfang August in Gulkula – und damit genau dort, wo einst der Urahn Granbulabula in der Traumzeit das Didgeridoo erfunden hat. (Baedeker-Reiseführer, 2015, 100)

Angesichts aktueller gesellschaftlicher Transformationsprozesse wie Individualisierung, Pluralisierung der Lebensstile und zunehmend hybrider Konsummuster, aber auch eingedenk einer seit etlichen Jahren zu konstatierenden Erlebnisorientierung im Tourismus ist bei den meisten Reiseführern eine enorme Ausdifferenzierung des Kanons an Sehenswertem zu beobachten. Getreu der Maxime „Je verrückter, desto besser!" wird der bildungsbürgerliche Kulturkanon à la Baedeker sukzessive von einem „Don-Giovannismus" des Reisens (Hennig, 2008, 59) eingeholt, der auf möglichst skurrile Events setzt: So liest man in einem der analysierten Reiseführer im Kapitel „Feste und Veranstaltungen", das mit den Worten „Je skurriler, desto australischer" eingeleitet wird:

> Eine andere Attraktion sind Boxkämpfe, bei denen Mutige für ein paar Dollar mit Profis in den Ring steigen. Um einiges ungefährlicher sind die Bierbauch-Wettbewerbe. Im Stil einer Misswahl präsentieren dabei gestandene Mannsbilder ihre jahrelang gepflegten Bierbäuche einer weiblichen Jury. Sieger ist natürlich der Teilnehmer mit dem stattlichsten beer belly. (DuMont Reise-Handbuch, 2015, 51)

Bedauerlicherweise gibt es nach wie vor Autoren, die meinen, kritische Anmerkungen jenseits einer heilen Urlaubswelt hätten in Reiseführern nichts zu suchen. Selbstverständlich kann und soll ein Reiseführer von seinem konzeptionellen Selbstverständnis her keine wissenschaftliche Länderkunde ersetzen, dennoch sollten Themenkomplexe wie marginalisierte Bevölkerungsgruppen oder Umweltzerstörung kein Tabu sein. Erfreulicherweise lassen sich in den analysierten Australien-Reiseführern immer wieder Beiträge finden, die einen kritischen Blick hinter die touristischen Kulissen ermöglichen. Besonders fruchtbar ist dieses Faktum, wenn die entsprechenden Ausführungen – wie das nachfolgende Zitat einer Aborigine über die Geschichte der indigenen Bevölkerungsgruppen – von Einheimischen stammen, da auf diese Art und Weise ausgesprochen kultursensible Perspektivenwechsel ermöglicht werden:

> Die Geschichte der erzwungenen Umsiedlung, Wegnahme der Kinder und Verlust von Land und Kultur kann nicht ungeschehen gemacht werden, auch wenn die Regierung manche Themen anpackt. Die gegenwärtige Politik konzentriert sich darauf, „die Lücke zu schließen" und mit einer besseren Versorgung notwendiger Dienstleistungen die Lebensbedingungen zu verbessern. Dennoch gibt es noch immer eine große Ungleichheit zwischen den Aborigines und den anderen Australiern, etwa geringere Bildung, höhere Arbeitslosigkeit, schlechtere Gesundheits- und Lebens-

bedingungen, hohe Inhaftierungs- und Selbstmordraten und eine niedrigere Lebenserwartung. (Lonely Planet, 2014, 1140)

Es versteht sich von selbst, dass Reiseführer ein derart komplexes Thema wie die Geschichte oder Alltagskultur der Aborigines nicht in all ihren Facetten beleuchten können. Umso erfreulicher ist es, wenn – wie unter anderem von Baedeker oder Polyglott praktiziert – zusätzliche Literatur empfohlen wird, können doch Länderkunden, Spezialmonografien und nicht zuletzt belletristische Werke weiterführende Hintergrundinformationen erschließen, die dem interessierten Leser eine vertiefte Auseinandersetzung mit der fremden Kultur ermöglichen. Darüber hinaus kann man von Reiseführerautoren nicht erwarten, dass sie mit allen Aspekten von „Land und Leuten" vertraut sind. Gerade der Anspruch, dem Leser so viel wie möglich an Informationen über die jeweilige Destination zu vermitteln, führt häufig zu oberflächlichen und verzerrten Darstellungen. Vor diesem Hintergrund ist eine inhaltliche Beschränkung mit Tiefgang sinnvoller als eine Überfrachtung mit zu vielen Themenkomplexen.

Erfreulicherweise greifen seit einigen Jahren Reiseführerautoren verstärkt Themenkomplexe auf, die man in diesem Medium lange Zeit vergeblich suchte. Angesichts von Klimawandel und Nachhaltigkeitsdiskurs sind Umweltthemen längst gang und gäbe; ein Faktum, das sich auch bei der inhaltsanalytischen Untersuchung der Australien-Reiseführer gezeigt hat, die fast alle – wie das nachfolgende Zitat illustriert – ihre Leser für die derzeitigen Umweltprobleme des Landes sensibilisieren:

> Die europäische Kolonisation Australiens begann 1788 und damit eine Ära katastrophaler Eingriffe in die Umwelt. So kämpfen Australier heute mit einigen der größten Umweltproblemen weltweit. Es mag seltsam erscheinen, dass eine Bevölkerung von 23 Mio., verteilt auf einen Kontinent von der Größe der USA ohne Alaska, ihrer Umwelt derart schaden kann, aber die lange Isolation Australiens, seine empfindlichen Böden und die schwierigen klimatischen Verhältnisse ließen das Land extrem anfällig werden. [...] Australiens Umweltprobleme sind so schwerwiegend, dass für ihre Bewältigung eine Revolution notwendig ist. (Lonely Planet, 2014, 1145 f.)

Auch die in der Regel mit destinationsspezifischen Hintergrundinformationen vergleichsweise spärlich ausgestatteten „Einsteiger"-Reiseführer lassen es sich nicht nehmen, aus einer problemzentrierten Perspektive auf ausgewählte Umweltherausforderungen hinzuweisen:

> Standen schon die ersten Entdecker im 18. Jh. im Kampf mit einer überwältigenden, fremden Natur, so hat sich daran bis heute nichts Wesentliches geändert. Mitten im Kakadu National Park rattern, ganz zwanglos, die Bagger auf der Suche nach Uran und Gold; das Great Barrier Reef konnte nur mit Mühe und Not davor bewahrt werden, von Erdölgesellschaften angebohrt zu werden. Aber auch der ausufernde Touristenrummel trägt seinen Teil zur Umweltschädigung bei. Greenies, wie Umweltschützer in Australien gern genannt werden, gelten häufig als Spinner und wirtschaftsfeindlich; das Etikett „Eco" für ökologisch ist nur auf Tourismusprospekten wirklich gern gesehen. (Marco Polo, 2013, 22)

So vielfältig die Umweltherausforderungen im heutigen Australien sind, so komplex gestaltete sich über viele Jahrzehnte hinweg der nation building process eines klassischen Einwanderungslands. Die dadurch implizierte kulturelle Vielfalt, die – im Idealfall – in einer zunehmend vernetzten Welt nicht nur als Herausforderung, sondern vor allem auch als Chance wahrgenommen wird, stellt ein zentrales Charakteristikum der australischen Gesellschaft dar, das – wie das nachfolgende Zitat aufzeigt – ebenso in den analysierten Reiseführern aufgegriffen wird:

> Australien präsentiert sich heute als eine multikulturelle Gesellschaft, die ganz offensichtlich die Angst vor der „gelben Gefahr" überwunden hat und die Vorurteile gegenüber der südeuropäischen Bevölkerung größtenteils abgebaut hat, die zu Anfang des 20. Jahrhunderts noch ihre Einwanderungspolitik bestimmten. Australien kann man sich nicht mehr ohne all die Italiener, Ex-Jugoslawen, Vietnamesen, Chinesen, Griechen, Filipinos, Deutschen, Inder, Malaien, Holländer, Libanesen, Polen, Indonesier, Malteser und Sri Lankaner vorstellen, um nur einmal die wichtigsten Nationalitäten der nicht-anglo-keltischen Einwanderer zu nennen. (Reise Know-How Kulturschock, 2013, 71)

Der seitens der Autorin unter der Überschrift „Von White Australia Policy zu Multikulti" gewährte Überblick über die sich kontinuierlich wandelnden Einwanderungspolitiken Australiens erschließt einen nicht zu unterschätzenden Aspekt australischer Mentalitätsgeschichte, deren Kenntnis einen wichtigen Baustein zum besseren Verständnis der heutigen Alltagskultur beisteuern kann. In diesem Zusammenhang weist die Autorin ihre Leser sowohl auf positive als auch auf negative Facetten des Einwanderungslands Australien hin, in denen sich wie durch ein Brennglas die Ambivalenzen und Herausforderungen der australischen Gesellschaft widerspiegeln:

> Heute stellt sich Australien als eine bunte Gesellschaft dar, in der Miteinander und Toleranz ganz groß geschrieben werden, auch wenn tendenziell eine Assimilationspolitik vorherrscht, also eine Politik, die die Anpassung der Minderheiten an die stark durch Großbritannien geprägte Mehrheitskultur fordert. Dennoch: Hautfarben, Glaubensrichtungen und Traditionen verschmelzen im Straßenbild miteinander und werden auf gewisse Weise zum Bestandteil der gesamten Gesellschaft. [...] Schnell werden aus den Fremden einfach nur Australier. Der Taxifahrer, der gestern noch mit einem deutlichen ausländischen Akzent Englisch sprach, hat morgen Kinder, die akzentfrei pures australisches Englisch sprechen, sodass man sich fragt, ob sie die Muttersprache ihrer Eltern überhaupt noch beherrschen. „Gemischte" Liebespärchen und Ehepaare gehören zum Alltag und fallen in der australischen Gesellschaft heute immer weniger auf. Man wächst nun einmal zusammen – alle werden zu Australiern. Natürlich ist nicht alles eitel Sonnenschein: Es gibt auch in Australien Personen, die diskriminierende und rassistische Ansichten zum Ausdruck bringen. [...] Rückschläge gibt und gab es immer und wie historisch belegt werden kann, immer dann, wenn die wirtschaftliche Lage des Landes ins Wanken gerät oder eine Kriegshandlung die Bürger verunsichert und sie nach einem Sündenbock suchen lässt [...]. (Reise Know-How Kulturschock, 2013, 79 f.)

Wenn es ein Sujet in der australischen Alltagskultur gibt, an dem sich nicht nur dezidiert eine gelungene Integration respektive Fusion divergierender kultureller Hintergründe ablesen lässt, sondern das sich darüber hinaus besonders gut touristisch in

Wert setzen lässt, dann ist es die kulinarische Vielfalt des Landes; ein Aspekt, der – wie das nachfolgende Zitat illustriert – immer wieder in den analysierten Reiseführern aufgegriffen wird:

> So multikulturell Australien heute ist, so wird auch gekocht und gespeist: Die größeren Städte warten mit einem Megaangebot an Spezialitätenrestaurants aus aller Herren Länder auf, die fantasievolle New Australian Cuisine vermengt im Crossoverstil australische, asiatische und europäische Einflüsse [...]. Der wichtigste Aspekt der facettenreichen Gastronomielandschaft Australiens ist ihre Inspiration durch die Außenwelt oder wie es ein Gastrokritiker einmal ausdrückte: ihre „Multikulturalität des Gaumens". (DuMont Reise-Handbuch, 2015, 58)

Das Zitat macht deutlich, dass es nicht immer nur „schwere Themen" sein müssen, die dem Leser einen Einblick hinter die Kulissen von „Land und Leuten" ermöglichen. Nicht zu vergessen, dass sich – gerade aus interkultureller Perspektive – das Annähern an fremde Kulturen nur bedingt mittels abstrakter Toleranz bewerkstelligen lässt, sondern vielmehr konkreter Hilfestellungen und Begegnungen bedarf. Vor diesem Hintergrund ist es umso erfreulicher, dass immer mehr Autoren die interkulturelle Dimension von Reiseführern als „Wegweiser in die Fremde" in Wert setzen und forciert für interkulturelle Alltagsbegegnungen eintreten. Exemplarisch sei in diesem Zusammenhang auf den Baedeker-Reiseführer verwiesen, der mit der Vorstellung von Work & Travel, Volunteer Work und Job-Swap konkrete Tipps bereitstellt, wie man alltägliche Lebens- bzw. Arbeitskontexte kennenlernen kann. Zweifelsfrei ein weiterer verdienstvoller Schritt, eine Destination nicht nur als bloße Ansammlung von Sehenswürdigkeiten zu begreifen.

11.5 Resümee

Wie kaum ein zweites Medium prägen Reiseführer als „Wegweiser in die Fremde" unser Bild von „Land und Leuten" in einem fremdkulturellen Umfeld. Eingebunden in die systemimmanente Dialektik des Verständnisses von Eigenem und Fremdem spiegeln sich in ihnen geradezu paradigmatisch die engen Verzahnungen zwischen Tourismus und Imagination wider, wobei die Fremde in der Regel als Projektionsraum fungiert, der einen dezidierten Gegenentwurf zum eigenen Alltag darstellt. Dabei liegt, wie Loew (2011, 13) im Rahmen seiner Reflexionen über die imaginären Welten Ostmitteleuropas darlegt, das Problem auf der Hand: „Wie können ganz individuelle Erfahrungen für ein Kollektiv von Lesern, Betrachtern, ganz allgemein Rezipienten erschlossen werden, wie wirkt das Einmalige, Unvergleichliche, immer wieder Neue, wenn es konserviert, standardisiert, vorgekaut und in die verschiedensten Sprachen, Zeichen, Bilder übersetzt wird?" So ernüchternd es klingen mag, gehen Autoren und Verleger von Reiseführern mit der entsprechenden Herausforderung ausgesprochen pragmatisch um, transportieren sie doch gerne jene idealisierten Fiktionalisierungen, die einen deutlichen Kontrast zum eigenen – in der Regel als konventionell empfundenen – Alltag darstellen und gerade deshalb von den meisten Rezipienten geschätzt werden.

Wie Reisende immer wieder die gleichen ausgetretenen touristischen Pfade einschlagen, so findet man in Reiseführern – auf Verlegerseite häufig mit dem Primat der Zielgruppenorientierung begründet – eine ausgesprochene Konformität hinsichtlich der aufgerollten Themen und Sehenswürdigkeiten. Dabei entpuppt sich gerade das – vermeintlich – „Typische" nur allzu oft als eine unkritische Ansammlung von Stereotypen und Vorurteilen, die ein verzerrtes Bild von „Land und Leuten" zeichnen. In der Regel sind fremde Kulturen jedoch ungemein vielschichtiger, als uns so mancher Reiseführer suggeriert. Manchmal mag auch einfach nur ein neuer, zumindest modifizierter Blickwinkel auf Altbekanntes genügen, um eine Destination in einem anderen Licht erscheinen zu lassen (Scherle, 2000). Wie die im Rahmen dieses Beitrags durchgeführte inhaltsanalytische Untersuchung von acht aktuellen deutschsprachigen Australien-Reiseführern gezeigt hat, sind stereotype Projektionsflächen einer idealisierten Fremde ein weitverbreitetes Phänomen: Einschlägige Etikettierungen wie die „große Einsamkeit und Weite des Outbacks", die „archaisch anmutenden Traditionen der Aborigines" oder der „relaxte und kosmopolitische Lebensstil in Melbourne und Sydney" lassen sich aus europäischer Perspektive als idealtypischer Gegenentwurf zum eigenen Alltag konzeptualisieren. Aus einem medienspezifischen Blickwinkel passt es in diesem Kontext nur bedingt ins Konzept, über die immensen sozioökonomischen Disparitäten im Landesinneren, die nach wie vor persistente Benachteiligung von Aborigines oder den enormen Siedlungsdruck in den australischen Metropolen zu berichten. Allerdings findet man seit einigen Jahren auch immer häufiger Beispiele, in denen ein echtes – und vielfach gelungenes – Bemühen um eine möglichst realitätsnahe Darstellung von „Land und Leuten" festzustellen ist. Alleine schon die verstärkte Auseinandersetzung mit heiklen gesellschaftspolitischen Themen wie die Marginalisierung bestimmter Bevölkerungsgruppen oder das explizite Aufzeigen von Umweltproblemen markiert einen merklichen Fortschritt. So banal es klingen mag: Gerade letztgenannte Thematik sollte in keinem Reiseführer fehlen, stellt doch eine naturnahe Landschaft einen zentralen Pull-Faktor für die touristische Nachfrage dar, die wiederum essenzielle Geschäftsbasis für die Reiseführerbranche ist. Kurzum, nicht nur aus normativer, sondern auch aus pragmatischer Perspektive erscheint es sinnvoll, in diesem Medium nicht nur die schönsten Tauchparadiese des Great Barrier Reef aufzuzeigen, sondern gleichzeitig auch für ein umweltbewusstes Verhalten in einem der fragilsten Ökosysteme unseres Planeten zu sensibilisieren.

Letztendlich ist die Qualität eines Reiseführers untrennbar mit der geistigen Aufgeschlossenheit und der persönlichen Handschrift des jeweiligen Autors verbunden. Dabei kann gerade die Reflexion kultureller Aspekte nicht nur ein tiefer greifendes Verständnis der fremden Kultur ermöglichen, sondern darüber hinaus Einblicke in die eigene Kultur fördern. Unverzichtbare Prämisse dafür ist jedoch ein verantwortungsvoller Umgang mit Sprache und Bildern, die im Idealfall einen aktiven Beitrag zur Kommunikation zwischen den Kulturen leisten. Vor diesem Hintergrund ist es für jeden verantwortungsbewussten Reiseführerautor eine Conditio sine qua non, stets die eigene Einstellung zu Raum und Thematik zu reflektieren, denn nur wer bereit ist, die eigenen Bilder im Kopf bewusst zur Seite zu legen, kann wirklich kultursensible Eindrücke und Perspektiven an seine Leser vermitteln (Aigner, 1992). Nur so können Reiseführer zu einem proaktiven Perspektivenwechsel zwischen den Kulturen beitragen und jener Produktion von falschen Erwartungen, Stereotypen und Vorurteilen entgegenwirken, die Luger (1994, 11) im Kontext seiner Reflexionen über touristische Medien trefflich auf den Punkt gebracht hat:

> Wie die österreichischen Heimatfilme der Nachkriegszeit liefern Kataloge, Reiseseiten und Sehnsuchtsliteratur behübschte Realitäten und verlogene Bilder. Würden die Urlaubsziele unter dem Kreuz des Südens oder in den Alpen nicht nur als von Katalog-Indios bzw. von sepplhosentragenden Reservatsösterreichern und Alpenhorn-Schweizern besiedelte Disneylands angepriesen, entstünden vielleicht nicht jene falschen Erwartungen, bei deren Einlösung sich Touristen wie „abgekühlte Soldaten" verhalten – so hat Jean Paul Sartre diese Invasion genannt.

Literatur

Agreiter M. ‚Mad King Ludwig', ‚Père Rhin' und ‚Foresta Nera': Das Deutschlandbild in englisch-, französisch- und italienischsprachigen Reiseführern. Bayreuth: Elektronische Dissertation an der Universität Bayreuth, 2003.

Aigner G. Ressort: Reise. Neue Verantwortung im Reisejournalismus. München: Ölschläger, 1992.

Ashcroft B, Griffiths G, Triffin H. The Empire Writes Back: Theory and Practice in Postcolonial Literatures. London: Routledge, 2008.

Bartmann S. Nicht das Fremde ist so fremd, sondern das Vertraute so vertraut. Ein Beitrag zum Verständnis von kultureller Differenz. In: Bartmann S, Immel O (Hg.). Das Vertraute und das Fremde: Differenzerfahrung und Fremdverstehen im Interkulturalitätsdiskurs. Bielefeld: transcript, 2012, 21–34.

Bitterli U. Die ‚Wilden' und die ‚Zivilisierten': Grundzüge einer Geistes- und Kulturgeschichte der europäisch-überseeischen Begegnung. München: Beck, 1991.

Bochner S. The social psychology of cross-cultural relations. In: Bochner S, editor. Cultures in Contact: Studies in cross-cultural interaction. Oxford: Pergamon, 1982, 5–44.

Bogeng GAE. Aus der Geschichte des Reiseführers. Börsenblatt für den deutschen Buchhandel, 42, 1953, 206–208.

Bourdieu P. Satz und Gegensatz: Über die Verantwortung des Intellektuellen. Berlin: Wagenbach, 1989.

Brilli A. Als Reisen eine Kunst war: Vom Beginn des modernen Tourismus: Die Grand Tour. Berlin: Wagenbach, 2012.

Corbin A. Meereslust: Das Abendland und die Entdeckung der Küste 1750–1840. Berlin: Wagenbach, 1990.

Cosgrove DE, Daniels S, editors. The Iconography of Landscape: Essays on the Symbolic Representation, Design and Use of Past Environments. Cambridge: Cambridge University Press, 2000.

Cray D, Mallory G. Making Sense of Managing Culture. London: International Thomson Business Press, 1998.

Crouch D, Lübbren N, editors. Visual Culture and Tourism. Oxford: Berg, 2003.

Duncan J, Gregory D, editors. Writes of Passage: Reading travel writing. London: Routledge, 1999.

Enzensberger HM. Vergebliche Brandung der Ferne. Eine Theorie des Tourismus. Merkur, 12, 1958, 701–720.

Francillon R. Reiseberichte: Realität und Utopie. In: Faes U, Ziegler B (Hg.). Das Eigene und das Fremde. Festschrift für Urs Bitterli. Zürich: NZZ-Verlag, 2000, 180–193.

Gorsemann S. Bildungsgut und touristische Gebrauchsanweisung: Produktion, Aufbau und Funktion von Reiseführern. Münster: Waxmann, 1995.

Habicht C. Pausanias und seine ‚Beschreibung Griechenlands'. München: Beck, 1985.

Hälker AM. Reiseführer im Spannungsverhältnis von Kulturvermittlung und ‚Dienstleistung'. In: Franzmann B (Hg.). Reisezeit – Lesezeit: Dokumentation der Reiseliteratur-Fachtagungen der Stiftung Lesen in Apolda, Weimar und Leipzig 1996–1999. München: Profil, 1999, 82–85.

Hammerschmidt A. Fremdverstehen: Interkulturelle Hermeneutik zwischen Eigenem und Fremdem. München: Iudicium, 1997.

Hennig C. Reiselust: Touristen, Tourismus und Urlaubskultur. Frankfurt am Main: Suhrkamp, 1999.

Hlavin-Schulze K. ‚Man reist ja nicht um anzukommen': Reisen als kulturelle Praxis. Frankfurt am Main: Campus, 1998.

Huggan G. The Post-Colonial Exotic: Marketing the Margins. London: Routledge, 2001.

Hunfeld H. Zur Normalität des Fremden: Voraussetzungen eines Lehrplanes für interkulturelles Lernen. In: BMW AG (Hg.). LIFE – Ideen und Materialien für interkulturelles Lernen. Lichtenau: AOL-Verlag, 1996, 1–10.

Janz RP. Einleitung. In: Janz RP (Hg.). Faszination und Schrecken des Fremden. Frankfurt am Main: Suhrkamp, 2001, 7–18.

Jarosz L. Constructing the Dark Continent: Metaphor as Geographic Representation of Africa. Geografiska Annaler. 74, Series B, 1992, 105–115.

Jaworski R, Loew PO, Pletzing C. Zur Einführung. In: Jaworski R, Loew PO, Pletzing C (Hg.). Der genormte Blick aufs Fremde: Reiseführer in und über Ostmitteleuropa. Wiesbaden: Harrassowitz, 2011, 8–12.

Lauterbach K. Baedeker und andere Reiseführer: Eine Problemskizze. Zeitschrift für Volkskunde. 85, 1989, 206–284.

Loew PO. Molwanîen ist überall. Die imaginären Welten Ostmitteleuropas, das reisende Individuum und der unaufhörliche Schwall der Erzählungen. In: Jaworski R, Loew PO, Pletzing C (Hg.). Der genormte Blick aufs Fremde: Reiseführer in und über Ostmitteleuropa. Wiesbaden: Harrassowitz, 2011, 13–17.

Luger K. Fluchthelfer in die Paradiese. aviso. 1, 1994, 9–12.

Luger K. Horizontverschiebungen: Imagination und Erfahrung von Fremdheit im Tourismus. In: Luger K, Baumgartner C, Wöhler K (Hg.). Ferntourismus wohin? Der globale Tourismus erobert den Horizont. Innsbruck: Studien-Verlag, 2004, 39–55.

Müllenmeister HM. Sehenswürdigkeiten oder die Reise in die Vergangenheit. Bildungstourismus zwischen Gestern und Morgen. In: Becker H (Hg.). Denkmalpflege und Tourismus II: Mißtrauische Distanz oder fruchtbare Partnerschaft. Trier: Materialien zur Fremdenverkehrsgeographie, 1989, 100–127.

Müller S. Die Welt des Baedeker: Eine Medienkulturgeschichte des Reiseführers 1830–1945. Frankfurt am Main: Campus, 2012.

Nederveen Pieterse J, Parekh B, editors. The Decolonization of Imagination: Culture, Knowledge and Power. London: Zed Books, 1995.

Oberg K. Cultural Shock: Adjustment to New Cultural Environments. Practical Anthropology. 7, 1960, 177–182.

Ogborn M. Writing travels: power, knowledge and ritual on the English East India Company's early voyages. Transactions. 27, 2002, 155–171.

Osterhammel J. Die Verwandlung der Welt: eine Geschichte des 19. Jahrhunderts. München: Beck, 2009.

Pratt M. Imperial Eyes: Travel Writing and Transculturation. London: Routledge, 2009.

Pretzel U. Die Literaturform Reiseführer im 19. und 20. Jahrhundert: Untersuchungen am Beispiel des Rheins. Frankfurt am Main: Campus, 1995.

Reuter J. Ordnungen des Anderen: Zum Problem des Eigenen in der Soziologie des Fremden. Bielefeld: transcript, 2002.

Robinson M. Narratives of Being Elsewhere: Tourism and Travel Writing. In: Lew AA, Hall CM, Williams AM, editors. A Companion to Tourism. Malden: Blackwell, 2005, 303–315.

Said E. Orientalism. London: Routledge, 1978.

Schäffter O. Modi des Fremderlebens. Deutungsmuster im Umgang mit Fremdheit. In: Schäffter O (Hg.). Das Fremde. Erfahrungsmöglichkeiten zwischen Faszination und Bedrohung. Opladen: Westdeutscher Verlag, 1991, 11–42.

Scherle N. Gedruckte Urlaubswelten: Kulturdarstellungen in Reiseführern. Das Beispiel Marokko. München: Profil, 2000.

Scherle N. Kulturelle Geographien der Vielfalt: Von der Macht der Differenzen zu einer Logik der Diversität. Bielefeld, 2016: transcript.

Scherle N. Nichts Fremdes ist mir fremd. Reiseführer im Kontext von Raum und der systemimmanenten Dialektik des Verständnisses von Eigenem und Fremdem. In: Jaworski R, Loew PO, Pletzing C (Hg.). Der genormte Blick aufs Fremde: Reiseführer in und über Ostmitteleuropa. Wiesbaden: Harrassowitz, 2011, 53–70.

Scherle N. Touristische Medien aus interkultureller Perspektive. Gedruckte Urlaubswelten aufgezeigt am Beispiel von Reiseführern. Tourismus Journal. 5, 2001, 333–351.

Scherle N, Hopfinger H. Tourismus und Medien zu Beginn des 21. Jahrhunderts. In: Günther A et al. (Hg.). Tourismusforschung in Bayern: Aktuelle sozialwissenschaftliche Beiträge. München: Profil, 2007, 363–370.

Scherle N, Jonasson M. ‚1001 Places to See Before You Die': Constructing Oriental Holiday Worlds in European Guide Books. In: Wippel S et al., editors. Under Construction: Logics of Urbanism in the Gulf Region. Farnham: Ashgate, 2014, 147–158.

Scherle N, Lessmeister R. Internet Cultures and Tourist Expectations in the Context of the Public Media Discourse. In: Lester JA, Scarles C, editors. Mediating the Tourist Experience: From Brochures to Virtual Encounters. Farnham: Ashgate, 2013, 91–103.

Schütze JK. Es gibt keinen Grund, das Reisen den Büchern vorzuziehen. In: Gohlis T et al. (Hg.). Voyage – Jahrbuch für Reise- & Tourismusforschung. Köln: DuMont, 1998, 50–52.

Steinecke A. Der bundesdeutsche Reiseführer-Markt. Leseranalyse – Angebotsstruktur – Wachstumsperspektiven. Starnberg: Starnberger Studienkreis für Tourismus, 1988.

Stichweh R. Der Fremde: Studien zu Soziologie und Sozialgeschichte. Frankfurt am Main: Suhrkamp, 2010.

Christof Pforr, Cornelia Locher und Martin Brueckner
12 Indigener Tourismus in Australien im Zeichen der traditionellen Buschmedizin

12.1 Einleitung

Im Hinblick auf eine starke Nachfrage nach kulturtouristischen Erlebnissen von hoher Authentizität und Qualität bieten indigene Tourismusangebote für viele Destinationen eine willkommene Nische der Differenzierung sowie die Chance, sich auf nationaler und internationaler Ebene von anderen Destinationen abzugrenzen. Folglich ergibt sich für indigene Bevölkerungsgruppen in Australien (und auch Neuseeland) eine Vielzahl von Möglichkeiten, indigene Produkte, Attraktionen und Aktivitäten touristisch zu entwickeln und anzubieten. Sowohl vonseiten der Tourismusindustrie als auch auf Regierungsebene wurde dieses Potenzial schon früh erkannt und vielerorts auch gefördert. Eine interessante Facette in diesem Zusammenhang ist eine touristische Vermarktung weitläufig als „traditional bush medicine" bezeichneter indigener Heilpraktiken. In diesem Kapitel wird diese Schnittstelle zwischen indigenem Kulturtourismus und traditioneller Buschmedizin in Australien genauer beleuchtet, indem das touristische Angebot in diesem Bereich kurz vorgestellt und mögliche Chancen und Herausforderungen für eine in der Zukunft weitere Etablierung dieses touristischen Nischenprodukts dargestellt werden. Zunächst wird jedoch eine kurze Einführung in das Gesundheitsparadigma und die Heilmethoden der australischen Ureinwohner gegeben und es werden Schwierigkeiten umrissen, mit denen die traditionelle Buschmedizin im 20. und 21. Jahrhundert konfrontiert ist.

12.2 Heilmethoden der australischen Ureinwohner

Es wird davon ausgegangen, dass die australischen Ureinwohner vor 40.000 bis 50.000 Jahren den Kontinent besiedelt haben (Rasmussen et al., 2011). Als eine der ältesten noch bestehenden Kulturen der Welt haben sie eine sehr enge Beziehung zu ihrem Land und über viele Jahrtausende ein sehr detailliertes Wissen über die endemische Tier- und Pflanzenwelt entwickelt.

Im traditionellen Gesundheitsparadigma der australischen Ureinwohner gilt es zwischen zwei Arten von Krankheiten zu unterscheiden, zum einen solchen, die durch Heilpflanzen (und andere Naturstoffe) aus dem Busch (daher auch der Begriff „Buschmedizin") behandelt werden können, zum anderen Krankheiten, gegen die im wahrsten Sinn des Wortes „kein Kraut gewachsen ist". Letztere haben spirituelle Ursachen, z. B. eine Verwünschung oder eine Strafe der „ancestral creative beings" für ein Fehlverhalten, und bedürfen der Intervention eines sogenannten „Traditional Healer", einer Art Medizinmann oder -frau. Während diese über große spirituelle Macht verfügen und dementsprechend eine bedeutende Stellung in der Clanstruktur einnehmen, ist das Wissen über gebräuchliche Buschmedizin zur Behandlung relativ einfacher Erkrankungen, wie zum Beispiel Erkältungen, Verdauungsprobleme und Bissverletzungen, aber auch über einfache Schmerztherapien, Wundbehandlungen sowie die Geburtsvor- und -nachsorge weit verbreitet. Es wird davon ausgegangen, dass die Kenntnis und die Nutzung dieser Naturstoffe zur Behandlung von Krankheiten und zur Gesundheitsprävention zum jahrtausendelangen Fortbestehen der australischen Ureinwohner beigetragen hat. Dieses Wissen, das traditionell mündlich von einer Generation an die nächste weitervermittelt wird, stellt einen zentralen Bestandteil der indigenen Kultur dar, läuft nun jedoch Gefahr, aufgrund erodierender Gesellschaftsstrukturen in vielen indigenen Bevölkerungsgruppen unwiederbringlich in Vergessenheit zu geraten. Auch vor diesem Hintergrund hat es unter den australischen Ureinwohnern in letzter Zeit vermehrte Bestrebungen gegeben, dieses traditionell mündlich überlieferte Wissen für spätere Generationen schriftlich festzuhalten. Aber auch unter Ethnopharmakologen, Pharmazeuten, Naturstoffchemikern, Botanikern und Anthropologen ist vor allem in den 1980er- und 1990er-Jahren ein starkes Interesse an der Bewahrung und weiteren Erforschung dieses Wissenskodex erwacht, was zu einer Vielzahl von Initiativen in den australischen Bundesstaaten und Territorien geführt hat. Eine besonders prominente Rolle hat hierbei die Regierung des Nordterritoriums (NT) gespielt, die als Teil des sogenannten „Bicentennial Program" die Erstellung einer Aboriginal NT Pharmacopoeia finanziell stark unterstützt hat (Aboriginal Communities of the Northern Territory of Australia, 1988; Aboriginal Communities of the Northern Territory of Australia, 1993); in den übrigen Staaten und Territorien wurden ähnliche Projekte ins Leben gerufen. Allerdings ist die schriftliche Verbreitung und weitere Erforschung dieses Wissens nicht ohne Herausforderungen. Vor allem in Anbetracht einer schwierigen Immaterialgüterrechtslage vor dem Hintergrund des Bioprospecting, also der Suche nach neuen Arzneistoffen (sog. „pharmaceutical lead compounds"), haben sich Initiativen in jüngerer Vergangenheit hauptsächlich mit der Frage beschäftigt, wie man das Wissen der indigenen Bevölkerungsgruppen schützen und ihnen gegebenenfalls Anteile an generiertem Profit zukommen lassen, gleichzeitig aber auch traditionelles Wissen für zukünftige Generationen schriftlich bewahren kann (z. B. Claudie et al., 2012; Locher et al., 2013). Auch wenn diese Art von Kollaboration durchaus lobens- und erstrebenswert ist, müssen die Erwartungen an mögliche Gewinne realistisch dargestellt werden und sollten nicht zur zentralen Antriebsfeder für diese Initiativen werden, denn die Entwicklung eines neuen Arzneistoffs dauert durchschnittlich 15 Jahre und bedarf, je nach Schätzung, Investitionen in der Größenordnung von 92 bis 883 Millionen USD; im Schnitt schaffen es von 10.000 pharmazeutischen Lead Compounds nur ein oder zwei letztendlich auf den Markt (Maravelias, 2015; Morgan et al., 2011).

Wie im Folgenden erläutert wird, gibt es Bestrebungen von unterschiedlichsten Seiten, die ökonomische Situation der australischen Ureinwohner zu verbessern. Die Verknüpfung von indigenem traditionellem Heilwissen mit kulturtouristischen Aktivitäten, die in diesem Kapitel genauer betrachtet wird, kann nicht nur ein realistischeres finanzielles Standbein sein, sondern auch einen Beitrag zur weiteren Bewahrung dieser Kenntnisse und Erfahrungen leisten.

12.3 Schnittstelle Kulturtourismus und traditionelle Buschmedizin

In den vergangenen Jahrzehnten sind indigene Kulturen immer stärker in den Fokus des wissenschaftlichen Interesses gerückt. Diese Aussage trifft u.a. auf den Tourismus zu, wo sie oft als eine Hauptattraktion für internationale, aber auch einheimische Touristen gelten und so eine wichtige Rolle in der Differenzierung einer Destination vor dem Hintergrund einer zunehmend wettbewerbsorientierten globalen Industrie spielen (z. B. Ruhanen/Whitford/McLennan, 2015). Es ist daher nicht verwunderlich, dass dem indigenen Kulturtourismus in Industrie- und Regierungskreisen zunehmend Aufmerksamkeit geschenkt wird. Der Formulierung und Umsetzung von Richtlinien und Strategien wird dabei eine Schlüsselrolle zugeschrieben, um indigenen Tourismusanbietern einen Wettbewerbsvorteil zu ermöglichen. Diese Unterstützung hat letztendlich dazu geführt, dass in einer Vielzahl von Destinationen eine ganze Reihe von touristischen Aktivitäten entweder direkt von der indigenen Bevölkerung angeboten wird oder es sich um Produkte handelt, bei denen die indigene Kultur einen zentralen Aspekt darstellt (Butler/Hinch, 2007; Nielsen/Wilson, 2012). Aufgrund dessen wird der Tourismus oft als ein Wirtschaftssektor dargestellt, der der indigenen Bevölkerung, insbesondere in ländlichen und abgeschiedenen Regionen durch die Geschäftsentwicklung indigener Tourismusbetriebe und die Erschließung neuer Erwerbsmöglichkeiten wirtschaftliche Chancen eröffnen kann (Buultjens/Gale, 2013; Coria/Calfucura, 2010; Zeppel, 2006). So ist in Australien die Mehrzahl aller indigenen Tourismusbetriebe in abgeschiedenen Regionen zu finden (Buultjens/Gale/White, 2010). Die in diesen entlegenen Gebieten vorherrschende Verknüpfung von geografischer Isolation, geringer Bevölkerungsdichte und Mangel an Erwerbsmöglichkeiten stellt eine besondere sozioökonomische Herausforderung dar (Brueckner/Spencer/Wise/Marika, 2014). In solchen Regionen kann die Entwicklung indigener Tourismusprodukte dazu beitragen, der sozialen und wirtschaftlichen Benachteiligung indigener Bevölkerungsgruppen entgegenzuwirken. Allerdings wird diese Strategie der wirtschaftlichen Einbeziehung in manchen Kreisen durchaus kritisch gesehen, was im Folgenden einen kurzen Exkurs in den sozioökonomischen Kontext der australischen Ureinwohner erfordert.

12.3.1 Closing the Gap

Selbst im 21. Jahrhundert ist es trotz verstärkter Anstrengungen, die gemeinhin unter dem Slogan „Closing the Gap" gebündelt werden, in Australien leider immer noch eine Tatsache, dass die Ureinwohner des Landes die am stärksten benachteiligte Bevölkerungsgruppe darstellen (Australian Bureau of Statistics, 2012). Mit einer ganzen Reihe durch spezielle Förderprogramme finanzierter Strategien, vor allem in den Bereichen Gesundheit, Wohnraum und frühkindliche Entwicklung, sowie mit Initiativen, die den Zugang zum Arbeitsmarkt erleichtern und eine bessere Dienstleistungsversorgung in entlegeneren Gebieten gewährleisten sollten, ist in den vergangenen Jahrzehnten versucht worden, die Kluft im Lebensstandard und auch der Lebenserwartung zwischen den Ureinwohnern des Landes und der eingewanderten Bevölkerung zu verringern (Council of Australian Governments, 2008). So wird zum Beispiel mit speziellen Programmen, die eine verstärkte Einbindung indigener Bürger in den Arbeitsmarkt unterstützen sollen, angestrebt, bis 2018 die gegenwärtige Kluft in der Beschäftigungsquote zu halbieren (Council of Australian Governments, 2008). Dieser Ansatz wird damit gerechtfertigt, dass vor allem in abgelegenen Gebieten der Anteil indigener Arbeitnehmer sehr niedrig ausfällt, was oft als Hauptgrund für den geringen sozioökonomischen Status und die statistisch belegte schlechte Gesundheit in Bezug auf die indigenen Bevölkerungsgruppen angesehen wird (Osborne/Baum/Brown, 2013). Deren wirtschaftliche Einbindung und Integration in den Arbeitsmarkt wird daher auf Regierungsebene auch als zentrales Element in den „Closing-the-Gap"-Bestrebungen gesehen (Ruhanen et al., 2015). Allerdings sind diese Bemühungen bisher nicht unbedingt von Erfolg gekrönt, denn der Prozentsatz indigener Beschäftigter fiel in den letzten fünf Jahren sogar von 53,8 auf 47,5 Prozent (Australian Government, 2015a).

Es gibt daher auch kritische Stimmen, die Zweifel anmelden, dass solche Anstrengungen tatsächlich eine nachhaltige Lebensgrundlage für diese Bevölkerungsgruppen, im ökonomischen wie im soziokulturellen Sinn, schaffen können. In diesem Zusammenhang wird auch oft darauf hingewiesen, dass wirtschaftliches Mainstreaming nicht die tatsächlichen Ursachen für die Kluft innerhalb der australischen Bevölkerung adressiert (Altman, 2009; Pholi/Black/Richards, 2009) und dass im Bemühen um „statistische Gleichstellung" kulturelle Differenzen schlichtweg ignoriert werden (Altman/Hinkson, 2010). Aufgrund der wenigen Beschäftigungsmöglichkeiten in entlegenen Regionen (Brueckner et al., 2014; Hunter/Gray, 2012) wird in Regierungszirkeln verstärkt eine Arbeitsmigration angeregt, deren Preis jedoch kulturelle Entwurzlung und der Verlust der Verbindung mit dem angestammten Land der Vorväter ist (Altman, 2007). Vor allem in indigenen Gemeinschaften, die immer noch sehr enge kulturelle Verbindungen zu ihrem Stammland haben, kann der Versuch des wirtschaftlichen Mainstreaming daher gegenläufig zur kulturellen Identität sein und somit zu einem verstärkten Antagonismus zwischen Kultur und Ökonomie beitragen (Peterson, 2005). Oft werden diese Strategien auch als Bevormundung empfunden (Pholi et al., 2009), die den tatsächlichen Beitrag indigener Hybridökonomien, in denen wirtschaftliche und kulturelle Aktivitäten miteinander verschmelzen und einen Eckpfeiler in der Bereitstellung sozialer, kultureller und ökologischer Dienstleistungen in entlegenen Regionen darstellen (Altman/Whitehead, 2003), unterbewertet (Altman, 2007). Zunehmend werden daher Forderungen laut, indigene unternehmerische Aktivitäten außerhalb des wirtschaftlichen Mainstreams zu berücksichtigen und zu fördern und eine angemessenere Gewichtung zwischen wirtschaftlicher Partizipation und Gleichschaltung indigener Traditionen und Bräuche zu finden (Altman, 2015).

Vor diesem Hintergrund sind Aussagen, dass z. B. die Förderung des Tourismus in entlegenen Regionen eine der wenigen, oftmals vielleicht die einzige wirtschaftliche Option für indigene Bevölkerungsgruppen darstellt, durchaus kritisch zu betrachten (Altman/Finlayson, 2003; United Nations, 2009). Auch sollten generelle Erwartungen, was das Interesse und Nachfragevolumen bezüglich indigener Kulturtourismus-Produkte angeht, realistisch gehalten werden. Im Fall Australiens betonen Ruhanen et al. (2015, 74) beispielsweise die Diskrepanz zwischen optimistischen Annahmen vonseiten verschiedener staatlicher Behörden und dem tatsächlichen Umfang der Besucherströme hin zu indigenen Tourismusangeboten. Andererseits wird der Tourismus aufgrund seiner implizierten Kompatibilität mit Kultur und Verbindung zum Land der Vorväter oft als eine vielversprechende nachhaltige Entwicklungsstrategie für indigene Gemeinschaften im Einklang mit Traditionen und soziokulturellen Praktiken gesehen (Bennett/Lemelin/Koster/Budke, 2012; Butler/Hinch, 2007; Colton/Whitney-Squire, 2010; Fuller/Buultjens/Cummings, 2005) oder, wie Ruhanen et al. (2015, 81) es ausdrücken, als „a socio-economic cure-all for indigenous peoples".

Natürlich ist die gelebte Realität des indigenen Kulturtourismus wesentlich komplexer und durchaus ambivalent, dennoch gibt es eine ganze Reihe indigener Tourismusangebote in Australien, die diesem Anspruch zumindest im Ansatz gerecht werden. Im Weiteren werden nun solche, die sich speziell auf die Verknüpfung von traditionellen Heilmethoden und medizinischem Wissen mit touristischen Angeboten stützen, genauer untersucht.

12.3.2 Das derzeitige touristische Angebot – ein Überblick

Eine Desktopanalyse gegenwärtiger Angebote an Buschmedizin-Touren in Australien hat gezeigt, dass es zwar eine ganze Reihe indigener Kulturtourismus-Angebote gibt, bei denen Aboriginal Guides Besucher auf geführte Touren unterschiedlicher Länge nehmen, um ihnen Aspekte ihrer Kultur auch im Hinblick auf das traditionelle Gesundheitsparadigma zu vermitteln, in den meisten Fällen werden hier jedoch Informationen über traditionelle Heilpflanzen und Heilmethoden mit Erfahrungen bezüglich Bush Food (australisch „Bush Tucker") kombiniert.

So bieten zum Beispiel im Kooljaman Resort am Cape Leveque in der Kimberly-Region Westaustraliens (220 km vom regionalen Zentrum Broome entfernt) die in dieser Region angesiedelten Bardi People als Guides unterschiedliche Touren an, auf denen die Teilnehmer im kleinen Rahmen und interaktiv mehr über die lokale indigene Geschichte und Kultur erfahren können, inklusive des Ausprobierens von Bush Fruits und anderem Bush Tucker und eines Einblicks in die Buschmedizin und traditionell verwendete Heilpflanzen. Das Außergewöhnliche an diesem im Safari-Stil geführten Resort, was auch der Authentizität der kulturtouristischen Angebote zugutekommt, ist, dass es zu 100 Prozent den beiden ansässigen indigenen Kommunen Djarindjin and Ardyaloon gehört, die die Anlage bereits vor 20 Jahren im Einklang mit den Wünschen und Vorstellungen der beiden Clans entwickelt haben und seither sehr erfolgreich betreiben. Das Konzept hat beispielsweise eine ganze Reihe von Auszeichnungen in den Kategorien indigener Tourismus, Ökotourismus, einzigartige Unterkunft und Kulturtourismus auf bundesstaatlicher, aber auch nationaler Ebene gewonnen (http://www.kooljaman.com.au/index.html).

In ähnlicher Weise, wenn auch in kleinerem Stil, bieten in der als Weltkulturerbe deklarierten Shark Bay Westaustraliens die 2015 von Trip Advisor mit einem Certificate of Excellence ausgezeichneten Wula Guda Nyinda Eco Adventures eine ganze Reihe von indigenen Touren an. Auf einem Daytime Bushwalk können die Teilnehmer beispielsweise nicht nur mit allen Sinnen Bush Tucker erleben, sondern unter der Führung des charismatischen Nhanda-and-Malgana-Nachfahren Darren „Capes" Capewell auch mehr über die von den ansässigen Nhanda and Malgana People seit etwa 20.000 Jahren geschätzten Heilpflanzen lernen (http://www.wulaguda.com.au/tour/daytime-dreaming-tour).

Benannt nach und geführt durch den ortsansässigen Wadandi Man Koomal, bietet in Yallingup im Südwesten des westaustralischen Bundesstaats das ebenfalls mit einer Reihe von Preisen – es war u. a. im Jahr 2014 Gewinner in der Kategorie indigener Tourismus der West Australien Tourism Awards – ausgezeichnete Koomal Dreaming eine Reihe von Touren unterschiedlicher Länge an, auf denen den Teilnehmern immer auch die in der Gegend verwendeten traditionellen indigenen Heilpflanzen nähergebracht werden (http://www.koomaldreaming.com.au/).

Auf der anderen Seite des Kontinents, in den Blue Mountains im Hinterland Sydneys, bietet das von Aborigines geleitete Unternehmen Bluemountains Walkabout Touren an, die u. a. das Sammeln und Ausprobieren von regionalem Bush Food und Bush Medicine beinhalten (http://www.bluemountainswalkabout.com/).

Im nordöstlichen Bundesstaat Queensland im Tjapukai Aboriginal Cultural Park (Cairns), dem Gewinner der Queensland Tourism Awards 2015 in der Kategorie Aboriginal and Torres Strait Islander Tourism, der oft als Flaggschiff des internationalen Marketings für australischen indigenen Kulturtourismus bezeichnet wird, stoßen Bush-Tucker- und Bush-Medicine-Touren ebenfalls auf Interesse. In den 1980er-Jahren wurde Tjapuka zunächst als ein indigenes Tanztheater konzipiert, das den Besuchern Aspekte der australischen indigenen Kultur und Geschichte vermitteln sollte.

Heute ist das Angebot wesentlich breiter gefächert und beinhaltet auch interaktive Vorführungen, ein Kulturdorf, Restaurants und Einkaufsmöglichkeiten (http://www.tjapukai.com.au/).

Obwohl es im Inselbundesstaat Tasmanien, in dem die Kolonialisierung Australiens eine besonders verheerende Auswirkung auf die indigene Bevölkerung hatte, seit mehr als 100 Jahren keine rein tasmanische indigene Bevölkerung mehr gibt und auch alle regionalen indigenen Sprachen verloren gegangen sind (Flood, 2006), gibt es auch hier eine indigen betriebene Tour, die den Teilnehmern nicht nur regionale traditionelle Heilpflanzen näherbringt, sondern auch Rrala Rub Bush Medicine anbietet und damit, dieser Internetrecherche nach, einer der wenigen Tourismusbetreiber zu sein scheint, der traditionelle Heilmethoden im Tourismusbereich praktisch anwendet (http://trowunnatours.com/). In diesem Zusammenhang sollte auch das Moondance Lodge in Yallingup in Südwesten Westaustraliens erwähnt werden. Die 2004 eröffnete Unterkunft war das erste große Wellness-Retreat in der Region, das einen besonderen Fokus auf die Heilkräfte indigener Spiritualität setzte und versuchte, seinen Gästen, u. a. unterstützt durch Meditationen, mit Didgeridoo-Musik, „tribal Bushwalks", spirituellen Dreamtime-Geschichten oder einer speziell auf weibliche Teilnehmer ausgerichteten „sacred women's time" eine authentische australischindigene Wellnesserfahrung zu bieten (Pforr et al., 2016). Für das recht ungewöhnliche Konzept wurden die Betreiber mit einer Reihe von Auszeichnungen, u. a. dem Condé Nast Traveller Hot New Hotel 2005 und den Luxury Travel Awards 2005, dem WA New Tourism Development Award 2004 sowie dem AHA Award for WA's Best Tourism Initiative 2008, bedacht. Wie erfolgreich dieser Ansatz letztendlich war, ist schwer einzuschätzen, da das Resort nach nur fünf Jahren Betrieb aus den Autoren unbekannten Gründen wieder geschlossen wurde. Nichtsdestotrotz illustriert dieses Fallbeispiel, dass es durchaus möglich sein kann, Aspekte indigener Heilpraktiken und Spiritualität mit Tourismusangeboten zu verknüpfen.

12.3.3 Mögliche zukünftige Strategien

Die im obigen Abschnitt kurz umrissenen Beispiele zeigen, dass es derzeit in Australien durchaus eine Reihe von touristischen Angeboten gibt, die zumindest teilweise auf traditionelle Buschmedizin gestützt sind. Allerdings muss der tatsächliche Beitrag, den diese Aktivitäten zur Verbesserung der wirtschaftlichen Situation der australischen Ureinwohner im Allgemeinen leisten können, realistisch eingeschätzt werden. Auch wenn Einzelne von diesen Initiativen durchaus profitieren und im kleinen Rahmen auch traditionelles Wissen bewahrt werden kann, scheint insbesondere in entlegenen Regionen, wo es besonders wichtig wäre, eine nachhaltige Lebensgrundlage für die indigene Bevölkerung im ökonomischen, aber auch soziokulturellen Sinn zu schaffen, das gegenwärtige Angebot und auch das Nachfragevolumen hinsichtlich dieser Tourismusprodukte nicht ausreichend zu sein, um grundlegende Verbesserungen zu erreichen.

Als ein möglicher zukünftiger Ansatz, der die Verknüpfung von indigenem Wissen über traditionelle Heilpflanzen und Heilmethoden mit touristischen Aktivitäten weiter unterstützt und damit auch neue Erwerbsmöglichkeiten bietet, könnte eine strategische Zusammenarbeit mit staatlichen Behörden mit Zuständigkeit für die Verwaltung und das Management von Schutzgebieten (z. B. Nationalparks) sowie mit Forschern und Vertretern der pharmazeutischen Industrie dienen. Die Einführung des Native Title Act 1993 hat in Australien zunehmend zu einer Beteiligung der indigenen Bevölkerung am Management von Land und Naturschutzgebieten geführt. Dieser Ansatz des Co-Managements wird nicht nur als Mitbestimmungsmöglichkeit, sondern auch als Weg hin zu einer positiven wirtschaftlichen und sozialen Entwicklung indigener Gemeinden gesehen und ist daher auch Teil des nationalen „Closing-the-Gap"-Maßnahmenpakets geworden (Bauman/Haynes/Lauder, 2013).

Wie im Folgenden weiter ausgeführt wird, könnte das Leitmotiv dieser intersektoralen Kollaboration ein ethnobotanisch orientiertes Vorgehen sein, bei dem traditionell genutzte Pflanzen und andere Naturstoffe eine Basis bieten für die Entwicklung neuer Produkte wie z. B. Phytopharmaka oder Nahrungsergänzungsmittel, aber auch für schon bestehende oder neu ins Leben gerufene nachhaltige indigene Tourismusangebote. Gleichzeitig kann mit einem solchen Ansatz aktiver Naturschutz betrieben, biologische Vielfalt bewahrt und ein nachhaltiges Management von Land- und Naturschutzgebieten umgesetzt werden. Darüber hinaus kann so sichergestellt werden, das traditionelles Wissen und lokale kulturelle Werte erhalten bleiben. Es ist daher wichtig, die indigene Bevölkerung als Bewahrerin des traditionellen Wissens, das das Herzstück einer solchen Kooperation darstellt, zu verstehen und ihr die Kontrolle darüber zu garantieren, in welcher Weise die mit den Partnerorganisationen geteilten kulturellen Informationen dargestellt und vermarktet werden (Mapunda, 2001). Aufgrund seiner artenreichen Tier- und Pflanzenwelt sowie des hohen Anteils an endemischen Spezies ist Australien für eine solche Strategie gut positioniert. Die über 500 eine Fläche von mehr als 28 Millionen Hektar umfassenden Nationalparks des Landes (Australian Government, 2015b), die oft auch in sehr entlegenen Gebieten zu finden sind, stellen den idealen geografischen Rahmen für diesen Ansatz dar. Sie sind nicht nur aufgrund ihrer naturräumlichen Schönheit ein touristischer Anziehungspunkt, sondern im ökologischen Sinn auch besonders schützenswerte Gegenden natürlicher Artenvielfalt. Die Verknüpfung von Naturschutz und Freizeitaktivitäten in Nationalparks kann somit die Grundlage für eine mögliche zukünftige intersektorale Zusammenarbeit darstellen.

Eine Strategie kann beispielsweise auch sein, den kommerziellen Wert dieser biologischen Vermögenswerte durch natur- und kulturtouristische Aktivitäten aufzuzeigen und sie als mögliche Quelle für neue pharmazeutische Leitstoffe („pharmaceutical lead compounds") zu verstehen. Von Regierungsseite aus haben Nationalparks in Australien eine oft unzureichende Finanzausstattung und die zusätzlichen Einnahmen, die sich aus Eintrittsgeldern und Campinggebühren ergeben, decken nur zum Teil die anfallenden Kosten für das Schutzgebietsmanagement (Standing Committee on Environment, Communications, Information Technology and the Arts, 2007). Es ist leider eine ökonomische Realität, dass der Naturschutz in diesen Gebieten durch den Staat oft unterfinanziert ist. Zusätzliche Gelder durch Gebühren für ethnopharmakologische Forschungsaktivitäten in australischen Nationalparks könnten hier einen nachhaltigen wirtschaftlichen Anreiz bieten, die vorhandenen Naturressourcen zu schützen. Unter Ethnopharmakologie, einer wichtigen Teildisziplin der Ethnobotanik, wird die wissenschaftliche Erfassung biologisch aktiver Substanzen verstanden, die die Grundlage traditioneller Gesundheitssysteme darstellen. Das Wissen über traditionelle Heilpflanzen und andere Naturprodukte wird dabei dokumentiert, diese werden z. B. mithilfe von Hochdurchsatz-Screening-Verfahren evaluiert und mit modernen Techniken zur chemischen Isolation und Strukturidentifikation weiter analysiert. Eine solche ethnopharmakologische Zusammenarbeit der indigenen Gruppen mit Wissenschaftlern und Vertretern des Nationalparkmanagements könnte nicht nur den Naturschutz in diesen Regionen finanziell unterstützen und das Bewusstsein bei allen Beteiligten für einen besseren Umwelt- und Artenschutz sowie nachhaltiges Management von Land und Naturschutzgebieten schärfen, sondern auch zu einer umfassenderen Bewahrung des traditionellen medizinischen Wissens für zukünftige indigene und nicht indigene Generationen beitragen. Da die indigenen Gruppen die Immaterialgüterrechte über dieses traditionelle Wissen behalten, kann eine solche Kollaboration eventuell zusätzliches Einkommen für die Gemeinde bedeuten, was v. a. in Anbetracht der oft prekären sozioökonomischen Situation vieler indigener Gruppen von Vorteil wäre.

Des Weiteren könnten neue oder schon bestehende indigene Kultur- und Naturtourismus-Angebote mit auf diesen Forschungsaktivitäten basierenden Zusatzinformationen bereichert werden und damit zu einem höheren Zufriedenheitsgrad der Besucher mit dem Tourismusangebot in den jeweiligen Nationalparks beitragen. Gut ausgebildete indigene Tour Guides und auf traditionellem Wissen, aber auch auf wissenschaftlicher Erkenntnis fußende Informationen könnten es in Zukunft Touristen ermöglichen, die Artenvielfalt ebenso wie die Relevanz und Bedeutung traditionellen Heilwissens für die moderne Pharmazie stärker zu schätzen. In ähnlicher Weise könnten die Ergebnisse dieser intersektoralen Kollaboration in einem kombinierten Besucher-Forschungs-Zentrum einer größeren Anzahl von Besuchern zugänglich gemacht werden, was die Attraktivität der Destination weiter steigern würde. Die mit der Neu- und Weiterentwicklung von solchen Natur- und Kulturtourismus-Angeboten von hohem Qualitätsstandard verbundene Weiterqualifizierung der involvierten indigenen Gruppen, die angestrebten ökologischen, kulturellen und wissenschaftlichen Lerneffekte bei allen Beteiligten und die Zuführung der generierten Umsätze in lokale Wirtschaftskreisläufe erfüllen die Grundforderungen eines nachhaltigen Tourismus. Die Verknüpfung von indigenem Kulturtourismus und ethnopharmakologischer Forschung, basierend auf einer strategischen Allianz aus indigenen Gruppen, staatlichen

Behörden, Forschern und der pharmazeutischen Industrie, hat das Potenzial, die sozioökonomischen Lebensbedingungen indigener Gruppen, vor allem in entlegenen Gebieten, nachhaltig zu verbessern, und kann darüber hinaus einen Beitrag leisten, wertvolles traditionelles Wissen für nachfolgende Generationen zu bewahren.

12.4 Diskussion und Ausblick

Fallbeispiel: Gon Djambutj Healing Center in East Arnhem Land, Nordterritorium

Das oben genannte Potenzial versucht derzeit ein indigenes „Sozialunternehmen" (Brueckner et al., 2014, Spencer et al., 2016) in East Arnhem Land im Nordterritorium Australiens zu verwirklichen. Nuwul Environmental Services ist eine unter Kommunalverwaltung geführte Gärtnerei in Yirrkala, 20 Kilometer südlich der größeren Kreisstadt Nhulunbuy. Ziele der Gärtnerei sind lokale Beschäftigung und soziale Einbindung sowie ökologische Nachhaltigkeit und der Erhalt traditionellen Wissens (French, 2014). Der seit 2009 bestehende gemeinnützige Betrieb operiert auf der Grundlage indigener Yolŋu-Kultur und traditionellen Wissens über die lokale Flora (Nuwul Environmental Services, 2010), seine Haupttätigkeiten bestehen aus dem Sammeln, Lagern und Züchten einheimischer Samen und Pflanzen sowie dem Landschaftsbau und der Revegetationsarbeit. Nuwul gilt als lokales Leitbild für den erfolgreichen Verbund wirtschaftlicher und kultureller Aktivitäten und spiegelt Altmans (2007) Auffassung einer indigenen Hybridökonomie wider, da es der Organisation gelingt, in einem strukturell geschwächten und von Arbeitslosigkeit und Sozialproblemen geprägten Umfeld soziokulturell verträgliche Beschäftigungsmöglichkeiten zu schaffen, was gleichzeitig den Erhalt und die Fortführung lokaler Traditionen unterstützt und so kulturelle und sozioökonomische Aspekte harmonisch vereint.

Die Gärtnerei soll nun die ethnobotanische Basis des neu gegründeten Gon Djambutj Healing Center werden, das traditionelle Heilmethoden als Komplement zu örtlich verfügbaren medizinischen Diensten anbieten soll. Das Center, dessen Standort und Räumlichkeiten in Yirrkala derzeit noch erörtert werden, soll einen kulturell angepassten Rahmen bieten, in dem körperliche, mentale und spirituelle Gesundheitsaspekte gefördert werden können. Darüber hinaus sollen Ernährung sowie Entspannung, Therapien und Beratung im Mittelpunkt des Angebots stehen. Eine zentrale Aufgabe des Centers ist der Erhalt traditioneller Heilpraktiken, das Training und die Erziehung junger Yolŋu in Bezug auf deren kulturelle Verpflichtungen und Traditionen und die Schaffung lokaler Arbeitsplätze (Dudgeon/Calma, 2014).

In Zusammenarbeit mit Gon Djambutj ist Nuwul in Zukunft angesichts seiner ethnobotanischen Expertise für die Beschaffung, Zucht und Bereitstellung lokaler Heilpflanzen zuständig. Zu diesem Zweck soll ein botanischer Garten, der eigens für das Healing Center angelegt werden soll, nicht nur das nötige Biomaterial liefern, sondern zugleich auch der Forschung, dem Tourismus und der lokalen Naherholung dienen. Die Anlage, die in Partnerschaft mit den George Brown Botanical Gardens in Darwin konzipiert und errichtet und durch den Aboriginal Benefit Fund und private Mäzene finanziert wird, soll demnach sowohl als ethnobotanisches Reservat und Therapiegarten fungieren als auch den Raum für kulturtouristische und botanische Lehrprogramme schaffen. Anberaumt sind bereits Kooperationen mit Universitäten in Queensland und dem Nordterritorium in Hinblick darauf, die Anlage für universitäre Forschung und Unterricht in den Bereichen Landschaftsbau, Ethnopharmakologie und Ethnobotanik zu nutzen.

Das Gon-Djambutj-Projekt trifft den in dieser Arbeit umrissenen Kernpunkt: einen indigenen, auf Buschmedizin bezogenen Tourismus, der Kultur, Wissenschaft und Nachhaltigkeit auf vielversprechende Weise miteinander zu verbinden versucht und somit traditionelle politische Ansätze zur sozioökonomischen Einbeziehung indigener Bevölkerungsgruppen wirkungsvoll und auf kulturell akzeptable Art zu unterstützen verspricht. Von den ökonomischen und wissenschaftlichen Möglichkeiten abgesehen ermöglicht die Kooperation zwischen Nuwul und Gon Djambutj es, durch die Nutzung traditioneller Heilmethoden vorhandenes Wissen zu bewahren und zu vermitteln und gleichzeitig der medizinischen Unterversorgung der Region, die sich zum Teil auch durch kulturelle Ablehnung erklären lässt, entgegenzuwirken; dies unterstreicht den umfassenden Sozialbeitrag der geplanten Einrichtung.

Trotz dieses recht positiven Ausblicks gilt es, eine ganze Reihe von Herausforderungen zu bewältigen, um das Projekt auf ein nachhaltiges und erfolgreiches Fundament zu stellen. Dazu gehören zweifelsohne die sehr spärliche touristische Infrastruktur in Yirrkala, was sowohl den Zugang zur und die Mobilität innerhalb der Region als auch angemessene und vielfältige Beherbergungsmöglichkeiten und weitere touristische Dienstleistungsangebote in der Region betrifft. Auch gilt es, die finanzielle und personelle Nachhaltigkeit der angestrebten Kooperation zwischen Nuwul und Gon Djambutj zu berücksichtigen und mit entsprechenden Fördermaßnahmen wie z. B. Ausbildungsangeboten und langfristig zugesicherten finanziellen Zuschüssen zu unterstützen. Eine solche Initiative hat zudem eine wesentlich höhere Durchschlagskraft und die Chance, auch langfristig Erfolge zu verbuchen, wenn sie in regionale und landesweite Tourismusprogramme eingebunden und somit von über die Region hinausgreifendem Marketing und ähnlichen Aktivitäten profitieren kann.

Die hier aufgeführten Punkte sind weder auf die Fallstudie noch auf Tourismusprodukte speziell im Bereich der traditionellen Buschmedizin beschränkt, sie können vielmehr als allgemeine Richtlinien für die erfolgreiche Entwicklung indigener Tourismusprodukte in entlegenen Regionen gesehen werden. Allerdings muss auch angemerkt werden, dass der Tourismus nur eines von vielen ökonomischen Standbeinen sein kann, die in solchen Regionen aufgebaut und gestärkt werden müssen, um eine nachhaltige Entwicklungsgrundlage für die lokale Bevölkerung zu gewährleisten. Die weitläufig verbreitete proindigene Rhetorik muss politische Unterstützung finden, damit solche Initiativen der indigenen Tourismusentwicklung zum Erfolg führen.

Literatur

Aboriginal Communities of the Northern Territory of Australia. Traditional Aboriginal Medicines in the Northern Territory of Australia. Darwin: Conservation Commission of the Northern Territory of Australia, 1993.

Aboriginal Communities of the Northern Territory of Australia. Traditional Bush Medicines. An Aboriginal Pharmacopoeia. Darwin: Greenhouse Publications, 1998.

Altman JC. Alleviating poverty in remote Indigenous Australia: The role of the hybrid economy (Topical Issue No. 10/2007). Canberra, ACT: Centre for Aboriginal Economic Policy Research, 2007.

Altman JC. Beyond closing the gap: Valuing diversity in Indigenous Australia (CAEPR Working Paper No. 54/2009). Canberra, ACT: Centre for Aboriginal Economic Policy Research, 2009.

Altman JC. Indigenous policy ‚reform'. Reviving the settler-colonial project in remote Indigenous Australia. Arena Magazine. 2015, 134(2), 10–12.

Altman JC, Finlayson J. Aborigines, tourism and sustainable development. The Journal of Tourism Studies. 2003, 14(1), 7891.

Altman JC, Hinkson M. Very risky business: the quest to normalise remote Aboriginal Australia. In: Marston G, Moss J, Quiggin J, editors. Risk, responsibility and the welfare state. Melbourne, Australia: Melbourne University Press, 2010, 185–211.

Altman JC, Whitehead PJ. Caring for country and sustainable Indigenous development: Opportunities, constraints and innovation (Working Paper No. 20). Canberra, ACT: Centre for Aboriginal Economic Policy Research, 2003.

Australian Bureau of Statistics (ABS). The Health and Welfare of Australia's Aboriginal and Torres Strait Islander Peoples (Cat. No. 4704.0). Canberra, ACT: ABS, 2012.

Australian Government. Closing the gap Prime Minister's report 2015. Canberra, ACT: Commonwealth of Australia, 2015a.

Australian Government. National Parks. http://www.australia.gov.au/about-australia/australian-story/national-parks, 2015b. Abgerufen am 1. Dezember 2015.

Bauman T, Haynes C, Lauder G. Pathways to the co-management of protected areas and native title in Australia. AIATSIS, Research Discussion Paper No. 32, Canberra, 2013.

Bennett N, Lemelin RH, Koster R, Budke I. A capital assets framework for appraising and building capacity for tourism development in aboriginal protected area gateway communities. Tourism Management. 2012, 33, 752–766.

Brueckner M, Spencer R, Wise G, Marika B. Indigenous entrepreneurship: Closing the Gap on local terms. Journal of Australian Indigenous Issues. 2014, 17(2), 2–24.

Butler R, Hinch T, editors. Tourism and Indigenous Peoples Issues and Implications. Oxford, UK: Butterworth-Heinemann, 2007.

Buultjens J, Gale D. Facilitating the development of Australian indigenous tourism enterprises: The Business Ready Program for indigenous tourism. Tourism Management Perspectives. 2013, 5, 41–50.

Buultjens J, Gale D, White NE. Synergies between Australian indigenous tourism and ecotourism: possibilities and problems for future development. Journal of Sustainable Tourism. 2010, 18(4), 497–513.

Claudie DJ, Semple SH, Smith NM, Simpson BS. Ancient but new. Developing locally driven enterprises based on traditional medicines in „Kuuku I'yu"(Northern Kaanju Homelands, Cape York, Queensland, Australia). In: Drahos P, Frankel S, editors. Indigenous Peoples' Innovation: IP Pathways to Development. Canberra: ANU ePress, 2012.

Colton JW, Whitney-Squire K. Exploring the relationship between aboriginal tourism and community development. Leisure/Loisir. 2010, 34(3), 261–278.

Coria J, Calfucura E. Ecotourism and the development of indigenous communities: The good, the bad and the ugly. Ecological Economics. 2010, 73, 47–55.
Council of Australian Governments (COAG). National Indigenous Reform Agreement. Canberra, ACT: COAG, 2008.
Dudgeon P, Calma T. What Works in Aboriginal and Torres Strait Islander Suicide Prevention? National Aboriginal and Torres Strait Islander Leadership in Mental Health. http://natsilmh.org.au, 2014. Abgerufen am 26. Januar 2016.
Flood J. The Original Australians: Story of the Aboriginal People. Crows Nest, NSW: Allen & Unwin, 2006.
French J. Business overview: Nuwul Environmental Services Inc. Darwin, 2014.
Fuller D, Buultjens J, Cummings E. Ecotourism and indigenous micro-enterprise formation in northern Australia opportunities and constraints. Tourism Management. 2005, 26, 891–904.
Hunter BH, Gray MC. Continuity and change in the CDEP scheme (CAEPR Working Paper No. 84/2012). Canberra, ACT: Centre for Aboriginal Economic Policy Research, 2012.
Locher C, Semple S, Simpson B. Traditional Australian Aboriginal medicinal plants: An untapped resource for novel therapeutic compounds? Future Medicinal Chemistry. 2013, 5(7), 733–736.
Mapunda G. Indigenous Tourism as a Strategy for Community Development. In: Pforr C, Janeczko B, editors. Capitalising on Research. Proceedings of the Eleventh Australian Tourism and Hospitality Research Conference. Canberra: University of Canberra, 2001, 218–232.
Maravelias CT. R&D Pipeline Management., 2015. Abgerufen am 26. November 2015.
Morgan S, Grootendorst P, Lexchin J, Cunningham C, Greyson D. The cost of drug development: A systematic review. Health Policy. 2011, 100(1), 4–17.
Nielsen N, Wilson E. From invisible to indigenous-driven: A critical typology of research in indigenous tourism. Journal of Hospitality and Tourism Management. 2012, 19, 1–9.
Peterson N. What can the pre-colonial and frontier economies tell us about engagement with the real economy? Indigenous life projects and the conditions for development. In: Austin-Broos D, Macdonald G, editors. Culture, economy and governance in Aboriginal Australia. Sydney, Australia: Sydney University Press, 2015, 7–18.
Pforr C, Locher C, Voigt C. The Margaret River Wine Region – Analysing Key Resources as a Basis for a Competitive Wellness Tourism Destination. In: Pechlaner H, Innerhofer E, editors. Competence-Based Innovation in Hospitality and Tourism, Ashgate (in press), 2016.
Pholi K, Black D, Richards C. Is ‚Close the Gap' a useful approach to improving the health and wellbeing of Indigenous Australians? Australian Review of Public Affairs. 2009, 9(2), 1–13.
Rasmussen M, Guo X, Wang Y et al. An Aboriginal Australian genome reveals separate human dispersals into Asia. Science. 2011, 334(6052), 94–98.
Ruhanen L, Whitford M, McLennan C. Indigenous tourism in Australia: Time for a reality check. Tourism Management. 2015, 48, 73–83.
Spencer R, Brueckner M, Wise G, Marika B. Measuring performance: A story of ‚closing the gap' through Indigenous social enterprise. Journal of Enterprising Communities Entrepreneurship: People and Places in the Global Economy. 2016, 10(4), 397–424.
Standing Committee on Environment, Communications, Information Technology and the Arts. Conserving Australia. Australia's national parks, conservation reserves and marine protected areas. Canberra: Senate Printing Unit, 2007.
United Nations. State of the world's indigenous peoples. New York: Department of Economic and Social Affairs, 2009.
Zeppel H. Indigenous ecotourism: sustainable development and management. Wallingford: CABI Publishing, 2006.

Ross Dowling und Christof Pforr
13 Geotourismus in Australien und Neuseeland

13.1 Einleitung

Das Konzept der Kontinentalverschiebung wurde erstmals im Jahr 1912 durch den deutschen Meteorologen und Forscher Alfred Wegener beschrieben (Wegener, 1912). Seine Theorie bildete die Grundlage für die Plattentektonik, die letztendlich unser heutiges Verständnis von der Entstehung von Erdbeben, Vulkanismus und Gebirgen geprägt hat (Cooper, 2015). Vereinfacht kann man diese Theorie mit einem Fußball erklären. Während dieser seine Stabilität durch verschiedene miteinander vernähte Lederstücke erhält, besteht die Erdoberfläche, die sogenannte Lithosphäre, aus einzelnen Stücken Erdkruste, auch Platten genannt, die nicht miteinander verbunden, sondern beweglich sind. Diese Platten liegen auf einem relativ mobilen, aus Magma bestehenden Mantel, der seinerseits den sehr heißen Erdkern umgibt. Die dort vorherrschende Hitze steigt durch den Mantel nach oben und führt zu einer Bewegung der Erdplatten, die sich dabei vertikal oder horizontal gegeneinander verschieben und dadurch Vulkanausbrüche oder Erdbeben auslösen können.

Zwei wichtige, bei Neuseeland aufeinandertreffende Erdkrusten sind die Australische und die Pazifische Platte. Neuseeland selbst gehört zu einem „Zealandia" genannten Kontinent, der allerdings zum größten Teil unter dem Meeresspiegel liegt (Wright/Wood, 2015). Stark verallgemeinert kann man sagen, dass sich die Australische Platte nordwärts bewegt, während sich die Pazifische Platte zeitgleich nach Westen verschiebt. Daraus ergibt sich, dass sich die Pazifische Platte, auf der der größte Teil der neuseeländischen Südinsel angesiedelt ist, gegenüber Australien jährlich um etwa 4 cm nach Südwesten verschiebt. Diese Bewegung und die Verformungen, die in der Grenzzone zwischen diesen beiden Platten stattfinden, bestimmen die Geologie Neuseelands, das aufgrund seiner vielen Erdbeben und Vulkanausbrüche auch „Shaky Isles", also „Zitternde Inseln", genannt wird (Stirling/Rhoades, 2015).

Die Geologie Australiens ist dagegen wesentlich älter und vor allem auch viel stabiler (Blewett, 2012). Der australische Kontinent besteht aus einer dicken Schicht Lithosphäre, die im Westen mehr als 200 Kilometer und im jüngeren östlichen Drittel immerhin noch 100 Kilometer dick ist. In Australien besteht die Erdkruste hauptsächlich aus sehr altem Felsgestein, das von einer dünnen Schicht Sedimentgestein bedeckt ist. Letzteres ist starken Erosionen ausgesetzt, was u. a. zur Bildung großflächiger Sanddünenlandschaften geführt hat. Australiens gegenwärtiges Landschaftsbild ist somit das Ergebnis einer schon Millionen Jahre andauernden konstanten Bewegung und Erosion. Auch heute noch verändert sich der Kontinent aufgrund seiner Nordwärtsbewegung. Nicht zuletzt auch deshalb sind Australiens Gesteine einzigartig, denn sie umfassen die gesamte geologische Spannbreite, von uralten Kontinentalbruchstücken, wie sie in Westaustralien gefunden werden, bis hin zu relativ „jungem" und auch sehr gut erhaltenem Fossilgestein der sogenannten Megafauna, das in den in Südaustralien gelegenen Naracoorte-Höhlen entdeckt wurde (James/Clark/James, 2006).

Somit sind Australien und Neuseeland, trotz ihrer geografischen Nähe, geologisch gesehen völlig unterschiedlich. Dieses jeweils einzigartige geologische Erbe stellt in den beiden Ländern die Grundlage einer ganzen Reihe von geotouristischen Attraktionen und Erlebnissen dar, die im Folgenden näher beschrieben werden.

13.2 Geotourismus

Für Australien und Neuseeland ist der Tourismus ein wichtiges wirtschaftliches Standbein (vgl. Kapitel 2 und 3). In beiden Ländern profitieren zahlreiche touristische Attraktionen von einer unberührten und vielfältigen Landschaft, die allerdings in vielen Fällen auf dem Erlebnis biotischer Elemente, also Fauna und Flora, basieren. Eine neue Art des Naturtourismus stellt dagegen der Geotourismus dar, der sich vor allem auf Landschaftsformen und geologische (also abiotische) Attraktionen stützt.

Global gesehen wächst das Marktsegment Geotourismus stetig (Dowling/Newsome, 2006). Obwohl der Besuch außergewöhnlicher Landschaften oder besonderer geologischer Formationen kein neues Tourismusphänomen darstellt, wurde der Begriff Geotourismus erst in jüngerer Vergangenheit geprägt (Dowling, 2015). Er wird als eine Tourismusform definiert, die sich sowohl in natürlichen als auch anthropogen überprägten Räumen speziell auf erdgeschichtliche und landschaftliche Besonderheiten konzentriert (Newsome/Dowling, 2010). Dabei werden beim Besuch von Geotopen die Vermittlung eines Bewusstseins und Verständnisses für die Geowissenschaften sowie der Erhalt der geologischen Vielfalt in den Vordergrund gestellt. Für den Besucher erschließen sich diese durch einen Besuch geologischer und geomorphologischer Standorte, auf geologischen Wander- und Lehrpfaden, von Aussichtspunkten aus, auf geführten Touren, während geologischer Aktivitäten und durch Besucherzentren, die inzwischen an vielen geologischen Standorten errichtet worden sind (Newsome/Dowling/Leung, 2012).

Das Herzstück eines geotouristischen Erlebnisses ist die Wertschätzung der Identität und der Besonderheiten der Region. Jede Landschaft besteht aus abiotischen, biotischen und kulturellen Komponenten (Dowling, 2013). Durch ein besseres Verständnis der Wechselwirkung zwischen den abiotischen Elementen Geologie und Klima, den biotischen Komponenten Flora und Fauna sowie den kulturellen Aspekten der Gegenwart und Vergangenheit erschließt sich letztendlich der Geotourismus. Denn um eine Region wirklich schätzen zu können, bedarf es eines Grundverständnisses der Erdgeschichte, da diese in direktem Zusammenhang mit der Vegetation und der Tierwelt zu sehen ist und somit letztendlich auch die vorliegende Kulturlandschaft als ein Resultat vergangener und gegenwärtiger anthropogener Landschaftsnutzung geprägt hat. Das Kernstück des Geotourismus ist ein Verständnis der Geologie, basierend auf einer Interpretation von Landschaftsformen und geologischen Prozessen, das die Grundlage für ein ganzheitliches Verständnis der jeweiligen Umgebung und seiner Bestandteile bildet und zu einer stärkeren Verbundenheit der Besucher, aber auch der ansässigen Bevölkerung mit der Region führt.

Indem Geotourismus einen aktiven Beitrag zur Geokonservation leistet, zu einem besseren Landschaftsverständnis (z. B. durch Interpretation) führt und positive wirtschaftliche Impulse setzt, kann er auch richtungsweisend für eine nachhaltige regionale Tourismusentwicklung sein (Dowling, 2015a). Oder anders ausgedrückt: Das Hauptaugenmerk liegt auf einem Erleben geologischer Attraktionen in einer Art und Weise, die Umwelt- und Kulturverständnis unterstützt und zugleich positive Effekte für die Region generiert. Drei Elemente spielen hierbei eine wesentliche Rolle: Der Geotourismus muss auf einem geologischen Erbe beruhen, einen relevanten Beitrag zur nachhaltigen Entwicklung leisten und letztendlich auch als Bildungs- und Vermittlungskonzept verstanden werden.

Eine methodisch-didaktische Aufarbeitung der jeweiligen Geotourismus-Attraktion als Bildungs-, Erziehungs- und Informationsträger soll nicht nur Wissen vermitteln, sondern auch ein kreatives Erleben ermöglichen. Dies beinhaltet Informationsmaterial, das die Besuchsvorbereitung wie auch die eigentlichen geotouristischen Aktivitäten und Erlebnisse vor Ort bereichert, Aussichtspunkte und eine aussagekräftige Beschilderung, Lehrpfade, die durch entsprechende Bücher, Führer, Besuchertafeln und Wegweiser ergänzt werden, geologische Gärten sowie geführte Touren und Besucherzentren, die den Touristen nicht nur audiovisuelles Informationsmaterial, sondern auch Steinsammlungen, Vorträge und Filmvorführungen bieten können. Mit der generellen Verfügbarkeit von Smartphones und Tablets rückt multimediales und GPS-unterstütztes Informationsmaterial immer mehr in den Vordergrund (Dowling, 2015b).

13.3 Geotourismus in Australien

Das Great Barrier Reef (Großes Barriereriff) im Bundesstaat Queensland, Uluru (Ayers Rock) im Northern Territory (Nordterritorium) und Sydney Harbour (der natürliche Hafen von Sydney, New South Wales) waren schon immer Besuchermagnete. Anfang 2000 hat die australische Bundesregierung mithilfe der Tourismusbehörde „Tourism Australia" und der Regierungsbehörde „Parks Australia" das Programm „Australia's National Landscapes" ins Leben gerufen, mit dem Naturschutz und Tourismus gleichermaßen gefördert werden sollen (Tourism Australia, 2010). Ziel ist es, ausgewählte Naturräume nicht nur zu schützen und zu erhalten, sondern auch erfolgreich zu vermarkten. Auch wenn die staatlichen Fördergelder inzwischen eingestellt wurden, hat die Kampagne den Grundstein für 16 herausragende Landschaften gelegt (vgl.

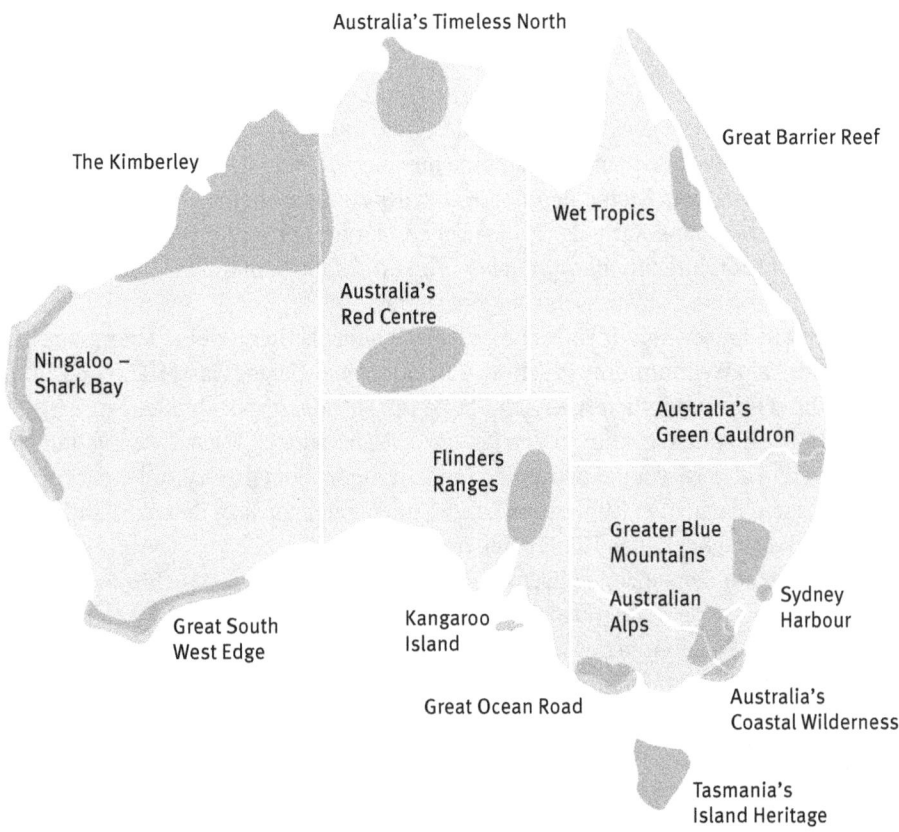

Abb. 13.1: Australiens 16 herausragende Landschaften (Quelle: Australian Traveller, 2014).

Abb. 13.1), die ihre jeweils einzigartige Geologie und Geomorphologie in verschiedene Tourismusprodukte eingebunden haben und nun zu den „16 ultimativen Destinationen in Australien" gezählt werden (Great Barrier Reef, Wet Tropics, Green Cauldron, Greater Blue Mountains, Sydney Harbour, Australian Alps, Coastal Wilderness, Great Ocean Road, Tasmania, Flinders Ranges, Kangaroo Island, Great South West Edge, Ningaloo – Shark Bay, The Kimberley, Timeless North und the Red Centre). Diese werden nun im Folgenden im Hinblick auf ihre geotouristischen Attraktionen näher erläutert.

Das 2.300 Kilometer lange und eine Fläche von 300.000 Quadratkilometern umfassende Great Barrier Reef im Bundesstaat Queensland ist das größte tropische Korallenriff der Welt. Neben seiner außerordentlichen Artenvielfalt umfasst es auch zahllose Korallenriffe und mehr als 100 zum Teil sehr kleine Inseln.

Eine weitere herausragende Landschaft in diesem Bundesstaat sind zweifelsohne die Wet Tropics, die den als Weltnaturerbe deklarierten Daintree National Park und daran anschließende Teile des Great Barrier Reef umfassen. Geotouristische Attraktionen in dieser Region beinhalten die Wallaman Falls im Girringun National Park sowie die Mossman Gorge.

Im sogenannten Grünen Kessel („Green Cauldron") der Nachbarstaaten Queensland und New South Wales liegt die Great Dividing Range, die auch das Weltnaturerbe Gondwana Rainforest einschließt, eine atemberaubende Landschaft, entstanden aus einem urzeitlichen Krater, den Überresten des zweitgrößten Schildvulkans der Erde. Eine Geotourismus-Karte der geologischen Standorte New South Wales zeigt die säulenförmig zerklüfteten altertümlichen Vulkane, Kalksteinhöhlen, Nationalparks, Museen, Touren sowie historische Bergbaustätten.

Ebenfalls in New South Wales befindet sich eine als Greater Blue Mountains bekannte und als Weltnaturerbe geschützte Region voller Berge, Wasserfälle und Höhlen. Sie birgt eine beachtliche Geovielfalt, die von 300 Meter steil abfallenden Klippen und Schlitzschluchten bis hin zu den Jenola Caves im Jenolan Karst Conservation Reserve reicht. Letztere, vor allem die elf öffentlich zugänglichen Schauhöhlen, sind die am häufigsten besuchten Höhlen des Landes und zählen auch zu den ältesten für die Öffentlichkeit zugänglichen Höhlen der Welt.

Eine weitere ikonische Landschaft, Sydney Harbour, umfasst nicht nur den Hafen der Stadt, sondern auch den Ku-ring-gai Chase sowie den Royal National Park. Die zerklüftete Küstenlinie des Hafenbeckens ist durch schroffe Sandsteinfelswände, Surfstrände und spektakuläre Kliffwanderwege geprägt.

Zu der als Australian Alps (Australische Alpen) bezeichneten Gebirgskette, die sich über die Bundesstaaten New South Wales, Victoria und das Australian Capital Territory (Australisches Hauptstadtterritorium) erstreckt, gehört Australiens höchster Berg, der 2.228 Meter hohe Mount Kosciuszko, der sich immer mehr zu einer bekannten Geotourismus-Destination entwickelt (Scherrer/Pickering, 2010).

Ebenfalls in diesem Teil des Kontinents ist die Coastal Wilderness Region zu finden, die nicht nur ein UNESCO-Weltbiosphärenreservat, sondern auch eine ganze Reihe von Nationalparks umfasst. Lang gezogene Strände, felsige Landzungen, Lagunen und bewaldete Berge prägen das Landschaftsbild. Von besonderem geotouristischem Interesse sind hier der Gulaga, auch bekannt als Mount Dromedary, ein ehemals aktiver Vulkan, sowie die Buchan Caves mit ihren honigwabenartigen Felsformationen und der historische, aus rosafarbenem Granit erbaute Leuchtturm auf Gabo Island.

Die Great Ocean Road im Bundesstaat Victoria zählt zu den klassischen und ikonischen Küstenstraßen des Landes. Auf ihr sind spektakuläre Küstenabschnitte mit besonders hochragenden Kalksteinspitzen, z. B. die berühmten sogenannten Twelve Apostles, zu finden. Die goldenen Klippen und die langsam zerfallenden Kalksteinsäulen, die an die zwölf Jünger Jesu erinnern, sind durch einen Meeresnationalpark geschützt, der über 7.500 Hektar und 17 Kilometer der außergewöhnlichen Küstenlinie umfasst. Mit einer ganzen Reihe von Felsbögen, Schluchten, Spalten und steil abfallenden Riffen birgt er auch eine der dramatischsten Unterwasserlandschaften des Bundesstaats Victoria.

Aufgrund seiner einzigartigen Geologie gilt der Inselbundesstaat Tasmanien als Geotourismus-Paradies. Für einen der bekanntesten Geologen, Professor Arthur Holmes, hat die Insel weltweit die zweitgrößte geologische Vielfalt zu bieten, übertroffen wird sie seiner Ansicht nach nur noch von Schottland (Manchester, 2013). Tasmaniens Landschaft ist durch zerklüftete Berge, eine sehr komplexe Küstenlinie und zahllose Gletscherseen geprägt. Es gibt einen geologischen Pfad für Selbstfahrer, auf dem 13 einzigartige geologische Besonderheiten zu sehen und erleben sind. Die Tour wird von einem mit Fotos illustrierten Kartenmaterial begleitet. Wenn der Besucher eine der geologisch interessanten Stätten erreicht, findet er dort Tafeln, die die Interpretation der Geologie zusätzlich unterstützen. Diese Informationen werden durch das Buch „Created from Chaos – A Geological Trail of 100 Sites in Tasmania" ergänzt, das dem Leser eine ganze Reihe geologisch interessanter Stätten näherbringt, die über Straßen oder kurze Wanderwege einfach zugänglich sind (Manchester, 2010).

In Südaustralien sind die Flinders Ranges zu finden, mit einer Länge von 430 Kilometern die größte Bergkette des Bundesstaats. Ihr wohl auffallendstes Wahrzeichen ist Wilpena Pound (Ikara), ein halbmondförmiges, 80 Quadratkilometer großes natürliches Amphitheater, eingebettet in die größten Berge des Parks (vgl. Abb. 13.2). Das Landschaftsbild im Allgemeinen wird von zerklüfteten Bergketten, spektakulären Schluchten und geschützten Wasserläufen geprägt. Aufgrund seiner naturräumlichen Schönheit sowie seiner kulturellen und geologischen Bedeutung gehören die Flinders Ranges zweifelsohne zu Australiens herausragendsten Landschaften.

Ebenfalls in Südaustralien befindet sich Kangaroo Island, Australiens drittgrößte Insel, die den Flinders Chase National Park mit seinen windgemeißelten Felsformationen wie z. B. den Remarkable Rock und dem Admirals Arch beherbergt.

Im Westen des Kontinents ist die Great South West Edge mit ihren zerklüfteten Küstenlinien, Kalksteinhöhlen und den Porongurup Ranges, eine der ältesten Felsformationen der Welt, zu finden. Die massiven Granitkuppeln des Porongurup National Park sind bis zu 670 Meter hoch und erlauben einen atemberaubenden Blick über

Abb. 13.2: Wilpena Pound (Ikara), Südaustralien.

Abb. 13.3: Castle Rock, Westaustralien.

die sich unter ihnen erstreckende Landschaft. Das Gestein ist mehr als 1,4 Milliarden Jahre alt und wurde durch die langsame Verwitterung der darüber liegenden weicheren Gesteinsschichten zum Vorschein gebracht. Obwohl die Bergkette mit nur zwölf Kilometern Länge relativ klein ist, ist sie dennoch weit über die Grenzen Westaustraliens hinaus für ihre Naturschönheit bekannt. Eine besondere Geotourismus-Attraktion dort ist der 2011 eröffnete Granite Skywalk, ein abgehängter Laufsteg, der sich spiralförmig um die riesige Granitfelsnase Castle Rock schlängelt (vgl. Abb. 13.3). Eine steile Leiter führt vollends zum Gipfel, wo ein gläserner Laufsteg dem Besucher eine vertikale Perspektive auf den Grund ermöglicht und gleichzeitig einen atemberaubenden Blick auf die umgebende Landschaft freigibt (Field, 2012).

Unweit der Great South West Edge National Landscape befindet sich Wave Rock, eine der prägnantesten geologischen Besonderheiten Westaustraliens. Nach seiner Ablichtung für das National Geographic Magazine im Jahr 1967 wollten immer mehr Besucher die zwölf Meter hohe und etwa 100 Meter lange, überhängende Granitwand sehen, die das Aussehen einer in Stein erstarrten, sich überschlagenden Welle hat. In den 1970er-Jahren wurde deshalb mit dem Ausbau der touristischen Infrastruktur begonnen, heute werden jährlich etwa 140.000 Besucher verzeichnet. Ein Motel, ein Resort und ein Campingplatz bieten Übernachtungsmöglichkeiten für bis zu 200 Gäste. Es gibt Wanderwege und erklärendes Informationsmaterial zur Geologie und Landschaft, z. B. Informationstafeln, einen gedruckten Führer sowie einen Lehrpfad, die allesamt dazu beitragen, dem Besucher die einzigartige Geologie und Landschaft näherzubringen (Pforr/Dowling/Newsome, 2014).

Ebenfalls im Bundesstaat Westaustralien angesiedelt ist die Pinnacles Desert im Nambung National Park. Eine beeindruckende Anzahl von bis zu 5 Meter hohen Kalksteinsäulen prägt das Landschaftsbild und zieht jährlich ca. 200.000 Touristen an (Newsome/Dowling/Leung, 2012). Zusätzlich gibt es ein Besucherzentrum mit Informationen zu dieser einzigartigen Geologie und Landschaftsform.

Die Ningaloo – Shark Bay National Landscape ist Heimat zweier australischer UNESCO-Welterbestätten. Die 604.500 Hektar umfassende Region Ningaloo Coast World Heritage schützt nicht nur das Ningaloo Reef, eines der längsten Saumriffe der Welt, sondern auch den angrenzenden Küstenstreifen mit seinem ausgedehnten Karstsystem voller Höhlen, Kanäle und Grundwasserläufe. In der zerklüfteten Kalksteinlandschaft des Cape Range National Park wird eine ganze Reihe von Allradtouren im Safari-Stil angeboten. Shark Bay, der westlichste Punkt des Kontinents, ist mit seinen Inseln und dem angrenzenden Festland Heimat einer ganzen Reihe außerordentlicher naturräumlicher Besonderheiten. Dazu zählen etwa die sogenannten Stromatoliten, harte, kuppelförmige Ablagerungen von Algenkolonien, die zu den ältesten Lebensformen der Erde zählen. Darüber hinaus sind in Shark Bay viele weitere faszinierende Zeugen der geomorphologischen Prozesse zu sehen, die diese unberührte, farbenprächtige und vielfältige Landschaft über Jahrtausende geprägt haben. So beispielsweise im Francois Peron National Park, wo u. a. arides Buschland, Sandebenen und eine spektakuläre Küstenlandschaft mit rostroten Sanddünen vor dem Hintergrund schneeweißer, unberührter Strände und einem kristallklaren, türkisblauen Meer zu finden sind (Australia's Coral Coast, 2015). Ebenso faszinierend ist der 110 Kilometer lange Shell Beach, einer von nur zwei Stränden der Welt, die ausschließlich durch Muscheln gebildet werden. Der Strand erhielt seinen Namen durch das Massenvorkommen von Cockle Shells (*Fragum erugatum*), die dort sieben bis zehn Meter in die Tiefe reichen.

In den nördlichen, sehr abgeschiedenen Teilen des westaustralischen Bundesstaats liegen die Kimberley, ein Gebiet von 423.000 Quadratkilometern, das durch riesige rote Klippen, höhlenartige Schluchten und kaskadierende Wasserfälle geprägt ist. Dort liegt z. B. der als Weltnaturerbe deklarierte Purnululul National Park mit der Bungle Bungle Range. Sie besteht aus Quarzsandstein, der aus dem Devon-Erdzeitalter stammt. Erosionsprozesse haben über eine Zeitspanne von 20 Millionen Jahren hinweg die Bungle Bungles in eine ganze Reihe bienenkorbartiger Türme und Kegel geformt. Diese außerordentlichen Kegelkarst-Objekte sind das Produkt mehrerer miteinander in Verbindung stehender geologischer, biologischer, klimatischer und erosiver Effekte.

Im nördlichsten Bundesstaat des Kontinents, dem Nordterritorium, ist die Timeless North National Landscape zu finden, die u. a. die 1981 zum Weltnatur- und -kulturerbe erklärte Kakadu-World-Heritage-Region beherbergt. Für den Besucher wird das an sich schon spektakuläre, weitläufige Feuchtgebiet durch tiefe Schluchten und riesige Wasserfälle, eine bis zu 330 Meter hohe und mehrere 100 Kilometer lange, zerklüftete Schichtstufe sowie indigene Felsmalereien, die zum Teil mehr als 40.000 Jahre alt sind, weiter bereichert (UNESCO, o. J.a).

Im „Red Centre" befindet sich der Uluru-Kata Tjuta National Park mit einer Vielzahl an spektakulären geologischen Formationen inmitten einer weit ausgedehnten roten Sandebene, unter ihnen Uluru, ein riesiger, 9,4 Kilometer umfassender und bis zu 340 Meter hoher Monolith, und die westlich davon gelegenen Felskuppeln Kata Tjuta, die eine Fläche von 3.500 Hektar bedecken und deren höchster Berg, Mount Olga, sich 500 Meter über die rote Sandebene erhebt. Beide Felsformationen spielen eine zentrale Rolle in einem der ältesten Glaubenssysteme der Welt, denn für die traditionellen Ureinwohner der Gegend, die Anangu (UNESCO, o. J.b), haben diese beeindruckenden Felsformationen eine besondere Bedeutung in ihrem traditionellen Rechtssystem Tjurkurpa. Felsmalereien in den Höhlen am Fuß des Uluru sind Zeugen dieser langen kulturellen Verbundenheit.

13.4 Geotourismus in Neuseeland

Neuseeland gilt als Geotourismus-Paradies schlechthin. Was die Anzahl und Vielfalt an Landschaftsräumen und geologischen Attraktionen angeht, steht es z. B. Island in nichts nach. In beiden Ländern ist die Grundlage des Geotourismus v. a. die „living geology", also aktive geologische Prozesse wie aktive Vulkane, häufige Erdbeben und geothermale Stätten, die die zentrale Rolle der Geologie in der Landschaftsgestaltung anschaulich illustrieren.

Neuseeland besteht aus zwei etwa gleich großen Hauptinseln, der Nordinsel (42 % der gesamten Landmasse) und der etwas größeren Südinsel (56 %). Beide besitzen eine große Anzahl an geotouristischen Attraktionen, die im Folgenden näher beschrieben werden.

13.4.1 Geo-Attraktionen der Nordinsel

Ganz im Norden der Insel, in der Provinz Northland, liegen Cape Reinga und der Ninety Mile Beach. Die Landspitze selbst markiert den Punkt, an dem geografisch gesehen der Pazifik mit dem Tasmanischen Meer zusammentrifft. Bei Hokianga an der Westküste findet man die Waikere Boulders, eine einzigartige geomorphologische Ansammlung von Tausenden von Basaltbrocken in einem 1,6 Kilometer langen Tal. Sie verdanken ihre Entstehung endemischen Kauri-Bäumen, die dort Tannine in großen Mengen in den Boden abgesondert haben.

Auckland, mit 1,5 Millionen Einwohner die größte Stadt Neuseelands, ist in einem Radius von 20 Kilometern um den Stadtkern von nicht weniger als 48 Vulkankegeln umgeben. Die letzte Aktivität des ältesten von ihnen, der Auckland Domain, fand zeitgeschichtlich gesehen vor noch nicht sehr langer Zeit, nämlich vor ungefähr 150.000

Jahren statt, während der jüngste Ausbruch, auf Rangitoto Island unweit östlich von Auckland, gerade einmal 600 Jahre zurückliegt. Mit einer Lavamenge, die derjenigen der anderen Vulkanausbrüche in der Gegend zusammengerechnet entsprach, war die damalige Eruption allerdings außerordentlich groß (Smith/Briggs, 2015). Als Aucklands höchster Vulkan (260 m) mit seinem symmetrischen Kegel und dem weit ausgedehnten Lavafluss ist die Insel zu einem der Wahrzeichen der Stadt geworden. Mit etwa 100.000 Besuchern pro Jahr ist die Vulkaninsel ein beliebter Ort für Tagesausflüge, nicht nur für Touristen, sondern auch für die ansässige Bevölkerung. Es gibt eine Vielfalt an Interpretationsmaterial in Form von Schildern und Aushängen und auch geführte Touren, die den Besuchern die faszinierende Geologie näherbringen (Wittlich/Palmer, 2010).

Auf der Coromandel Peninsula südöstlich von Auckland liegt der Hot Water Beach. Hier können Besucher ihre eigenen Thermalwasserbecken im Sand ausheben, die dann von den unterirdischen heißen Quellen gespeist werden. Ganz in der Nähe, in Hahei, ist das Cathedral Cove Marine Reserve mit der Te-Hoho-Zinne und dem majestätisch anmutenden Cathedral-Cove-Bogen zu finden, der zwei abgeschiedene Buchten miteinander verbindet. Noch weiter südlich, der Küste bei Whakatane vorgelagert, befindet sich Neuseelands einziger Meeresvulkan, genannt White Island (Whakaari). Die fast kreisförmige Vulkaninsel mit einem Durchmesser von etwa 2 Kilometern und einer Höhe von 321 Metern ist ein aktiver Andesit-Schichtvulkan, 48 Kilometer vom Festland entfernt, der durch andauernde vulkanische Aktivität über die letzten 150.000 Jahre entstanden ist. Noch heute gilt der Whakaari, der auf geführten Touren besichtigt werden kann, als der aktivste Vulkan Neuseelands.

Im Zentrum der Nordinsel haben geologische und vulkanische Aktivitäten über 30 Millionen Jahre hinweg etwa 300 Karsthöhlen geschaffen, darunter auch die Waitomo Glowworm Caves, die wegen ihrer zahllosen Glühwürmchen (*Arachnocampa luminosa*) zu den meistbesuchten Attraktionen Neuseelands zählen. Auf einer geführten Tour können die Besucher die drei Ebenen der Höhle erkunden, von den Catacombs über die Banquet Chamber bis hin zur Cathedral, sowie die Aussichtsplattform und die Anlegestelle. Am Ende führt die Tour auf dem unterirdischen Waitomo River in die Glühwürmchen-Grotte, in der unzählige kleine Glühwürmchen einen „Sternenhimmel" lebendiger Lichter bilden. Hinzu kommt das prämierte Waitomo Caves Discovery Centre, Neuseelands einziges speläologisches Museum, das sowohl als Besucherzentrum als auch als Museum mit einer Fülle an Informationen zu den Höhlen und der Geschichte der Höhlenexploration Neuseelands aufwartet (www.waitomocaves.com/caving-exhibits).

Die Stadt Rotorua gilt als die Hochburg der neuseeländischen Maori-Kultur und hat darüber hinaus beachtliche geothermale Aktivitäten zu bieten. Es gibt mehrere geothermale „Hotspots" mit einer Vielzahl von Geysiren, heißen Quellen, Schlammbädern und Kratern (Rosco, 2010), so z. B. Whakarewarewa mit seinen ca. 500 heißen Quellen, Pohutu, der höchste Geysir des Landes, der bis zu 15 Mal täglich in etwa

30 Meter hohen Wasserfontänen ausbricht, und die Kakahi Falls, die als die größten heißen Wasserfälle der südlichen Erdhalbkugel gelten.

Der vulkanische Grabenbruch Waimangu Valley ist atemberaubender Zeuge einer zerstörerischen Eruption des Mount Tarawera im Jahr 1886. Dort liegt heute der Lake Rotomahana, wo sich früher die weltberühmten, als achtes Weltwunder angesehenen rosafarbenen und weißen Terrassen befunden hatten, die dem damaligen Vulkanausbruch zum Opfer fielen, sowie der Geysir Waimangu, der von 1900 bis 1904 aktiv war. In der Gegend liegen auch der sogenannte Bratpfannensee (Frying Pan Lake), die größte heiße Quelle weltweit, und der dampfende, meistens hellblau gefärbte Inferno Crater Lake, der den größten Geysir der Welt birgt, allerdings versteckt vor den Augen der zahlreichen Besucher am Grund des Sees.

Das Thermalgebiet Waiotapu mit zahllosen heißen Quellen in den buntesten Farben erstreckt sich auf einer Fläche von 18 Quadratkilometern. Dort zu finden sind der Lady-Knox-Geysir, der sogenannte Champagne Pool, die Artist's Palette, Primrose Terrace sowie viele kochende Schlammbäder. Orakei Korako, das „verborgene Tal", ist ebenfalls ein Gebiet reich an geothermaler Aktivität und vor allem durch seine Sinterterrassen berühmt geworden. Mit bis zu 35 aktiven Geysiren, darunter der bekannte Diamond-Geysir, dessen bis zu neun Meter hohe Ausbrüche mehrere Stunden andauern können, ist Orakei Korako auch das größte Geysirfeld Neuseelands. Dort liegt auch die Ruatapu Cave, eine von nur zwei Höhlen der Welt, die in einem geothermalen Feld angesiedelt sind. Sie erstreckt sich über 45 Meter und reicht 23 Meter mehr oder weniger senkrecht in die Tiefe, wo sie in einem seichten Pool von warmem, sulfatreichem Wasser endet. Der Reiseführer Lonely Planet schätzt die Gegend als eine der besten geothermalen Gebiete weltweit.

Im Zentrum der Nordinsel befindet sich auch der Tongariro National Park, ein Weltnaturerbe. Schon 1887 wurde er als erster Park in Neuseeland und damals erst vierter Park weltweit zum Nationalpark erklärt. Er schützt einen großen Teil des vulkanischen Plateaus der Nordinsel und erstreckt sich um das Massiv der drei aktiven Vulkane Mount Ruapehu (2.797 m), Mount Ngauruhoe (2.287 m) und Mount Tongariro (1.967 m), die alle weniger als 500.000 Jahre alt sind. Aufgrund seiner spektakulären vulkanischen Landschaft und der Vielzahl an gut ausgebauten Wanderwegen ist der Nationalpark zu einer der Haupttouristenattraktionen Neuseelands geworden (Cooper, 2010). Das Besucherzentrum bietet eine Fülle von Informationen zur vulkanischen Geschichte des Parks, einschließlich eines 3D-Modells des Massivs, Bücher, audiovisuellen Lehrmaterials sowie einer Verschaltung mit dem auf Naturgefahren ausgerichteten GeoNet-Überwachungssystem Neuseelands (Keys/Williams, 2014). Darüber hinaus gibt es ein speziell dem Vulkanismus gewidmetes „Activity Centre" in Wairakei sowie das Taupo Museum, das den Besuchern die Vulkane und die geothermale Aktivität der Gegend anschaulich vermittelt.

An der Westküste der Nordinsel liegt der Mount Taranaki (2.518 m), der zu den symmetrischsten Vulkanen der Welt zählt (King, 2015) und darüber hinaus der zweitgrößte andesitische Vulkan Neuseelands ist (Price/Gamble/Stewart, 2015). Heute gilt der etwa 120.000 Jahre alte Vulkan, dessen letzter Ausbruch im Jahr 1775 verzeichnet wurde, nicht etwa als erloschen, sondern nur als ruhend. Nichtsdestotrotz gehört er zu den meistbestiegenen Bergen des Landes, da sein Gipfel relativ einfach erreicht werden kann.

13.4.2 Geo-Attraktionen der Südinsel

An der nordwestlichen Spitze der neuseeländischen Südinsel erstreckt sich eine ca. 35 Kilometer lange, von den Maori Onetahua („Sand des Tahua") genannte und allgemein als Farewell Spit bezeichnete Sandbank, die den Zugang zur sogenannten Golden Bay schützt. Sie besteht aus Sediment der südlichen Alpen, das durch Wellenbewegungen und nordöstlich gerichtete Meeresströmungen entlang der westlichen Küstenlinie dort abgelagert wurde (Graham, 2015). Die Sandbank ist als Ramsar-(Feuchtgebiet-)Schutzstätte klassifiziert, Touristen besuchen sie schon seit Ende des 19. Jahrhunderts und seit Ende des Zweiten Weltkriegs gibt es auch regelmäßige Transportverbindungen zum Leuchtturm fast am Ende der Sandspitze (Petyt, 1999). Mehr als 90.000 Touristen besichtigen jährlich das Besucherzentrum, die beweglichen Barchan-Sanddünen sowie die Fossilfundstelle Fossil Point und nehmen an Touren teil, um Abertausende von Vögeln zu bewundern, die sich an der Sandbank angesiedelt haben (Gillooly, pers. Interview). Ganz in der Nähe, an der Festlandspitze der Südinsel liegt das Wharariki-Gebiet, das mit seiner außergewöhnlichen Küstenlinie voller Klippen, Höhlen, Felsbögen, Inseln und Felsnadeln zu den dramatischsten Landschaften Neuseelands gehört (DoC, 2011).

Will man die Golden Bay über den Landweg erreichen, muss man über den Takaka-Hügel, ein metamorphes, bis zu 1.200 Meter mächtiges Kalksteinfeld (Arthur Marble). Daraus hat sich eine spektakuläre Landschaft mit verschiedensten Karstformationen, Höhlen und Quellen entwickelt (Lee/Nelson, 2015). Die touristisch erschlossene Ngarua-Höhle z. B. ist voll beleuchtet, um die Millionen von Stalaktiten für die Besucher ansprechend in Szene zu setzen. Der in der Nähe gelegene Harwood's Hole ist mit 176 Metern Neuseelands tiefster vertikaler Schacht, der an seinem Fuß in einen unterirdischen Fluss mündet. Für Besucher ist er über einen Wanderpfad im Cannan Downs Scenic Reserve erreichbar. Weitere in der Golden Bay angesiedelte geotouristische Attraktion sind die als Te Waikoropupu („Pupu") Springs bekannten Quellen, die für ihr klares Wasser und ihre enormen Wassermengen (14.000 l pro Sekunde) berühmt sind. Von Aussichtsplattformen aus können die Besucher das austretende Wasser sowie den dabei aus kleineren Spalten mit ausgeschleuderten weißen Sand („dancing sand") bewundern (DoC, 2009).

Neuseelands Maoris haben die heißen Quellen des Landes schon lange vor der Ankunft der europäischen Einwanderer genutzt (Reyes, 2015). Heute gibt es eine ganze Anzahl touristisch erschlossener Thermalquellen, von denen Hammer Springs im Zentrum der Südinsel eine der meistbesuchten ist. Im Jahr 2015 haben 516.341 Touristen die Quellen besucht. Schon 1888 hatte die Regierung dort eine offizielle Badestätte errichtet, die im Laufe der Jahre auf neun Außenbäder und sechs Thermalbecken ausgeweitet wurde. Das austretende Wasser ist mit 52 °C sehr heiß, wird aber auf eine angenehme Badetemperatur von 32 bis 42 °C heruntergekühlt (HSTPS, o. J.).

An der Südostküste der Südinsel liegen die sehr runden und ungewöhnlich großen Moeraki-Felsblöcke verstreut über einen Abschnitt des Koekho-Strands entlang der Küste bei Otago. Vor etwa 60 Millionen Jahren wurden sie in einer Tonsteinschicht auf dem Meeresgrund gebildet, die später angehoben wurde und die Küstenklippen der Gegend formt (Hayward, 2015). Heute sind die Moeraki Boulders ein regelrechter Besuchermagnet und locken mehrere Tausend Touristen pro Jahr an den Strand. Das Kalkgestein erinnert an einen geschichteten Pfannkuchen, der durch Druck auf abwechselnd harte und weiche, aus Meerestieren und Pflanzensedimenten bestehende Schichten gebildet wurde. Während der Flut bricht das Meer dort durch eine ganze Reihe senkrechter „Blowholes", die Gegend verwandelt sich dann in eine rhythmisch polternde, zischende und spritzende Landschaft voller Salzwasser-Geysire. Vor allem bei westlichem Seegang ist dieser Anblick atemberaubend.

Auch die an der Küste angesiedelten historischen Kohlebergwerke und Goldminen sind die Grundlage für eine Reihe geotouristischer Attraktionen. Die Denniston Experience beispielsweise bietet die einzige Untertagetour in einer Kohlezeche des Landes. Das Coaltown Museum im nahe gelegenen Westport bringt den Besuchern die auf Kohlebergbau begründete Stadtgeschichte näher. In der Gegend gibt es auch eine ganze Reihe von Autorouten sowie Wander- und Fahrradwege, die zu in Betrieb befindlichen oder schon stillgelegten Zechen führen. So bietet die OutWest Mine Tours z. B. Allradtouren durch den Kohletagebau in der Stockton Opencast Coal Mine, dem größten Kohleproduzenten des Landes, an. Seit ein paar Jahren führt der Old-Ghost-Road-Fahrradweg entlang einer historischen Goldgräber-Route auf 80 Kilometern durch sieben stillgelegte Bergbauorte. In ähnlicher Weise kann man auf dem 10 Kilometer langen Charming-Creek-Wanderpfad, der einer 1914 errichteten privaten Eisenbahnlinie folgt, nachempfinden, wie bis 1958 Kohle und geschlagene Baumstämme durch das unzugängliche Buschland transportiert wurden.

Die wahrscheinlich am meisten besuchte Region Neuseelands ist der Ferienort Queenstown im südlichen Teil der Südinsel. Sie ist idealer Ausgangspunkt für Ausflüge in den Southern Lakes District mit seinen vielen geologischen Attraktionen wie beispielsweise den Southern Alps, Gletschern und Gletscherseen sowie dem Milford Sound. Der Gletschertourismus allein generiert in Neuseeland mehrere Millionen NZD jährlich, die Zukunft dieses Industriezwigs wird allerdings durch stetigen Gletscherrückgang und häufige Steinschläge bedroht (Purdie/Gomez/Espiner, 2015); die Zahl der Besucher des Franz-Josef-Gletschers ist z. B. im letzten Jahrzehnt von jährlich 346.000 auf etwa 300.000 zurückgegangen (Purdie, 2013).

Viele Attraktionen nutzen auch die Infrastruktur ehemaliger Goldminen. Das nahe gelegene Arrowtown ist z. B. eine historische Goldgräberstadt, die Mitte des 19. Jahrhunderts ein Zentrum des damaligen Goldrauschs bildete und bis heute noch etwa 70 historische Gebäude und Einrichtungen aus dieser Zeit erhalten konnte. Im dort angesiedelten Lakes District Museum wird den Besuchern das Leben während der Goldrauschzeit authentisch nähergebracht. Das Goldfields Mining Centre in Cromwell wurde an der Stelle eines großen Goldfunds im 19. Jahrhundert errichtet, an der ab 1860 über 100 Jahre lang Gold geschürft wurde.

13.5 Zusammenfassung und Ausblick

Auch wenn es sich immer noch um ein touristisches Nischensegment handelt, so hat sich der Geotourismus in Australien dennoch zu einem zunehmend wichtigen Tourismuszweig entwickelt. Die weltweit erste Konferenz zu diesem Thema fand in Westaustralien statt (Dowling/Newsome, 2008), gefolgt von zahlreichen weiteren Geotourismus-Konferenzen, -Workshops und -Symposia, darunter das Symposium on Geoheritage, Geoparks and Geotourism während des 34. Internationalen Geologiekongresses in Brisbane im Jahr 2012 (Joyce, 2013). Mit Präsentationen über drei Tage hinweg war der Geotourismus ein dominierendes Konferenzthema und damit Beweis für die wichtige Stellung, die er innerhalb des Fachbereichs Geologie einnimmt. Dies wird auch daran deutlich, dass die Geologische Gesellschaft Australiens ein eigenes „Geotourism Standing Committee" (http://gsa.org.au/heritage/Geotourism.html) und innerhalb der auf Ökotourismus spezialisierten Organisation „Ecotourism Australia" ein eigenes Geotourismus-Forum (http://www.ecotourism.org.au/membership/become-a-member/geotourism-forum) ins Leben gerufen hat. Beide Arbeitsgruppen haben es sich vor allem zum Ziel gesetzt, sogenannte „Geotrails", also geologische Wanderpfade, einzurichten.

„Geotourism Brisbane" hat einen Wanderpfad geschaffen, auf dem die Besucher in Eigenregie die im Stadtbau verwendeten Gesteine in chronologischer Reihenfolge abwandern können. Das Angebot wurde nun um einen GPS-vernetzten Stadtplan erweitert, der den Besuchern Zugang zur Geschichte der jeweiligen Gebäude, Informationen über das Baumaterial sowie historische und moderne Fotografien bietet (Robinson, 2015a). In ähnlicher Weise hat die „Geological Survey" in Westaustralien zwei Geologie-Wanderpfade für die Landeshauptstadt Perth und die vorgelagerte Insel Rottnest Island (DMP, o. J.b) eingerichtet. Viel umfangreicher noch ist der Cradle Coast GeoTrail in Tasmanien über die Geologie und die Bergbaugeschichte der Region (Campbell/Jones, 2013). Weitere regionale Beispiele sind der Dig-the-Tropic-Wanderpfad quer durch das Zentrum Queenslands (digthetropic.com.au) sowie der Modern Mining Trail im zentralen Westen von New South Wales (modernminingtrail.com.au; Robinson, 2015b).

Im Vergleich dazu entwickelt sich der Geotourismus in Neuseeland weniger dynamisch und ist auch weit weniger organisiert. So gibt es beispielsweise keine Geotourismus-Industrie im eigentlichen Sinn und auch keinen Geotourismus-Verband. Eine Internetrecherche mit dem Suchbegriff „Geotourismus" hat für Neuseeland nur einen einzigen Eintrag eines Unterkunftbetreibers ergeben („Geotourism in Banks Peninsula", www.newzealand.com/us/article/geotourism). Nichtsdestotrotz hat das Land mit seiner fest etablierten Tourismusindustrie, die sich vor allem auf die landschaftliche Schönheit und Vielfalt sowie eine reiche Maori-Kultur stützen kann, viel zu bieten. Zweifelsohne ist es nur noch eine Frage der Zeit, bevor auch in Neuseeland innovative Tourismusanbieter die offensichtlichen Verknüpfungsmöglichkeiten für ihre schon im Angebot stehenden Produkte und Dienstleistungen mit geotouristischen Aktivitäten erkennen und ausschöpfen. Als Modell für ein zukunftsweisendes Branding kann die sehr erfolgreich operierende Ökotourismus-Branche Neuseelands mit ihrer Vielzahl an Attraktionen, Touren und Wanderwegen dienen. Allerdings wird für die Weiterentwicklung des Geotourismus in Neuseeland aufgrund des aktiven Vulkanismus im Land, der geothermalen Aktivitäten und der omnipräsenten Gefahr von Erdbeben und Erdrutschen ein adäquates Risikomanagement für die Tourismusbranche eine sehr große Herausforderung darstellen (Purdie/Gomez/Espiner, In Press). Sobald jedoch die Vision einer florierenden Geotourismus-Industrie aufgegriffen worden ist und Maßnahmen zur Risikominimierung greifen, wird die neuseeländische Tourismusindustrie von den einzigartigen geologischen Gegebenheiten des Landes profitieren können und durch eine dynamische, nachhaltige Geotourismus-Industrie, gestützt auf eine vielfältige Produktpalette und neu eingerichtete Geoparks, weitere Besucher ins Land locken.

Literatur

ABS. Visitor Arrivals Data. Australian Bureau of Statistics. http://www.tourism.australia.com/statistics/arrivals.aspx, 2016. Abgerufen am 12. Januar 2016.

Australian Traveller. Natural Australia: 16 ultimate escapes. Sydney: Australian Traveller, 2014.

Australia's Coral Coast. Australia's Coral Coast Holiday Planner 2015/2016. Perth, Australia: Australia's Coral Coast, 2015.

Blewett R, editor. Shaping a Nation: A geology of Australia. Canberra: ANU Press and Geoscience Australia, 2012.

Campbell B, Jones L. The Living Earth. http://www.cradlecoast.com/literature/Cradle%20Coast%20GeoTrail%20FINAL.pdf, 2013. Abgerufen am 12. Juni 2015.

Cooper AF. ‚Astride a Plate Boundary'. In: Graham IJ, editor. A Continent on the move: New Zealand Geoscience Revealed, 2nd edition. The Geoscience Society of New Zealand in association with GNS Science, Miscellaneous Publication 141, Wellington, NZ, 2015, 94–123.

Cooper M. Volcanic landscapes of New Zealand. In: Erfurt-Cooper P, Cooper M, editors. Volcano and Geothermal Tourism: Sustainable geo-resources for leisure and recreation. London: Earthscan, 2010, 289–301.

DMP. Stepping Stones: Two self-guided geology trails in the city. Pamphlet, Geological Survey of Western Australia, Department of Mines and Petroleum, Government of Western Australia, Perth. www.dmp.wa.gov.au/GSWApublications, o. J.a. Abgerufen am 12. Juni 2015.

DMP. Rottnest Island: A geology guide. Pamphlet, Geological Survey of Western Australia, Department of Mines and Petroleum, Government of Western Australia, Perth. www.dmp.wa.gov.au/GSWApublications, o. J.b. Abgerufen am 12. Juni 2015.

DoC. Farewell Spit and Puponga Farm Park. Department of Conservation [DoC], Nelson: Nelson/Marlborough Conservancy, 2011.

DoC. Walks in Golden Bay. Department of Conservation [DoC]. Nelson: Nelson/Marlborough Conservancy, 2009.

Dowling RK. Geotourism. In: Cater C, Garrod B, Low T, editors. The Encyclopedia of Sustainable Tourism. Oxford: CABI, 2015b, 231–232.

Dowling RK. Geotourism. In: Jafari J, Xiao H, editors. Encyclopedia of Tourism. Springer International Publishing, Switzerland, 2015.

Dowling RK. Geotourism's contribution to sustainable tourism. In: Hughes M, Weaver D, Pforr C, editors. ‚The Practice of Sustainable Tourism: Resolving the paradox'. London: Routledge, 2015a, 207–227.

Dowling RK. Global Geotourism – An emerging form of sustainable tourism. Czech Journal of Tourism. 2013, 2(2), 59–79.

Dowling RK, Newsome D, editors. Geotourism. Oxford, UK: Elsevier-Butterworth Heinemann, 2006.

Dowling RK, Newsome D, editors. Geotourism. Proceedings of the Inaugural Global Geotourism Conference, 'Discover the Earth Beneath our Feet', Fremantle, Western Australia, Promaco Conventions Pty, Ltd, 2008, 478.

Dowling RK, Newsome D, editors. Global Geotourism Perspectives. Oxford, UK: Goodfellow Publishers, 2010.

Field G. Castle Rock: Walking in the clouds. Landscope. 2012, 27(4), 18–21.

Graham IJ, editor. A Continent on the Move: New Zealand geoscience revealed, 2nd edition. The Geoscience Society of New Zealand in association with GNS Science, Wellington, 2015.

Hayward B. Preserving our heritage. In: Graham IJ, editor. ‚A Continent on the Move: New Zealand geoscience revealed', 2nd edition. The Geoscience Society of New Zealand in association with GNS Science, Wellington, 2015, 352–353.

HSTPA. Hanmer Springs Thermal Pools & Spa: History and geology. Hanmer Springs Thermal Pools & Spa, brochure. Hanmer Springs, o. J.

James J, Clark I, James P. Geotourism in Australia. In: Dowling RK, Newsome D, editors. Geotourism. Oxford, UK: Elsevier, 2006, 63–77.

Joyce B. IGC Geoheritage Symposia. The Australian Geologist Newsletter. 2013, 166, 39–41.

Keys H, Williams K. Volcanoes of Tongariro National Park. In: Erfurt-Cooper P, editor. Volcanic Tourist Destinations: Geoheritage, geoparks and geotourism. Berlin/Heidelberg: Springer-Verlag, 2014, 155–182.

King P. What goes up. In: Graham IJ, editor. ‚A Continent on the Move: New Zealand geoscience revealed', 2nd edition. The Geoscience Society of New Zealand in association with GNS Science, Wellington, 2015, 129.

Lee D, Nelson C. Secret archive. In: Graham IJ, editor. ‚A Continent on the Move: New Zealand geoscience revealed', 2nd edition. The Geoscience Society of New Zealand in association with GNS Science, Wellington, 2015, 250–253.

Manchester PS. Created from chaos: a geological trail of 100 sites in Tasmania. Launceston, Tasmania: Self-published, 2010.

Manchester PS. Geotourism: Energised Tourism for Tasmania. The Upskilling Library, Magazine; Agency for the Understanding of Terrain, Issue 6. https://www.tasmaniangeographic.com/geotourism-energised-tourism-for-tasmania, 2013. Abgerufen am 12. Juni 2015.

Newsome D, Dowling RK, editors. Geotourism: The Tourism of Geology and Landscape. Oxford, UK: Goodfellow Publishers, 2010.

Newsome D, Dowling RK, Leung YF. The nature and management of Geotourism: A case study of two established iconic Geotourism destinations. Tourism Management Perspectives. 2012, 2–3, 19–27.

Petyt C. Farewell Spit: A changing landscape. Takaka, NZ: Terracottage Books, 1999.

Pforr C, Dowling RK, Newsome D. Geotourism: A sustainable development alternative for remote locations in Western Australia? In: Bruckner M, Durey A, Mayes R, Pforr C, editors. ‚Resource Curse or Cure? On the Sustainability of Development in Western Australia'. Heidelberg: Springer, 2014, 153–162.

Price R, Gamble J, Stewart B. The subduction factory. In: Graham IJ, editor. ‚A Continent on the Move: New Zealand geoscience revealed', 2nd edition. The Geoscience Society of New Zealand in association with GNS Science, Wellington, 2015, 164–167.

Purdie H. Glacier retreat and tourism: Insights from New Zealand. Mountain Research and Development. 2013, 33(4), 463–472.

Purdie H, Gomez C, Espiner S. Geotourism risk management. In: Dowling RK, Newsome D, editors. The Handbook of Geotourism. Cheltenham, UK: Edward Elgar Publishers, in Press.

Purdie H, Gomez C, Espiner S. Glacier recession and the changing rockfall hazard: Implications for glacier tourism. New Zealand Geographer. 2015, 71(3), 189–202.

Reyes A. Geyserlands. In: Graham IJ, editor. ‚A Continent on the Move: New Zealand geoscience revealed', 2nd edition. The Geoscience Society of New Zealand in association with GNS Science, Wellington, 2015, 334–338.

Robinson AM. Geotourism – new technology delivery platforms. The Australian Geologist Newsletter. 2015a, 176, 13.

Robinson AM. Geotrails – now the go! The Australian Geologist Newsletter. 2015b, 175, 15–16.

Roscoe R. Geothermal Parks New Zealand. In: Erfurt-Cooper P, Cooper M, editors. Volcano and Geothermal Tourism: Sustainable geo-resources for leisure and recreation. London: Earthscan, 2010, 324–328.

Scherrer P, Pickering CM. The Australian Alps: Opportunities and challenges for geotourism. In: Newsome D, Dowling RK, editors. Geotourism: The Tourism of Geology and Landscape. Oxford, UK: Goodfellow Publishers, 2010, 77–87.

Smith I, Briggs R. Geyserlands. In: Graham IJ, editor. ‚A Continent on the Move: New Zealand geoscience revealed', 2nd edition. The Geoscience Society of New Zealand in association with GNS Science, Wellington, 2015, 160–163.

Statistics NZ. International Visitor Arrivals to New Zealand: November 2015. Statistics New Zealand, Wellington. www.stats.govt.nz, 2015. Abgerufen am 12. Juni 2015.

Stirling M, Rhoades D. Shake, rattle 'n' roll. In: Graham IJ, editor. ‚A Continent on the Move: New Zealand geoscience revealed', 2nd edition. The Geoscience Society of New Zealand in association with GNS Science, Wellington, 2015, 192–195.

TIANZ. Industry Facts. The Tourism Industry Association of New Zealand. http://www.tianz.org.nz/main/key-tourism-statistics, 2015. Abgerufen am 12. Juni 2015.

Tourism Australia. Australia's National Landscapes: Profiles and itineraries. Canberra: Tourism Australia, 2010.

TRA. International Visitors in Australia: Year ending September 2015. Tourism Research Australia, Canberra. www.tra.gov.au/research/latest-ivs-report.html, 2015. Abgerufen am 12. Juni 2015.

UNESCO. Kakadu National Park, World Heritage Region. http://whc.unesco.org/en/list/147, o. J. Abgerufen am 12. Juni 2015.

UNESCO. Uluru-Kata Tjuta National Park, World Heritage Region. http://whc.unesco.org/en/list/447, o. J. Abgerufen am 12. Juni 2015.

UNWTO. UNWTO Tourism Highlights, 2015 Edition. Madrid: World Tourism Organisation, 2015.

Wegener, A. Die Entstehung der Kontinente. Petermanns Geogr. Mitt. 1912, 7, 185–308.

Wittlich C, Palmer S. Geotourism product interpretation: Rangitoto Island, Auckland, New Zealand. In: Newsome D, Dowling RK, editors. Geotourism: The Tourism of Geology and Landscape. Oxford, UK: Goodfellow Publishers, 2010, 158–171.

Wright I, Wood R. Undersea continent. In: Graham IJ, editor. ‚A Continent on the Move: New Zealand geoscience revealed', 2nd edition. The Geoscience Society of New Zealand in association with GNS Science, Wellington, 2015, 334–338.

Patricia Erfurt
14 Von der Goldküste bis Cairns – Tourismus in Queensland

14.1 Einleitung

Queensland, der zweitgrößte Staat in Australien, auch bekannt als Sunshine State (vgl. Abb. 14.1), liegt im Nordosten von Australien und entspricht mit einer Landfläche von 1.730.648 Quadratkilometern fast fünfmal der Größe Deutschlands. Das angenehme Klima macht diesen Staat seit Langem zu einem beliebten Urlaubsziel, das mit warmen Sommern (November bis März) und milden Wintern (April bis Oktober) zu jeder Jahreszeit Touristen aus den Südstaaten Australiens sowie von Übersee anzieht. Entlang einer Küstenlinie von fast 7.000 Kilometern bietet das Klima Queenslands unterschiedliche Zonen mit tropischer Wärme und hoher Luftfeuchtigkeit im Norden bis hin zu relativ komfortablen Temperaturen im Südosten (Australia.com, 2016). Im Inland hingegen sind die Sommer generell heiß mit geringen Niederschlägen und meist ebenso trockenen, milden Wintern, obwohl die Nächte mit Temperaturen bis zu unter null Grad Celsius durchaus sehr kalt werden können. Zusätzlich zur oben erwähnten

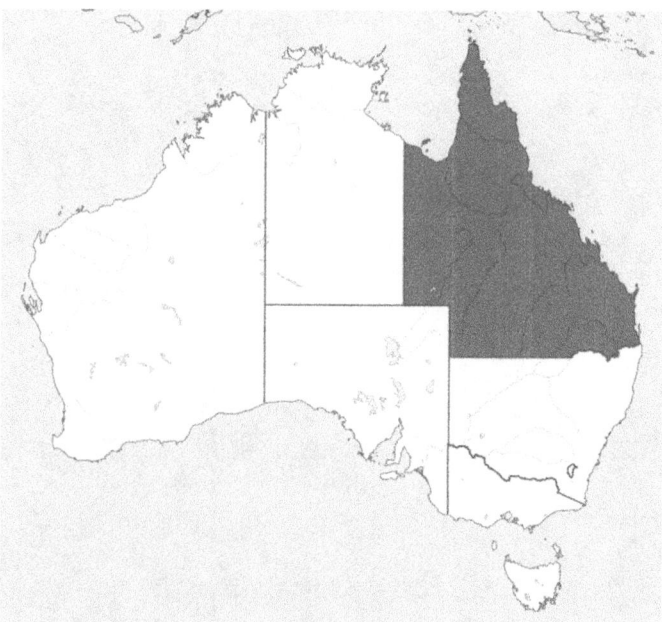

Abb. 14.1: Queensland in Australien (Quelle: Public Domain).

Küstenlinie verfügt der Bundesstaat auch noch über 6.000 Kilometer insularer Küstenlinien durch seine Inseln und Inselgruppen (Australian Bureau of Statistics, 2012).

Mit einer Gesamtbevölkerung des Staates von zurzeit etwa 4,7 Millionen Einwohnern gibt es, v. a. verglichen mit dem Nachbarstaat New South Wales, nur wenige Großstädte, die sich zumeist in den Küstengebieten angesiedelt haben (Australian Bureau of Statistics, 2016a; Queensland Government Statistician's Office, 2016a).

Die Landeshauptstadt Brisbane ist wie Sydney (die Landeshauptstadt von New South Wales) eine ehemalige Strafkolonie und hat heute fast 2,3 Millionen Einwohner (Australian Bureau of Statistics, 2016b). Zusammen mit dem Ballungsraum South East Queensland (SEQ), der sich von der Goldküste bis zur Sunshine Coast erstreckt und eine Gesamtbevölkerung von mehr als 3,4 Millionen umfasst, lebt der Großteil der Bevölkerung Queenslands im Südosten des Bundesstaats (Queensland Government Statistician's Office, 2016b).

Etwas südlich von Brisbane liegt die Goldküste (Gold Coast) mit einer geschätzten Einwohnerzahl von über einer halben Million (Australian Bureau of Statistics, 2016b; profile.id, 2015a). Dies bezieht sich auf alle der sich ständig ausdehnenden Neubaugebiete und Ortschaften der Gold Coast. Andere Städte haben sich ebenfalls vorwiegend entlang der endlos scheinenden Küste angesiedelt. Die folgende Tab. 14.1 zeigt einen Überblick der größeren Städte von Norden nach Süden und deren aktuelle Bevölkerungszahlen.

Tab. 14.1: Überblick der größeren Städte an der Küste Queenslands.

Stadt/Region	Einwohnerzahl	Quellennachweis
Cairns	156.654	forecast.id, 2015a
Townsville	192.038	Townsville City Council, 2015
Mackay	120.000+	Mackay Regional Council, 2015
Rockhampton	85.067	forecast.id, 2015b
Gladstone	66.097	profile.id, 2015b
Bundaberg	100.000	Bundaberg Regional Council, 2015
Hervey Bay/Fraser Coast	101.879	forecast.id, 2015c
Sunshine Coast	282.822	profile.id, 2015c
Toowoomba/Darling Downs	161.970	profile.id, 2015d
Brisbane	2.300.000	Australian Bureau of Statistics, 2016b
Gold Coast	546.067	profile.id, 2015a

Für den Tourismus in Queensland spielen Entfernungen eine erhebliche Rolle (fast 1.700 Kilometer zwischen Brisbane und Cairns), und es empfiehlt sich, besonders für Besucher aus dem Ausland, ausreichend Zeit mitzubringen, um von dem reichhaltigen Urlaubsangebot zu profitieren. Von erheblicher Bedeutung ist auch die Erwägung möglicher Naturkatastrophen, auf die Reisende in Queensland unter Umständen je nach Jahreszeit gefasst sein sollten, mit tropischen Wirbelstürmen, Überschwemmungen nach heftigem Regen und großflächigen Waldbränden als den größten Bedrohungen (Queensland Government, 2016a).

14.2 Tourismus in Queensland – historischer Hintergrund

Die ersten europäischen Einwanderer waren Sträflinge, Passagiere und Besatzungen, die 1788 mit den Schiffen der First Fleet nach langen Wochen auf See den australischen Kontinent erreichten (Australian Government, 2016; State Library New South Wales, 2016). Konfrontiert mit einer düsteren Zukunft in einer für europäische Augen kargen und unwirtlichen Umgebung, bahnten diese europäischen Siedler den Weg für die Gründung der australischen Nation. Durch die Ankunft von immer größeren Zahlen freier Siedler am Anfang des 19. Jahrhunderts begannen sich die sozialen und materiellen Bedingungen der Kolonie graduell zu verbessern (Hall, 2007).

Die ersten inländischen Touristen, im weitesten Sinne, waren vermutlich Landwirte und Pächter, die mit Pferd und Wagen von ihren abgelegenen Farmen in die nächste größere Niederlassung reisten, um Vorräte und Nachschub zu besorgen. Hier bot sich mitunter die Gelegenheit zur Erholung und Entspannung, was allerdings oft mit dem extremen Genuss von Alkohol verbunden war. Dies führte wahrscheinlich zum Ruf der Australier als eine trinklustige Gesellschaft, was sich bis heute nicht ganz hat abschütteln lassen (Crowley, 1980).

Seit dem Beginn des 19. Jahrhunderts wurden v. a. in England Berichte über das Leben in Australien veröffentlicht, einerseits um neue Siedler anzuwerben, andererseits dienten sie als Reiseführer. Daher waren diese ersten Dokumentationen über das Leben auf dem fernen Kontinent für den Anfang des Tourismus in Australien von außerordentlicher Bedeutung. Potenzielle Einwanderer wurden so durch die Reiseerfahrungen anderer ermutigt, was dazu führte, dass Tourismus und Immigration seither eng miteinander verbunden sind (Hall, 2007; Horne, 1991).

Um Einwanderer und später Touristen nach Australien zu locken, bediente man sich gern einer romantischen Metaphorik (Land der Träume, fernes Eldorado), die dazu diente, ein attraktives Zielbild zu gestalten (Hall, 1992). Infolgedessen ging man im Rahmen der Werbung dazu über, Australien als Land der Verheißung für Abenteurer und als eine Heimat des Friedens und der Unabhängigkeit für Tüchtige und Tatkräftige anzupreisen. Diese Wahrnehmungen der australischen Landschaft, Zivilisation und Möglichkeiten haben bis heute viele Menschen beeinflusst (Powell, 1976).

14.3 Die Entwicklung des Massentourismus

Obwohl der Pauschaltourismus ursprünglich seine Anfänge in England hatte, wurden die Geschäftsmodelle, die Thomas Cook und andere Reiseunternehmen entwickelt hatten, schnell zu den britischen Kolonien exportiert (Smith, 1998; Walton, 2005). Mit dem Beginn der Industrialisierung entwickelte sich der Tourismus bald über die Grenzen traditioneller europäischer Destinationen hinaus.

Die sogenannte Cook-Initiative bezog Australien erstmals 1872 in das internationale Reisenetzwerk ein, sodass Informationen über die Sehenswürdigkeiten Australiens in ganz Europa und Nordamerika durch Cooks Veröffentlichung „The Excursionist" sowie durch andere Reiseberichte in Umlauf gebracht wurden. Der Goldrausch der 1850er-Jahre löste eine drastische Zunahme des Interesses an Australien aus, da die Aussicht auf Gold Tausende in die Kolonien lockte. Diese Zunahme des Reiseverkehrs machte den Einsatz von Dampfschiffen rentabel, was zu einer wesentlichen Verringerung der Reisezeit von Europa nach Australien beitrug (Crowley, 1980).

Im Jahr 1888 hatte das Unternehmen Thomas Cook & Son Niederlassungen auf der ganzen Welt etabliert, darunter Reisebüros in Melbourne, Victoria und eine Niederlassung in Neuseeland (Coleman, 1999; Swinglehurst, 1982). Dadurch wurde die Integration Australiens in die Reiseziele wohlhabender Europäer und Nordamerikaner weiter gefördert.

14.4 Tourismus in Queensland – heute

Abenteuertourismus und Ökotourismus sind die führenden Industriesektoren in Queensland und Outdoor- und Naturtourismus-Erfahrungen (Bushwalking, Tauchen, Surfen) bilden die Hauptmotive für einen Urlaub in Australien (Bentley et al., 2009). Für den Inlandstourismus allein haben sich in Queensland die Besucherzahlen von 12,2 Millionen (2013) auf 12,7 Millionen (2014) erhöht (Queensland Government, 2015b). Nach offiziellen Schätzungen trägt die Reiseindustrie jährlich insgesamt 23 Milliarden AUD oder 7,6 Prozent zum Staatshaushalt bei. Davon fließen 10,8 Milliarden AUD direkt und 11,8 Milliarden AUD auf indirektem Weg in die Staatskasse, obwohl stark voneinander abweichende „offizielle" Zahlen kursieren; zum Beispiel spricht das Department of State Development nur von 17,5 Milliarden, verglichen mit den oben genannten 23 Milliarden deutlich weniger, während Young (2013) sogar nur 15 Milliarden nennt und fast zehn Prozent der Bevölkerung Queenslands als in der Tourismusindustrie beschäftigt angibt. Die Mehrzahl der 51.400 Tourismusunternehmen sind in den Regionalbereichen angesiedelt und beschäftigen 131.000 Angestellte direkt und weitere 99.000 Angestellte indirekt (Tourism Research Australia, 2015).

Abgesehen von den finanziellen Gewinnen müssen auch die Vorteile für die gesamte Bevölkerung im Auge behalten werden, da nicht jeder mit großen und stetig steigenden Besucherzahlen zufrieden ist (Dyer et al., 2007). Bestandsfähige Gemeinschaften mit der Zielsetzung einer erfolgreichen kommunalen Entwicklung auf dem Gebiet des Tourismus sind stark von der Einbeziehung der Gastgebergemeinden und deren Unterstützung abhängig (Blackstock, 2005; Hall, 1996; Laws, 1995). Untersuchungsergebnisse haben zwar gezeigt, dass konkrete positive wirtschaftliche Auswirkungen den größten Einfluss auf die Unterstützung weiterer Entwicklungen des

Fremdenverkehrs vonseiten der Bevölkerung haben, aber es gibt auch Gegenden, wo die Entwicklung von Massentourismus wenig Unterstützung bei der Bevölkerung findet (Dyer et al., 2007). An der Sunshine Coast zum Beispiel steht, trotz einer ablehnenden Haltung gegenüber dem Massentourismus, der Fremdenverkehr als einer der wichtigsten Bestandteile der regionalen Wirtschaft an erster Stelle, gefolgt vom Gesundheitswesen, von Immobiliendiensten, dem Baugewerbe und dem Einzelhandel (Queensland Government, 2012).

In anderen Gegenden, wie z. B. an der Goldküste, geht es u. a. auch darum, die negativen Aspekte, die v. a. dann in den Vordergrund treten, wenn eine Tourismusdestination ihren Höhepunkt erreicht hat, einzuschränken (Weaver/Lawton, 2001). Wie aus früheren Studien hervorgeht, gilt dabei für alle Ferienorte der Grundsatz, dass guter Wille und die Zusammenarbeit mit den Gastgebergemeinden wesentliche Bestandteile für die potenzielle Weiterentwicklung des Fremdenverkehrs sind (Blackstock, 2005; Murphy, 1985).

14.5 Queensland als Zielbild

Im Zuge des weltweiten Informationsangebots haben Australienreisende vor ihrer Ankunft zahlreiche Möglichkeiten, sich eine persönliche Vorstellung von ihrem Urlaubsziel zu machen (Internet, Reiseführer, Tripadvisor, Travelblogs). Diese Vorstellungen setzen sich aus Ideen, Eindrücken und Überzeugungen zusammen, die vor dem eigentlichen Reiseerlebnis durch verschiedene Informationsquellen gebildet werden (Crompton, 1979; Sonnleitner, 2011). Zu den stereotypen Zielbildern Queenslands, wie sie in der Reisewerbung angepriesen werden und daher vielen Touristen vorschweben, gehören in der Regel von Palmen gesäumte, goldene Sand- und Surfstrände (Jenkins, 1999). Dazu kommen die einzigartige Flora und Fauna, atemberaubende Landschaften (vgl. Abb. 14.2), tropische Inseln und Regenwälder.

Im Vergleich zu den Küstenregionen projiziert Queenslands Outback ein abwechslungsreiches Zielbild von roter Wüste, Weite und außergewöhnlichen Gesteinsformationen, das durch Medien, Film und Literatur gefördert wird (Frost, 2005). Diese vorgeprägten Zielbilder haben oft einen nicht unbeachtlichen Einfluss auf das Verhalten Reisender in Australien, obwohl sich während des Aufenthalts am Zielort für gewöhnlich das Bild durch persönliche Eindrücke und durch die Entwicklung neuer Beziehungen ändert (Sonnleitner, 2011). So hat sich gezeigt, dass Touristen bemüht sind, Zielbilder fotografisch zu replizieren als Beweis, dass international bekannte Sehenswürdigkeiten in der Tat besichtigt wurden (Jenkins, 1999). Unverminderter Beliebtheit erfreut sich bei Reisenden in Queensland das typische Urlaubsfoto mit einem Koalabär auf dem Arm oder bei der Känguru-Fütterung im Tierpark. Für den abenteuerorientierten Touristen sind Krokodilparks (vgl. Abb. 14.3) eine Gelegenheit, sich kurzfristig mit dem berühmten Kinohelden Crocodile Dundee zu identifizieren. Andere typische Zielbilder sind Unterwasserszenen beim Tauchen und Schnorcheln am Great Barrier

Abb. 14.2: Sandverwehungen im Cooloola National Park, Rainbow Beach im Südosten Queenslands (Foto: P. Erfurt).

Abb. 14.3: Krokodilfütterung als Touristenattraktion (Foto: P. Erfurt).

Reef oder beim Hochseeangeln mit einem schnellen Motorboot (Tourism and Events Queensland, 2016a).

Allerdings haben Umfragen auch ergeben, dass z. B. im Norden Queenslands die Idealvorstellungen von Besuchern bezüglich bestimmter Attribute wie Klima, öffentliche Verkehrsverbindungen und Straßennetz gelegentlich nicht erfüllt wurden (personal communication, 2010, 2012). Im Vergleich dazu ergeben sich in den Kategorien Tierwelt, Landschaft und freundliche Bevölkerung hauptsächlich positive Eindrücke, die dazu beitragen, dass Zielvorstellungen von Touristen, wie schon von

Ross (1991) beschrieben, auf das Angenehmste übertroffen wurden (personal communication 2010, 2012).

14.6 Naturverbundene Reiseziele

Australien ist ein Land der Nationalparks und jedes Jahr besuchen über 51 Millionen Australier allein Queenslands 310 National- und Marineparks (vgl. Tab. 14.2; Australian Government, 2015; Queensland Government, 2015a). Diese Schutzgebiete bilden zusammen mit mehreren Welterbestätten (vgl. Tab. 14.3), v. a. dem Great Barrier Reef, ein weit gefächertes Urlaubsangebot. Der erste Impetus vor über 100 Jahren zur Erhaltung der tropischen Regenwälder stammte aus dem zu dieser Zeit noch weniger entwickelten hohen Norden Queenslands, daher befanden sich die ersten Nationalparks des Staates alle in Regenwald-Umgebungen (Frost, 2004). Allerdings wurde die Gründung von Nationalparks wie zum Beispiel des Daintree Rainforest und von Fraser Island nur nach langwierigen Debatten über ihren wirtschaftlichen Wert für Holznutzung, Landwirtschaft, Bergbau und Tourismus bewilligt (Bonyhady, 1992; McDonald/Lane, 2000).

Tab. 14.2: Nationalparks nach Regionen (von Norden nach Süden; Quelle: Department of National Parks, Sport and Racing, 2015a).

Regionen in Queensland	Nationalparks/Anzahl
Cape York Peninsula	27
Nord Queensland	73
Townsville und Umgebung	34
Mackay/Proserpine	27
Central Coast	26
Central Highlands	11
Outback Queensland	24
Sunshine Coast	49
Brisbane und Umgebung	24
Westlich von Brisbane	15

Tab. 14.3: UNESCO-Welterbestätten in Queensland (Quelle: Department of National Parks, Sport and Racing, 2015b; UNESCO, 2015a).

Welterbe	Region
Wet Tropics of Queensland (1988)	Nord-Queenslands Regenwälder
Riversleigh Fossil Site (1994)	Nordwest-Queensland
Fraser Island (1992)	Zwischen Noosa und Bundaberg
Great Barrier Reef (1981)	Über 2.000 km entlang der Küstenlinie
Gondwana Rainforests (1986)	Grenzregion QLD/NSW

Im Zuge der Verhandlungen wurde im Jahr 1906 in Queensland ein Gesetz speziell für Staatsforste und Nationalparks geschaffen, das es der Verwaltung für öffentliche Ländereien und staatliche Wälder erlaubt, Nationalparks durch Verordnung zu erklären (Frost, 2004).

An der Grenze nach New South Wales (NSW), etwa 120 Kilometer südlich von Brisbane, wurde das Potenzial des Lamington Plateau für die wirtschaftliche Entwicklung von Landwirtschaft und Tourismus bereits im Jahr 1897 diskutiert und die Region als zukünftiger Erholungsraum für Besucher aus Brisbane empfohlen (Collins, 1897). Collins bezog sich dabei insbesondere auf die fruchtbaren vulkanischen Böden, schattigen Wälder, kühlen Bäche und die großartige Szenerie des gewaltigen Vulkans Mount Warning (Frost, 2004). Diese Gegend ist heute unter den Namen Green Cauldron und Scenic Rim weithin bekannt und gehört zu einer Partnerschaft von 16 Gebieten in Australien (National Landscapes), die von außergewöhnlicher natürlicher Schönheit sind und deren kulturelle Bedeutung von nationaler Signifikanz ist (Department of Environment, 2015; Schofield, 2013). Des Weiteren gehört das Gebiet zum UNESCO-Welterbe Gondwana Rainforests. Dieses setzt sich aus mehreren Schutzgebieten zusammen, deren einzigartige geologische Sehenswürdigkeiten, inmitten bedrohter Regenwälder, in ihrer Seltenheit ebenfalls als von internationaler Bedeutung für Wissenschaft und Naturschutz anerkannt sind (UNESCO, 2016a).

Erst wesentlich später, im Jahr 1975, wurde das 2.300 Kilometer lange Große Barriereriff (Great Barrier Reef oder GBR), das sich über 14 Breitengrade erstreckt, zum Nationalpark ernannt (Frost, 2004). Das Great Barrier Reef ist eine der bekanntesten Attraktionen Queenslands und gehört zudem mit seinen 3.000 Korallenriffen und 600 Inseln (Great Barrier Reef Marine Park Authority, 2015) seit 1981 ebenfalls zum UNESCO-Welterbe unter dem Namen Great Barrier Reef Marine Park (UNESCO, 2016b). Touristen aus aller Welt besuchen dieses Naturwunder das ganze Jahr über, um das größte Korallenriffsystem der Welt zu erkunden und zu erleben. Allerdings hat sich der Tourismus als ein kritischer Punkt in der Verwaltung des GBR herausgestellt. Die rasche Zunahme der Zahl von Touristen und die damit einhergehende Entwicklung der touristischen Infrastruktur haben in der Vergangenheit starke Besorgnis erregt. Die Lage soll sich jedoch seit 1995 einigermaßen stabilisiert haben, obwohl industriebedingte Umweltprobleme (Bergbau, Landwirtschaft, Baugewerbe) weiterhin eine Rolle spielen und die Anerkennung als Welterbe gefährden (Harriott, 2002; UNESCO, 2016b).

Entlang der Nordostküste Queenslands erstreckt sich über etwa 450 Kilometer von Cooktown nach Townsville ein weiteres Welterbe, die Wet Tropics. Dieses besteht zum größten Teil aus tropischen Regenwäldern, die ebenfalls als Nationalparks (z. B. Daintree, Barron Gorge) ausgewiesen sind. Tatsächlich sind über 79 Prozent des Wet-Tropics-Welterbes als Nationalparks, Regionalparks, Staatswälder und Waldreservate geschützt. Diese Bereiche werden als harmonisch, inspirierend und atemberaubend schön beschrieben und stellen in ihrer Gesamtheit eine seltene Naturattraktion dar (Department of National Parks, Sport and Racing, 2015c).

Die UNESCO-Welterbestätte Riversleigh liegt im Nordwesten Queenslands und gehört zu den zehn größten Fundstellen von Fossilien weltweit. Damit ist Riversleigh ein hervorragendes Beispiel für wichtige Etappen der Erdgeschichte und deren ökologische und biologische Prozesse. Alle Welterbestätten in Australien sind als bedeutungsvolle Schutzgebiete der nationalen Gesetzgebung von 1999 zum Umweltschutz und zum Erhalt der Biodiversität unterworfen (UNESCO, 2015b).

Fraser Island ist die fünfte UNESCO-Welterbestätte in Queensland. Vor der Südostküste Queenslands liegend und seit 1971 zum Großteil Nationalpark, genießt die Insel seit 1992 Welterbestatus, obwohl die regionale Reisewerbung sie nicht als eine Hauptattraktion präsentiert (Sinclair, 2013). Mit einer Länge von 124 Kilometern bietet die Insel u. a. unvergleichliche Dünenlandschaften mit außergewöhnlichen Dünenseen, umgeben von den Überresten eines einst majestätischen Regenwaldbestands (Cooper/Erfurt-Cooper, 2011; Sinclair, 2013; Stringer, 2013; UNESCO, 2016c).

14.7 Verkehrswege und Transportnetze

Durch die Größe des Staates Queensland und die proportional gesehen geringe Bevölkerungsdichte sind Transportwege und Verkehrsverbindungen im Wesentlichen auf den Ballungsraum im Südosten des Staates und auf die Hauptbevölkerungszentren entlang der Küste beschränkt. Der Südosten von Queensland ist durch eine Reihe von National Highways, ähnlich den deutschen Autobahnen, verbunden. Der überwiegende Teil des Straßennetzes besteht jedoch aus Landstraßen mit gelegentlichen Überholspuren. Im Inland oder Outback sind viele Straßen nur mit Allradfahrzeugen passierbar. Da das Bahnnetz begrenzt ist, sind zahlreiche Gegenden nicht mit der Bahn erreichbar (Prideaux, 1999). Das Gleiche gilt für den Busverkehr, der hauptsächlich den Küstenbereich versorgt. Bus- und Bahnverbindungen stehen insbesondere dem Regionalverkehr zur Verfügung, allerdings gibt es regelmäßige Fernverbindungen, die sich aber vorwiegend auf den Nord-Süd-Anschluss beschränken. Für den Verkehr zu den Inseln vor der Küste Queenslands sind Fährverbindungen und regionale Fluglinien eingesetzt (Queensland Government, 2015d).

Queenslands größter Flughafen liegt in der Landeshauptstadt Brisbane und dient als der wichtigster Ankunftsort für den internationalen Flugverkehr (Ankünfte 2014/15: 5.065.123 Ausland, 16.947.053 Inland; Brisbane Airport Australia, 2016). Cairns, Townsville und Coolangatta an der Goldküste spielen ebenfalls eine Rolle für den internationalen Flugverkehr. Andere Städte werden von regionalen Fluglinien versorgt. Fliegen ist allerdings kostspielig, sowohl für Australier als auch für internationale Touristen, besonders wenn es sich um einen Familienurlaub handelt. Daher bleibt das Auto das bevorzugte Beförderungsmittel in diesem Staat (Department of Tourism, Major Events, Small Business and the Commonwealth Games, 2013).

14.8 Tourismusbereiche in Queensland

Aus den oben genannten Gründen spielt der Autotourismus (Drive Tourism, Touring Market) eine erhebliche Rolle in Queensland für den Inlandstourismus und auch für viele Auslandstouristen. In der Tat haben Autoreisen zur Umgestaltung des gesamten Fremdenverkehrs beigetragen, insbesondere jenseits der Regionen, die im Laufe der Zeit durch die Vermehrung von Attraktionen und der Entwicklung touristischer Infrastrukturen in der Umgebung von Transportknotenpunkten entstanden waren (Prideaux/Carson, 2011). Der Autotourismus macht es außerdem möglich, Reisen mit einer größeren Anzahl von Urlaubszielen zu unternehmen, um einen maximalen Vorteil zu erzielen (Tideswell/Faulkner, 2001). Dieser freizeitwirtschaftliche Bereich umfasst jedoch nicht nur längere Autoreisen, sondern auch Tagesausflüge und Kurzreisen mit Übernachtung, die mit dem Auto unternommen werden.

Australier sind an lange Entfernungen gewöhnt und das Verkehrsaufkommen kann man mit europäischen Verhältnissen kaum vergleichen. Jedoch lässt nicht nur das Straßennetz, sondern auch der Straßenzustand außerhalb der größeren Städte oft zu wünschen übrig, was teilweise durch die Länge der Verkehrswege in diesem großen Bundesstaat bedingt ist. Dies hat allerdings keinen Einfluss auf die Reiselust in- und ausländischer Touristen. Wie die nachfolgenden Tab. 14.4 und 14.5, die auf jährlich in Queensland durchgeführten Besucherumfragen beruhen, andeuten, ist der Anteil der Autotouristen sowohl aus dem Inland als auch aus dem Ausland, verglichen

Tab. 14.4: Das Transportnetz in Queensland (Quelle: Tourism and Events Queensland, 2015a).

Reiseziele in Queensland (von Süden nach Norden) Küstengebiete	Auto		Luftweg		Bahn		Bus	
	Inland	Ausland	Inland	Ausland	Inland	Ausland	Inland	Ausland
Scenic Rim	85 %	75 %	7 %	13 %	–	–	7 %	8 %
Gold Coast	61 %	33 %	36 %	30 %	2 %	–	–	21 %
Brisbane	52 %	37 %	44 %	32 %	4 %	–	–	15 %
Sunshine Coast	80 %	60 %	17 %	11 %	2 %	–	–	24 %
Fraser Coast	86 %	42 %	6 %	6 %	–	–	2 %	37 %
Bundaberg	87 %	61 %	7 %	–	2 %	12 %	–	18 %
Gladstone	76 %	47 %	17 %	17 %	3 %	–	–	34 %
Rockhampton	76 %	64 %	18 %	16 %	–	–	2 %	20 %
Mackay	62 %	62 %	29 %	32 %	–	–	3 %	7 %
Whitsundays	52 %	33 %	41 %	25 %	–	–	–	37 %
Townsville	54 %	43 %	40 %	24 %	1 %	–	–	27 %
Cassowary Coast	75 %	53 %	13 %	6 %	–	–	5 %	38 %
Cairns	38 %	18 %	61 %	59 %	2 %	–	–	19 %
Carpentaria Region	59 %	–	25 %	–	–	–	2 %	–
Weipa	44 %	–	36 %	–	–	–	–	–
Torres Shire	28 %	–	61 %	–	–	–	8 %	–

Tab. 14.5: Reiseziele im Binnenland von Queensland (Quelle: Tourism and Events Queensland, 2015a).

Inland- und Outback-Ziele	Auto		Luftweg		Bahn		Bus	
	Inland	Ausland	Inland	Ausland	Inland	Ausland	Inland	Ausland
Toowoomba	89 %	72 %	6 %	12 %	–	–	3 %	16 %
Western Downs	93 %	–	–	–	–	–	–	–
Southern Downs	96 %	74 %	–	–	–	–	–	26 %
South Burnett	93 %	–	4 %	–	–	–	2 %	–
North Burnett	94 %	–	–	–	–	–	–	–
Blackall Region	83 %	–	7 %	–	–	–	–	–
Central Highlands	79 %	66 %	13 %	28 %	–	–	4 %	–
Winton – Boulia	67 %	–	10 %	–	–	–	7 %	–
Longreach	72 %	–	11 %	–	5 %	–	–	–
Mt Isa	36 %	73 %	53 %	32 %	2 %	–	–	–
Tablelands	81 %	80 %	9 %	11 %	–	–	–	–

mit anderen Transportmöglichkeiten, sehr hoch (Tourism and Events Queensland, 2015a).

Tab. 14.5 bezieht sich ausschließlich auf Inlandsgebiete und deutet klar auf unzureichende, zum Teil auch komplett fehlende Luft-, Bahn- und Busverbindungen hin. Das bedeutet, dass zahllose Reiseziele vorwiegend per Auto erreicht werden müssen. Leider weisen die Umfrageergebnisse auch einige Lücken auf, was aber das Gesamtbild im Wesentlichen nicht beeinträchtigt.

Durch den Autotourismus werden Reisende ermutigt, lokale touristische Produkte zu erwerben und Dienstleistungen in Anspruch zu nehmen. Das führt besonders in ländlichen Regionen zu einer Reihe von Vorteilen für kleinere Unternehmen, die mit Urlaubsattraktionen an der Küste konkurrieren.

14.9 Wassertourismus

Queensland bietet die idealen Voraussetzungen für einen erholsamen und entspannenden Urlaub nahe am Wasser. Dabei kann es sich um Küstenbereiche mit langen Stränden am Meer handeln, aber auch um Seengebiete (vorwiegend Stauseen) und flussnahe Erholungsgebiete, die im Inland zu finden sind. Wasser hat für Urlauber in Queensland eine große Bedeutung mit einer starken Nachfrage nach Wassersportaktivitäten, besonders bei Reisenden aus dem Ausland. Wassertouristische Angebote findet man daher überall in Queenslands Küstengebieten, für gewöhnlich sind sie mit landseitigen Angeboten kombiniert (Queensland Australia, 2016; Tourism Sunshine Coast, 2016).

Stauseen bieten einzigartige Gewässerlandschaften, die vornehmlich von Inlandstouristen benutzt werden, da Angeln und Zelten bei den Australiern überaus beliebt sind und die meisten Stauseen über die benötigte Infrastruktur verfügen (Lake Boondooma, 2016; Lake Maroon Holiday Park, 2016; Lake Monduran Holiday Park, 2016; Lake Somerset Holiday Park, 2016). Darüber hinaus bieten Flussumgebungen und geschützte Feuchtgebiete weitere reizvolle Erholungsmöglichkeiten mit abwechslungsreichen Angebotsbausteinen (Holiday in Australia, 2016a; Visit Fraser Coast, 2016a; Visit Fraser Coast, 2016b; Townsville North Queensland, 2016). Infolgedessen ist der Wassertourismus, zu dem auch der Kreuzfahrttourismus entlang der Ostküste gehört, ein Sektor von großer wirtschaftlicher Bedeutung und einer der am schnellsten wachsenden Sektoren in Queenslands Inbound- und Outbound-Tourismusindustrie (Queensland Government, 2016b).

14.10 Kreuzfahrttourismus

Anhand der letzten wirtschaftlichen Folgenabschätzungen für die Kreuzfahrtindustrie Australiens ergibt sich für Queensland ein Rekordwachstum unter Bezugnahme auf die kreuzfahrtbedingten Ausgaben, Passagierzahlen, davon abhängige Arbeitsplätze und die Anzahl der beteiligten Schiffe. Diesen Berichten zufolge ist Queensland zum wiederholten Male der zweitgrößte Kreuzfahrtmarkt Australiens nach New South Wales (Cruise Lines International Association, 2016). Daraus resultierten 2.117 Arbeitsplätze sowie 588,8 Millionen AUD in direkten und indirekten Ausgaben für Queensland durch insgesamt 239 Schiffsanläufe von Kreuzfahrtschiffen und den daraus resultierenden 442.253 Passagiertagen (Queensland Government, 2015c). Queenslands beliebteste Kreuzfahrtziele sind zurzeit Brisbane, Hamilton Island, Airlie Beach, Townsville, Cairns, Port Douglas, Cooktown und Thursday Island.

Mittlerweile laufen Kreuzfahrtschiffe auch die Fraser Coast an (P & O Cruises, 2017), um die Welterbestätte Fraser Island und die umliegenden Küstenorte zu besuchen, denen dadurch ebenfalls die Chance geboten wird, von den geplanten Kreuzfahrtzwischenstopps zu profitieren.

Neben dem Wassertourismus und der Kreuzfahrtindustrie ist der Natur- und Ökotourismus der eigentliche Schwerpunkt der Reiseindustrie Queenslands. Dieser Bereich umfasst alle nachhaltigen Destinationen, die Ökotourismus gezielt anbieten, insbesondere alle Küstengebiete, küstennahen Inseln und Inselgruppen (Great Barrier Reef, Fraser Island). Von offizieller Seite wird in Queensland großer Wert daraufgelegt, dass der Fokus des Tourismusangebots auf Nachhaltigkeit beruht (Queensland Government, 2015d).

14.11 Golftourismus

Es gibt aber auch Tourismusbereiche, die nach außen hin recht grün und nachhaltig wirken, in der Realität aber eine relativ große Belastung für die Umwelt darstellen. Hierbei muss der Golftourismus erwähnt werden, einer der größten Tourismusmärkte Australiens (Blunden/Hanvin, 2014). Rund 22 Prozent aller inländischen Golfreisen finden innerhalb Queenslands statt, wo über 300 Golfplätze eine Kernattraktion für den regionalen, nationalen und internationalen Tourismus darstellen (Blunden/Hanvin, 2014).

Während der zweiten Hälfte der 1980er-Jahre wurden in Queensland zahlreiche Golf-Resorts gebaut, allerdings häufig, ohne die ökologischen Auswirkungen hinreichend in Betracht zu ziehen. Golfplätze sind sehr wartungsintensiv und deshalb oft umstritten, insbesondere da es vielfach zu einer unzureichenden Einhaltung der ökologischen und wirtschaftlichen Planung kam (Warnken et al., 2001). Für die Freizeitindustrie dagegen zählt hauptsächlich, dass der Golftourismus nicht nur Gebühren für die Golfanlagen einbringt, sondern auch andere damit verbundene Einnahmen durch Unterkunft, Lebensmittel, Transport und Unterhaltung (Blunden/Hanvin, 2014).

Inzwischen ist man überwiegend der Meinung, dass es vor allem an der Goldküste im Namen der Tourismusentwicklung ein unnötiges Überangebot an Golfplätzen gibt und dass die Clusterbildung dieser Anlagen mit einer übermäßigen Verwendung von Kunstdünger und Pestiziden ein großes Risiko für die Umwelt darstellt (Warnken et al., 2001). Dazu besteht Grund zu der Annahme, dass durch den ungeheuren Wasserverbrauch, besonders in einem Land, das häufig von Trockenzeiten geplagt ist, auf die Dauer unhaltbare Folgen entstehen müssen. Es erscheint daher fraglich, wie umweltfreundlich dieser Tourismusbereich wirklich ist.

Die Befürworter der großen Anzahl weiterer geplanter Golfplätze und entsprechende offizielle Seiten weisen gern auf einen angeblichen Naturschutzwert für bedrohte Arten der Tierwelt hin, die in den künstlich angelegten Grünanlagen ein neues Habitat finden können (Hodgkison et al., 2007).

14.12 Sporttourismus und Eventtourismus

Obwohl sich reiner Sporttourismus vom Eventtourismus unterscheidet, ergeben sich abhängig von der Sportart Überschneidungen. Sporttourismus in Queensland kann möglicherweise auch als Abenteuertourismus eingestuft werden, je nachdem, welche Aktivitäten zugrunde liegen (z. B. Bergsteigen, White Water Rafting oder Tauchen).

Golftourismus zum Beispiel könnte auch als Sporttourismus und im Falle von Meisterschaften als Eventtourismus eingestuft werden. Daher ist es schwierig, eine genaue Zuordnung der unterschiedlichen Tourismusbereiche Queenslands innerhalb der verschiedenen Sektoren festzulegen. Größere Sportveranstaltungen, die dem Bereich des Eventtourismus zuzurechnen sind, werden in der Regel bereits lange im Voraus gebucht. Die Cairns AFL (Australian Football League) Premiership 2015 beispielsweise führte zu direkten Ausgaben in Höhe von 2,7 Millionen AUD und zu 12.000 Übernachtungen in Queenslands Norden (Fox Sports Pulse, 2015).

In Surfers Paradise an der Goldküste im Süden Queenslands locken mehrere Gold-Coast-V8-Supercar-Events pro Jahr im Schnitt über 180.000 (2015: 197.872) Besucher zu den Rennen, die zu den größten Sportereignissen Queenslands gehören. Pro Jahr erzielten diese Veranstaltungen bislang rund 75 Millionen AUD, verbunden mit 218.000 Übernachtungen an der Goldküste und in der Umgebung (Tourism and Events Queensland, 2015b).

Regelmäßig stattfindende Profi-Golfmeisterschaften sind ein weiteres Beispiel für Queenslands Weltklasse-Sportveranstaltungen, die wegen des angenehmen Klimas ganzjährig stattfinden. Außer den oben erwähnten Autorennen, Golfmeisterschaften und AFL Premierships sind viele andere Sportarten seit langer Zeit eng mit dem Tourismus verbunden. Besonders erwähnenswert sind hier die Ironman-Events, Marathons, Triathlons, Pferderennen und Rodeos. Die Commonwealth Games 2018 Gold Coast stellen eine sehr wichtige Sportveranstaltung für Queensland dar und werden für den Staat wirtschaftlich von Vorteil sein (Tourism and Events Queensland, 2016b).

14.13 Kasinotourismus

Australien ist für Kasinobetreiber der neueste Hotspot, um reiche Glücksspieler v. a. aus dem asiatischen Raum, und hier vornehmlich aus der wachsenden chinesischen Oberschicht, an die Spieltische zu locken (Markham/Young, 2014; Nettleton et al., 2014). Von besonderer Bedeutung für diesen Verbrauchermarkt sind die im Kasino-Urlaubsangebot inbegriffenen unberührten Strände Queenslands, die reine Luft, ein angenehmes Klima und das beliebte Great Barrier Reef. Da der Bergbau-Boom sich stark verlangsamt hat (Jasper, 2016; Michael, 2016), ist die Aussicht auf Tausende neuer Arbeitsplätze und Milliarden von Touristendollars durch den Bau dreier weiterer Kasinos für Queenslands Regierung überzeugend genug (Passmore, 2015), trotz der Bedenken hinsichtlich der potenziellen negativen ökologischen Auswirkungen durch intensive Baumaßnahmen und trotz massiver sozialer Probleme (Breen et al., 2006; Markham/Young, 2014; Traveller, 2015). Einige Politiker haben bereits Befürchtungen geäußert, dass durch die aggressive Vermarktung konkurrierender Spielbanken für die einheimische Bevölkerung die reelle Gefahr einer erhöhten Spielbereitschaft bzw. Spielsucht besteht (AAP, 2015; Markham/Young, 2014).

Vonseiten der Kasinobetreiber hingegen wurde versichert, dass Kasinotourismus durch die Beschaffung von Arbeitsplätzen der nächste Boom ähnlich dem des Bergbausektors wäre, insbesondere im Hinblick auf die zu erwartenden Touristen aus dem asiatischen Raum (AAP, 2015). Der Erfolg anderer Kasinodestinationen (Las Vegas, Macao, Monte Carlo) hat die australische Regierung bestärkt, sich dem profitablen Kasinotourismus zuzuwenden, um Vorteile wie erhöhte Einnahmen aus dem Fremdenverkehr, mehr Arbeitsplätze und höhere Steuern für den Staat zu erzielen (Nettleton et al., 2014). Dem wird allerdings von Markham und Young (2014) entgegengesetzt, dass die sozialen Auswirkungen in den Folgenabschätzungen bislang nur ungenügend berücksichtigt wurden.

14.14 Unterschätzte Tourismusbereiche

Das Geotourismus-Konzept hat sich in Queensland noch nicht durchgesetzt, was eigentlich erstaunlich ist, da ein nahezu unbegrenztes Potenzial an möglichen geotouristischen Destinationen vorhanden ist (Nationalparks, Welterbe). Allerdings gibt es bislang noch keine Marketingoffensive für diesen vielversprechenden Sektor in Queensland, abgesehen von zwei oder drei Geotourismus-Initiativen, daher wird zurzeit immer noch der Ökotourismus von den Freizeitverbänden flächendeckend als Hauptangebot gefördert (Erfurt-Cooper, 2014).

Ein weiterer Bereich der Freizeitwirtschaft, der in Queensland allenfalls als Zusatzangebot offeriert wird, ist der Wellnesstourismus. Es gibt natürlich hoteleigene Spas und Wellnessangebote und auch eine Anzahl von Wellnessfarmen, aber dies findet nur am Rande statt und wird nicht als selbstständiger Tourismusbereich, basierend auf Gesundheitsideologien, vermarktet (Erfurt-Cooper, 2012; siehe auch Kapitel 8).

Die wichtigsten Tourismusbereiche Queenslands sind in Tab. 14.6 in einem Querschnitt mit kurzen Beschreibungen der relevanten Märkte zusammengefasst, um ein überschaubares Gesamtbild zu schaffen.

14.15 Schlusswort

Queensland ist der zweitgrößte Staat Australiens und bietet mit einem angenehmen Klima ein ideales Reiseziel für Urlauber aus aller Welt (2014/15: 2,23 Millionen). Auch für einen großen Teil der australischen Bevölkerung (2014/15: 5,4 Millionen) ist Queensland das bevorzugte Ferienziel, bei Weitem der größte Teil der Touristen stammt jedoch aus Queensland selbst (2014/15: 13,68 Millionen), bevorzugt also Reisen im Heimatstaat (Tourism and Events Queensland, 2016c). Abgesehen von gelegentlichen Naturkatastrophen gilt Australien zurzeit noch als eines der sichersten Länder weltweit (Holiday in Australia, 2016b). Zwar wird z. B. das Great Barrier Reef durch Umwelteinflüsse (Bergbau, Landwirtschaft, Baugewerbe) bedroht, es werden jedoch beträchtliche Anstrengungen unternommen, um derartige Touristenattraktionen für die Zukunft zu erhalten (Department of National Parks, Sport and Racing, 2013; Queensland Government, 2015b). Dank einer relativ geringen Bevölkerungsdichte und einer zurzeit noch überschaubaren Umweltbelastung ist Queensland ge-

Tab. 14.6: Relevante Tourismusmärkte mit Berücksichtigung spezieller Nischenmärkte und Marktsegmente innerhalb des breiteren Tourismusangebots.

Tourismuskategorien	Reiseziele in Queensland	Attraktionen	Aktivitäten	Sehenswert
Autotourismus (Touring Market) In Queensland der vorherrschende Oberbegriff im Tourismus, dem fast alle anderen Tourismussektoren angegliedert sein können	In vielen Gegenden Queenslands die einzige Möglichkeit, an Reiseziele zu gelangen, die vorwiegend oder ausschließlich mit dem Auto erreichbar sind	Alle Sehenswürdigkeiten, die mit dem Auto erreichbar sind – die damit verbundene Unabhängigkeit wird von vielen Reisenden bevorzugt	Ausgeschilderte Erholungsgebiete mit Urlaubsangeboten, selbst geführte Touren, Rundfahrten, Urlaub im Wohnwagen, Camping, Wandern, Stadtbesichtigungen, Freizeitparks	Waterfall Way im Norden Queenslands, Geotrail von Yeppon bis Boulia, Fraser-Island-Entdeckungstouren, speziell ausgeschilderte Wegstrecken für Autotouristen
Wassertourismus oder maritimer Tourismus, umfasst in Queensland nicht nur das Meer und die lange Küstenlinie, sondern schließt auch Seen und Flüsse im Inland ein; Segeltourismus, Wassersport und Angeltourismus sind hier inbegriffen, ebenso wie der Kreuzfahrttourismus	Küstengebiete, Inselgruppen und Korallenriffe (GBR), Meeresschutzgebiete (Marine Parks), größere Inseln wie Moreton Island und Stradbroke Island im Süden; vielerorts auch Stauseen mit angeschlossenen Erholungsgebieten und Campingplätzen	Wasserbezogene und wassernahe Angebote für Urlauber einschließlich klarer, sauberer Gewässer, Korallenriffe, langer Sandstrände und unbewohnter Inseln Strandhotels und -Resorts Insel-Resorts und -hotels	Wassersport, Segeln, Kanu- und Kayakfahren, Jetski, Wasserski, Kitesurfen, Tauchen und Schnorcheln, Hochseeangeln, Angeln vom Strand, Hausbootreisen, Wal- und Delfinbeobachtung	Great Barrier Reef, Magnetic Island, Hamilton Island, Whitsunday Islands, Keppel Islands, Sunshine Coast, Fraser Coast, Gold Coast

Tab. 14.6 (Fortsetzung.)

Tourismuskategorien	Reiseziele in Queensland	Attraktionen	Aktivitäten	Sehenswert
Ökotourismus Vorherrschende naturnahe Tourismuskategorie in Queensland; beinhaltet Inseltourismus, Natur- und Tierwelterlebnisse (Wildlife Tourism), Vogelbeobachtung, Farmtourismus und Regenwaldtourismus	Alle nachhaltigen Destinationen, die Ökotourismus gezielt anbieten, besonders Inseln und Inselgruppen, Rainforest-Resorts und -Retreats, geschützte Gebiete	Nationalparks und Welterbestätten, unberührte Regenwälder, einzigartige Landschaften, unberührte Natur, Tropenparadiese, klares, blaues Wasser, weiße Sandstrände, einheimische Tier- und Pflanzenwelt	Regenwaldexkursionen, Geländewagentouren, Wandern, Flussfahrten, Tierweltbeobachtung – exotische und bedrohte Spezies, zoologische Exkursionen, authentische Erlebnisse mit der australischen Tierwelt, Safaris	Sky Rail Kuranda, Barron River Cruise, Great Barrier Reef, Whitsunday Islands, Fraser Island, Lone Pine Sanctuary in Brisbane, Australia Zoo im Südosten Queenslands (Beerwah), Mooloolaba Underwater World, Hartley's Crocodile Adventures (Cairns)
Abenteuertourismus Ereignis- oder Aktivurlaub, der eine Vielfalt von Tourismusbereichen beinhaltet, u. a. Geotourismus, Outback-Tourismus, Vulkantourismus, Sporttourismus, maritimer Tourismus, die wiederum eine Fülle von Komplementärangeboten bereitstellen	Natürliche Umgebungen, wo Abenteuererlebnisse und Aktivitäten angeboten werden: Küstengebiete, Outback, GBR, Great Dividing Range und andere Berggegenden, Inseldestinationen, Nationalparks und andere Schutzgebiete	Nationalparks; rotes Zentrum – Outback; Nord-Queenslands Flüsse Tully River und Barron River; Savannah-Way-Abenteuer; natürliche Umwelt der australischen Ureinwohner	Surfing, Segeln, Tauchen und Schnorcheln, Erlebnistouren, Trekking, Reiten, Mountainbiking, Bergsteigen, Wandern, Rundflüge, Fallschirmspringen, White Water Rafting, Bungee-Jumping (Cairns, Brisbane), Outback-Jeeptouren, Bush Camps am Lagerfeuer, Rodeos	Kuranda-Railway-Tour durch die Bergwelt und durch tropischen Regenwald, Outback mit dem Jeep, Fraser Island im Geländewagen erkunden, Bergbesteigungen und Wandertouren in vielen Nationalparks, Heißluftballontouren in Cairns, Brisbane und an der Gold Coast
Eventtourismus Geschäftliches und Vergnügen verbinden, z. B. Tagungen, Kongresse und Golfspielen, starke Überschneidungen mit Sporttourismus	Destinationen, die speziell auf Veranstaltungen und Ereignisse aller Größenordnungen eingerichtet sind und wo geeignete Anlagen und Räumlichkeiten zur Verfügung stehen	Festspiele, Sportveranstaltungen, Kongresse und Tagungen, Nationalfeiertage, Open-Air-Festivals; öffentliche Ereignisse, kulturelle Veranstaltungen	Sportliche Wettkämpfe; Sitzungen, Besprechungen, Konferenzen und Präsentationen; Partys und andere Feierlichkeiten; Feuerwerk	Commonwealth Games und Masters Games, Marathons, Triathlons und Ironman-Events, Schwimmwettkämpfe, Radrennen, Speedboat-Rennen

Tab. 14.6 (Fortsetzung.)

Tourismuskategorien	Reiseziele in Queensland	Attraktionen	Aktivitäten	Sehenswert
Golftourismus (Sporttourismus) Durch die Größe der Branche bedingt durchaus ein selbständiger Bereich im Tourismusangebot	Zahlreiche Golfplätze in Queensland gehören zu den besten der Welt (Sport- und Eventtourismus)	Weltklasse-Golfplätze; führende Golfturniere; für Anfänger und Profis; Wochenendangebote	Golf spielen lernen; Turniere besuchen; auf anspruchsvollen Golfkursen spielen; Verbindung mit Wellness möglich	Beim Golftourismus wird die angrenzende Umgebung mit ihren Attraktionen als zusätzliches Angebot vermarktet
Kasinotourismus Glücksspielreisen; zwei weitere Casinos sind für Queensland geplant	Brisbane (Treasury Casino), Gold Coast (Conrad Jupiters Casino), Townsville Jupiters Hotel & Casino), Cairns (The Reef Hotel Casino)	Gelten als führende Unterhaltungszentren mit Restaurants, Bars, Konferenz- und Veranstaltungseinrichtungen; 24 Stunden geöffnet	Roulette, Bakkarat, Black Jack, Poker, Sportwetten, Spielautomaten; Fünf-Sterne-Luxus und mit erstklassiger Unterhaltung	Ein breit gefächertes Angebot von Urlaubsangeboten auf regionaler Ebene ist an die Kasino-Resorts angeschlossen
Kulturtourismus Städtetourismus Studienfahrten Foto- und Filmtourismus Aboriginal-Tourismus Freiwilligentourismus Religionstourismus Studentenaustausch	Brisbane und andere kulturelle Zentren, Kunstgalerien, Museen; sehenswerte Landschaften und deren kulturelles Erbe; Musikfestivals, multikulturelle Festivals, religiöse und geistliche Retreats; faszinierende Einblicke in das Leben der Ureinwohner	Historisches Erbe, Pioniergeschichte, Kulturgeschichte der Aborigines Queenslands, Lifestyle, Kunstszene; **in Brisbane:** Queensland Cultural Centre South Bank, Powerhouse, Queen Street Mall, Mount Cootha; typische Architektur Queenslands; religiöse Stätten	**Kulturelle Erlebnisse:** z. B. Felskunststätten der Aborigines, Mythen der Traumzeit; **in Brisbane:** Stadtrundfahrten, historische Gebäude, Besichtigung von Kirchen und Museen, kulturelle Darbietungen	Kunst und Handwerk der Eingeborenen in abgelegenen Gebieten, Felsenmalereien, etwas über Bush Tucker (Busch-Essen) und traditionelle Medizin lernen; Aboriginal-Erlebnispark bei Cairns; multikulturelles Festival in Childers; Opera im Outback (Undara); Teilnahme an kulturellen Darbietungen

Tab. 14.6 (Fortsetzung.)

Tourismuskategorien	Reiseziele in Queensland	Attraktionen	Aktivitäten	Sehenswert
Backpacker-Tourismus Working Holiday Harvest Trail (Ernte-Trail) Queensland hat generell den größten Anteil am Backpacker-Markt mit 329.000 von insgesamt 592.000 Besuchern (2014)	Beliebte Reiseziele sind hauptsächlich die Küstengebiete und die Nationalparks; viele Backpacker haben ein langfristiges Visum, das ihnen erlaubt, während ihres Aufenthalts bezahlter Arbeit nachzugehen	Beliebteste Ziele sind Brisbane, Whitsundays und der tropische Norden von Queensland (Great Barrier Reef); überall wird von dem Überangebot der verschiedenen Tourismussektoren hinlänglich Gebrauch gemacht	Strand, Schwimmen, Surfen, Tauchen; Sightseeing, Restaurantbesuche, Einkaufsbummel, Bungee-Jumping, Fallschirmspringen; Freizeitparks, Nationalparks, Wandern, Zelten, Segeltörns	Lone Pine Sanctuary besichtigen, Flusskreuzfahrt, Movie World, Seaworld, Whitsunday Islands
Kulinarischer Tourismus Genussreichtum als Hauptreisemotiv mit wachsendem Nachfragepotenzial; regionale Spezialitäten und hohe Produktqualität – vermarktet vorwiegend als Food-&-Wine-Tourismus	Der kulinarische Genießerurlaub bietet in vielen ländlichen Regionen regionale Produkte an; in den größeren Städten gibt es ganze Gastronomieviertel mit verschiedenen Spezialitäten	Kulinarische Erlebnisse kombiniert mit einzigartige Landschaft und Tierwelt; Erntefeste; Weinfeste und Weingärten; Melonenfestivals; Fest der Meeresfrüchte in Hervey Bay	Kulinarische Touren, Restaurantbesuche, Weinproben; Kaffeeplantagen – Atherton Tablelands Besichtigung der Ingwerfabrik in Yandina Besichtigung der Käsefabrik in Kenilworth	Southbank Brisbane – Restaurants; Royal Queensland Food & Wine Show; Real Food Festival, Maleny; regionaler Wohlgeschmack, Brisbane; internationales Food-&-Wine-Festival, Noosa
Geotourismus Dieses Konzept verheißt für Queensland eine große Bereicherung zukünftiger Tourismusangebote durch unzählige bislang noch nicht vermarktete Geo-Attraktionen	Beinhaltet Reiseziele, die mit dem Auto erreichbar sind, insbesondere Küstengebiete und Outback-Landschaften, wo bereits Ökotourismus geboten wird; zurzeit gibt es in Queensland noch keine gezielten Angebote	Nationalparks und alle Bereiche des Welterbes in Queensland, Informationszentren, historische Museen, geologische und geografische Besonderheiten Queenslands, z. B. zerklüftete Bergketten, spektakuläre Schluchten, vulkanische Landschaften	Nationalparks erkunden, Touren mit ortskundigen und geologisch geschulten Fremdenführern, Wander- und Klettertouren in geologisch interessanten Gebieten, kulturelle Angebote und geografische Sehenswürdigkeiten	Undara Volcanic National Park (300 km westlich von Cairns), Crater Lakes National Park (Atherton Tablelands), Crystal Caves in Atherton, Carnarvon Gorge, Capricorn Coast, Glasshouse Mountains National Park, Bunya Mountains, Cooloola Coast

genwärtig in der vorteilhaften Lage, über ein reiches Freizeitangebot zu verfügen, ohne dass Menschen und Umwelt dadurch über Gebühr belastet werden. Im Hinblick auf andere Bereiche (z. B. Golftourismus, Kasinotourismus) wäre es allerdings ratsam, die Freizeitwirtschaft Queenslands auf ihre tatsächliche Nachhaltigkeit im ökologischen und sozialen Bereich durch lückenlose und glaubwürdige Nachforschungen auf den neuesten Stand zu bringen.

Literatur

AAP. Qld govt gambling on casino tourism boom. https://au.finance.yahoo.com/news/qld-govt-gambling-casino-tourism-073618921.html, 2015. Abgerufen am 22. Oktober 2015.

australia.com. Weather in Brisbane, http://www.australia.com/en/facts/weather/brisbane-weather.html, abgerufen am 27. Februar 2016.

Australian Bureau of Statistics (ABS). 1301.0 Year Book Australia – Geography of Australia. www.abs.gov.au/ausstats/abs@.nsf/Lookup/by%2520Subject/1301.0~2012~Main%2520Features~Geography%2520of%2520Australia~12, 2012. Abgerufen am 27. Februar 2016.

Australian Bureau of Statistics (ABS). Queensland State Summary. www.abs.gov.au/AUSSTATS/abs@.nsf/Latestproducts/3218.0Main%20Features302013-14?opendocument&tabname=Summary&prodno=3218.0&issue=2013-14&num=&view=,3, 2016a. Abgerufen am 27. Februar 2016.

Australian Bureau of Statistics (ABS). Estimated Resident Population. 3218.0 – Regional Population Growth, Australia, 2013–14. http://www.abs.gov.au/AUSSTATS/abs@.nsf/mf/3218.0, 2016b. Abgerufen am 27. Februar 2016.

Australian Government. Convicts and the British colonies in Australia – A penal colony, http://www.australia.gov.au/about-australia/australian-story/convicts-and-the-british-colonies, 2016. Abgerufen am 27. Februar 2016.

Australian Government. National Parks. www.australia.gov.au/about-australia/australian-story/national-parks, 2015. Abgerufen am 22. Oktober 2015.

Bentley TA, Cater C, Page SJ. Adventure and Ecotourism Safety in Queensland: Operator experiences and practice. Tourism Management. 2009, 31(5), 563–571.

Blackstock K. A critical look at community based tourism. Community Development Journal. 2005, 40 (1), 39–49.

Blunden J, Hanvin N. The Value of Golf Tourism to Australia. Golf Business Advisory Services (GBAS). http://golfnetworkadmin.gamznhosting.com/site/_content/document/00021963-source.pdf. This report has been prepared for the Australia Golf Industry Council by Golf Business Advisory Services (GBAS), 2014. Abgerufen am 27. Februar 2016.

Bonyhady T. Places Worth Keeping: Conservationists, Politics and the Law. Sydney: Allen & Unwin, 1992.

Breen H, Hing N, Buultjens, J. Responsible gambling practices in outback Queensland: distinctive challenges in a remote location. Journal of Economic and Social Policy. 2006, 1(11), 45–71.

Brisbane Airport Australia. Passenger Statistics – Passenger Movements. http://www.bne.com.au/corporate/media-centre/passenger-statistics, 2016. Abgerufen am 16.08.2017.

Bundaberg Regional Council. A Welcome to Bundaberg Region. www.bundaberg.qld.gov.au/discover/welcome, 2015. Abgerufen am 4. August 2015.

Coleman A. Millennium. London: Transworld Publishers, 1999.

Collins RM. The South-eastern Highlands of Queensland, Proceedings and Transactions of the Queensland Branch of the Royal Geographical Society of Australasia. Brisbane: Royal Geographical Society of Australasia 1987, 12, 20–25.

Cooper M, Erfurt-Cooper P. From Sand Mining to Sand Bashing in about 30 Years: A Difficult Journey Towards Sustainable Tourism for Fraser Island. In: Carlsen J, Butler R, editors. Island Tourism – Sustainable Perspectives. Ecotourism Series No. 8. Wallingford, UK: CABI, 2011.

Crompton JL. An assessment of the image of Mexico as a vacation destination and the influence of geographical location upon that image. Journal of Travel Research. 1979, 17(4), 18–23.

Crowley F. Colonial Australia 1841 – 1874, Vol 1. Melbourne: Thomas Nelson, 1980.

Cruise Lines International Association (CLIA). Cruise Tourism's Contribution to The Australian Economy 2014–15. www.cruising.org.au/filelibrary/files/CLIA%2520EIS%2520Report%25202014-15%2520Summary.pdf, 2016. Abgerufen am 27. Februar 2016.

Department of Environment. National Landscapes. www.environment.gov.au/topics/national-parks/national-landscapes-0, 2015. Abgerufen am 27. Februar 2016.

Department of National Parks, Sport and Racing. Queensland Eco and Sustainable Tourism – Improving access, promoting best practice, providing opportunities. rti.cabinet.qld.gov.au/documents/2013/jun/quest%2520policy/Attachments/quest-info-booklet.pdf, 2013. Abgerufen am 27. Februar 2016.

Department of National Parks, Sport and Racing. Find a park or forest, www.nprsr.qld.gov.au/parks/, 2015a. Abgerufen am 4. August 2015.

Department of National Parks, Sport and Racing. World heritage areas. www.nprsr.qld.gov.au/world-heritage-areas/, 2015b. Abgerufen am 4. August 2015.

Department of National Parks, Sport and Racing. Wet Tropics parks. www.nprsr.qld.gov.au/world-heritage-areas/wet-tropics/wet-tropics-parks.html, 2015c. Abgerufen am 4. August 2015.

Department of Tourism, Major Events, Small Business and the Commonwealth Games, Queensland Drive Tourism Strategy 2013–2015. Tourism Division, State of Queensland, 2013.

Dyer P, Gursoy D, Sharma B, Carter J. Structural modeling of resident perceptions of tourism and associated development on the Sunshine Coast, Australia. Tourism Management. 2007, 28, 409–422.

Erfurt-Cooper P. Health & Wellness tourism – An Integrated Approach. Research Update presented to The Business of Health Tourism Symposium – Tourism Research Cluster. Curtin University, 12–14 February 2012, Perth, Western Australia, 2012.

Erfurt-Cooper P. Volcanic Tourist Destinations. Geoheritage. Geoparks and Geotourism Series. Heidelberg/Berlin: Springer-Verlag, 2014.

forecast.id. Welcome to Cairns Regional Council population forecasts. http://forecast.id.com.au/cairns/home, 2015a. Abgerufen am 4. August 2015.

forecast.id. Welcome to Rockhampton Regional Council population forecasts. http://forecast.id.com.au/rockhampton/home, 2015b. Abgerufen am 4. August 2015.

forecast.id. Welcome to the Fraser Coast Region population forecasts. http://forecast.id.com.au/fraser-coast, 2015c. Abgerufen am 4. August 2015.

Fox Sports Pulse. AFL Returns to Cairns in 2016. www.foxsportspulse.com/assoc_page.cgi?client=0-3392-0-0-0&sID=53234&&news_task=DETAIL&articleID=37064479, 2015. Abgerufen am 4. August 2015.

Frost W. From dead heart to red heart: developing the destination image of the Australian outback. In: Tremblay P, Boyle A, editors. CAUTHE 2005: Sharing Tourism Knowledge. Alice Springs, N.T.: Charles Darwin University, 2005, 216–223.

Frost W. Tourism, Rainforests and Worthless Lands: The Origins of National Parks in Queensland. Tourism Geographies: An International Journal of Tourism Space, Place and Environment. 2004, 6(4), 493–507.

Great Barrier Reef Marine Park Authority (GBRMPA). Facts about the Great Barrier Reef. Great Barrier Reef Marine Park Authority, Australian Government. www.gbrmpa.gov.au/about-the-reef/facts-about-the-great-barrier-reef, 2015. Abgerufen am 4. August 2015.
Gyr U. Geschichte des Tourismus: Strukturen auf dem Weg zur Moderne. EGO Europäische Geschichte Online. http://ieg-ego.eu/de/threads/europa-unterwegs/tourismus/ueli-gyr-geschichte-des-tourismus, 2010. Abgerufen am 4. August 2015.
Hall CM. Introduction to Tourism in Australia: Impacts, Planning and Development. Melbourne: Addison, Wesley and Longman, 1996.
Hall CM. Tourism in Australia. Development, Issues and Change. 5th edition. Frenchs Forest, NSW: Pearson Education Australia, 2007.
Hall CM. Wasteland to World Heritage: Preserving Australia's Wilderness. Carlton, Australia: Melbourne University Press, 1992.
Harriott VJ. Marine tourism impacts and their management on the Great Barrier Reef. CRC Reef Research Centre & James Cook University. http://rrrc.org.au/wp-content/uploads/2014/04/Technical-Report-46.pdf, 2012. Abgerufen am 4. August 2015.
Hodgkison SC, Hero JM, Warnken J. The conservation value of suburban golf courses in a rapidly urbanising region of Australia. Landscape and Urban Planning 79, 2007, 323–337.
Holiday in Australia. Adventure on the Brisbane River. http://www.australia.com/en/places/qld/qld-adventure-on-brisbane-river.html, 2016a. Abgerufen am 27. Februar 2016.
Holiday in Australia. Health and Safety. http://www.australia.com/en/planning/health-safety.html, 2016b. Abgerufen am 27. Februar 2016.
Horne J. Travelling through the Romantic Landscapes of the Blue Mountains. Australian Cultural History. 1991, 10, 84–98.
Jasper C. Regional Australia shedding jobs as mining downturn, drought take hold. ABC Rural. http://www.abc.net.au/news/2016-02-18/regional-job-losses-timeline/7179444, 2016. Abgerufen am 27. Februar 2016.
Jenkins OH. Understanding and Measuring Tourist Destination Images. International Journal of Tourism Research. 1999, 1, 1–15.
Lake Boondooma. Caravan & Recreation Park. http://www.lakeboondooma.com.au/, 2016. Abgerufen am 27. Februar 2016.
Lake Maroon Holiday Park. Where Mountains meet the Lake. Retrieved from http://www.lakemaroon.com.au/, 2016. Abgerufen am 27. Februar 2016.
Lake Monduran Holiday Park. Things to do. https://www.lakem.com.au/things-to-do/, 2016. Abgerufen am 27. Februar 2016.
Lake Somerset Holiday Park. Things to do. https://www.lakesomerset.com.au/things-to-do/, 2016. Abgerufen am 27. Februar 2016.
Laws E. Tourist Destination Management: Issues, Analysis and Policies. New York: Routledge Topics for Tourism, 1995.
Mackay Regional Council. Mackay Region. www.mackay.qld.gov.au/business/economicdevelopment/about_the_region/mackay_region, 2015. Abgerufen am 4. August 2015.
Markham F, Young, M. Review of the Aquis Resort at the Great Barrier Reef Project Social Impact Assessment. criticalgamblingresearch.org/Markham_Young_Aquis_Submission.pdf, 2014. Abgerufen am 4. August 2015.
McDonald G, Lane, M, editors. Securing the Wet Tropics? Sydney: Federation Press, 2000.
Michael P. Mining downturn at risk of leaving northern Queensland an ‚empty wasteland'. Courier Mail. http://www.couriermail.com.au/news/queensland/mining-downturn-at-risk-of-leaving-northern-queensland-an-empty-wasteland/news-story/58c2bf821aa6b05effe5633d8c680098, 2016. Abgerufen am 27. Februar 2016.
Murphy PE. Tourism: A community approach. New York: Routledge, 1985.

Nettleton J, Azzi J, Cameron E. Australia: 23 million people and FOUR new casinos? www.addisonslawyers.com.au/knowledge/assetdoc/2ca4abcdbce1df31/1354436_1%2520Australia%252023%2520million%2520people%2520and%2520FOUR%2520new%2520casinos!.pdf, 2014. Abgerufen am 4. August 2015.

P & O Cruises. P&O The fastest way to slow down. https://www.pocruises.com.au/cruises/fraser-island/a742, 2017. Abgerufen am 3. Mai 2017.

Passmore D. Big building projects and the resources sector will keep Queenslanders in a job in 2016. Courier Mail, 13 December 2015. http://www.couriermail.com.au/business/big-building-projects-and-the-resources-sector-will-keep-queenslanders-in-a-job-in-2016/news-story/2d69a41bf3eea72eeb5a22b98402180c, 2015. Abgerufen am 4. August 2015.

Powell JM. Conservation and Resource management in Australia 1788–1914, Guardians, Improvers and Profit: An Introductory Survey. Melbourne: Oxford University Press, 1976.

Prideaux B. Tracks to Tourism: Queensland Rail Joins the Tourist Industry. International Journal of Tourism Research. 1999, 1, 73–86.

profile.id. Gold Coast City – Estimated Resident Population (ERP). http://profile.id.com.au/gold-coast/population-estimate, 2015a. Abgerufen am 4. August 2015.

profile.id. Gladstone Regional Council area – Estimated Resident Population (ERP). http://profile.id.com.au/gladstone/population-estimate, 2015b. Abgerufen am 4. August 2015.

profile.id. Sunshine Coast – Estimated Resident Population (ERP). http://profile.id.com.au/sunshine-coast/population-estimate 2015c. Abgerufen am 4. August 2015.

profile.id. Toowoomba– Estimated Resident Population (ERP). http://profile.id.com.au/toowoomba/population-estimate, 2015d. Abgerufen am 4. August 2015.

Queensland Australia. Top 10 Queensland Tourist Attractions. http://www.queensland-australia.com/top-10-queensland-tourist-attractions.html, 2016. Abgerufen am 27. Februar 2016.

Queensland Government. Queensland Eco and Sustainable Tourism (QuEST). www.npsr.qld.gov.au/tourism/quest/, 2015a. Abgerufen am 4. August 2015.

Queensland Government. Queensland Drive Tourism Strategy 2013–2015 – Six-month report: July to December 2014. Department of Tourism, Major Events, Small Business and the Commonwealth Games, 2015b.

Queensland Government. Business and Industry Portal – Queensland Tourism – Cruise Tourism. www.business.qld.gov.au/industry/tourism/tourism-in-queensland/cruise-tourism, 2015c. Abgerufen am 4. August 2015.

Queensland Government. Queensland Ecotourism Plan 2015–2020. Prepared by: Queensland Parks and Wildlife Service, Department of National Parks, Sport and Racing. http://www.nprsr.qld.gov.au/tourism/pdf/ecotourism-plan.pdf, 2015d. Abgerufen am 4. August 2015.

Queensland Government. The Queensland Tourism and Transport Strategy – Discussion Paper. https://publications.qld.gov.au/dataset/0d37f8be-6ecc-44db-81b4-1b457f20c5e6/resource/54530ffd-45fb-48c8-ad4b-d6ca457cb7d5/download/qldtourismtransportstrategydiscussionpaper.pdf, 2015e. Abgerufen am 4. August 2015.

Queensland Government. Cruise Tourism, https://www.business.qld.gov.au/industry/tourism/tourism-in-queensland/cruise-tourism, 2016a. Abgerufen am 27. Februar 2016.

Queensland Government. Natural Disasters. https://www.getready.qld.gov.au/natural_disasters, 2016b. Abgerufen am 27. Februar 2016.

Queensland Government Statistician's Office. Population growth highlights and trends, Queensland, 2015 edition. http://www.qgso.qld.gov.au/products/reports/pop-growth-highlights-trends-qld/pop-growth-highlights-trends-qld-2015.pdf, 2016a. Abgerufen am 27. Februar 2016.

Queensland Government Statistician's Office. Population growth highlights and trends, Queensland regions, 2015 edition. http://www.qgso.qld.gov.au/products/reports/pop-growth-highlights-trends-reg-qld/pop-growth-highlights-trends-reg-qld-2015.pdf, 2016b. Abgerufen am 27. Februar 2016.

Ross GF. Tourist Destination Images of the Wet Tropical Rainforests of North Queensland. Australian Psychologist. 1991, 3(26), 153–157.

Schofield H. Australia's National Landscapes Program – promoting our World Heritage icons. aciucn.org.au/wp-content/uploads/2013/08/32_Schofield2.pdf, 2013. Abgerufen am 27. Februar 2016.

Sinclair J. Fraser Island: A personal view of ‚presenting' World Heritage. Communicating and Presenting World Heritage. Fraser Island Defenders Organization, 2013.

Smith P. History of Tourism: Thomas Cook and the Origins of Leisure Travel. London: Routledge, 1998.

Sonnleitner K. Destination image and its effects on marketing and branding a tourist destination. A case study about the Austrian National Tourist Office – with a focus on the market Sweden. Masters Thesis Södertörn University, Sweden, 2011.

State Library New South Wales. The First Fleet. www2.sl.nsw.gov.au/archive/discover_collections/history_nation/terra_australis/firstfleet.html, 2016. Abgerufen am 27. Februar 2016.

Stringer A. Managing Fraser Island World Heritage Area. Brisbane: Department of Environment and Heritage Protection, 2013.

Swinglehurst E. Cook's Tours: The Story of Popular Travel. Poole, UK: Blandford Press, 1982.

Tideswell C, Faulkner B. Multidestination Travel Patterns of International Visitors to Queensland. Journal of Travel Research. 1999, 37, 364–374.

Townsville City Council. City Profile and Statistics, www.townsville.qld.gov.au/townsville/cityprofile/pages/default.aspx, 2015. Abgerufen am 4. August 2015.

Tourism and Events Queensland. Tourism Profiles. http://teq.queensland.com/en-IE/Research-and-Insights/Domestic-Research/Tourism-Profiles, 2015a. Abgerufen am 4. August 2015.

Tourism and Events Queensland. Latest News – Gold Coast revs up for 2015 V8 Supercars. http://teq.queensland.com/en-IE/News-and-Media/Latest-News/Gold-Coast-revs-up-for-2015-V8-Supercars, 2015b. Abgerufen am 4. August 2015.

Tourism and Events Queensland. Queensland Image. http://teq.lookat.me.com.au/, 2016a. Abgerufen am 27. Februar 2016.

Tourism and Events Queensland. GC2018. http://teq.queensland.com/en-AU/Events/Mega-Events/GC2018-Commonwealth-Games, 2016b. Abgerufen am 27. Februar 2016.

Tourism and Events Queensland. Tourism Facts and Figures. Year Ended June 2015. cdn.queensland.com/~/media/6005BEA9F6574FD69D07E3183C77C7D2.ashx?vs=1&d=20150921T151625, 2016c. Abgerufen am 27. Februar 2016.

Tourism Research Australia. Tourism Facts and Figures. teq.queensland.com/~/media/5D219B3F6DBD412BB1AAEA6BE1C43DD4.ashx, 2015. Abgerufen am 4. August 2015.

Tourism Sunshine Coast. Things to do in Australia's Sunshine Coast. Retrieved from http://www.tourismsunshinecoast.com.au/, 2016. Abgerufen am 27. Februar 2016.

Townsville North Queensland. Pioneer Park and Ross River. http://www.townsvillenorthqueensland.com.au/things-to-do/tours/pioneer-park-and-ross-river-56b25e8e2cbcbe7073ad815e, 2016. Abgerufen am 27. Februar 2016.

Traveller. Australia, the new casino hotspot for tourists, www.traveller.com.au/australia-the-new-casino-hotspot-for-tourists-3b9iz 2015. Abgerufen am 4. August 2015.

UNESCO. Australia. http://whc.unesco.org/en/statesparties/au, 2015a. Abgerufen am 16.08.2017.

UNESCO. Australian Fossil Mammal Sites (Riversleigh/Naracoorte). http://whc.unesco.org/en/list/698, 2015b. Abgerufen am 4. August 2015.

UNESCO. Gondwana Rainforests of Australia. http://whc.unesco.org/en/list/368, 2016a. Abgerufen am 27. Februar 2016.

UNESCO. Great Barrier Reef. http://whc.unesco.org/en/list/154, 2016b. Abgerufen am 27. Februar 2016.

UNESCO. Fraser Island. http://whc.unesco.org/en/list/630, 2016c. Abgerufen am 27. Februar 2016.

Visit Fraser Coast. Burrum River. http://www.visitfrasercoast.com/destinations/burrum-river, 2016a. Abgerufen am 27. Februar 2016.

Visit Fraser Coast. Mary River. http://www.visitfrasercoast.com/destinations/maryborough/attractions/mary-river, 2016b. Abgerufen am 27. Februar 2016.

Walton JK. Histories of Tourism: Representation, Identity and Conflict. Bristol: Channel View, 2005.

Warnken J, Thompson D, Zakus DH. Golf Course Development in a Major Tourist Destination: Implications for Planning and Management. Environmental Management. 2001, 5(27), 681–696.

Weaver DB, Lawton LJ. Resident perceptions in the urban-rural fringe. Annals of Tourism Research. 2001, 28(2), 439–458.

Young T. Mega-Casinos: the future of Queensland tourism? Retrieved from www.nortonrosefulbright.com/knowledge/publications/106431/mega-casinos-the-future-of-queensland-tourism, 2013. Abgerufen am 4. August 2015.

Stefan Rösch
15 Filmtourismus Down Under

15.1 Trendsetter Set Jetting

Kinofilme und TV-Serien beeinflussen inzwischen Millionen von Touristen in der Selektion ihrer präferierten Urlaubsdestination (Modiano, 2013). Eine Umfrage der irischen Tourismusbehörde im Jahr 2010 unter internationalen Touristen ergab, dass für rund 20 Prozent der Befragten fiktionale Filmproduktionen einen bedeutenden Faktor für die finale Reiseentscheidung darstellen (Millward/Brown/Lansdowne, 2010). Unter den internationalen Besuchern Großbritanniens liegt dieser Anteil sogar bei 40 Prozent (VisitBritain, 2010).

Auch die Zahl der Reisen zu Drehorten, populärwissenschaftlich oftmals als „Set Jetting" bezeichnet, stieg insbesondere in den letzten zehn Jahren stark an. Neuseeland und Australien können allerdings auf eine vergleichsweise lange Geschichte des Filmtourismus zurückblicken.

15.2 G'day mate!

„Zwei Bier: eins für mich und eins für meinen Kumpel." Dieser legendäre Satz der Filmgeschichte begleitet den ersten Auftritt von „Crocodile Dundee" im gleichnamigen Kinofilm von 1986. In der besagten Szene lehnt sich der Held des Films an die Bar des real existierenden Walkabout Creek Hotel, zu finden im menschenleeren Nordwesten von Queensland, und gibt seine Bestellung auf. Nicht nur für sich, sondern auch für das von ihm erlegte und ausgestopfte Krokodil, das er fast zärtlich im Arm hält. Für die aus New York angereiste Journalistin Sue Charlton, die über „Crocodile Dundee" eine Story schreiben soll, ist spätestens jetzt klar, dass die Uhren im australischen Busch etwas anders ticken. Diese Erkenntnis verdichtet sich zusehends, als der Krokodiljäger die verweichlichte Städterin auf einen Trip in das australische Outback einlädt und sie daraufhin mit Schlangen, Aborigines, Krokodilen, Wasserbüffeln, Kängurus und betrunkenen Viehhirten konfrontiert wird.

Was sich beinahe wie eine Aufzählung aus einem kitschigen Reiseführer liest, ist beileibe keine willkürliche Aneinanderreihung von Story-Elementen durch die Filmemacher. Im Gegenteil: „Crocodile Dundee" war von Anfang darauf ausgelegt, den australischen Busch dem amerikanischen Publikum als Reisedestination schmackhaft zu machen (Baxter, 1986). Die Idee für die Geschichte hatte angeblich Hauptdarsteller Paul Hogan, als er durch die Straßen des Big Apple schlenderte und sich fragte, welchen Eindruck ein australischer Bushranger in voller Outback-Montur auf die New

Yorker machen würde: „He [‚Crocodile Dundee'] is a mythical outback Australian who does exist in part – the frontiersman who walks through the bush, picking up snakes and throwing them aside, living off the land who can ride horses and chop down trees and has that simple, friendly, laid-back philosophy. It's like the image the Americans have of us, so why not give them one?" (Schauspieler Paul Hogan, in: Baxter, 1986, 28.)

Der Film war extrem populär und spülte mehr als 328 Millionen USD in die Kinokassen. Im Erscheinungsjahr 1986 war es der zweiterfolgreichste Film des Jahres und musste lediglich Top Gun mit Tom Cruise in der Hauptrolle den Vortritt lassen (boxofficemojo.com, 2015). Der Nachfolger „Crocodile Dundee II" (1988), wieder mit Paul Hogan in der Hauptrolle, erzielte nochmals Ticketeinnahmen in Höhe von 240 Millionen USD (boxofficemojo.com, 2015). Der australischen Tourismusindustrie verschafften die Produzenten somit eine weltweite Werbeplattform: Innerhalb von drei Monaten nach der Kinoeröffnung der Produktion katapultierte sich Australien auf der Liste der beliebtesten Destinationen der US-Amerikaner von Platz 78 auf Platz sieben. Die jährliche Wachstumsrate bei den internationalen Touristenankünften über die darauffolgenden vier Jahre lag bei 25 Prozent (Upe, 2014). Der Kakadu National Park, eine der Hauptkulissen beider Filme, profitierte noch im Jahr 2005 vom „Crocodile-Dundee"-Effekt (Nelson, 2005, per E-Mail). Hierbei half sicherlich auch das Engagement von Hauptdarsteller Paul Hogan als Werbebotschafter für den Fünften Kontinent, der insbesondere die US-Amerikaner mit seiner lockeren Art zu begeistern wusste.

An dieser Stelle soll nicht unerwähnt bleiben, dass bereits Anfang der 1980er erste filmtouristische Effekte zu verzeichnen waren. Die Produktionen „Mad Max" (1979), „Mad Max 2 – The Road Warrior" (1981) und „The Man from Snowy River" (1982) bewarben die unterschiedlichsten Landschaftsformationen Australiens mit eindrucksvollen Aufnahmen und legten somit den Grundstein für den Status des Landes als „In-Destination". „The Man from Snowy River" initiierte einen regelrechten Reittourismus-Boom in den Snowy Mountains, wo die Anzahl der kommerziellen Anbieter von Pferdetouren innerhalb kürzester Zeit nach der Kinopremiere von drei auf über 30 stieg (Beeton, 2001a). Fans von „Mad Max" pilgern heutzutage nach Silverton in New South Wales, wo ein Verehrer der Filme ein privates Museum betreibt, in dem Originalrequisiten zu sehen sind. In Summe generierten die drei letztgenannten Filme, in Kombination mit den nachfolgenden Produktionen „Mad Max – Beyond the Thunderdome" (1985), „Crocodile Dundee" und „Crocodile Dundee II" (1988), einen gewaltigen Werbeeffekt: Allein für die USA wurde das Verhältnis zwischen Werbekosten und erzieltem PR-Wert auf 1:50 geschätzt (Coster, 1990).

15.3 Vom „Piano" zu Tom Cruise

In den 1990er-Jahren wurden nach Kenntnisstand des Autors keine nennenswerten Tourismus-induzierenden Filme in Australien produziert. Im Gegenzug landete der benachbarte „Rivale" Neuseeland mit „Das Piano" (1993) Anfang der 1990er-Jahre den ersten filmtouristischen Erfolg. Der Hauptdrehort war Karekare Beach, ein rund 40 Kilometer südwestlich der Großstadt Auckland gelegener Strand. Die ikonische Bedeutung des Piano-Strands für die Filmfans wird in der neuseeländischen Kinoproduktion „Topless Women Talk About Their Lives" (1997) parodiert. In der Eröffnungsszene des Films schlendern zwei Neuseeländerinnen über den besagten Strand, als sie von einem blonden Touristen mit deutschem Akzent angesprochen werden: „Excuse me … I wonder … could you tell me: is zis where zey made ze film … ze Pi … ze Piano?" Die Zutaten des Films – ikonische Landschaften, glaubwürdige Charaktere, historische Referenzen, der Kampf zwischen Mensch und Natur – ergaben eine ideale Mischung für touristisches Destinationsmarketing: „The panoramic views of Karekare's cold tides as depicted in The Piano became the distinctive mark of New Zealand for film viewers all around the world" (Leotta, 2011, 95). Ein Blick auf die folgende Abb. 15.1, die ein Kampagnenposter der neuseeländischen Tourismusorganisation Tourism New Zealand aus dem Jahr 1999 zeigt, veranschaulicht diese Aussage sehr treffend. Das Poster markiert zugleich den – zunächst bescheidenen – Beginn filmtouristischen Destinationsmarketings durch Tourism New Zealand (Tourism New Zealand, 2009).

Nach Wissen des Autors gibt es bis heute kein einziges touristisches Produkt im Zusammenhang mit diesem Film. Touristen, die sich für den Schauplatz interessieren, suchen diesen individuell und auf eigene Faust auf (eigene Erfahrungen und Beobachtungen vor Ort in den Jahren 2004 bis 2006). Die Tatsache, dass die Popularität von Karekare noch immer ungebrochen ist, zeigt auch eine Umfrage der US-amerikanischen Zeitschrift Outdoor aus dem Jahr 2013, in der der Filmstrand unter den zehn beliebtesten Stränden Neuseelands rangiert (Tan, 2013).

Abb. 15.1: Keyvisual für das Kampagnenposter von Tourism New Zealand im Rahmen der filmtouristischen Verwertung von „Das Piano" (Bildrechte: Andrei Jewell, www.andreijewell.com).

Betrachtet man die wissenschaftliche Auseinandersetzung mit dem Thema Filmtourismus, so lässt sich zunächst festhalten, dass von Anfang bis Ende der 1990er-Jahre der Schwerpunkt filmtouristischer Forschung in den USA und in England zu finden war (Aden et al., 1995; Couldry, 1998; Cousins/Andereck, 1993; Riley, 1994; Riley et al., 1998; Riley/van Doren, 1992; Schofield, 1996; Tooke/Baker, 1996). Anfang der 2000er-Jahre wurden in Australien erste wissenschaftliche Filmtourismus-Studien durchgeführt (Beeton, 2000; Beeton, 2001a; Beeton, 2001b).

Für Sydney markiert das Jahr 2000 mit dem Erscheinen von „Mission: Impossible II" zweifelsohne ein wichtiges filmtouristisches Datum. Die Handlung des Films spielt nahezu vollständig in und um die besagte Metropole und bezieht die populärsten touristischen Ikonen Sydneys ein. Bei einem weltweiten Einspielergebnis von 546 Millionen USD (www.boxofficemojo.com, 2015) war der Film zumindest kommerziell ein globaler Erfolg, auch wenn die Fachkritiken eher verhalten ausfielen. Abschließend muss festgehalten werden, dass der filmtouristische Werbeeffekt des Films unbestritten ist, dies jedoch nicht konkret evaluiert wurde.

15.4 Neuseeland wird Mittelerde

Zu Beginn des neuen Milleniums rückte Neuseeland zunehmend in das Interesse der Filmfans. Die Dreharbeiten zur Trilogie „Der Herr der Ringe" (2001–2003), die im Zeitraum von Oktober 1999 bis Ende Dezember 2000 stattfanden, wurden von den Fans mit Argusaugen verfolgt. Die neuseeländische Regierung erhoffte sich von Beginn an weitreichende positive Effekte für die Wirtschaft sowie das Image des Landes und ernannte im September 2001 den amtierenden Energieminister Pete Hodgson kurzerhand zum „Minister der Ringe". Die vornehmliche Aufgabe des Ministers war es zunächst, mit der Produktionsfirma New Line Cinema über die Möglichkeiten einer Vermarktung Neuseelands mithilfe der Filme zu verhandeln. Hierfür stellte die Regierung für den Zeitraum von 2001 bis 2002 rund neun Millionen NZD zur Verfügung (Clark, 2001). Die Tatsache, dass Investitionen in filmtouristisches Marketing grundsätzlich risikobehaftet sind, da der Tourismus-induzierende Erfolg eines Films oder einer Serie nicht exakt vorhergesagt werden kann, spiegelt sich in diesem Beispiel eindrucksvoll wider: So ließ Viggo Mortensen, einer der Hauptdarsteller aus der Ringe-Trilogie, in einem Zeitungsinterview unlängst verlautbaren, dass der Erfolg von „Der Herr der Ringe" noch bis weit über den Zeitpunkt der Kinopremiere des ersten Teils hinaus ungewiss war. Seiner Aussage nach waren die Hauptdreharbeiten ohne die notwendige Sorgfalt durchgeführt worden, was massive Nachdrehs in den Folgejahren notwendig machte. Ein wirtschaftlicher Flop des ersten Filmteils hätte Mortensens Meinung nach dazu geführt, dass die beiden übrigen Teile nicht mehr in den Kinos gezeigt worden wären (Becher, 2014). Regisseur Peter Jackson konnte sich allerdings auf die Treue der Fans verlassen.

Die wirtschaftlichen Kennziffern der „Herr-der-Ringe"-Trilogie sind gewaltig: „Die Gefährten" (2001) erzielte weltweite Einnahmen an den Kinokassen in Höhe von rund 872 Millionen USD. „Die zwei Türme" (2002) spielte rund 926 Millionen USD ein und „Die Rückkehr des Königs" (2003) steigerte die Erlöse der Ticketverkäufe auf rund 1,1 Milliarden USD weltweit. Alle drei Teile sind damit unter den vierzig Filmen mit den höchsten Kinoticketerlösen aller Zeiten gelistet (boxofficemojo.com, 2015). Trotz der für damalige Verhältnisse immensen Produktionskosten in Höhe von 320 Millionen USD hatte sich die Risikobereitschaft des verantwortlichen Filmstudios New Line Cinema ausgezahlt. Neuseeland profitierte dabei nicht nur von der Tatsache, dass 95 Prozent der Produktion in der Heimat von Regisseur Peter Jackson gefertigt wurden – und damit rund 22.000 Personen direkt oder indirekt involviert waren (Investment New Zealand, 2004) –, sondern auch durch die permanente Berichterstattung der internationalen Medienlandschaft, was nach Einschätzung von Tourism New Zealand eine Reichweite von rund 600 Millionen Rezipienten weltweit ergab (Tourism New Zealand, 2003b). Der monetäre PR-Wert der beiden ersten Teile wurde mit 41 Millionen USD beziffert (Yeabsley/Duncan, 2002). Während der Weltpremiere von „Die Rückkehr des Königs" in Wellington am 1. Dezember 2003 belagerten der Polizei zufolge rund 125.000 Filmfans das Zentrum der Stadt und verfolgten hautnah den Einzug ihrer Stars im Rahmen einer Straßenparade (Handelsblatt, 2003).

Sind die primären Effekte der Trilogie bereits beeindruckend, wurde der wahre Wert des Ringe-Epos für die Tourismuswirtschaft Neuseelands erst mit Verzögerung offenbar. Die sekundären Effekte umfassten nicht nur eine enorme Steigerung des Bekanntheitsgrads Neuseelands als Reiseziel sowie den damit einhergehenden Imagegewinn, sondern auch die Initiierung eines Drehorttourismus, der beide Inseln umfasste. Heutzutage ist der Besuch von Mittelerde-Drehorten für viele internationale Touristen ein fester Bestandteil einer Neuseelandreise geworden. So kletterten die Besuchszahlen des Hobbingen-Filmsets von 11.500 im Eröffnungsjahr 2003 auf 360.000 im Jahr 2015 (Tenbrock, 2005; Fletcher, 2015). Entgegen den anfänglichen Prognosen hat sich zudem rund ein Dutzend Anbieter von Drehorttouren bis heute auf dem Markt gehalten. Schwerpunkte sind hierbei Wellington und die Region rund um Queenstown. Ein weiteres filmtouristisches Produkt wurde mit der Sonderausstellung „The Lord of the Rings Motion Picture Trilogy" geschaffen, in der eine große Anzahl an Originalkostümen und -requisiten zu besichtigen war. Ihren Anfang nahm die Ausstellung im Nationalmuseum Te Papa Tongarewa in Wellington, wo sie im Zeitraum vom 19. Dezember 2002 bis einschließlich 21. April 2003 von 219.539 Besuchern aufgesucht wurde, was sie zur beliebtesten Sonderausstellung in der Geschichte des Museums machte (Harvey, 2003). Im Anschluss ging die Ausstellung auf Welttour und machte unter anderem in London, Singapur, Boston und Melbourne Zwischenstation, bevor sie im Jahr 2006 nochmals in Wellington zu sehen war.

Die filmtouristischen Werbemaßnahmen rund um die Filmtrilogie wurden von einer behördlichen Taskforce, bestehend aus Tourism New Zealand, Investment New Zealand und der New Zealand Film Commission, koordiniert und implementiert (Clark, 2001). In einem ersten Schritt wurde mit New Line Cinema darüber verhandelt, den Claim „New Zealand – Home of Middle-earth" verwenden zu dürfen. Der Erfolg des Claims war derart nachhaltig, dass er auch heute noch eingesetzt wird. Unter dem Dach dieser Marketingkampagne wurden folgende Einzelmaßnahmen durchgeführt: Destinations-Werbung in diversen internationalen Magazinen und Zeitschriften („Hollywood Reporter", „Variety", „Screen International"), die Auflage von Werbebroschüren, der gezielte Besuch von Filmmärkten und Filmfestivals, die Produktion von Showreels über den Filmstandort Neuseeland und nicht zuletzt die Organisation zahlreicher Events für mehrere Hundert internationale Medienpartner, die ins Land eingeladen wurden (Investment New Zealand, 2004). Tourism New Zealand schaltete Mitte 2002 ein interaktives Mittelerde-Modul auf seiner Website mit dem Ergebnis, dass die monatlichen Seitenzugriffe nach der Implementierung von 140.000 auf 280.000 hochschnellten (Tourism New Zealand, 2002). Auch die nationale Fluggesellschaft Air New Zealand beteiligte sich an der Vermarktung Neuseelands als Heimat von Mittelerde. So wurden vier Flugzeuge als fliegende Werbebanner eingesetzt, indem die Rümpfe mit Filmmotiven dekoriert wurden, darunter auch die Porträts einiger Hauptcharaktere.

Es würde zu weit führen, an dieser Stelle eine Auflistung aller filmtouristischen Werbemaßnahmen rund um die „Herr-der-Ringe"-Trilogie aufzuführen. Die nachfolgende Tab. 15.1 zeigt jedoch exemplarisch, wie akribisch allein der dritte Teil, „Die Rückkehr des Königs", von der Taskforce verwertet wurde.

Eine ganze Reihe von Wissenschaftlern hat sich ab dem Jahr 2000 mit dem Phänomen Mittelerde-Tourismus auseinandergesetzt, was aufgrund seiner Dimension und Faszination nicht verwunderlich ist. Untersucht wurden bisher solch unterschiedliche Aspekte wie filmtouristische Motive (Singh, 2003), die Auswirkungen der Filme auf die Bevölkerung vor Ort (Costley, 2002; Croy/Walker, 2001; Croy/Walker, 2003; Wright, 2004), das Image filmischer Schauplätze (Buchmann, 2006; Carl, 2005; Croy, 2004; Tzanelli, 2004), mediale Inszenierungen (Beeton, 2005; Piggot et al., 2004), das Zusammenspiel von Film- und Tourismusindustrie (Preston, 2000) sowie das Vor-Ort-Verhalten von Drehorttouristen (Buchmann, 2010; Rösch, 2007; Rösch, 2009).

Trotz intensiver Forschungsaktivitäten sowohl vonseiten der Wissenschaft als auch vonseiten der neuseeländischen Tourismusindustrie liegen aus dieser Zeit nur wenige verlässliche quantitative Marktdaten zum Mittelerde-Tourismus vor. Eine Umfrage von Tourism New Zealand unter potenziellen und tatsächlichen internationalen Besuchern im Jahr 2003 ergab, dass der Großteil beider Befragungsgruppen Kenntnis davon hatte, dass die „Herr-der-Ringe"-Trilogie in Neuseeland gedreht worden war (86 % vs. 65 %). Eine erstaunlich hohe Anzahl der potenziellen Besucher (57 %) erklärte zudem, dass das Anschauen der Filme die Reisebereitschaft nach Neuseeland erhöht hätte. Von den tatsächlichen Besuchern gaben allerdings lediglich acht Prozent an, dass die Filmtrilogie ein entscheidender Motivator für die aktuelle Reise gewesen sei (Tourism New Zealand, 2003a). Die Ergebnisse einiger qualitativer Studien besagen, dass ein Großteil der Mittelerde-Touristen zwar durchaus spezifische

Tab. 15.1: Werbeaktivitäten rund um „Die Rückkehr des Königs", 2003 (Quelle: Investment New Zealand 2004).

- In collaboration with Wellington City Council, support for the World Premiere of *The Lord of the Rings: The Return of the King* which provided unprecedented global exposure for our country and its creative sector
- Media programme at the time of the World premiere
- Support of opening events in key centres, including Los Angeles, New York, Toronto, Vancouver, Tokyo, Seoul, Singapore, New Delhi, London, Berlin, Paris and Rome
- Advertising and advertorial in the film trade magazines, *Variety*, *Hollywood Reporter* and *Screen International*
- Post Oscar advertising in key newspapers and magazines in the United States and Europe
- A major event in Hollywood celebrating New Zealand's screen production industry on the eve of the February 2004 Academy Awards
- The production of two promotional videos/DVDs – one highlighting New Zealand made films and the other showcasing films produced in New Zealand
- A refreshing of the Film NZ web site including a section on *LOTR* Part III
- Support for Film NZ and the NZ Film Commission at key trade markets – CineMart, the American Film Market, Locations Expo and the Cannes Film Festival
- A postproduction Group initiative to the United States and the preparation of a DVD highlighting postproduction capability in New Zealand
- Support for the Women and Film and Television International Summit
- An inward mission of filmmakers into New Zealand from Australia
- Various activities around the *LOTR* Te Papa Touring Exhibition in London and Singapore
- Support for the roll out of New Zealand films, particularly *Whale Rider* and *Perfect Strangers*
- *The Last Samurai* roll out programme

Drehorte aufsucht, dies jedoch stets in Verbindung mit dem generellen Bereisen der Destination Neuseeland. Für die Fans ist dabei das Gruppenerlebnis in Form einer organisierten Drehorttour ein wichtiger Faktor (Buchmann, 2010; Rösch, 2007; Rösch, 2009).

15.5 „Whale Rider" und Co

Bei all dem Hype um die „Herr-der-Ringe"-Trilogie wurde es fast zur Nebensache, dass im Zeitraum von 2002 bis 2005 eine ganze Reihe weiterer Filme in Neuseeland produziert wurde, von denen sich die Wirtschaft weitere Tourismus-induzierende Wirkungen erhoffte. Den Anfang machte 2002 die neuseeländische Produktion „Whale Rider", deren Geschichte auf dem Buch „The Whale Rider" des Maori-stämmigen Autors Witi Ihimaera basiert. Die Handlung des Films spielt in der kleinen Maori-Gemeinde Whangara an der entlegenen Ostküste der Nordinsel. Die Produktion sorgte für einen weltweiten Überraschungserfolg, als die 14-jährige Hauptdarstellerin Keisha Castle-Hughes als damals jüngste Schauspielerin für einen Oscar als beste

Hauptdarstellerin nominiert wurde. Der kommerzielle Erfolg mit Ticketeinnahmen von weltweit rund 41,4 Millionen USD war für die Filmemacher sehr erfreulich, die mediale Reichweite des Films blieb allerdings relativ gering. Die Zutaten für ein erfolgreiches Drehortprodukt waren jedoch allesamt vorhanden. Demzufolge gab es vor Ort zunächst Bemühungen, eine Drehorttour zu etablieren. Qualitative Interviews mit „Whale-Rider"-Drehorttouristen haben ergeben, dass der Reiz des Films darin liegt, dass er eine mythische Geschichte erzählt, die eng mit der Historie und Maori-Kultur Neuseelands verwoben ist. Der Besuch der Drehorte lässt für manchen Besucher die Grenzen zwischen Realität und Fiktion verschwimmen: „[...] it's almost like we tune out reality and become engrossed in the magic" (Buchmann, 2010, 239).

Die Drehorttour wurde jedoch wenig später wieder vom Markt genommen, und zwar nicht nur wegen mangelnder Nachfrage, sondern auch aufgrund der Tatsache, dass die Bewohner der Maori-Gemeinde von Whangara großen Wert auf ihre Privatsphäre legen und keine auswärtigen Besucher dulden (McGuire, 2013, persönliches Gespräch). Von dieser Tatsache konnte sich der Autor im Jahr 2013 auch selbst überzeugen: Die Zufahrt zur Gemeinde ist für die Allgemeinheit gesperrt, ein großes Schild weist Touristen ausdrücklich ab. Dennoch nutzte Tourism New Zealand die Existenz des Filmschauplatzes für das Destinationsmarketing in Form eines Keyvisuals, das mehrfach eingesetzt wurde (vgl. Abb. 15.2). Es zeigt im Vordergrund den Marae (Versammlungsplatz und -häuser) der Gemeinde von Whangara sowie den nachgelagerten Strand.

Kurz nach dem Erscheinen von „Whale Rider" kam „The Last Samurai" (2003) mit Tom Cruise in der Hauptrolle in die Kinos. Zwar spielt die Handlung des Films im Japan des späten 19. Jahrhunderts, ein Großteil der Dreharbeiten fand jedoch in

Abb. 15.2: Keyvisual zur filmtouristischen Verwertung von „Whale Rider" (Bildrechte: Ian Trafford, für Tourism New Zealand).

der Region Taranaki auf der neuseeländischen Nordinsel statt. Hauptdrehort war ein eigens als Kulisse für den Filmdreh aufgebautes japanisches Bergdorf, das auf einem Privatgelände errichtet wurde. Die Produktion wurde medial intensiv begleitet: Eine vom Autor im Jahr 2005 vor Ort durchgeführte Inhaltsanalyse regionaler, überregionaler und internationaler Zeitungen identifizierte rund 150 Artikel, in denen über die Dreharbeiten in Taranaki berichtet wurde (Rösch, 2007). Die Analyse ergab zudem, dass das Medieninteresse an der Region nach Beendigung der Dreharbeiten extrem nachließ, später jedoch nochmals kurzzeitig aufflammte, als die zuständige regionale Entwicklungsagentur Venture Taranaki mit einigen Aktivitäten versuchte, den Werbeeffekt des Films für das eigene Destinationsmarketing zu nutzen. Zudem bewiesen die Besitzer des Geländes, auf dem das Filmdorf errichtet worden war, ein gehöriges Maß an Eigeninitiative und konzipierten eine kommerzielle Drehorttour. Zwar hatte die Produktionsfirma nach Beendigung der Dreharbeiten sämtliche Gebäude und Requisiten vom Gelände entfernt, die Landbesitzer mit Namen Radcliffe rekonstruierten jedoch eine der Hütten in Eigenregie und konnten zusätzlich einige der Originalrequisiten zurückkaufen (vgl. Abb. 15.3).

Nach eigener Aussage hatten die Radcliffes das verantwortliche Filmstudio Warner Brothers davon zu überzeugen versucht, das gesamte Dorf stehen zu lassen. Dies scheiterte aber offenbar an der in der Filmbranche allgemein vorherrschenden Devise, Filmsets nach deren Nutzung zu entfernen, um den späteren Look des Films bis zu dessen Erscheinen unter Verschluss zu halten:

Abb. 15.3: Das Gelände des japanischen Bergdorfs aus dem Film „The Last Samurai" (Bildrechte: Stefan Rösch).

> We thought that they would leave the village here. We were hoping they were going to, but Warner Brothers never do that. I don't think film companies ever do it. So we were a little bit disappointed when they left. We tried. And even District Council said that they would take full responsibility. But they wouldn't do it. I reckon that's just a copyright. They're scared of people coming in and photographing it before the movie's release, putting it on the internet. I mean you could see where they were coming from. (Sue Radcliffe, Betreiberin der Samurai Village Tours, persönliches Interview am 14. Februar 2005)

Das Interesse an der „Last-Samurai"-Drehorttour war geringer als erhofft, allerdings suchten insbesondere Japaner den Drehort auf, obwohl er deutlich abseits der touristischen Hauptrouten gelegen ist. Die meisten Tourteilnehmer waren Fans des Schauspielers Tom Cruise und gaben an, hauptsächlich deshalb den Drehort aufgesucht zu haben (Radcliffe, 2005). Im Jahr 2006 wurde die Tour jedoch eingestellt. Die optimistischen Prognosen von Venture Taranaki (Venture Taranaki, 2004) über die nachhaltig positiven Effekte des Films auf die heimische Wirtschaft bewahrheiteten sich nicht (Leotta, 2011). Der filmtouristische Lebenszyklus von „The Last Samurai" hätte nach der Meinung des Autors sicherlich entscheidend verlängert werden können, wenn das aus 22 Gebäuden bestehende Originalfilmset an Ort und Stelle verblieben wäre.

Mitte der 2000er-Jahre fungierte Neuseeland als Drehort für eine ganze Reihe weiterer Spielfilme, von denen sich die Tourismusindustrie Reiseimpulse erhoffte, darunter „River Queen" (2005), „Mit Herz und Hand" (2005) und „Die Chroniken von Narnia – Der König von Narnia" (2005). Während die Handlung der beiden erstgenannten Filme in Neuseeland spielt, geht es in den Chroniken von Narnia um eine fiktive Welt, die der Feder des irischen Schriftstellers C. S. Lewis entstammt. Tourism New Zealand vermarktete die Drehorte von „River Queen" und „Der König von Narnia" u. a. auf seiner Website, das tatsächliche Besuchsinteresse an den Drehorten blieb jedoch gering (eigene Nachforschungen des Autors vor Ort im Jahr 2005).

„Der König von Narnia" kann mit zwei großen Szenen aufwarten, die in Neuseeland gefilmt wurden. Einer der beiden Schauplätze war ein Areal namens Anatini, auf der Südinsel bei Duntroon gelegen. Die Szenerie wird von einer großen Ansammlung verwitterter Kalkfelsen vor einem Wiesengrund dominiert, welche passende Kulisse für Aslans Camp boten. Die Wiese ist zwar in Privatbesitz, darf jedoch von der Öffentlichkeit betreten werden. Der zweite wichtige Schauplatz ist ein Areal namens Flock Hill im Hochland der Südalpen, wo die aufwendigen Schlachtszenen gedreht wurden. Eine weltberühmte literarische Vorlage, spektakuläre Landschaftsaufnahmen, Drehorte mit hohem Wiedererkennungswert und ein großer Erfolg an den Kinokassen waren die vermeintlich idealen Zutaten für das Angebot einer „Narnia"-Drehorttour, die von einem kleinen Unternehmen aus Christchurch entwickelt wurde. Die Fans konnten zwischen einer Tagestour mit dem Fahrzeug und einer kürzeren Tour mit dem Hubschrauber wählen. Allerdings war das Angebot sehr hochpreisig. So kostete die Fahrzeugtour rund 180 EUR pro Person. Die Nachfrage blieb äußerst gering mit dem Ergebnis, dass die Touren bereits nach rund zwölf Monaten wieder eingestellt wurden, was dem Anbieter empfindliche monetäre Einbußen bescherte (eigene Feldforschung des Autors im Jahr 2005). Bei „River Queen" bestand die Schwierigkeit in erster Linie in der mangelnden Akzeptanz des Kinopublikums. Zudem weisen die Drehorte einen sehr geringen Wiedererkennungswert auf und sind größtenteils nur per Boot zu erreichen. Dennoch warb die Region im Internet, auf Broschüren und auf großen Straßenschildern mit dem Slogan „Welcome to River Queen country" (eigene Feldforschung des Autors im Jahr 2005).

15.6 Australien: Mördergeschichten und Romanzen

Filmtouristisch gesehen war das Jahr 2005 für Australien ein ganz besonderer Prüfstein. Nach längerer Pause wurde wieder ein Kinofilm veröffentlicht, der das Land werbewirksam über die Leinwände flimmern ließ. Nachdem „Wolf Creek" allerdings vom bestialischen Mord an zwei Rucksacktouristinnen durch einen Gesetzlosen tief im australischen Busch handelt, war die Sorge vieler groß, dass dies negative Auswirkungen auf den Incoming-Tourismus haben könnte. Das Gegenteil war jedoch der Fall. Obwohl der für den Film namensgebende Hauptschauplatz – der Wolfe Creek Crater im Wolfe Creek Meteorite Crater National Park – fernab der gängigen Touristenrouten im Outback der West-Australian-Kimberley-Region liegt, gab es nach dessen Erscheinen zunehmend Nachfragen nach dem genauen Ort des Kraters. Acht Jahre später wurde „Wolf Creek 2" (2013) produziert, was den Meteoritenkrater zweifelsohne noch bekannter machte.

> People now know the name, and where they might not know the name Halls Creek or Kimberley many are coming and saying where's this Wolf Creek? The younger people, they're the ones coming in and saying, „I've heard about the movie and I'm a bit scared." They're very tentative but they're excited. They want to go out there and they want to stay the night. (Chris Telenta, local tourism manager in Halls Creek, in Wilson, 2014)

In der nächstgelegenen Siedlung Halls Creek wurden sogar T-Shirts mit der Aufschrift „I survived Wolfe Creek Crater" verkauft (Wilson, 2014). Blackwood (2007) analysierte den ersten „Wolf-Creek"-Film (2005) auf seine Wechselwirkung zwischen Inhalt und abgeleitetem Destinationsimage hin und stellte fest, dass das Element der Gefahr im Film dadurch einen großen Anziehungspunkt für Touristen darstellt, dass die Hauptfigur, der Outlaw und Mörder Mick Taylor, als authentisches Symbol des durchaus lebensfeindlichen Outback gesehen wird. Dieses Element wird zusätzlich durch eine Einblendung zu Beginn des Films unterstützt, die besagt, dass jedes Jahr rund 30.000 Personen in Australien vermisst werden, wovon 90 Prozent innerhalb von zwei Wochen wieder auftauchen, der Rest jedoch auf Nimmerwiedersehen verschwindet. Abschließend ist festzuhalten, dass „Wolf Creek" nur eines von vielen Beispielen dafür ist, dass auch Filme und TV-Serien mit vermeintlich negativen Imagefaktoren für die porträtierte Destination einen Tourismus-induzierenden Effekt nach sich ziehen können. Hier lassen sich solch prominente Produktionen wie „The Blair Witch Project"

(1999), „Brügge sehen und sterben" (2008) oder „Breaking Bad" (2008–2013) anführen, die allesamt nachweislich positive Auswirkungen auf den Tourismus vor Ort hatten (Fiore, 2010; Kelly, 2013; Sauer, 2010).

Dem überwältigenden Beitrag der „Herr-der-Ringe"-Trilogie für den neuseeländischen Tourismus versuchte die staatliche australische Tourismusorganisation Tourism Australia im Jahr 2008 eine eigene Kampagne entgegenzusetzen. Im Rahmen der Veröffentlichung des Kinofilms „Australia" (2008) wurde die rund 40 Millionen AUD teure Marketingkampagne „Come Walkabout" aufgezogen. Der Film schien perfekt zu sein, um ihn filmtouristisch zu verwerten. Die Handlung spielt in Australien, die beiden Hauptdarsteller Nicole Kidman und Hugh Jackman sowie der Regisseur Baz Luhrmann sind Australier und der Name der porträtierten Destination ist zugleich der Filmtitel. Als Einzelmaßnahmen wurden zwei Kurzfilm-artige Werbeclips sowie elf Keyvisuals (vgl. Abb. 15.4) produziert. Letztere wurden sowohl in Print- als auch in Online-Medien und sozialen Netzwerken eingesetzt (Tourism Australia, 2009).

Die Leitthemen der Kampagne korrespondierten mit denjenigen des Films und umfassten die Aspekte Transformation, Romanze, Abenteuer, indigene Kultur und das Outback. Die Kampagne wurde in 25 Ländern umgesetzt und umfasste eine PR- und eine Marketingkampagne. Das PR-Team von Tourism Australia verfasste insgesamt 1.739 Artikel, die eine Reichweite von 3,88 Milliarden Kontakten erzielten. Der Tau-

Abb. 15.4: Beispiele für Keyvisuals von Tourism Australia's „Come-Walkabout"-Kampagne (Bildrechte: Tourism Australia).

send-Kontakt-Preis lag dabei bei 0,28 AUD. Im Gegensatz zur PR-Kampagne war die Marketingkampagne wesentlich kostspieliger und der Tausend-Kontakt-Preis lag bei stolzen 150 AUD (Tourism Australia, 2009). Neben den beschriebenen Maßnahmen wurde zudem für den Inlandsmarkt eine 68-seitige, farbige Broschüre gedruckt und der Zeitung „The Australian" beigelegt (Frost, 2010).

Zusätzlich zur gezielten Platzierung von Werbung sowie der beschriebenen PR-Arbeit wurden 53 Medienvertreter aus 17 Ländern eingeladen, den Spuren des Films zu folgen. Dies generierte 128 redaktionelle Beiträge mit einer Reichweite von weiteren 134,5 Millionen Kontakten (Tourism Australia, 2009). Auch im TV wurde ausgiebig berichtet, wobei sich Oprah Winfrey in ihrer gleichnamigen Show zu folgender Aussage verstieg: „With its epic love story, breathtaking adventure and spectacular scenery as big and beautiful as the country for which it's named, Australia might just make you want to jump on a plane and head Down Under" (Oprah Winfrey, The Oprah Winfrey Show, 10. November 2008, in: Tourism Australia, 2009).

Ein Ergebnis der Evaluierung lautete, dass 15 Prozent aller potenziellen internationalen Besucher aufgrund des Films ernsthafte Überlegungen anstellten, innerhalb der kommenden zwölf Monate nach Australien zu reisen (Tourism Australia, 2009). Fakt ist jedoch auch, dass der Film bei den Kritikern durchfiel und zudem finanziell floppte, was der Kampagne selbstredend keinen Gefallen tat. Ein weiteres Problem waren die Schauplätze des Films. Bis auf die Stadt Darwin spielt die Handlung im Outback der Region East Kimberley, die zumindest bis zum Jahr 2008 von weniger als 20.000 Touristen im Jahr besucht wurde (Chipperfield, 2008). Zudem ist der Wiedererkennungswert der Drehorte gering. Dies ist jedoch kein Einzelfall: In einer Analyse von 22 „Outback-Filmen" stellte Frost fest, dass der überwiegende Teil dieser Produktionen keine unverwechselbaren Drehorte beinhaltet, sondern im Gegenteil oftmals austauschbare Landschaften zeigt (Frost, 2010). Insgesamt kann festgehalten werden, dass weder der Film noch die Kampagne die Erwartungen der Tourismuswirtschaft erfüllen konnten.

15.7 Die Mitte von Mittelerde

„Fantasy is Reality", unter diesem Leitthema ging Tourism New Zealand mit aller Konsequenz die Vermarktung der „Hobbit"-Trilogie an, die von 2011 bis 2013 in Neuseeland gedreht wurde. Schon in der Vorbereitungsphase der Produktion wurde eine strategische Allianz zwischen dem Filmstudio Warner Bros. und der neuseeländischen Regierung geschlossen. Letztere unterstützte die Produktion mit großzügigen Steuererleichterungen in Millionenhöhe; im Gegenzug erhielten staatliche Organisationen wie Tourism New Zealand und Air New Zealand gewisse Nutzungsrechte für die filmtouristische Vermarktung. Die daraufhin initiierte Marketingkampagne umfasste eine Vielzahl unterschiedlicher Maßnahmen, darunter einen aufwendig produzierten Imagefilm, die Entwicklung eines interaktiven Mittelerde-Tools auf www.tourismnewzealand.com, eine breit angelegte PR-Offensive und die Dekoration von zwei Air-New-Zealand-Jets mit „Hobbit"-Motiven. Zudem war die Stadt Wellington im November 2012 Gastgeber der Weltpremiere des ersten Teils der „Hobbit"-Trilogie, die mit dem Slogan „Middle of Middle Earth" werbewirksam in Szene gesetzt wurde. Für die Stadt erzielte die Veranstaltung eine direkte Wertschöpfung in Höhe von rund zwölf Millionen USD (Trivett, 2013).

Eine Umfrage im Herbst 2013 ergab, dass die „Hobbit"-Trilogie für 14 Prozent der internationalen Touristen ein entscheidender Reisestimulus war. Zum Vergleich: 18 Prozent der internationalen Touristen gaben den Besuch von Freunden/Bekannten/Verwandten als entscheidenden Reiseimpuls an. Die Umfrage zeigte zudem auf, dass insbesondere für Touristen aus Deutschland (21 %), den USA (19 %) und der Volksrepublik China (17 %) die Filme eine wichtige Rolle während der Entscheidungsfindung für eine Reise nach Neuseeland spielten (Tourism New Zealand, 2014).

Ein entscheidender Faktor für den anhaltenden Filmtourismus in Neuseeland war und ist sicherlich auch das hohe Engagement der kommerziellen Tourismusakteure. Allen voran ist hier der Betreiber der Hobbiton Movie Set Tours anzuführen. Ein Besuch des Hobbingen-Filmsets ist für viele Touristen ein wichtiger Bestandteil einer Neuseelandreise geworden, was nicht zuletzt der Tatsache geschuldet ist, dass der Besitzer des Geländes mit Peter Jackson im Vorfeld der Dreharbeiten zur „Hobbit"-Trilogie eine nachhaltige Geschäftsbeziehung eingegangen ist: So wurde vereinbart, das nach den abgeschlossenen Dreharbeiten der „Herr-der-Ringe"-Filme fast vollständig abgerissene Hobbingen-Set für die „Hobbit"-Trilogie an Ort und Stelle identisch wieder aufzubauen, dieses Mal jedoch mit widerstandsfähigen Materialien, um somit eine nachhaltige Touristenattraktion schaffen zu können. Selbst die kleinsten Details wurden nach Abschluss der Dreharbeiten genau so belassen, wie sie im Film zu sehen sind, bis hin zu den Kleidern der kleinwüchsigen Auenlandbewohner, die an den Wäscheleinen im Wind flattern. Auf einer geführten Tour werden die Filmfans durch ein Stückchen Mittelerde geführt, vorbei an rund 30 Hobbithöhlen, hinauf zu Beutelsend (vgl. Abb. 15.5), dann hinunter zur Festwiese, an der Mühle vorbei (vgl. Abb 15.6) und über die Bogenbrücke bis zum Dorfpub, dem Grünen Drachen. Letzterer ist begehbar und bietet Speisen und Getränke an.

Neben dem Besuch von Hobbingen können Mittelerde-Drehorttouristen noch eine Vielzahl weiterer filmtouristischer Angebote wahrnehmen. So gibt es in Wellington seit dem Jahr 2008 die Weta Cave, die auf sehr beengtem Raum einige Requisiten aus den Mittelerde-Filmen zur Schau stellt sowie filmspezifische Souvenirs anbietet. Trotz des überschaubaren Angebots hat die Ausstellung jährlich zwischen 110.000 und 120.000 Besucher und damit rund 20.000 bis 30.000 mehr als der Zoo von Wellington (Stein-Abel, 2012). Seit 2012 wird in einem benachbarten Gebäude zusätzlich eine Tour durch einen kleinen Teil der Spezialeffekte-Schmiede Weta Workshop angeboten, die ein wenig hinter die Kulissen des Filmmachens blicken lässt. Schon lange spielt Peter Jackson mit dem Gedanken, in Wellington ein umfangreiches Areal mit einer Mittelerde-Themenwelt zu bebauen, was jedoch unter dem Gesichtspunkt wirt-

Abb. 15.5: Beutelsend – die berühmteste Hobbithöhle des Hobbingen-Filmsets bei Matamata, Neuseeland (Bildrechte: Stefan Rösch).

Abb. 15.6: Bogenbrücke und Mühle des Hobbingen-Filmsets bei Matamata, Neuseeland (Bildrecht: Stefan Rösch).

schaftlicher Erwägungen nur schwer umsetzbar ist (persönliches Gespräch des Autors mit Sir Richard Taylor, Weta Workshop, im Jahr 2012). Neuseelands Hauptstadt würde von einer solchen Attraktion jedoch sicherlich enorm profitieren und ihren Anspruch als Metropole des Filmtourismus nachhaltig untermauern können.

15.8 Das Goldene Zeitalter der TV-Serien

Seit einigen Jahren ist zu beobachten, dass der Bereich des TV-Tourismus weltweit enorm zugenommen hat und inzwischen die filmtouristischen Schlagzeilen beherrscht. Von „Lost" (2004–2011) und „Downton Abbey" (2010–) über „Game of Thrones" (2011–) bis hin zu „Breaking Bad" (2008–2013) – qualitativ hochwertige Fernsehserien machen dem klassischen Kinofilm mehr und mehr Konkurrenz, ein Phänomen, das auch im Filmtourismus zu beobachten ist. Nicht umsonst bezeichnen Filmgrößen wie Kevin Spacey oder Jane Campion die derzeitige Situation als das Goldene Zeitalter des TV. Hinsichtlich des filmtouristischen Werbeeffekts liegen die Vorteile von TV-Serien gegenüber Spielfilmen auf der Hand. In der Regel geht der Zuschauer eine Serie eine engere Bindung mit den Filmfiguren ein, da deren Geschichte über einen längeren Zeitraum erzählt wird, was der Charakterentwicklung nur dienlich ist. Dies schlägt sich auch auf die porträtierten Schauplätze nieder. Zudem wird durch die periodische Produktion und Ausstrahlung eine lang anhaltende Spannungskurve erzeugt, die auch auf die Massenmedien übergeht: Dank Social Media können die Fans miteinander über die nächste anstehende Staffel kommunizieren und spekulieren. Ferner entspricht das Serienangebot den heutigen Sehgewohnheiten, die von zwei Trends bestimmt werden: der Verlagerung des Film-Konsumierens vom TV-Bildschirm auf mobile Geräte und das zunehmende „Binge Watching", also das Konsumieren mehrerer Folgen am Stück, und dies idealerweise in größerer Gemeinschaft. Für die betreffenden Destinationen ergibt sich noch ein weiterer Vorteil: Die relevanten touristischen Akteure der filmtouristischen Nachfrage können sich durch den deutlich längeren Lebenszyklus von TV-Serien besser auf die Bedürfnisse der Filmtouristen einstellen.

Weder Australien noch Neuseeland waren jedoch nach Wissen des Autors in den vergangenen fünf Jahren Drehort oder Schauplatz einer global verwerteten und erfolgreichen TV-Serie mit Tourismus-induzierenden Eigenschaften. Die filmischen und geografischen Voraussetzungen hierfür wären allerdings in beiden Ländern durchaus gegeben.

15.9 Epilog

Die Dimension des internationalen Filmtourismus ist in den letzten zehn Jahren sowohl auf der Angebots- als auch auf der Nachfrageseite enorm gestiegen. In Down Under lässt sich hingegen eine interessante Entwicklung feststellen: Während Australien durch die Ausstrahlung von „Crocodile Dundee" im Jahr 1986 eine ungeahnte Aufmerksamkeit durch die Medien erfuhr, versank das Land ab den 1990er-Jahren zunehmend in der filmtouristischen Bedeutungslosigkeit. Der kleinere Nachbar Neuseeland hingegen hat sich seit Anfang der 2000er-Jahre als filmtouristische Top-Destination etabliert. Die spannende Frage ist, wie nachhaltig diese Entwicklung sein wird.

Literatur

Aden RC, Rahoi RL, Beck CS. Dreams are born on places like this: The process of interpretive community formation at the Field of Dreams site. Communication Quarterly. 1995, 4, 368–403.

Baxter J. A Fistful of Koalas. Cinema Papers. 1986, 27–29.

Becher B. Viggo Mortensen lästert über Herr der Ringe-Dreh. www.filmstarts.de/nachrichten/18485902.html, 2014. Abgerufen am 4. Februar 2015.

Beeton S. It's wrap! But what happens after the film crew leaves? An examination of community responses to film-induced tourism. In: Nickerson NP, Moisey RN, Andereck KL, editors. Conference Proceedings: TTRA National Conference – Lights! Camera! Action! Burbank: TTRA 2000, 27–136.

Beeton S. Film-induced tourism. Clevedon, Buffalo und Toronto: Channel View Publications. 2005.

Beeton S. Smiling for the camera: the influence of film audiences on a budget tourism destination. Tourism, Culture & Communication. 2001a, 3, 15–25.

Beeton S. Lights, Camera, Re-Action: How does Film-induced Tourism Affect a Country Town? In: Rogers MF, Collins YMF, editors. The Future of Australia's Country Towns. Victoria, Australien: Centre for Sustainable Regional Communities, La Trobe University, 2001b, 172–183.

Blackwood G. Wolf Creek: an UnAustralian Story? Journal of Media & Cultural Studies. 2007, 21, 489–497.

boxofficemojo.com, 2015. Abgerufen am 3., 4. und 5. Februar 2015.

Buchmann A. From Erewhon to Edoras. Tourism and Myths in New Zealand. Tourism, Culture & Communication. 2006, 6, 181–189.

Buchmann A, Moore K, Fisher D. Experiencing film tourism: Authenticity Fellowship. Annals of Tourism Research. 2010, 37, 229–248.

Carl D. Cultural representation of New Zealand's landscapes in the films of The Lord of the Rings and its implications for tourism. Masterarbeit. Wellington, NZ: Victoria University of Wellington, 2005.

Chipperfield M. Like the film Australia, tourism adverts fail to draw the crowds. South China Morning Post. www.scmp.com/article/664188/film-australia-tourism-adverts-fail-draw-crowds, 2008. Abgerufen am 9. Februar 2015.

Clark H. Maximising spin-offs from The Lord of the Rings. Questions and answers. www.executive.govt.nz/minister/clark/lor/qa, 2001. Abgerufen am 18. März 2004.

Coster H. The inbound market under the microscope. Australian Tourism Outlook Forum Report. Canberra: Australian Tourism Commission, 1990.

Costley N. The Impact of Film. Expectations of The Lord of the Rings. Bachelorarbeit. Dunedin, NZ: University of Otago, 2002.

Couldry N. The view from inside the simulacrum: visitors' tales from the set of Coronation Street. Leisure Studies. 2002, 17, 94–107.

Cousins A, Andereck K. Movie generated tourism in North Carolina: Two case studies. In: Proceedings of the 24th TTRA Conference: Expanding Responsibilities, a Blueprint for the Travel Industry. Wheat Ridge: Travel and Tourism Research Association, 1993, 81–88.

Croy G. The Lord of the Rings, New Zealand, and tourism: Image building with film. Arbeitspapier. Victoria, Australien: Department of Management, Monash University, 2004. Vom Autor per E-Mail erhalten.

Croy G, Walker R. Rural Tourism and Film – Issues for strategic regional development. In: Hall CM, Roberts L, Mitchell M, editors. New directions in rural tourism. Hants, England: Aldershot, 2003, 115–133.

Croy G, Walker R. Tourism and film: issues for strategic regional development. In: Mitchell M, Kirkpatrick I, editors. Conference Proceedings: New Dimensions in Managing Rural Tourism and Leisure. CD ROM. Auchincruive, Schottland: Scottish Agricultural College, 2001.

Fletcher, H. Hobbit films spur tourism surge. http://www.nzherald.co.nz/business/news/article.cfm?c_id=3&objectid=11543142, 2015. Abgerufen am 14. April 2016.

Fiore F. A town's 'Blair Witch' curse. Los Angeles Times. http://articles.latimes.com/2010/may/31/nation/la-na-blair-witch-20100601, 2010. Abgerufen am 19. November 2015.

Frost W. Life-Changing Experiences: Film and Tourists in the Australian Outback. Annals of Tourism Research. 2010, 37, 707–726.

Handelsblatt. Umjubelte Weltpremiere des Herr der Ringe Teil drei. http://www.handelsblatt.com/panorama/kultur-kunstmarkt/die-rueckkehr-des-koenigs-in-wellington-aufgefuehrt-umjubelte-weltpremiere-des-herr-der-ringe-teil-drei/2290096.html, 2003. Abgerufen am 5. Februar 2015.

Harvey M. The Lord of the Rings Motion Picture Trilogy: The Exhibition (2nd Showing): Visitation, awareness and satisfaction. Wellington: Te Papa Museum, 2003.

Investment New Zealand. The Lord of the Rings Trilogy – Leveraging 2001–2004 – Final Report. Wellington: Investment New Zealand, 2004.

Kelly S. The Breaking Bad tours driving a tourist boom in Albuquerque. The Guardian. http://www.theguardian.com/travel/2013/aug/11/breaking-bad-tour-albuquerque, 2013. Abgerufen am 19. November 2015.

Leotta A. Touring the Screen. Tourism and New Zealand Film Geographies. Bristol: Intellect Ltd, 2011.

McGuire, A. Tour Guide für die Region Eastland, Gisborne, Neuseeland. Persönliches Gespräch am 12. Februar 2013.

Millward Brown Lansdowne. Visitor Attitudes Survey Main Markets 2010. Failte Ireland National Tourism Development Authority. www.failteireland.ie/Failteireland/media/WebsiteStructure/Documents/3_Research_Insights/3_General_SurveysReports2010_Main_Markets.pdf?ext=.pdf, 2010. Abgerufen am 18. April 2015.

Modiano D. Film Tourism & Travel Motivation. https://aboutourism.wordpress.com/tag/travelsat, 2013. Abgerufen am 18. April 2015.

Nelson M. Web Manager Parks Australia. Kommunikation per E-Mail am 17. Februar 2005.

Piggott R, Morgan N, Pritchard A. New Zealand and The Lord of the Rings: leveraging public and media relations. In: Morgan N, Pritchard A, Pride R, editors. Destination branding. 2nd edition. Oxford, Burlington: Elsevier Butterworth-Heinemann, 2004, 207–225.

Radcliffe, S. Betreiberin der Samurai Village Tours. Persönliches Interview am 14. Februar 2005.

Riley R. Movie-induced tourism. In: Seaton AV et al., editors. Tourism – the state of the art. Chichester, England: John Wiley & Sons, 1994, 453–458.

Riley R, Baker D, van Doren C. Movie induced tourism. Annals of Tourism Research. 1998, 25, 919–935.

Riley R, van Doren S. Movies as tourism promotion. Tourism Management. 1992, 13, 267–275.

Rösch S. The Experiences of Film Location Tourists. London: Channel View Publications, 2009.

Rösch S. There and back again: comparative case studies of film location tourists' on-site behaviour and experiences. Dissertation. Dunedin, NZ: University of Otago, 2007.

Sauer A. Location Product Placement: Who Wins? http://brandchannel.com/2010/06/16/location-product-placement-who-wins, 2010. Abgerufen am 19. November 2015.

Schofield P. Cinematographic images of a city. Alternative heritage tourism in Manchester. Tourism Management. 1996, 17, 333–340.

Singh K. Film-induced tourism: Motivations to the Hobbiton movie set as featured in The Lord of the Rings. Bachelorarbeit. Victoria, Australien: La Trobe University, 2003.

Stein-Abel S. Neuseelands Hauptstadt nennt sich jetzt Mitte von Mittelerde. www.neckar-chronik.de/Home/kino/kino-aktuell-nc_artikel,-Neuseelands-Hauptstadt-nennt-sich-jetzt-Mitte-von-Mittelerde-_arid,195111.html, 2012. Abgerufen am 10. Februar 2015.

Tan L. Piano beach included in NZ's top spots. New Zealand Herald. www.nzherald.co.nz/nz/news/article.cfm?c_id=1&objectid=10870826, 2013. Abgerufen am 4. Februar 2015.

Tenbrock N. Film und Tourismus. Zusammenhänge zwischen Film und Tourismus unter besonderer Berücksichtigung der Auswirkungen der Herr der Ringe-Filme auf den Tourismus in Neuseeland. Diplomarbeit. Gelsenkirchen: Fachhochschule Gelsenkirchen, 2005.

Tooke N, Baker M. Seeing is believing: the effect of film on visitor numbers to screened locations. Tourism Management. 1996, 17, 87–94.

Tourism Australia. Tourism Australia: Australia the Movie PR Leverage Campaign. http://www.lib.uts.edu.au/gta/13858/tourism-australia-australia-movie-pr-leverage-campaign, 2009. Abgerufen am 9. Februar 2015.

Tourism New Zealand. Growth and the Impact of the Hobbit. Unveröffentlichte PowerPoint-Präsentation, 2014. Im April 2014 von Tourism New Zealand per E-Mail erhalten.

Tourism New Zealand. Lord of the Rings market research summary report. Wellington: Tourism New Zealand, 2003a.

Tourism New Zealand. Impact of The Lord of the Rings film trilogy. Unveröffentlichtes Arbeitspapier, 2003b. Im Oktober 2004 von Tourism New Zealand per E-Mail erhalten.

Tourism New Zealand. Pure As. Celebrating 10 Years of 100 % Pure New Zealand. Online-Broschüre, Tourism New Zealand: Wellington. www.tourismnewzealand.com/media106877/10%2520year%2520anniversary%2520of%2520100%2520%2520pure%2520new%2520zealan%2520campaign%2520-%2520pure%2520as%2520magazine.pdf, 2009. Abgerufen am 4. Februar 2015.

Tourism New Zealand. Purenz becomes Middle-earth. www.tourisminfo.co.nz/cir_news/index.cfm?fuseaction=newscentre&subaction==news&article_id=447, 2002. Abgerufen am 8. März 2004.

Trivett V. The Rise of Destination Marketing Through Movies and TV. Skift Report 6. New York: Skift, 2013.

Tzanelli R. Constructing the cinematic tourist. The sign industry of The Lord of the Rings. Tourist studies 2004. 2004, 1, 21–42.

Upe J. Hogan hero: why this is our best tourism ad ever. http://www.traveller.com.au/hogan-hero-why-this-is-our-best-tourism-ad-ever-311eg, 2014. Abgerufen am 9. Februar 2015.

Venture Taranaki. Economic impact assessment for the filming of The Last Samurai in Taranaki. Taranaki, Neuseeland: Venture Taranaki, 2004.

VisitBritain. Unveröffentlichte PowerPoint-Präsentation, 1010. Vom Autor per E-Mail erhalten.

Wilson C. Horror film Wolf Creek brings tourists to the outback. http://www.abc.net.au/radionational/programs/bushtelegraph/horror-film-wolf-creek-brings-tourists-to-the-outback/5265056, 2014. Abgerufen am 9. Februar 2015.

Wright R. Tourism in Rural Rohan: An Investigative and Comparative Study into the Impacts of the Lord of the Rings Tourism in Two Rural New Zealand Communities. Bachelorarbeit. Dunedin, NZ: University of Otago, 2004.

Yeabsley J, Duncan I. Scoping the Lasting Effects of The Lord of the Rings. Wellington, Auckland: New Zealand Institute of Economic Research, 2002.

Heike Schänzel
16 Der Kiwi-Familienurlaub

16.1 Einführung

Familienurlaube haben eine lange Tradition in Neuseeland und sind allgemein als "Kiwi-Familienurlaube" bekannt. Der Name ist auf den flugunfähigen Vogel, den Kiwi, zurückzuführen, der nicht nur Wappentier, sondern auch selbst gewählter Spitzname der Neuseeländer ist. Neuseeland wird als ein Land mit sehr guter Lebensqualität angesehen und schneidet in internationalen Ländervergleichen immer hoch ab, v. a. wenn es um die Work-Life-Balance geht (zweite Stelle bei der Expat-Explorer-Umfrage von HSBC, 2015). Das liegt u. a. daran, dass kein Ort in Neuseeland mehr als 120 Kilometer vom Meer entfernt ist, darüber hinaus verfügt Neuseeland über eine 15.000 Kilometer lange Küste mit vielen Inseln. Mit nur 4,6 Millionen Menschen (Bevölkerungsuhr im August 2015, Statistics New Zealand) bietet das Land also viel Bewegungsraum für Familien mit Kindern, die sich an den zahlreichen Stränden und mit Wassersport vergnügen können. Rund 20 Prozent der neuseeländischen Bevölkerung sind Kinder im Alter bis 14 Jahre und mit einer Fruchtbarkeitsrate von 2,2 Geburten je Frau im Jahr 2010 (Statistics New Zealand, 2013) wird das Erhaltungsniveau erreicht. Mit 41,3 Prozent sind Paare mit Kindern die häufigste Familienform in Neuseeland, hinzu kommen 18 Prozent alleinerziehende Eltern mit Kind(ern) (Statistics New Zealand, 2013). Generell wird Neuseeland als ein sehr geeignetes Land angesehen, um Kinder großzuziehen.

Aufgrund seiner abwechslungsreichen Topografie hat Neuseeland viel zu bieten, und da es darüber hinaus als Inselstaat recht isoliert ist, verbringen die meisten Familien ihren Urlaub im eigenen Land. Ungefähr 57 Prozent aller touristischen Ausgaben werden durch Neuseeländer selbst generiert. Bezogen auf die durch den Tourismus induzierten direkten und indirekten wirtschaftlichen Effekte hat der Binnentourismus in Neuseeland folglich einen höheren Stellenwert für die Tourismusindustrie als der Incoming-Tourismus (Tianz, 2012). Neuseeländer betrachten Sommerurlaube am Wasser (insbesondere am Meer, aber auch an großen Seen) als eine beliebte Kiwi-Spezialität und ein Symbol ihrer nationalen Identität. Die Natur und insbesondere die weitläufige Küste zu genießen wird als ein wichtiger Teil des Kiwi-Lebensstils verstanden (Barnett/Wolfe, 1993). Zelt- und Wohnmobilurlaube spielen für neuseeländische Familien daher schon seit vielen Jahren eine wichtige Rolle. Gemeinsamkeit, Stärkung der Familienzusammengehörigkeit und Rückbesinnung auf die Natur sind die Hauptgründe für diese Urlaubsform (Department of Conservation, 2006). Neuseeland hat viele privat geführte sowie öffentliche Campingplätze, die oftmals an abgelegenen und wunderschönen Küstenstrichen liegen. Dieses

Kapitel basiert auf einer Forschungsstudie über Familienurlaube in Neuseeland. Ziel der Studie war es, die sozialen Erfahrungen und die Bedeutung des Urlaubs für alle Familienangehörigen zu untersuchen (Schänzel, 2010a). Aus der Studie geht der hohe Stellenwert inländischer Urlaube für Familien eindeutig hervor. Darüber hinaus kann anhand einiger Beispielinterviews aufgezeigt werden, welche Rolle die Bildung und Aufrechterhaltung sozialer Kontakte sowie das nationale Identitätsgefühl sowohl für Familien allgemein als auch für die Kinder spielen.

16.2 Familienurlaube

Der Hauptgrund, warum Familien längere Zeit im Urlaub miteinander verbringen wollen, liegt in der Regel in der Festigung und Pflege der sozialen Verbindungen und Beziehungen zwischen den Familienmitgliedern. „Verbindungen zu hegen, Zeit miteinander zu verbringen und bessere Kommunikationen zu ermöglichen" werden in der wissenschaftlichen Tourismusliteratur als Hauptgründe für einen Familienurlaub genannt (z. B. Carr, 2011; Gram, 2005; Schänzel/Yeoman/Backer, 2012). Der hohe Stellenwert von sozialen Faktoren in der Reiseentscheidung von Familien wird von Shaw, Havitz und Delemere (2008) als größtes Unterscheidungskriterium zu anderen Touristen genannt. Während die Mehrheit der Reisenden im Urlaub Abstand vom Alltag sucht und abschalten möchte, hat für neuseeländische Familien das Knüpfen von sozialen Kontakten einen hohen Stellenwert bei der Reiseentscheidung. Während es sich beim Familienurlauber um eine „Hin-zu"-Bewegung handelt, kann man bei anderen Touristen eher eine „Weg-von"-Bewegung beobachten (Larsen/Urry/Axhausen, 2007). Familienurlaube unterscheiden sich also vornehmlich hinsichtlich der Reisebegleitung von anderen Urlaubsformen. Da sozial eng miteinander verbundene Menschen zusammen auf die Reise gehen, ist es keine wirkliche Flucht aus dem Alltag. Denn bei Familienreisen gehen die Kinder und somit viele Routinen und Verpflichtungen mit auf die Reise. Allerdings stellen heutzutage für viele Familien die Familienurlaube den einzigen längeren Zeitraum dar, den sie ununterbrochen miteinander verbringen können, ohne dass die Eltern zur Arbeit oder die Kinder in die Schule gehen müssen. Diese gemeinsame Zeit im Urlaub ist insbesondere wichtig, um schöne Familienerinnerungen bei Kindern und Eltern zu schaffen und diese durch Familienfotos festzuhalten (Larsen, 2005). So bestehen viele Familienfotoalben fast ausschließlich aus Urlaubsbildern.

Diese intensive Zeit miteinander im Urlaub ermöglicht den Eltern auch, ihren Kindern etwas beizubringen und ihnen das Heimatland zu zeigen. Es wurde in der wissenschaftlichen Tourismusliteratur (z. B. Palmer, 2005) weitestgehend bestätigt, dass Urlaube im Binnenland einen großen Nutzenwert haben, um beispielsweise ein Nationalbewusstsein bei den Touristen zu fördern. In welchen sozialen Umständen Menschen im Urlaub ihre Nationalidentität erleben, ist in der wissenschaftlichen Literatur bislang jedoch vernachlässigt worden. Susan Rugh (2008) beschreibt in ihrem Buch:

„Wann sind wir endlich da? Die goldene Zeit der amerikanischen Familienurlaube", wie als wunderbar erlebte Fahrten durch die amerikanische Landschaft in den Nachkriegsjahren eine ganze Generation geprägt haben und wie diese Erfahrungen dazu beigetragen haben, einen wichtigen Teil der amerikanischen Kultur zu formen und zu beeinflussen. Viele reumütig-nostalgische Erinnerungen betreffen Beschwerden und Streit mit Geschwistern im engen Auto auf den langen Fahrten, aber v. a. sind es für viele amerikanische Familien Erinnerungen an magische Zeiten, in denen sie die Freiheit und die Sehenswürdigkeiten des eigenen Landes entdeckten. Nicht viel anders ist es in Neuseeland, wo ganze Generationen damit aufgewachsen sind, ihren Sommerurlaub im eigenen Land zu verbringen und entweder mit ihren Kindern durch das Land zu reisen oder es sich für ein paar Wochen an einem der schönen Strände in einem Zelt, Wohnwagen oder Ferienhaus gemütlich zu machen. Der Strand ist für die meisten Neuseeländer der Kern ihres Sommerurlaubs und der Aufenthalt dort wird allgemein als ein Höhepunkt der Kindheit verstanden (Phillips, 2007). Der jährliche Familiensommerurlaub wird als ein wichtiger Teil des Kiwi-Lebensstils angesehen und verkörpert v. a., was es bedeutet, ein Neuseeländer zu sein (Richmond/Tolich, 2000). Allerdings ist noch nicht viel darüber bekannt, wie Familien ihre Heimaturlaube wirklich erleben. Mit der vorliegenden Forschungsstudie soll mehr Einblick in die Erfahrungen von Eltern und Kindern gewährt werden.

16.3 Die Ganze-Familie-Methodik

Ziel der Forschungsstudie, auf der dieses Kapitel basiert, war es, die individuellen wie auch kollektiven Erlebnisse und Erfahrungen, die durch die einzelnen Familienmitglieder während eines Familienurlaubs gemacht und geteilt wurden, über ein Jahr näher zu betrachten. Untersuchungen über Verhaltensweise von Familiengruppen bedürfen eines inklusiveren Ansatzes, weil es sich hierbei um kollektive Erfahrungen handelt. Diese Vorgehensweise steht im Einklang mit Trends aus anderen interdisziplinären Bereichen (z. B. Soziologie und Familienstudien), die die Integration von Kindern und Ganze-Familie-Aspekten innerhalb der Familienforschung befürworten (Handel, 1996; Seymour/McNamee, 2012). Die Ganze-Familie-Methodik wurde daher von der Familienforschung übernommen und auch in der Tourismusforschung angewandt (Schänzel, 2010b). Dementsprechend wurden zehn neuseeländische Familien über Grundschulen für dieses Forschungsprojekt rekrutiert, wodurch sich zehn Väter, zehn Mütter und 20 Kinder als Forschungsteilnehmer ergaben. Um eine gewisse Homogenität in Bezug auf die Kriterien Familienlebenszyklus und Reiseaffinität zu erreichen (Shaw et al., 2008), wurden nur Familien eingeladen, die mindestens ein Kind zwischen acht und zwölf Jahren hatten. Somit konnten elf Jungen und neun Mädchen zwischen sechs und 16 Jahren an der Forschungsstudie teilnehmen. Um eine ausgeglichene Geschlechtsperspektive in Bezug auf die Eltern zu erreichen, wurden nur Familien mit zwei Elternteilen (Mann/Frau) eingeladen. Dieses Auswahlkriterium hätte auch Stiefeltern eingeschlossen, jedoch hat sich keine Patchwork-Familie für die Forschungsstudie angeboten. Um die Anonymität zu wahren, wurden neuseeländische Vogelnamen als Pseudonym für die Familiennamen benutzt. Alle Interviewausschnitte, die hier zitiert werden, wurden von der Verfasserin des Kapitels ins Deutsche übersetzt.

Alle Forschungsteilnehmer waren Neuseeländer mit europäischer Herkunft und gehörten zur Mittelschicht. Dies macht die teilnehmenden Familien zwar in sich relativ homogen, jedoch nicht repräsentativ für die ethnische Vielfalt der neuseeländischen Gesellschaft. Die Ganze-Familie-Methodik beinhaltete, dass zunächst alle Familienmitglieder gemeinsam in einem Gruppeninterview und danach jedes einzelne Familienmitglied separat befragt wurde (Kinder konnten ein Elternteil dabei haben, wenn sie das wollten). Alle Interviews fanden in der jeweiligen häuslichen Umgebung statt, da angenommen werden kann, dass sich die Familien zu Hause am wohlsten fühlen (LaRossa et al., 1994). Um die Erwartungen sowie die Urlaubserfahrungen in Bezug sowohl auf die kurz- als auch auf die langfristigen Erinnerungen zu erfassen, wurden die Familieninterviews insgesamt drei Mal wiederholt, einmal vor dem Sommerurlaub und zwei Mal nach dem Sommerurlaub. Einige Aussagen der Kinder sind einbezogen worden, um die Rolle der Kinder in der Familie zu unterstreichen. Diese Aussagen sind nicht immer so tiefgründig wie die der Eltern, jedoch ist die aktive Kinderstimme nicht oft in der Tourismusforschung zu hören (Carr, 2011), obwohl Kinder einen wichtigen Teil der Familienurlaube ausmachen.

Die Auswahl der Methodik beruht auf der philosophischen Perspektive des Interpretivismus. Ziel hierbei ist es, die Komplexität der erfahrenen Erlebnisse vom Standpunkt derjenigen zu verstehen, die sie tatsächlich erlebt haben (Denzin/Lincoln, 2000). Des Weiteren wurde die Perspektive des symbolischen Interaktionismus, der auf die Beziehungen zwischen Symbolen (z. B. geteilte Bedeutungen) und auf Zusammenspiele (z. B. verbale Handlungen und Kommunikationen) fokussiert, für diese Forschungsstudie angewandt. Der symbolische Interaktionismus bildet auch die Basis für die konstruktivistische Grounded-Theory-Methodik (GTM; Charmaz, 2000), die für die Datenanalyse der Interviews herangezogen wurde. Durch diesen methodischen Ansatz ist es möglich, auf die zwischenmenschlichen Beziehungen der einzelnen Familienmitglieder zu fokussieren. Fallstudien mit Bezug auf Familien basieren fast immer auf Interviews und nur auf wenigen teilnehmenden Familien (Handel, 1991).

Die Familieninterviews, die in drei verschiedenen Zeitabschnitten stattfanden, wurden zunächst digital aufgenommen und danach transkribiert. Die Grounded-Theory-Methodik wurde durch manuelle Kodierung der Interviewdaten ausgeführt. Das bedeutet, dass die Interviewabschriften zuerst mehrmals durchgelesen und gleichzeitig Notizen gemacht wurden und erst danach alle Leitmotive aussortiert und eingestuft wurden (Charmaz, 2000). Dann folgte eine vergleichende Analyse der verschiedenen Zeitabschnitte, in denen die Familieninterviews stattfanden, und erst, als alle deutlich sichtbar werdenden Themen Leitmotiven zugeordnet werden konnten, wurde davon ausgegangen, dass eine theoretische Sättigung erreicht wurde

(Morse, 1995). Das Resultat der Datenanalyse ist ein theoretisches Modell der Sozialität von Familienurlaubserlebnissen, das auf zwei Leitmotiven basiert: „Familienzeit" und „Eigenzeit". Dieses Modell verdeutlicht, dass erfolgreiche Familienurlaube ein Gleichgewicht zwischen Zusammensein und Getrenntheit benötigen, was Verhandlungen von internen Familiengruppen mit entsprechenden Dynamiken beinhaltet. Familienzeit stellt den Hauptgrund für Familienurlaube dar. Diese beruht darauf, dass die Nuklear- und die Großfamilie primär Zeit miteinander verbringen. Dies bedeutet zum einen, idealisierte Vorstellungen von neuen Erlebnissen oder Änderungen von Routinen umzusetzen, zum anderen, die soziale Verbundenheit und soziale Identität zu stärken. Im Gegensatz dazu bedeutet Eigenzeit eine gewisse Freiheit von diesen familiären Verpflichtungen, um eigene Interessen alleine oder mit anderen Personen zu verfolgen. Dieser Anspruch auf Eigenzeit nimmt mit fortschreitendem Alter der Kinder an Wichtigkeit zu. Die Themen, die in diesem Kapitel diskutiert und mit ausgesuchten Interviewzitaten veranschaulicht werden, sind Verbundenheit, der Besuch von Freunden und Familien sowie soziale Identitäten und Traditionen. Diese Themen gehören zur Familienzeit oder der Zeit, die zusammen mit der Klein- und Großfamilie verbracht wird, statt der Zeit im Urlaub, die alleine oder distanziert von der Familie verbracht wird.

16.4 Diskussion der Ergebnisse

Zuerst ist es wichtig, zu erkennen, wie ein Familienurlaub in Neuseeland definiert wird, um dann herauszufinden, was genau der Kiwi-Urlaub für die Eltern und Kinder bedeutet. Die eigenen Worte der teilnehmenden Familien werden hier benützt, um die Empfindungen und Erkenntnisse, die das Reisen durch das eigene Land hervorbringen, nicht nur festzuhalten, sondern v. a. wichtige Schlüsse daraus zu ziehen.

16.4.1 Soziale Erfahrungen während neuseeländischer Familienurlaube

Ein zentrales Ergebnis dieser Studie war eine Definition für neuseeländische Familienurlaube, die aufzeigt, dass der Aspekt „Zeit mit der Familie (inklusive der Großfamilie und Freunden) verbringen" als weit wichtiger angesehen wurde als der Aspekt „Abschalten oder Pause vom normalen Leben und Routinen" (Larsen et al., 2007). Familienurlaube stellen somit eine intensive soziale Zeit dar, um sich (wieder) mit Menschen zu verbinden und für ein Wochenende oder länger echte Qualitätszeit miteinander zu verbringen.

Dadurch, dass Kinder an dieser Forschungsstudie teilnahmen, konnte herausgestellt werden, wie wichtig der Faktor „Spaß haben" im Familienurlaub ist. Beispielsweise sagte ein acht Jahre alter Junge: „Es ist kein Urlaub, wenn es keinen Spaß gibt. Wenn es Spaß gibt, dann ist es ein Urlaub." Des Weiteren konnte festgestellt werden, dass Kompromisse und Konflikte für alle Familienmitglieder ebenso ein Teil des Familienurlaubs darstellen, wie Spaß zu haben oder andere soziale Aspekte. Die Definition, die daraus für Familienurlaube entstand, unterstreicht zum einen die hohe Bedeutung der sozialen Dimension während des Urlaubs, zum anderen aber auch, dass Familienurlaube auch negative Familiengruppendynamiken beinhalten können und dass aufgrund von individuellen Bedürfnissen Familienmitglieder auch Zeit außerhalb der Familie verbringen wollen. Familienurlaube sind folglich: eine bestimmte Zeit im Jahr, in der die ganze Familie oder Großfamilie mindestens ein Wochenende gemeinsam verbringt, um verschiedene Erlebnisse zu teilen, die sich von der normalen Alltagsroutine maßgeblich unterscheiden und den Faktor „Spaß" beinhalten. Diese Familienzeit basiert auf einem Gleichgewicht mit privater Zeit für individuelle Beschäftigungen, die eventuell Konflikte und Kompromisse mit sich bringt.

Für Inlandsurlaube in Neuseeland spielen die Aspekte „Familie und Freunde besuchen" und „soziale Verbindungen pflegen" eine entscheidende Rolle, damit sich Familien (wieder) mit Freunden und Familien verbinden können, die weiter entfernt leben. Tatsächlich haben alle Familien, die an dieser Studie teilgenommen haben, entweder die Großfamilie oder Freunde besucht und dort übernachtet oder Freunde oder Verwandte sind mit in den Urlaub gekommen. Nachfolgend einige Zitate von den Familienmitgliedern, die diese Studienergebnisse verdeutlichen: „Wir tendieren dazu, eine Schlenderfahrt durch Neuseeland zu machen, damit wir uns unterwegs mit Menschen treffen können. Das ermöglicht es uns, Freundschaften zu pflegen und zu erneuern" (Tui-Mutter im letzten Familieninterview). „Ich mag Urlaube, weil wir dann die Großfamilie sehen können, und ich denke, wir sollten das öfters machen. Ich mag Urlaube aus diesem Grund. Heutzutage leben wir so weit weg voneinander und wir bekommen nicht mehr diese Verbindungen innerhalb der Familie" (Weka, Mutter im Interview nach dem Urlaub). „Die Großeltern und die Cousins und Cousinen machen für mich den Urlaub aus, das zumindest ist meine Meinung" (Tui-Mädchen, 14 Jahre, im letzten Familieninterview).

Sommerurlaube für Familien in Neuseeland fallen meistens in die Weihnachtszeit (Schänzel, 2010a), da die Hauptschulferien und die Haupturlaube der Angestellten über Weihnachten stattfinden. Daher werden die Sommerurlaube oft mit Weihnachtsbesuchen verbunden: „Es war wichtig für uns [Urlaub in Neuseeland zu machen], weil wir unsere Verwandten besuchen wollten, und die sind hier im Lande und wir wollten Weihnachten mit ihnen verbringen" (Weka-Mutter im Interview nach dem Urlaub).

Diese Zitate heben den Stellenwert hervor, den Familienurlaube für die Neuseeländer haben, und so werden Weihnachten und allgemein die Ferien als ein guter Anlass gesehen, zusammenzukommen. Aufgrund der Insellage und der geringen Bevölkerungszahl ist die Pflege von zwischenmenschlichen Beziehungen ein wichtiger Bestandteil der nationalen Identität Neuseelands. Die Notwendigkeit dieser Pflege im Urlaub ergibt sich auch daraus, dass die Mitglieder von Großfamilien heutzutage vermehrt geografisch voneinander entfernt leben und dass Verwandte meistens nur in den Urlauben zusammenkommen können.

16.4.2 Nationalidentität als ein Teil der sozialen Identität

Eine Nationalidentität aufzubauen und Traditionen beizubehalten sind neben der sozialen Verbundenheit wichtige Faktoren für das Reiseverhalten, das mit dem Binnentourismus verbunden ist. Dabei geht es sowohl um Nationalidentität als auch um Familienidentität. Beide zusammengenommen bedeuten eine soziale Identität, in der Familienrituale dazugehören, die als ein Teil bestehender Urlaubstraditionen verewigt werden. Familienurlaube in Neuseeland bedeuten auch, dass die Kiwi-Tradition des Urlaubmachens im eigenen Land von einer Generation zur nächsten weitervermittelt wird. Dies kann durch die folgenden Zitate belegt werden: „Ich mag die Idee eines Familienurlaubs jedes Jahr. Das scheint eine sehr gute Kiwi-Angewohnheit zu sein. Ich bin damit aufgewachsen, und so finde ich es echt nett, dass ich das meinen Kindern auch anbieten kann" (Kea-Mutter im letzten Familieninterview). „Für mich bedeutet das die Fortsetzung einer Tradition, in der Kinder einen Sommerurlaub am Strand genießen können, und das war eine Art Privileg, mit dem ich aufgewachsen bin" (Kereru-Mutter im letzten Familieninterview).

Urlaube innerhalb Neuseelands sind insbesondere wichtig, da die Kinder dann lernen, das Land zu schätzen und dadurch, dass ihnen die Schönheit und Sehenswürdigkeiten des Landes gezeigt werden, eine Nationalidentität aufzubauen. Für die Eltern stellt dies ganz bewusst eine Möglichkeit dar, ihre Kinder durch das Land zu führen und ihnen zu zeigen, was das Land alles zu bieten hat. Die Fantail-Familie besitzt zum Beispiel eine eigene Segelyacht und geht jedes Jahr in die Marlborough Sounds (im Norden der Südinsel), um mit ihrer Tochter dort zu segeln: „Wir sind einfach glücklich, dass wir hier eines der schönsten Segelgebiete in der Welt haben. Und wir sind insbesondere glücklich, dass die Marlborough Sounds fast vor unserer Haustür liegen. Und so ist es extra nett, dass meiste daraus zu machen, weil es nicht so viele Neuseeländer gibt, die das wirklich tun" (Fantail-Vater im Interview nach dem Urlaub).

Andere Familien und ihre Kinder haben in den Interviews Folgendes geteilt: „Ich mag insbesondere den pädagogischen Aspekt, den Urlaube bieten. Das bietet uns die Möglichkeit, in Neuseeland Ferien zu machen und den Kindern etwas über Neuseeland beizubringen, und auch wir können neue Sachen über das Land lernen" (Kakariki-Mutter im letzten Familieninterview). „Ich bin ein großer Anhänger davon, dass wir zuerst Neuseeland anschauen, und ich höre auch viele internationale Touristen, die dasselbe sagen [...] Ich möchte meinen Kindern erst einmal all die tollen Dingen zeigen, die es in Neuseeland gibt" (Kea-Vater im Interview nach dem Urlaub). „[Urlaub in Neuseeland] ist echt wichtig, weil wir dann das Land besser kennenlernen und dann auch herausfinden, wo wir das nächste Mal hingehen möchten" (Goldfinch-Mädchen, zehn Jahre, im Interview nach dem Urlaub).

> Neuseeland ist atemberaubend und wir müssen unsere Jungs erst einmal zu all diesen verschiedenen Orten in Neuseeland bringen, damit sie das Land schätzen lernen [...] Wir wollen, dass

sie das Land nicht nur kennenlernen, sondern auch lieben lernen. Wir wollen, dass sie diese Erkenntnis haben, und dann können sie ins Ausland reisen, aber wir wollen, dass sie ins Ausland gehen und dort mit dem Wissen leben, was für ein wunderschönes Plätzchen sie hier haben, um dann wieder zurückzukommen und auch andere Leute wissen zu lassen, wie schön es hier ist. Wir wollen unsere Kinder unterstützen, wenn sie ins Ausland ziehen wollen, aber zuallererst müssen sie wissen, was Neuseeland zu bieten hat. (Pukeko-Mutter im Interview nach den Ferien)

In Neuseeland in den Urlaub zu fahren bedeutet für die Eltern auch, dass sie den Kindern ihre Heimat, ihr Nationalerbe zeigen können und dass die Kinder zu einer Großfamilie gehören, wenn sie die Großeltern besuchen: „Es [Reisen in Neuseeland] fügt eine ganz andere Dimension zum Urlaub dazu. Es hilft den Kindern auch, vielleicht herauszufinden, wer sie wirklich sind und wo sie herkommen, und das ist wirklich wichtig für mich, weil es die Kinder in ihrem Verhältnis zur Familie darin stärkt, sich als ein echtes Familienmitglied zu fühlen" (Tui-Mutter im Interview nach dem Urlaub).

All diese Antworten zeigen auf, welch große Anstrengungen die Eltern im Urlaub auf sich nehmen, damit ihre Kinder Familientraditionen lernen, und dass sie das auch tun, und um ihnen soziale Verbundenheit mit der Großfamilie zu vermitteln wie auch die Nationalidentität näherzubringen. Den Eltern scheint es besonders wichtig zu sein, ihren Kindern eine Liebe für das Land und seine Menschen beizubringen und den Kindern eine gewisse Hoffnung für die Zukunft der Menschheit zu vermitteln (Erikson, 1950). Diese bewusst mit dem Urlaub in Neuseeland verbundenen Ziele wurden allerdings nur von den Eltern dargelegt, die Kinder hingegen zeigten keinerlei Erkenntnis bzw. Wahrnehmung, dass die Urlaube etwas anderes bedeuteten, als Spaß zu haben.

Im Allgemeinen bedeuten Familienurlaube eine symbolische Auszeit, die anders ist als der normale Alltag und die so wichtig ist, dass sie langfristig festgehalten wird und insbesondere durch Familienfotos verewigt wird (Larsen, 2005). Diese besondere Urlaubszeit wird auch genutzt, um eine soziale Verbundenheit mit den anderen Familienmitgliedern zu generieren oder zu festigen. Urlaube in Neuseeland haben deswegen einen hohen Stellenwert für Familien, weil Familienerinnerungen durch Familienfotos und auch Familiengeschichten kreiert werden, die die Kinder an das Land und ihre eigene Familie binden. Die soziale Identität, die dadurch entsteht, umfasst nicht nur, dass die Kinder das Gefühl haben, zu einer Kleinfamilie und Großfamilie zu gehören, sondern auch, dass sie zu einer Nation und letztendlich vor allem zu einer neuseeländischen Gesellschaft gehören.

16.5 Abschluss

Familienurlaube in Neuseeland sind hauptsächlich das Ergebnis der Ansicht: „Verlasse nicht deine Heimat, bis du dein eigenes Land gesehen hast." Das war der Slogan der letzten Inlandstourismus-Kampagne des damaligen neuseeländischen Tourismus- und Promotion-Departments in den 1980er-Jahren, der die Generation der Eltern bis heute geprägt hat. So nehmen es viele Eltern jeden Sommer auf sich, mit ihren Kindern das eigene Land zu bereisen, damit diese ihr Heimatland kennen- und schätzen lernen. Die wichtigste Schlussfolgerung, die aus dieser neuseeländischen Ferienstudie gezogen werden kann, ist, dass die Urlaube im eigenen Lande für die Kiwi-Familien v. a. dazu dienen, Familienmitglieder zusammenzuführen. Inlandsurlaube können hauptsächlich als ein sozialer Brauch verstanden werden, der dazu beiträgt, soziale Netzwerke innerhalb des Landes aufzubauen, insbesondere da Mitglieder von immer mehr Großfamilien geografisch getrennt voneinander leben. Sommerurlaube mit Verwandtenbesuchen zu verbinden bietet sich auch insofern an, als sie in die Weihnachtszeit fallen und somit Eltern und Kinder ohnehin Ferien haben. Urlaube sind für die neuseeländischen Eltern des Weiteren deshalb wichtig, weil sie dann eine intensiv genutzte Zeit mit ihren Kindern verbringen können, statt nur einfach nur Spaß miteinander zu haben oder nur den eigenen Interessen nachzugehen. Im Alltagsleben bleibt meist nicht viel Zeit, um auf die einzelnen Familienmitglieder einzugehen, v. a., wenn berufliche und schulische Pflichten dazwischenkommen.

Den in der Studie befragten Eltern lag es besonders am Herzen, dass ihre Kinder darüber hinaus lernen, ihr eigenes Land zu schätzen und eine größere Nationalidentität zu entwickeln. Neuseeländer gehen aber auch gerne auf Auslandsreisen, und so heißt es, dass, egal wo man hinreist, man immer einen Neuseeländer antreffen wird. Ungefähr eine Million Neuseeländer leben im Ausland, meist aus wirtschaftlichen Gründen (Statistics New Zealand, 2012), was fast einem Fünftel der Bevölkerung entspricht. Viele Eltern wollen, dass ihre Kinder ins Ausland reisen, um die Welt zu entdecken, aber sie wollen auch sichergehen, dass die Kinder wieder zurückkommen, weil Neuseeland von vielen als „Paradies" auf Erden angesehen wird. Auch vor diesem Hintergrund haben Sommerurlaube im eigenen Land einen hohen Stellenwert. Die Einwohner des dünn besiedelten Inselstaats, weit abgelegen im Südpazifik, aber mit einer außergewöhnlichen topografischen Vielfalt und Schönheit, haben spezielle Bedürfnisse, was die Verbindungen zum eigenen Land betrifft.

Hinzu kommt, dass viele neuseeländischen Familien es sich aus finanziellen Gründen nicht unbedingt leisten können, ins Ausland zu fliegen und ihren Kindern eine größere Auslandsreise zu bieten. Eine Ausnahme stellt Australien dar, wo viele Familienmitglieder von Neuseeländern leben. Fast eine halbe Million Neuseeländer leben in Australien (Statistics New Zealand, 2012), was einen regen Reiseaustausch zwischen den beiden Ländern mit sich bringt, allerdings unterscheidet sich Australien kulturell nicht sehr von Neuseeland.

Alles in allem lässt sich festhalten: Der Kiwi-Familienurlaub bildet einen wichtigen Bestandteil der neuseeländischen Kultur und viele Kiwi-Symbole in Neuseeland beziehen sich auf das Strandleben oder auf Wassersport wie Segeln oder Surfen. Es wird daher als eine wichtige Verantwortung der Eltern angesehen, den Kindern diese neuseeländische Kultur und die Traditionen beizubringen. Kinder wiederum erinnern sich im Wesentlichen an den Spaß, den sie in diesen Urlauben hatten, was ebenfalls als wichtiger Sinn und Zweck dieser Familienreisen gilt. Erinnerungen an die Kindheit drehen sich in Neuseeland meistens um Sonnenschein, Spaß und Spiele im und am Meer und am Strand, was die ältere Generation an die jüngere Generation weitergeben soll, gemäß der Tradition, die „Kiwi-Familienurlaub" heißt.

Literatur

Barnett S, Wolfe R. At the Beach: The great New Zealand Holiday. Auckland, NZ: Hodder & Stoughton. 1993.
Carr N. Children's and Families' Holiday Experiences. London/New York: Routledge, 2011.
Charmaz K. Grounded theory: Objectivist and constructivist methods. In: Denzin NK, Lincoln YS, editors. Handbook of Qualitative Research, 2nd edition. Thousand Oaks, CA: Sage, 2000, 509–535.
Department of Conservation. Review of Camping Opportunities in New Zealand: Report to the Minister of Conservation. Wellington, NZ: Department of Conservation, 2006.
Denzin NK, Lincoln YS, editors. Handbook of Qualitative Research, 2nd edition. Thousand Oaks, CA: Sage, 2000.
Erikson EH. Childhood and Society. New York: Norton, 1950.
Gram M. Family holidays. A qualitative analysis of family holiday experiences. Scandinavian Journal of Hospitality & Tourism. 2005, 5(1), 2–22.
Handel G. Case study in family research. In: Feagin, JR, Orum, AM, Sjoberg, G, editors. A Case for the Case Study. Chapel Hill: The University of North Carolina Press, 1991, 24–68.
Handel G. Family worlds and qualitative family research: Emergence and prospects of whole-family methodology. Marriage & Family Review. 1996, 24(3/4), 335–348.
LaRossa R, Bennett LA, Gelles RJ. Ethical dilemmas in qualitative family research. In: Handel G, Whitchurch GG, editors. The Psychosocial Interior of the Family, 4th edition. New York: Aldine de Gruyter, 1994, 109–126.
Larsen J. Families seen sightseeing: Performativity of tourist photography. Space and Culture. 2005, 8(4), 416–434.
Larsen J, Urry J, Axhausen KW. Networks and tourism: Mobile social life. Annals of Tourism Research. 2007, 34(1), 244–262.
Morse JM. The significance of saturation. Qualitative Health Research. 2005, 5(2), 147–149.
Palmer C. An ethnography of Englishness: Experiencing identity through tourism. Annals of Tourism Research. 2005, 32(1), 7–27.
Phillips J. Beach Culture. Te Ara – the Encyclopedia of New Zealand. http://www.teara.govt.nz, 2007. Abgerufen am 3. April 2015.
Richmond EH, Tolich M. The third shift: Task allocation and ultimate responsibility on family camping holidays. New Zealand Sociology. 2000, 15(2), 284–303.
Rugh S. Are we there yet? The golden age of American family vacations. Lawrence, KA: University Press of Kansas, 2008.
Schänzel HA. Family time and own time on holiday: Generation, gender, and group dynamic perspectives from New Zealand (PhD thesis). Victoria University of Wellington, New Zealand, 2010a.
Schänzel HA. Whole-family research: Towards a methodology in tourism for encompassing generation, gender, and group dynamic perspectives. Tourism Analysis. 2010b, 15(5), 555–569.
Schänzel HA, Yeoman I, Backer E, editors. Family Tourism: Multidisciplinary Perspectives. Bristol: Channel View, 2012.

Seymour J, McNamee S. Being parented: Children and young people's engagement with parenting activities. In: Walden J, Kaminski IM, editors. Learning from the Children: Culture and Identity in a Changing World. Oxford: Berghahn, 2012, 92–110.

Shaw SM, Havitz ME, Delemere FM. I decided to invest in my kids' memories: Family vacations, memories, and the social construction of the family. Tourism Culture & Communication. 2008, 8(1), 13–26.

Statistics New Zealand. Census. www.stats.govt.nz/Census/2013-census, 2013. Abgerufen am 7. August 2015.

Statistics New Zealand. Population statistics. http://www.stats.govt.nzbrowse_for_stats/population/mythbusters/1million-kiwis-live-overseas.aspx, 2012. Abgerufen am 3. September 2015.

Tourism Industry Association in New Zealand (TIANZ). Domestic travellers vital to NZ tourism industry. https://www.tianz.org.nz/main/news-detail/index.cfm/2012/05/domestic-travellers-vital-to-nz-tourism-industry/, 2012. Abgerufen am 3. September 2015.

Sven Groß
17 Abenteuertourismus in Neuseeland

17.1 Einleitung

Ein Abenteuer war ursprünglich mit der Erkundung von fernen, neuen Ländern oder Gegenden und wissenschaftlichem Fortschritt verbunden, wobei das Abenteuerliche eher ein notwendiges „Übel" einer Reise war. Wissenschaftliche Erkundungsreisen lassen sich bis ins Mittelalter zurückverfolgen, etwa die von Marco Polo, oder ins 18. und 19. Jahrhundert, beispielsweise diejenigen von James Cook, Alexander von Humboldt oder Charles Darwin. Bei einer der Reisen von James Cook wurde 1769 der Kontakt zwischen Europäern und der einheimischen neuseeländischen Bevölkerung, den Maori, erneuert, nachdem Abel Tasman 1642 von Niederländisch Ostindien (heute Indonesien) aus zwar die Südinsel Neuseelands erreicht hatte, nach einem kurzen Kampf zu Wasser mit den Maori jedoch wieder verschwand, ohne den Boden betreten zu haben (Belich, 2007, 32).

Als „Urmutter" des modernen Abenteuertourismus wird jedoch die Alpinistik, d. h. das bergsteigerische Erklimmen der Alpengipfel, angesehen. Auch die „scheußlichen Berge" wurden zuerst naturwissenschaftlich motiviert bestiegen. Bald wurden die Berge jedoch aus sportlichem Ehrgeiz heraus erklommen, etwa 1786 die Erstbesteigung des Montblancs und 1800 die des Großglockners. 1865 waren bereits alle Gipfel der Alpen erklommen – 31 der 39 Erstbesteigungen wurden von jungen Briten durchgeführt (Spode, 1987, 7; Standeven/de Knop, 1999, 21). Auch in Neuseeland begann der Abenteuertourismus mit der Besteigung der Gebirge, v. a. der 650 Kilometer langen Southern Alps auf der Südinsel. Im Jahr 1894 fand die Erstbesteigung des Mt. Cook (mit 3.755 m der höchste Berg Australasiens) und 1909 die Erstbesteigung des Mt. Aspiring, auch bekannt als das „Matterhorn des Südens", statt (Boocock, 2010, 7).

Weitere ausgewählte Meilensteine in der weltweiten Entwicklung des Abenteuertourismus sind das um 1890 aufgekommene Skifahren und der Kanusport, der sich in Frankreich ebenfalls Ende des 19. Jahrhunderts etablierte und sich von dort aus über Europa ausbreitete bzw. ausdifferenzierte, wie die Befahrung alpiner Wildwasser seit den 1930er-Jahren zeigt. In den 1950er- und 1960er-Jahren war der Abenteuertourismus nicht mehr nur Zeitvertreib von „ein paar Verrückten", sondern etablierte sich als eigenständige Tourismusform, angetrieben u. a. durch die globale Berichterstattung von Erstbesteigungen, wie die des Mount Everest durch den Neuseeländer Edmund Hillary, oder technische Neuentwicklungen. Für Neuseeland ist hier u. a. das in den 1950er-Jahren entwickelte Jet Boating zu nennen, das William Hamilton zur Befahrung von Flüssen auf der Südinsel erfand, die mit konventionellen Booten nicht befahren werden können. Mit den 1970er-Jahren stieg die Nachfrage nach Abenteueraktivitäten mehr und mehr und es entstanden spezielle Anbieter. Hinzu kam eine Ausdifferenzierung der Sportarten und -geräte Ende der 1970er-/Anfang der 1980er-Jahre, sodass neue Betätigungsformen und Sportarten (z. B. Paragliding, Snowboarden und Mountainbiking) entstanden. Viele dieser Ideen und Entwicklungen kamen aus den USA und wurden mit zeitlicher Verzögerung in anderen Regionen übernommen (Boocock, 2010, 164; Trümper, 1995, 211 ff.; UNWTO 2014, 13). Neue Ideen wurden aber auch in Neuseeland entwickelt, wie beispielsweise das Bungee-Jumping durch A. J. Hackett. Er entwickelte – inspiriert von den Lianenspringern von Pentecôte – ein belastbares Gummiseil, mit dem er 1986 erste Testsprünge auf der Nordinsel von Neuseeland durchführte und 1987 illegal von der zweiten Ebene des Eiffelturms in Paris sprang. Seit 1988 ermöglicht er Wagemutigen Sprünge an der Kawarau-Brücke in Queenstown/Neuseeland und sein Unternehmen „AJ Hackett Bungy" ist heute das größte Bungee-Unternehmen der Welt mit Stationen in sieben Ländern und bisher nahezu drei Millionen Springern (Sports Unlimited, 2015).

Laut dem internationalen Branchenverband „Adventure Travel Trade Association" (ATTA) betrieben 2012 bis zu jeweils ca. 40 Prozent der Europäer und Südamerikaner und knapp 15 Prozent der Nordamerikaner Abenteuertourismus (Soft Adventure/Hard Adventure: 4,9 % in Europa, 8 % in Südamerika und 0,9 % in Nordamerika; ATTA 2013, 5).

Nach diesen einleitenden Ausführungen zur allgemeinen Entwicklung des Abenteuertourismus, angereichert mit Beispielen aus Neuseeland, werden der Begriff Abenteuertourismus abgegrenzt und das „Kontinuum" „soft und hard adventure" dargestellt. Daran anschließend wird auf Neuseeland als Reiseziel eingegangen. Neben allgemeinen Informationen zu den internationalen und deutschen Touristen in Neuseeland wird anhand des klassischen Marktmodells sowohl die Angebots- als auch Nachfrageseite von Abenteuertourismus in Neuseeland skizziert sowie auf die rechtlichen Rahmenbedingungen für Abenteuerangebote eingegangen. Wichtige Charakteristika der Abenteuertouristen (z. B. Reiseverhalten und soziodemografische Merkmale) und die Zufriedenheit deutscher Reisender mit Abenteueranbietern in Neuseeland, die anhand einer Online-Befragung dargelegt werden, stellen Schwerpunkte dar. Abschließend werden eine Zusammenfassung der wichtigsten Ausführungen und ein kurzer Ausblick auf Herausforderungen für die Zukunft des Abenteuertourismus in Neuseeland gegeben.

17.2 Begriffliche Grundlagen

Wissenschaftliche Beiträge zum Abenteuertourismus gibt es seit Jahrzehnten und Reisebeschreibungen und -berichte lassen sich noch weiter zurückverfolgen. Die Anzahl hat v. a. in den 1990er- und 2000er-Jahren zugenommen – erste Beiträge finden sich jedoch bereits in den 1970er-Jahren, wie beispielsweise bei Price (1978). Allein in der Datenbank des Centre International de Recherches et d'Etudes Touristiques (CIRET) finden sich mehr als 800 englisch-, französisch- und spanischsprachige sowie einige deutsche und portugiesische Veröffentlichungen zum Abenteuertourismus bzw. mit dem Themenfeld in Zusammenhang stehende Beiträge (Stand 2015). Neben Beiträgen in Journalen, Tagungsbänden und Projektberichten gibt es mehrere Monografien und Sammelbände zum Thema (z. B. Buckley, 2010; Hall, 1992; Laing/Frost, 2014; Swarbrooke et al., 2003).

Was genau unter Abenteuertourismus zu verstehen ist, wird hierbei verschieden aufgefasst (vgl. Abb. 17.1). Als Schwierigkeiten kommen hinzu, dass der Begriff an sich noch nicht einmal einheitlich verwendet wird und dass ein Abenteuer für eine Person nicht immer auch gleichzeitig ein Abenteuer für eine andere Person darstellt (ATTA, 2010, 2). Zurückzuführen ist dies sowohl auf die unterschiedliche Erwartungshaltung der Menschen an ein potenzielles Abenteuer als auch auf die persönliche Wahrnehmung verschiedener Situationen. Somit bedingen subjektive Faktoren, welche Aktivitäten als Abenteuer gelten und was ein solches für ein Individuum abenteuerlich macht (Trümper 1995, 205). Ein Abenteuer kann jedoch als eine Steigerung von Erlebnis angesehen werden und ein „Abenteuer ist u. a. dadurch gekennzeichnet, dass es bezogen auf den Verlauf des alltäglichen Lebens Ausnahmecharakter hat und deutlicher als andere Lebensinhalte durch Anfang und Ende gekennzeichnet ist" (Schleske, 1977, 33, zitiert nach Trümper, 1995, 204).

Neben Abenteuertourismus werden beispielsweise auch die Begriffe Extrem-, Trend-, Aktiv- oder Outdoor-Tourismus genutzt oder der Begriff „NEAT tourism" (nature, eco- and adventure tourism; Buckley, 2000, 442).

Definitionen von Abenteuertourismus finden sich in einer Reihe von Veröffentlichungen, wobei es keine einheitliche Definition gibt. Um Abenteuertourismus definieren zu können, ziehen einige Autoren Kriterien heran, die erfüllt sein müssen.

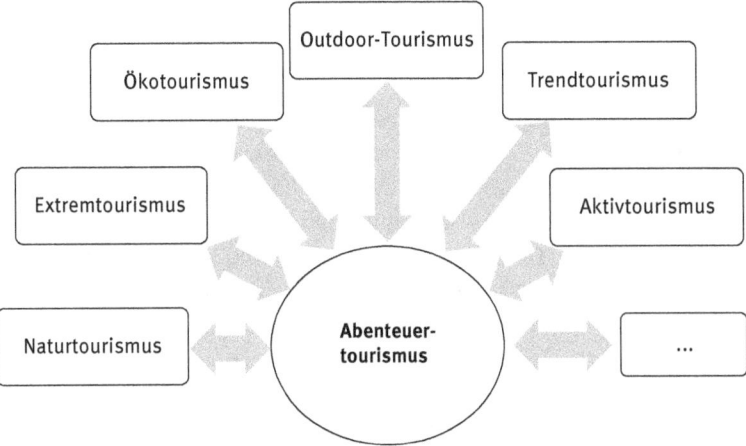

Abb. 17.1: Begriffsvielfalt im Bereich Abenteuertourismus (Quelle: eigene Zusammenstellung).

Hierbei werden bis zu sechs Kriterien genutzt, die zwischen den einzelnen Beiträgen variieren: Ewert (1989), McArthur (1989) und ATTA (2013) ziehen beispielsweise drei, Schleske (1977) vier und Sung, Morrison und O'Leary (1997) sechs Kriterien heran.

In Anlehnung an die Adventure Travel Trade Association (ATTA), die Dachorganisation des weltweiten Abenteuertourismus, bezeichnet Abenteuertourismus eine Reise, die mindestens 24 Stunden, maximal jedoch zwölf Monate außerhalb des gewöhnlichen Umfelds stattfindet und bei der Outdoor- und Abenteueraktivitäten in der Natur eine unverzichtbare Rolle darstellen und/oder deren Charakter ungewisse Elemente aufweist, die unabhängig und im engen Austausch mit Natur und Kultur des Landes bestritten werden (Sand/Groß, o. J.).

Eine genaue Kategorisierung, welche Aktivitäten zum Abenteuertourismus zählen, ist aufgrund der bereits genannten subjektiven Empfindungen nicht eindeutig möglich. Daher gibt es verschiedene Ansätze, die von einem Kontinuum oder einem Spektrum sprechen. Beispielhaft sei hier der Ansatz „soft und hard adventure" angeführt (Swarbooke et al., 2003, 9 und Abb. 17.2).

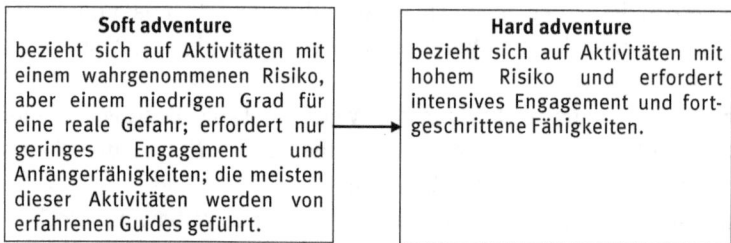

Abb. 17.2: Kontinuum „soft und hard adventure" (Quelle: Hill, 1995, zitiert nach Swarbrooke et al., 2003, 33).

Soft-Adventure-Aktivitäten sind in der subjektiven Wahrnehmung der Touristen riskant, es ist aber kein objektives Risiko damit verbunden. Für die Ausübung sind geringe Vorkenntnisse und ein geringes Engagement seitens des Nachfragers nötig und die Aktivität wird meist von einem Guide begleitet (z. B. Bergwanderung, geführte Touren, Walbeobachtung). Hard-Adventure-Aktivitäten sind dagegen mit einem erheblichen Risiko verbunden, erfordern ein hohes Können und Engagement des Nachfragers (z. B. Wildwasserrafting, Safari, Trekking oder Klettern; Swarbrooke et al., 2003, 9).

Zusammenfassend lässt sich festhalten, dass es unterschiedliche Begriffe rund um eine Abenteueraktivität gibt und dass es keine allgemeingültige Definition gibt bzw. schwerlich geben kann und daher jeweils eigene Schwerpunkte für Erhebungen oder andere Forschungsprojekte gesetzt werden müssen. Eine Einteilung in Soft- und Hard-Adventure-Aktivitäten ist dagegen weit verbreitet, worauf im Folgenden noch eingegangen wird.

17.3 Bedeutung des Abenteuertourismus in Neuseeland

Neuseeland wird als eines der am meisten vom Abenteuer geprägten Länder der Welt bezeichnet und Queenstown auf der Südinsel sogar als die „Abenteuerhauptstadt der Welt" (Boocock, 2010, 7; Houge/Mackenzie, 2015, 27 f.). Was sich hinter dieser Aussage verbirgt, wird im Folgenden bei der angebotsseitigen Betrachtung des Abenteuertourismus in Neuseeland genauer erläutert, wobei auch auf weitere wichtige Themenfelder eingegangen wird. Anschließend folgen Ausführungen zur Nachfrage nach (abenteuer-)touristischen Leistungen in Neuseeland.

17.3.1 Abenteuertouristisches Angebot in Neuseeland

Im Adventure Travel Development Index (ADTI) des Branchenverbands ATTA wird Neuseeland in den letzten Jahren immer in den Top 5 der entwickelten Länder geführt (2010: Platz 3, 2011: Platz 2 und 2015: Platz 5). Hierbei werden für zehn Bereiche (z. B. nachhaltige Entwicklung, Sicherheit, Gesundheit, natürliches und kulturelles Angebot, Entrepreneurship, touristische Infrastruktur und Image) Daten erhoben, wobei eine Kombination von Sekundärquellen und Expertengesprächen genutzt wird (ATTA, 2015a, 7 ff.). Neuseeland wird im ADTI 2015 v. a. bei den Bereichen natürliche Ressourcen, Entrepreneurship und touristische Infrastruktur auf den ersten Plätzen geführt. Im ersten genannten Bereich sprechen beispielsweise der Pazifische Ozean, Binnenseen, Flüsse, Fjorde, Berge, Nationalparks mit ihren Wanderwegen und das aufgrund der dünnen Besiedelung (17 Personen pro qkm) vorhandene freie Gelände für Neuseeland (ATTA, 2015b; Bain et al., 2007, 69; Statistics New Zealand, 2015b). Aufgrund der Insellage sowie einer Vielzahl an Seen und Flüsse nehmen Wassersportaktivitäten in Neuseeland eine besondere Rolle ein: Neuseeland ist das Land mit der höchsten Pro-Kopf-Anzahl an Booten weltweit und Auckland nennt sich mit ca. 135.000 Booten und insgesamt ca. 200.000 Wasserfahrzeugen (z. B. Kayaks, Jetskis und Windsurfbords) selbst „City of Sails" (Groß, 2010, 8).

Das vielfältige abenteuertouristische Angebot Neuseelands wird von verschiedenen Anbietern national und international vermarktet. Zu den Anbietern zählen z. B. kommerzielle Reiseveranstalter und (Sport-)Schulen, Beherbergungsbetriebe, Vereine, Verbände, Bildungseinrichtungen und Destinationsmanagement-Organisationen wie die mehr als 30 regionalen Tourismusorganisationen („Regional Tourism Organisations"). Zu Letzteren zählen beispielsweise „Auckland Tourism, Events & Economic Development", „Christchurch & Canterbury Tourism", „Tourism West Coast" und „Tourism Dunedin" (Tourism Industry Association New Zealand, 2015).

Die Anbieter haben vielfältige Abenteuerangebote im Portfolio, da von den denkbaren Abenteuern (z. B. Ewert,1989; Sung/Morrison/O'Leary, 1997; Trümper, 1995, 209 f.) so gut wie alle in Neuseeland ausgeübt werden können. Es gibt jedoch nicht nur die in der nachfolgender Abb. 17.3 dargestellten Angebote, sondern auch Events,

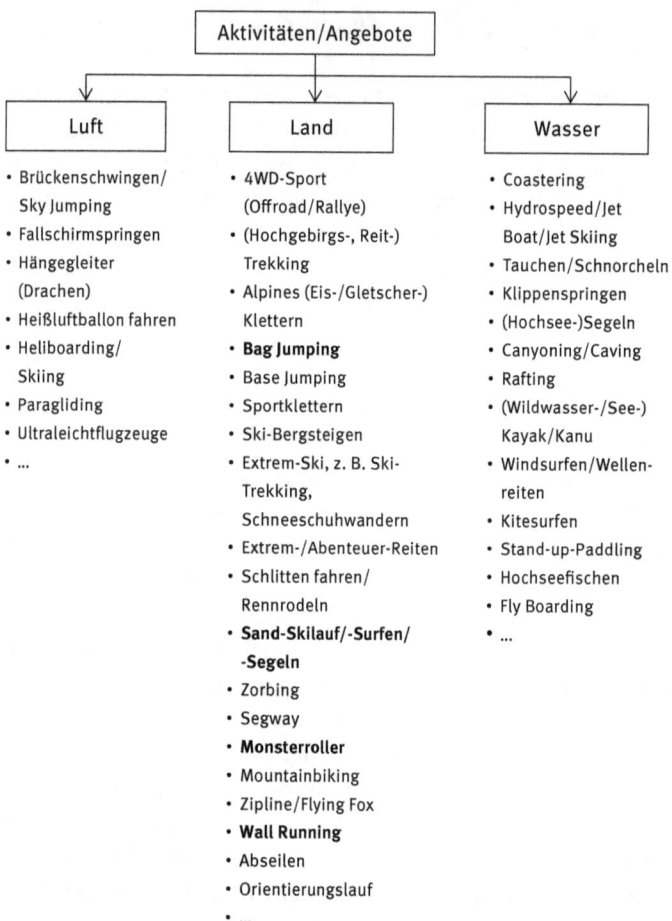

Abb. 17.3: Übersicht an möglichen Abenteueraktivitäten bzw. -angeboten (Quelle: eigene Darstellung in Anlehnung an Trümper, 1995, 209 ff., New Zealand Tourism Guide, 2015).

die Interessierte und Zuschauer zusammenbringen (z. B. GODZone mit (je nach Austragungsort) Orientierungslauf, Trekking, Mountainbiking, Kayak-/Kanufahren, Schwimmen u. Ä.; „Motu Challenge Multisport" mit Mountainbiking, Laufen, Rennrad- und Kayakfahren; „Big-Bang-6hr-Adventure Race" mit Mountainbiking, Laufen und Tubing). Nur einige Angebote, wie die im deutschsprachigen Raum bekannten Aktivitäten Bag Jumping, Monsterrollerfahren und Wall Running sowie das auf Sand durchgeführte Skilaufen, Surfen oder Segeln, sind in Neuseeland nicht möglich.

Die Anbieter der oben genannten Abenteueraktivitäten haben sich in einer Reihe von Vereinigungen zusammengeschlossen. Hier seien z. B. „Cycle Tour Operators NZ (CTONZ)", „NZ Rafting Association (NZRA)", „NZ Commercial Jet Boat Association

(NZCJBA)", NZ Outdoor Instructors Association (NZOIA)", „New Zealand Mountain Guides Association (NZMGA)", „New Zealand Orienteering Federation (NZOF)", „New Zealand Snowsports Instructors Alliance (NZSIA)", „Professional Fishing Guides Association (PFGA)", „Sea Kayak Operators Association NZ (SKOANZ)", „Ski Areas Association NZ (SAANZ)" und „Tourist Flight Operators Group (NZTFO)" genannt. Dies zeigt, dass eine Institutionalisierung stattgefunden hat und dass durch die einzelnen Organisationen auch eine Interessenvertretung der Mitglieder in die politische Arbeit hinein stattfinden kann.

Seitens der Gesetzgebung gibt es für die Anbieter von Abenteueraktivitäten in Neuseeland verschiedene Regularien, die in den letzten Jahren verschärft wurden und Neuseeland im Bereich „Sicherheit" beim ADTI 2015 den ersten Platz verschafft haben (ATTA, 2015b). Hierzu zählen v. a. die „Health and Safety in Employment (Adventure Activities) Regulations", das „Maritime Operator Safety System (MOSS)" von Maritime New Zealand (seit 01. 07. 2014 in Kraft) und die „Civil Aviation Rules, Part 115 Adventure Aviation–Certification and Operations" der Civil Aviation Authority (seit 10. 11. 2011 in Kraft), aber auch Umweltschutzrichtlinien wie die „Marine Mammals Protection Regulations" (seit 16. 11. 1992 in Kraft).

Anlass für die Überarbeitung und Erweiterung der Regularien war eine Reihe von Unfällen in der kommerziellen Abenteuer- und Outdoor-Branche, die den Premierminister von Neuseeland im September 2009 veranlasst haben, einen Bericht erarbeiten zu lassen (2009–2011), in dem der damalige Stand der bestehenden Regularien, Sicherheitssysteme und Prozesse der Anbieter erfasst und Empfehlungen verfasst wurden, wie das Risiko- und Sicherheitsmanagement verbessert werden kann. Ein Ergebnis des Berichtes sind die „Health and Safety in Employment (Adventure Activities) Regulations", die am 10. Oktober 2011 in Kraft getreten sind. In den §§ 4 bis 6 wird beschrieben, für welche Aktivitäten und unter welchen Bedingungen sich Anbieter registrieren lassen und ein externes Sicherheitsaudit durchlaufen müssen, ansonsten begehen sie – nach einer Übergangsfrist bis Ende November 2014 – eine Straftat. Ende 2015 waren mehr als 310 Anbieter im entsprechenden Register verzeichnet, was ein Kennzeichen für die Prägung der Branche durch viele kleine und mittelständische Betriebe ist (Worksafe New Zealand, 2015). Diese grundsätzlich vielversprechende Situation führte jedoch dazu, dass im Jahr 2014 der einzige verbleibende Anbieter der Sicherheitsaudits, Outdoors New Zealand (ONZ), bekanntgegeben musste, dass bis Ende 2014 nicht alle Anbieter würden begutachten werden können und somit der gesetzte Termin Ende 2014 nicht eingehalten werden konnte (Blackstock 2014).

Des Weiteren wurde u. a. empfohlen, ein Instrument zu entwickeln, um der Branche weitergehende Sicherheitsempfehlungen geben zu können. Die Internetseite www.supportadventure.co.nz entspricht dieser Empfehlung, sie stellt umfangreiche Informationen kostenfrei zur Verfügung. Darüber hinaus gibt es „Activity Safety Guidelines" (ASGs) für verschiedene Aktivitäten, die gemeinsam von verschiedenen Institutionen und Experten entwickelt wurden und empfehlenden Charakter haben. Beides wurde und wird von der Tourism Industry Association New Zealand (TIANZ) in Zusammenarbeit mit Vertretern der Branche umgesetzt. Inhaltlich werden in den ASGs Hinweise und Empfehlungen beispielsweise zu den Themen Sicherheit, Gesundheit, Tourmanagement, Equipment und Tourguides/Kursleiter gegeben, und zwar für die Aktivitäten „Abseiling", „All Terrain Vehicles", „Canyoning", „Caving", „Climbing on Artificial Structures", „Coasteering", „Dive", „Heli-Skiing" sowie „High Wire and Swing" (siehe http://www.supportadventure.co.nz/activity-specific-good-practice-information/activity-safety-guidelines für weitere Informationen).

Neben diesen ASGs gibt es beispielsweise von Maritime New Zealand (MNZ) Sicherheitsleitfäden u. a. für kommerzielle Kayak-/Kanu- und Wildwasseranbieter sowie Anbieter von Jet-Boat-Fahrten, Parasailing, Schiffsfahrten mit Schwimmaktivitäten (z. B. Schwimmen mit Delfinen; Schnorcheln, um Fische, Riffe oder Wracks zu beobachten oder Fische zu fangen) sowie Tauchen mit Haien (im Käfig; Maritime New Zealand, 2015). Hiermit werden den Anbietern Handreichungen gegeben, deren Tipps und Best-Practice-Beispiele sie für ihre eigenen Sicherheitssysteme nutzen können.

Als Folge der neuen Regularien und der zwischenzeitlich abnehmenden Touristenankünfte und der damit einhergehenden geringeren Anzahl durchgeführter Abenteueraktivitäten (2011: 2,6 Mio., 2012: 2,56 Mio., 2013: 2,72 Mio., 2014: 2,85 Mio.) sind die Verletzungen bei (Abenteuer-/Sport-)Aktivitäten in den Jahren 2011 und 2012 zurückgegangen, danach aber wieder angestiegen. Waren es im Zeitraum Juli 2009 bis Juli 2010 noch 64.086 bei der Accident Compensation Corporation (ACC) erfasste Verletzungen, so waren es im gleichen Zeitraum 2010–11 61.746 und 2011–12 mit 62.877 Verletzungen annähernd gleich viel. In den beiden Jahreszeiträumen danach stiegen die veröffentlichten Verletzungen jedoch wieder auf 68.747 (2012–13) bzw. 70.861 (2013–14) an. Auch lassen sich immer wieder tragische Unfälle und Todesfälle beobachten (Accident Compensation Corporation, 2015; Statistics New Zealand, 2015a, 8).

17.3.2 Nachfrage von Abenteuertourismus in Neuseeland

Im Folgenden werden zunächst ausgewählte Merkmale der internationalen und deutschen Touristen in Neuseeland dargestellt und miteinander verglichen. Im Anschluss hieran werden die Abenteuertouristen Neuseelands charakterisiert. Den Abschluss des Kapitels bildet die Darstellung einer empirischen Untersuchung zur Zufriedenheit deutscher Reisender mit neuseeländischen Abenteueranbietern.

Internationale und deutsche Touristen in Neuseeland

Im Jahr 2014 konnte Neuseeland 2,85 Millionen internationale Ankünfte verzeichnen, wobei 78.912 Deutsche das Land besuchten (Marktanteil: 2,8 %). Deutschland liegt hiermit – nach Australien, China, USA, Großbritannien und Japan – auf Platz 6 der internationalen Gäste.

Tab. 17.1: Wichtige Charakteristika der Neuseelandtouristen 2014 (Quelle: Statistics New Zealand, 2015a, 11 ff.).

Motivation	alle	aus D	Alter (Jahre)	alle	aus D	Aufenthaltsdauer (Tage)	alle	aus D
Urlaub	51,6 %	76,9 %	< 15	8,3 %	3,5 %	1–3	16,9 %	5,6 %
Besuch von Verwandten und Bekannten (VFR)	34,1 %	14,8 %	15–24	12,4 %	29,3 %	4–7	26,3 %	6,5 %
Geschäftsreisen	10,0 %	4,0 %	25–34	19,8 %	24,3 %	8–14	26,8 %	11,1 %
Besuch von Konferenzen und Tagungen	2,2 %	1,1 %	35–44	15,8 %	9,9 %	15–21	11,8 %	17,7 %
Bildungsreisen	2,1 %	3,0 %	45–54	16,8 %	14,3 %	≥ 22	18,2 %	59,1 %
			55–64	16,1 %	11,2 %			
			≥ 65	10,8 %	7,5 %			

Der Großteil aller Reisenden kommt wegen des Motivs Urlaub ins Land, gefolgt von Besuchen von Freunden und Bekannten (auch als VFR-Reisen bekannt) sowie Geschäftsreisen. Der Besuch von Konferenzen und Tagungen sowie Bildungsreisen haben nur eine geringe Bedeutung. Die Reihenfolge der Wichtigkeit der Reisemotivation stimmt bei den deutschen Besuchern zwar mit denen aller Gäste überein, die Bedeutung der Urlaubsmotivation ist aber mit fast 77 Prozent um mehr als 25 Prozentpunkte höher. Beim Alter der Neuseelandbesucher fällt auf, dass sie v. a. in den Altersklassen der 25- bis 34-Jährigen und der 45- bis 54-Jährigen zu finden sind. Knapp dahinter liegen die 55- bis 64-Jährigen und die 35- bis 44-Jährigen. Fast jeder dritte deutsche Reisende ist dagegen 15 bis 24 Jahre alt und jeder vierte Reisende 25 bis 34 Jahre – die unter 35-Jährigen spielen damit die wichtigste Rolle. Letztlich sei hier noch auf die Aufenthaltsdauer hingewiesen, dessen Median über alle Touristen bei 8,9 Tagen liegt. Bei den deutschen Touristen beträgt er dagegen 25,3 Tage und ist damit fast drei Mal so groß, was u. a. auf die lange Anreisestrecke zurückzuführen sein dürfte (vgl. Tab. 17.1). Die beliebteste Reisezeit der Deutschen ist November bis März, d. h. in den Sommermonaten der Südhalbkugel (68 % aller Ankünfte und 73 % aller Urlaubsreisenden). Vor allem der Dezember ist bei den VFR-Reisen beliebt, sodass 21 Prozent aller VFR-Reisen aus Deutschland im Monat des Weihnachtsfests erfolgen (Groß, 2010, 9; Ministry of Tourism New Zealand, 2009, 3 f.).

Charakteristika der Abenteuertouristen in Neuseeland
Einer von zwei internationalen Urlaubsreisenden (Motivation: Urlaub) unternimmt während seines Aufenthalts eine Form von Abenteuertourismus, was für 2012 etwas

mehr als 500.000 Reisenden entspricht, und einer von drei internationalen Gästen (ca. 37 % bzw. 367.000 Reisende) sind sogar im extremen Abenteuertourismus („extreme adventure") aktiv. Während Abenteuertouristen im Jahr 2012 ca. 3.200 NZD pro Person in Neuseeland ausgaben, was hochgerechnet ca. 1,6 Milliarden NZD Umsatz bedeutete, werden für 2015 ca. 4.061 NZD angegeben, sodass ein Umsatz von ca. 2,88 Milliarden NZD entstand (Tourism New Zealand, 2015, 3 ff.).

Die Anzahl der Abenteuertouristen in Neuseeland ist über den Zeitraum von 2004 bis 2012 nahezu stabil geblieben („adventure" 2004: 52 %, 2012: 51 % und 2015: 54 %; „extreme adventure" 2004: 44 % und 2012: 37 %). Der Abenteuertourismus hat aber für Touristen aus den zehn wichtigsten Quellmärkten Neuseelands eine unterschiedlich starke Bedeutung. Während der Abenteuertourismus für die asiatischen Kernquellmärkte Neuseelands größtenteils eine geringe Bedeutung hat, hat er v. a. für Touristen aus Europa, den USA und Australien eine hohe Bedeutung. So sind ca. 70 Prozent der Deutschen während ihres Aufenthalts in Neuseeland abenteuertouristisch aktiv und nehmen damit knapp hinter den Franzosen den zweiten Platz ein. Koreaner (ca. 38 %), Japaner (36 %) und Chinesen (ca. 32 %; 2012 noch 15 %) haben dagegen ein vergleichsweise geringes Interesse (Tourism New Zealand, 2013, 6; Tourism New Zealand, 2015, 3).

Die Top 10 der Abenteueraktivitäten im Jahr 2015 (Tourism New Zealand, 2015, 5) sind für alle internationalen Gäste Jet Boating (17,0 %), Kayak-/Kanufahren/Rafting (12,1 %), „Extreme Rides (Zipline)" (10,9 %), Klettern/Abseilen (8,9 %), Ski/Snowboard (8,0 %), Wandern („great walks"; 7,4 %), Bungee-Jumping (6,8 %), Pferdetrekking (3,6 %), Quad-/Allradfahren (3,2 %) und Tauchen/Schnorcheln (3,1 %).

Daten aus den Jahren 2011/12 zufolge sind einige Aktivitäten bei den deutschen Neuseelandtouristen auf ein höheres Interesse als beim Durchschnitt gestoßen (Tourism New Zealand, 2012, 15 f.; Tourism New Zealand, 2013, 7), so beispielsweise das Kayakfahren (35 % zu 9 %), das Bungee-Jumping (14 % zu 6 %), das Rafting (13 % zu 5 %), das (Höhlen-)Klettern/Abseilen (16 % zu 6 %) und Aktivitäten in der Luft (z. B. Fallschirmspringen, Ballonfahren, Segelfliegen, Paragliding: 14 % zu 6 %).

Diese Aktivitäten werden in den verschiedenen Reiseregionen Neuseelands nachgefragt. Die fünf der 25 meistbesuchten Regionen (bzgl. der Anzahl an Touristen) von Abenteuertouristen (vgl. Tourism New Zealand, 2013, 8) sind Canterbury (66 %), Queenstown (66 %), Auckland (60 %), West Coast (51 %) und Rotorua (41 %).

Wenig überraschend ist, dass insbesondere die Jüngeren (20- bis 29-Jährige) abenteuertouristisch aktiv sind. Aber auch die mittleren Jahrgänge (30- bis 34- und 40- bis 44-Jährige) nehmen stärker am Abenteuertourismus teil, als es ihr Anteil an allen Urlaubsreisenden erwarten lassen würde (vgl. Abb. 17.4). Beim Geschlecht fällt auf, dass Frauen (48 %) und Männer (52 %) ähnlich stark vertreten sind und Abenteuertourismus somit keine geschlechtsspezifische Urlaubsform ist (Tourism New Zealand, 2013, 9 f.).

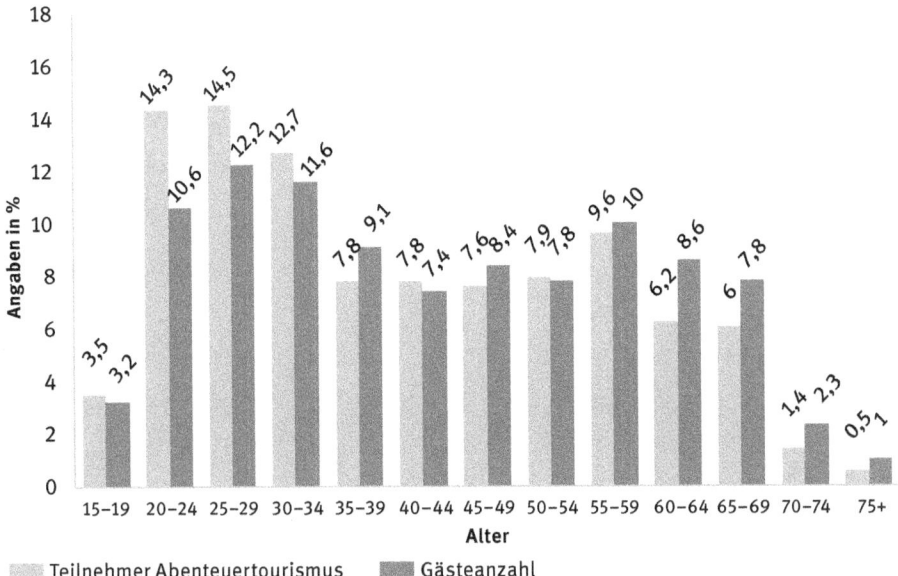

Abb. 17.4: Teilnahme am Abenteuertourismus nach Altersklassen (Quelle: Tourism New Zealand, 2015, 8).

Zufriedenheit deutscher Reisender mit Abenteueranbietern in Neuseeland
In einer im Jahr 2014 durchgeführten Online-Erhebung wurden deutsche Reisende nach ihren Erfahrungen mit Abenteueranbietern in Neuseeland befragt. 24 verschiedene Abenteueraktivitäten flossen in diese Untersuchung ein. Der Link zur Befragung wurde über verschiedene Facebook-Gruppen (z. B. „AuPair Neuseeland 2014" und „Backpacking New Zealand"), der Facebook-Seite der Zeitschrift „360° Neuseeland" und über das Unternehmen Neuseelandhaus GmbH bekannt gemacht (Klein, 2015, 14 f.).

Neun von zehn Befragten waren mit ihren Abenteueranbietern (sehr) zufrieden (52,5 % sehr zufrieden, 40,8 % zufrieden) – dies korrespondiert mit den Ergebnissen einer anderen Untersuchung, bei der die Zufriedenheit mit 14 ausgewählten Abenteueraktivitäten in Neuseeland (von Bungee-Jumping und Kanufahren über Fallschirmspringen und Jet Boating bis hin zum Skifahren, Rafting und Quadfahren), zwischen 8 und 9,1 von 10 möglichen Punkten und damit auch relativ hoch lag (Klein, 2015, 22; Tourism New Zealand, 2013, 11).

Mithilfe einer Importance-Performance-Analyse (IP-Analyse; vgl. Abb. 17.5) wird sowohl die Zufriedenheit mit einem bestimmten Merkmal als auch die Wichtigkeit des gleichen Merkmals gemessen. Die Merkmale werden hierbei auf einer 5-stufigen Likert-Skala (1 = völlig unwichtig bis 5 = völlig wichtig und 1 = sehr unzufrieden bis 5 = sehr zufrieden) bewertet und die jeweilgen Mittelwerte in einem Gitter, auch als Action Grid bezeichnet, dargestellt. Darüber hinaus wird der jeweilige Durchschnitt über

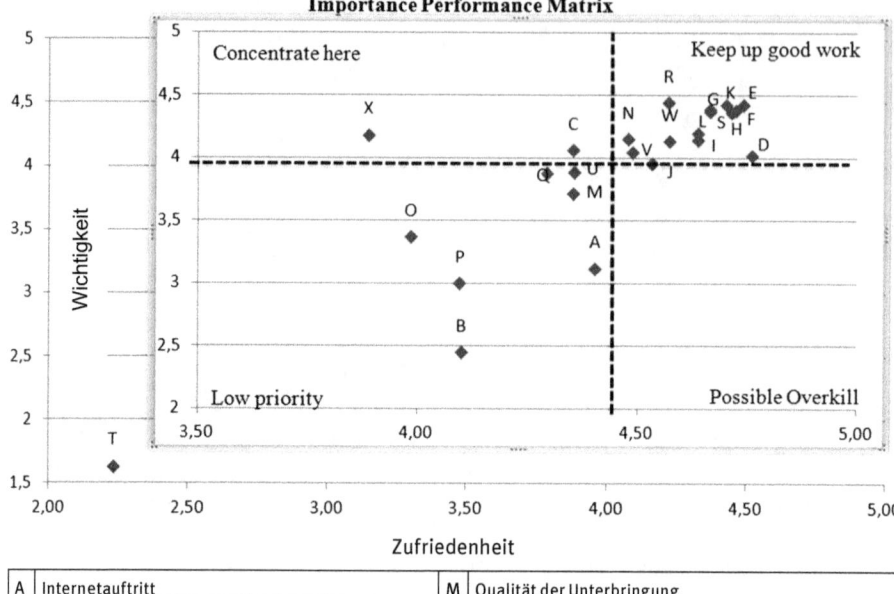

A	Internetauftritt	M	Qualität der Unterbringung
B	Soziale Medien (z.B. Facebook, Twitter, Tripadvisor)	N	Umweltfreundlicher Umgang mit der Natur während des Erlebnisses
C	Verfügbarkeit zuverlässiger Vorabinformationen (z.B. über Anforderungen, Tourenverlauf)	O	Informationen zu lokaler Geschichte während der Tour (z.B. Maori-Traditionen)
D	Einfacher und schneller Buchungsprozess	P	Visuell ansprechendes Informations-/Buchungsbüro
E	Geschulte und kompetente Mitarbeiter	Q	Besucherlenkung/Vermeidung überfüllter Landschaften
F	Freundlichkeit der Mitarbeiter	R	Qualität der Ausstattung/Ausrüstung
G	Geschulter und kompetenter Reiseleiter/Instrukteur	S	Verfügbarkeit angemessener Ausstattung/Ausrüstung
H	Freundlichkeit des Tourguides/Kursleiters	T	Deutschsprachiger Service
I	Ausführliche Einführung/Belehrung vor dem Start	U	Transferangebote zu abgelegenen Ausgangspunkten
J	Anforderungen entsprechen eigenen Fähigkeiten	V	Erlebnis hat eine Herausforderung geboten
K	Angemessene Sicherheitsvorkehrungen	W	Gut organisierter Reiseverlauf
L	Angenehme Gruppengröße	X	Preis-Leistungs-Verhältnis

Abb. 17.5: IP-Analyse abenteuertouristischer Anbieter in Neuseeland, n = 34 – 120 (Quelle: Klein, 2015, 25).

alle Merkmale für die Bereiche Wichtigkeit und Zufriedenheit in einem Fadenkreuz dargestellt. Hierdurch entstehen vier Quadranten, womit Empfehlungen im Umgang mit den einzelnen Merkmalen abgeleitet werden können, u. a., ob mehr oder weniger Zeit und/oder finanzielle Mittel investiert werden sollten oder ob man sich auf ein Merkmal weniger stark konzentrieren sollte (Lück, 2011, 45 ff.; Martilla/James, 1977, 77 ff.).

Der Großteil der bewerteten Kriterien neuseeländischer Abenteueranbieter findet sich im Quadranten „keep up the good work". Hierunter fallen z. B. alle Kriterien, die sich auf die Mitarbeiter beziehen (Items E, F, G und H), und die sicherheitsrelevanten Kriterien (Items I, J und K). Hierbei ist jedoch zu erwähnen, dass das Kriterium „J" („Anforderungen entsprechen eigenen Fähigkeiten") nahe am „possible overkill" liegt. Hierzu passend ist, dass das Kriterium „V" („Erlebnis hat eine Herausforderung geboten") direkt daneben liegt, sodass dies von den abenteuertouristischen Anbietern bei ihrer Produktentwicklung weiterhin besonders beachtet werden sollte. Während neben dem auf der Grenze liegenden Kriterium „J" keines im Quadranten „possible overkill" liegt, können acht Kriterien als „low priority" klassifiziert werden. Hierzu zählen u. a. ein deutschsprachiger Service (Item T), ein visuell ansprechendes Informations-/Buchungsbüro (Item P) oder Informationen zu lokaler Geschichte während der Tour (z. B. zu Maori-Traditionen; Item O). Interessant ist, dass dem Quadranten „low priority" auch die Social-Media-Aktivitäten (Item B) und der Internetauftritt (Item A) zuzuordnen sind. Zu guter Letzt sei erwähnt, dass sich zwei der bei der IP-Analyse einbezogenen Kriterien im Quadranten „concentrate here" wiederfinden. Dies sind das Preis-Leistungs-Verhältnis (Item X) und die Verfügbarkeit zuverlässiger Vorabinformationen (z. B. über Anforderungen, Tourenverlauf; Item C).

17.4 Fazit und Ausblick

Der Abenteuertourismus spielt für Neuseeland eine bedeutende Rolle, da die natürlichen Gegebenheiten und die vom Menschen geschaffene Infrastruktur ein breites Spektrum an Abenteueraktivitäten ermöglicht, die für viele Touristen Neuseelands eine hohe Anziehungskraft besitzen. Einer von zwei internationalen Urlaubsreisenden nimmt während des Aufenthalts am Abenteuertourismus teil und einer von drei internationalen Gästen sogar am „Extreme-Adventure"-Tourismus. Neuseeland wurde in den letzten Jahren immer wieder zu den Top-Abenteuer-Destinationen weltweit gezählt, wobei v. a. die Aspekte natürliche Ressourcen, Entrepreneurship, touristische Infrastruktur und Sicherheit zu den am besten bewerteten Aspekten zählen. Im Bereich Sicherheit sind vielfältige Aktivitäten zu beobachten, die aber noch ausgebaut werden können (z. B. eine Erweiterung auf Schulen oder Vereine), da weiterhin vermeidbare Unfälle zu beobachten sind.

Auch für die deutschen Neuseelandreisenden spielt der Abenteuertourismus eine große Rolle. Mehr als 70 Prozent der Deutschen sind während ihres Aufenthalts in Neuseeland abenteuertouristisch aktiv und hiermit die zweitwichtigste Zielgruppe für derartige Unternehmungen. Da sich die deutschen Reisenden vergleichsweise lange im Land aufhalten, besteht eine hohe Wahrscheinlichkeit, dass nicht nur eine Abenteueraktivität nachgefragt wird, sondern mehrere. Nach den Ergebnissen der dargestellten Online-Erhebung sind die deutschen Neuseelandreisenden mit den ortsansässigen Abenteueranbietern größtenteils (sehr) zufrieden, und bei der IP-Analyse zeigt sich, dass keine Kriterien im Quadranten „possible overkill" liegen. Für eine gezielte Ansprache der deutschen Neuseelandreisenden sollten (kommerzielle) Abenteueranbieter großen Wert auf die Verfügbarkeit zuverlässiger Vorabinformationen (z. B. zu den Anforderungen und Tourenverlauf) und das Preis-Leistungs-Verhältnis legen,

v. a. da viele junge Deutsche Abenteueraktivitäten nachfragen. Daneben sollten die Kriterien weiterhin im Auge behalten werden, die für die (deutschen) Reisenden wichtig sind, wie Qualität der Ausstattung/Ausrüstung, geschulte und kompetente Tourguides/Kursleiter oder angemessene Sicherheitsvorkehrungen.

Neuseeland und auch die Anbieter selbst müssen sich schon heute und zukünftig noch mehr für einen zunehmenden Wettbewerb im Abenteuertourismus wappnen, da sich immer mehr Destinationen ihrer (natürlichen) Ressourcen bewusst und in diesem stark wachsenden Tourismussegment mit hochwertiger Kundenstruktur aktiv werden. Die Zukunft des Abenteuertourismus wird u. a. davon abhängen, ob die Anbieter Innovationskraft zeigen, indem sie neue Angebote entwickeln und hierbei sowohl sicherheitsrelevante Aspekte, die Reduzierung der Umweltfolgen und die Wünsche der (potenziellen) Nutzer beachten können. Ein USP (Unique Selling Proposition) ist die Maori-Kultur, womit sich Neuseeland vom weltweiten Wettbewerb abheben kann, obwohl dieses Kriterium in der dargestellten Online-Befragung unterdurchschnittlich wichtig bewertet wurde.

Das Thema Sicherheit wird weiterhin wichtig bleiben, darf aber nicht dazu führen, dass die Kosten zu stark steigen und der Reiz des Außergewöhnlichen verschwindet. Interessant wird auch sein, inwieweit es die Anbieter zukünftig schaffen werden, v. a. die asiatischen Märkte (z. B. China, Japan oder Indien) für den Abenteuertourismus zu gewinnen, da sie bisher noch ein geringeres Interesse an abenteuertouristischen Angeboten haben, aber aufgrund des hohen (Personen-)Potenzials wichtig sind.

Literatur

ATTA – Adventure Travel Trade Association, editor. Adventure Tourism Market Report, o. O., 2010.
ATTA – Adventure Travel Trade Association, editor. Adventure Tourism Market Study 2013, o. O., 2013.
ATTA – Adventure Travel Trade Association, editor. ATDI – Adventure Tourism Development Index – The 2015 Report, 5th edition. www.adventureindex.travel/docs/atdi_2015.pdf, 2015a. Abgerufen am 23. Juni 2015.
ATTA – Adventure Travel Trade Association, editor. ATDI Dataset. http://www.adventureindex.travel/downloads.htm, 2015b. Abgerufen am 23. Juni 2015.
Bain C, Dunford G, Miller K, O'Brien S, Rawlings-Way C. Neuseeland, Melbourne: Lonely Planet Publications, 2007.
Belich J. Geschichte. In: Bain C, Dunford G, Miller K, O'Brien S, Rawlings-Way C. Neuseeland. Melbourne: Lonely Planet Publications, 2007, 31–39.
Bentley TA, Page SJ, Laird IS. Safety in New Zealand's adventure tourism industry: The client accident experience of adventure tour operators. Journal of Travel Medicine. 2000, 7, 239–245.
Blackstock R. Tourism safety checks hit snag. The New Zealand Herald, 09. 03. 2014, http://www.nzherald.co.nz/nz/news/article.cfm?c_id=1&objectid=11216470, 2014. Abgerufen am 24. Juni 2015.
Boocock S. The New Zealand Adventure Guide. Auckland/Sydney/London/Cape Town: New Holland Publishers (NZ) Ltd., 2010.
Buckley R. Adventure Tourism Management. London/New York: Routledge, 2010.

Buckley R. Adventure tourism products: Price, duration, size, skill, remoteness. Tourism Management. 2007, 28, 1428–1433.
Buckley R. Adventure Tourism Research: a Guide to the Literature. Tourism Recreation Research. 2006, 31, 75–83.
Buckley R. NEAT Trends: Current Issues in Nature, eco- and adventure tourism. International Journal of Tourism Research. 2000, 2, 437–444.
Ewert A. Outdoor Adventure Pursuits: Foundation, Models and Theories. Columbus/USA: Publishing Horizons, 1989.
Groß S. Tourismus und Verkehr in Neuseeland – Erfahrungen, Beobachtungen, Fakten. Verkehrszeichen. 2010, 2, 4–10.
Hall CM. Special interest travel: A prime force in the expansion of tourism? In: Welch R, editor. Geography in Action. Dunedin: University of Otago, 1989.
Health and Safety in Employment (Adventure Activities) Regulations, 2011.
Houge Mackenzie S. The Evolution of Adventure Tourism in Aotearoa/New Zealand: Current Trends & Future Issues. In: Black R, Bricker K, editors. Adventure Travel and Programming in the 21st Century. State College, Pennsylvania: Venture Publishing, 2015, 27–32.
Johnston ME. Facing the challenges: Adventure in the mountains of New Zealand. In: Wellert B, Hall CM, editors. Special Interest Tourism. London: Belltaven Press, 1992, 159–170.
Klein C. The New Zealand Adventure Experience of German Travellers: An Importance-Performance Analysis of on-site Adventure Operators 2015. Wernigerode (unveröffentlichte Abschlussarbeit).
Laing J, Frost W. Explorer Travellers and Adventure Tourism. Bristol/Buffalo/Toronto: Channel View Publications, 2014.
Lück M. An Importance-Performance Analysis of Backpackers at Robinson Crusoe Island Resort, Fiji. Ara Journal of Tourism Research. 2011, 01, 43–53.
Maritime New Zealand. Adventure activity resources. http://www.maritimenz.govt.nz/Commercial/Safety-management-systems/Adventure-activity-resources/Adventure-activity-resources.asp, JAHR. Abgerufen am 23. Juni 2015.
Martilla JA, James JC. Importance-Performance Analysis. Journal of Marketing. 1977, 41, 77–79.
McArthur S. Working Hard to Be a Solo Man: An Investigation of the Facets and Ramifications of Group Size, as It Relates to Adventure Tourism in Whitewater Rafting, Unpublished integrated project. Lismore: School of Resource Science and Management, University of New England, 1989.
Ministry of Tourism New Zealand. International Visitors – Germany. Wellington, 2009.
New Zealand Tourism Guide. Adventure, Download von http://www.tourism.net.nz/attractions-and-activities/adventure/index.html, 2015. Abgerufen am 11. Juni 2015.
Rohde K. Haftung und Kompensation bei Straßenverkehrsunfällen. Tübingen: Mohr Siebeck, 2009.
Price T. Adventure by numbers. In: Wilson K, editor. The Games Climbers Play. London: Diadem, 1978, 646–651.
Sand M, Groß S. Abenteuertourismus in der Hochschulausbildung in Deutschland – Ist-Analyse und Plädoyer für eine stärkere Berücksichtigung von Abenteuerangeboten, (bisher unveröffentlicht).
Schleske W. Abenteuer – Wagnis – Risiko im Sport. Schorndorf: Hofmann, 1977.
Spode H. Zur Geschichte des Tourismus – Eine Skizze der Entwicklung der touristischen Reisen in der Moderne. Starnberg: Studienkreis für Tourismus, 1987.
Sports Unlimited. AJ Hacket – Geschichte. http://www.sportsunlimited.de/pages/de/adventure-sports/aj-hackett-bungy/geschichte.php, 2015. Abgerufen am 11. Juni 2015.
Standeven J, de Knop P. Sport Tourism. Champaign: Human Kinetics, 1999.

Statistics New Zealand. International Visitor Arrivals to New Zealand: December 2014 – Overseas visitor arrivals to New Zealand by country of residence and selected characteristics. Wellington, 2015a.

Statistics New Zealand. New Zealand's growing population, www.stats.govt.nz/browse_for_stats/snapshots-of-nz/yearbook/people/population/7-million.aspx, 2015b. Abgerufen am 22. Juni 2015.

Sung HH, Morrison AM, O'Leary JT. Definition of Adventure Travel. Conceptual framework for Empirical Application from the Providers' Perspective. Asia Pacific Journal of Tourism Research. 1997, 2, 47–67.

Swarbrooke J, Beard C, Leckie S, Pomfret, G. Adventure Tourism – The new frontier. Oxford: Elsevier Science Ltd., 2003.

Tourism Industry Association New Zealand. NZ Tourism Organisations, http://www.tianz.org.nz/main/nz-tourism-partners/, 2015. Abgerufen am 22. Juni 2015.

Tourism New Zealand. Adventure Tourism. Auckland, http://www.tourismnewzealand.com/media/1030987/adventure_tourism_-_research_report.pdf, 2013. Abgerufen am 24. Juni 2015.

Tourism New Zealand. International participation in adventure tourism. Auckland, 2015.

Tourism New Zealand. Visitor Experience Monitor – German Market Report 2011/2012. Auckland, http://www.tourismnewzealand.com/markets-and-stats/germany/visitor-experience-monitor-survey/, 2012. Abgerufen am 20. April 2015.

Trümper T. Die touristische Entwicklung der Risiko- und Abenteuersportarten. In: Dreyer A, Krüger A (Hg.). Sporttourismus. Management und Marketing Handbuch. München/Wien: Oldenbourg-Verlag, 1995, 203–235.

Worksafe New Zealand. Register of adventure activity operators, http://www.dol.govt.nz/Tools/AAOAudit/Audit/register, 2015. Abgerufen am 22. November 2015.

UNWTO – World Tourism Organization. Global Report on Adventure Tourism. Madrid, 2014.

Harald Pechlaner und Michael Volgger
18 Zukunft der Tourismusforschung – Probleme und Perspektiven aus der Sicht australischer Forscher

18.1 Einleitung

Die 1980er- und 1990er-Jahre waren von einer Expansion der Tourismusforschung in Australien gekennzeichnet. Zu dieser Zeit schürte die Etablierung erster Lehrstühle und Studienprogramme einen tief greifenden Optimismus (Hobson, 1995). In der Folge konnte sich Australien zu einem Vorreiter der weltweiten Tourismusforschung hocharbeiten (Jago et al., 2003). Dieser Optimismus ist mittlerweile jedoch deutlich gedämpft. Große Umwälzungen der akademischen Landschaft in Australien führten u. a. zu einer Aufwertung der Prinzipien der organisationalen Effizienz, der standardisierten Qualitätssicherung und der ökonomisierten Betrachtung von Universitäten, was einhergeht mit sinkenden öffentlichen Finanzierungsanteilen (Dredge et al., 2013). In einem solcherart veränderten Kontext sind Tourismus- und Hospitality-Programme in Forschung und Lehre in Australien auch angesichts von stagnierenden internationalen Studentenzahlen gegenwärtig mit sich verschärfenden Rahmenbedingungen konfrontiert (Dredge et al., 2012).

Tourismus bleibt aber ein wichtiger Sektor der australischen Wirtschaft, der für fast fünf Prozent der Beschäftigung und knapp drei Prozent des australischen Bruttoinlandsprodukts verantwortlich zeichnet (Tourism Research Australia, 2014). Gerade in Zeiten, in denen sich Anzeichen eines Endes des Ressourcenbooms mehren (Jericho, 2015), wird die Bedeutung des Tourismus als Stütze der australischen Wirtschaft wieder stärker ins Licht gerückt. Aktuellen Berichten zufolge leidet die australische Tourismuswirtschaft aber an verbesserungsfähiger Innovationsfähigkeit, limitierter Attraktivität für qualifizierte Arbeitskräfte und eingeschränkten Karriereperspektiven (Dredge et al., 2012). Die ökonomische, soziale und ökologische Wichtigkeit einer funktionierenden Tourismusforschung, die in Abstimmung mit Regierung und Tourismuswirtschaft diesen so wichtigen Sektor für Australien weiterentwickelt, sollte damit außer Frage stehen.

Der vorliegende Beitrag exploriert die Sichtweisen einiger Tourismusforscher in Australien (unter besonderer Berücksichtigung von Westaustralien) auf die Entwicklungen rund um die genannten Spannungsfelder. Ziel der explorativen Studie ist es, unter Einbettung in eine historische Perspektive einige Themen der zukünftigen Entwicklung der Tourismusforschung zu eruieren, die australische Tourismusforscher als besonders relevant erachten. Dazu werden Auszüge aus 2014 geführten qualitativen Interviews mit Tourismusforschern in Australien diskutiert und zudem die Ergebnisse einer systematischen GABEK-Analyse (Pechlaner/Volgger, 2012; Zelger, 1999) dieser qualitativen Interviews vorgestellt.

18.2 Literatur

Die Einschätzungen, die australische Tourismusforscher zur zukünftigen Entwicklung ihres Forschungsbereichs abgeben, sind einerseits sicherlich beeinflusst von Entwicklungen und Diskussionen rund um die Tourismusforschung auf internationaler Ebene. Sie sind daneben aber auch von der australischen Erfahrung und den dortigen Transformationen geprägt. Dieses Kapitel bettet die Untersuchung in diese beiden Kontexte ein.

18.2.1 Ausgewählte Themenbereiche aus dem internationalen Diskurs um die Zukunft der Tourismusforschung

Dieses Kapitel präsentiert einige ausgewählte Aspekte internationaler Entwicklungen und Diskussionen rund um die Tourismusforschung. Dabei werden insbesondere die beiden Diskussionsstränge rund um die Frage des akademischen Status des Tourismus und die Frage nach den Zielgruppen dieser Forschung aufgegriffen und als Rahmen für die nachfolgende Erörterung der australischen Entwicklungen vorgestellt.

Der Status des Tourismus in der akademischen Landschaft

Während die Tourismusforschung und -lehre nach ihren gut 40 Jahren konsistenter akademischer Präsenz (Airey et al., 2015; es gab auch einige etwas ältere Vorläufer) als „reif" oder zumindest „reifend" bezeichnet werden kann (Airey, 2008; Ryan, 1997; Sheldon, 1991), herrscht bezüglich ihres disziplinären Status weniger Einigkeit. Disziplinen sind ein bedeutsames Strukturierungsprinzip akademischer Wissensgenerierung und Wissensdissemination und können definiert werden als „eigenständige Wissensgebäude, die auch Regeln und eine konzeptionelle Struktur für die Weiterentwicklung dieses Wissens bereitstellen" (Tribe, 2000, 810, Übersetzung der Autoren). Während einige Tourismusforscher der Meinung sind, Tourismus erfülle diese Bedingung und sei entsprechend mit dem Siegel der Disziplin zu versehen (Goeldner, 1988; Leiper, 2000), sehen andere Autoren Tourismus eher als Forschungsfeld („field of study") an, das Disziplinengrenzen überschreitet (Cooper et al., 1998; Jafari/Ritchie, 1981; Tribe, 1997).

Ein Diskussionsstrang in diesem Spannungsfeld konzentriert sich schließlich darauf, welche Gestalt das Überschreiten der Disziplinengrenzen im Rahmen der Tourismusforschung annimmt bzw. annehmen sollte. Hierbei werden grundsätzlich die Ansätze der Multidisziplinarität, Interdisziplinarität, Transdisziplinarität und letzthin sogar der Postdisziplinarität unterschieden (Volgger/Pechlaner, 2015). Diesen Ansätzen gemeinsam ist die Annahme, dass sich die Vielfältigkeit des touristischen Phänomens nur durch den Rückgriff auf mehrere Wissensgebäude bzw. Disziplinen bewältigen lässt (Jafari/Ritchie, 1981). Die Positionen von Multi-, Inter- und Transdisziplinarität unterscheiden sich jedenfalls darin, welchen Stellenwert sie den disziplinären Strukturen im Rahmen der Integration ihres Wissens zugestehen bzw. auch darin, wie sie den Integrationsprozess verstehen. Auch wenn die Tourismusforschung und -lehre eine Reihe von Institutionen der Integration unter dem spezifischen thematischen Dach des Tourismus geschaffen haben (spezifische Journals, wissenschaftliche Organisationen, Forschungsinstitutionen und Lehrprogramme; Jennings, 2010), dominiert aktuell noch ein multidisziplinärer Zugang, also ein paralleles und oft nur bedingt koordiniertes Arbeiten an ähnlichen Themen mit unterschiedlichen disziplinären Hintergründen. Ein stärker integriertes Erkunden touristischer Fragestellungen durch dynamische Interaktion und wechselseitige Abstimmung zwischen den disziplinären Grenzen im Sinne der Interdisziplinarität (Darbellay/Stock, 2012) oder gar der stark problemorientierten Transdisziplinarität wird nur partiell realisiert. Tribe (1997) argumentiert, dass im Rahmen der Förderung der Interdisziplinarität die betriebswirtschaftlich orientierte Tourismusforschung und -lehre eine Vorreiterrolle einnimmt.

Auf dieser Grundlage sehen Pechlaner und Volgger (2015) das Erreichen eines „disziplinierten interdisziplinären Arbeitens" als eine prioritäre Ambition in der weiteren Entwicklung von Tourismusforschung und -lehre. Allerdings geht mit dem Verfolgen eines solchen Ansatzes die nicht zu unterschätzende Herausforderung einher, das aus verschiedenen (disziplinären) Hintergründen stammende Wissen unter dem Dach des Tourismusfelds zu einem kongruenten Gebäude zu integrieren und mit einem methodisch fundierten Vorgehen zu unterlegen; eine Herausforderung, die Keller (2011) als „multidisziplinäre Falle" bezeichnet. Die „Generation Tourismus" (Filep et al., 2015), die sich aus den Absolventen der in den letzten zwei Jahrzehnten etablierten multi- und interdisziplinären Tourismusstudiengängen rekrutiert, ist sicher ein Stück weit ein Gradmesser für die Chancen und Risiken eines auf das Phänomen Tourismus zentrierten, angewandten Zugangs.

Die Zielgruppen von Tourismusforschung und Tourismuslehre und deren Erreichbarkeit

Tourismus hat als Forschungsfeld in beträchtlichen Teilen ein Näheverhältnis zur umsetzungsorientierten Tourismuswirtschaft (Tribe, 1997; Tribe, 2002). Auch die Lehre im Bereich Tourismus (und insbesondere im Bereich Hospitality) hat ihre Ursprünge im berufsbildenden Bereich (Airey et al., 2015). Über die Jahre hat sich dieser berufsbildende Fokus etwas ausgeglichen und stärkere akademische Elemente wurden insbesondere in Tourismus-Curricula aufgenommen (weniger im Bereich Hospitality). Dieser Prozess mündete schließlich im Leitgedanken des „philosophic practitioner", der versucht, angewandte und berufsbildende bzw. kommerzielle Ausrichtungen mit kritischen, liberalen und nicht kommerziellen Aspekten zu verbinden (Tribe, 2002). Als Zielgruppen des eher berufsbildenden bzw. kommerziellen Teilaspekts mögen die Tourismuswirtschaft und zum Teil auch die betriebswirtschaftlichen Fächer im akademischen Bereich genannt werden; der eher kritisch ausgerichtete Teilaspekt berücksichtigt insbesondere weitere Interessenvertreter des Tourismus wie Gastgebergesellschaft und Umwelt und bedient sich stärker der (kritischen) gesellschaftswissenschaftlichen Zugänge (Tribe, 2015). Zwar wurde die Leitfigur des „philosophic practitioner" primär für die Tourismuslehre entworfen, sie kann aber ohne große Abweichungen wohl auch auf den Bereich der Tourismusforschung übertragen werden.

Im Bereich der Tourismusforschung bedeutet ein solcher Ansatz jedenfalls, dass neben Fragen der Wissensgenerierung im engeren Sinn auch Fragen der Wissensdistribution und Wissensumsetzung eine wichtige Rolle spielen und nicht komplett voneinander entkoppelt werden sollten. Das Verhältnis von „Wissen" bzw. „Theorien" und „Fertigkeiten" bzw. „Handlungsempfehlungen" ist sowohl im Bereich der Tourismuslehre (Dredge et al., 2012) als auch im Bereich der Tourismusforschung in dynamischer Entwicklung (Pechlaner/Volgger, 2015; Sharpley, 2011). Die Frage der unterschiedlichen Bezugsgruppen der Tourismusforschung erhält durch eine sich zunehmend von öffentlicher Finanzierung wegbewegende Universitätslandschaft sowie durch eine verstärkt standardisierte Messung der Qualität wissenschaftlicher Forschung und Lehre besondere Aktualität (Airey et al., 2015). Um die eigene Zukunft innerhalb dieses sich verändernden akademischen Systems zu sichern, scheint für die Forschung und Lehre in Tourismus und Gastgewerbe die Notwendigkeit gegeben, einerseits enge Kontakte mit der Privatwirtschaft zu pflegen (als Finanzierungsquelle, aber auch um für Studenten attraktiv zu sein), andererseits die akademische Wissensgenerierung und die entsprechende akademische Reputation weiter zu steigern (Airey et al., 2014).

Diese Diskussion um die Zielgruppen und Bezugspunkte touristischer Forschung hat starke Querbezüge zur Frage der geeigneten Kommunikationsmedien, um mit diesen Zielgruppen in Austausch zu treten bzw. ihnen die Forschungsergebnisse kommunizieren zu können. Tourismusjournale spielten ohne Zweifel eine wichtige Rolle bei der Etablierung der Tourismusforschung und werden entsprechend vielfach als das relevanteste Medium angesehen, um in internationaler Dimension die thematischen und methodischen Entwicklungen der Tourismusforschung nachvollziehen zu können (Ballantyne et al., 2009; McKercher et al., 2006; Xiao/Smith, 2006). Weit über das Feld des Tourismus hinaus hat die Bedeutung von wissenschaftlichen Journalen als Indikator für wissenschaftlichen Output in Quantität und Qualität letzthin noch einmal deutlich zugenommen (Hall, 2011). Während es unbestritten ist, dass wissenschaftliche Journale innerhalb der wissenschaftlichen Community sehr gut geeignet sind, um die Fortentwicklung des Wissens („body of knowledge") zu diskutieren und zu dokumentieren (Xiao/Smith, 2006), mag dennoch die Frage gestellt sein, ob sich die Kommunikation von touristischen Forschungsergebnissen auf Tourismusjournale begrenzen sollte. Die Struktur von wissenschaftlichen Journalartikeln ist für

Adressaten innerhalb des universitären Forschungs- und Lehrbetriebes konzipiert. Nachdem es in der oftmals angewandt agierenden Tourismuswissenschaft (Tribe, 1997; Tribe, 2002) aber auch nötig ist, neu generiertes Wissen an die „umsetzenden Akteure" (Politik, Unternehmen, Bevölkerung, Gäste etc.) weiterzugeben, läuft ein monistischer Kommunikationsstrang möglicherweise Gefahr, wichtige Zielgruppen auszuschließen, eine Trennung von akademischer Forschung und Tourismuswirtschaft zu fördern (Tribe, 1997) sowie der Sichtbarkeit der Tourismusforschung und der Umsetzung ihrer Erkenntnisse entgegenzulaufen.

18.2.2 Die Entwicklung der Tourismusforschung in Australien

In diesem Kapitel wird in den spezifischen australischen Kontext der Tourismusforschung eingeführt. Diese Entwicklung wird in zwei Phasen unterteilt: eine Aufbau- und Entwicklungsphase und eine Phase der Stabilisierung, beginnend mit den späten 1990er-Jahren. Die beiden Phasen werden im Folgenden besprochen.

Die Aufbau- und Entwicklungsphase

Nach eher zögerlichen Ansätzen konnte sich in Australien die akademische Lehre und Forschung im Bereich Tourismus (und Hospitality) im Zeitraum 1985 bis 2000 etablieren. Die zunehmende Institutionalisierung des Tourismus an den australischen Universitäten spielte dabei eine zentrale Rolle (Faulkner et al., 1994). Hall (1991) berichtet im Jahr 1991, dass Australien sich „glücklich schätzen" könne, über eine Reihe von universitären Tourismusprogrammen zu verfügen, die zwar primär auf Bachelor- oder Masterniveau angesiedelt, aber als qualitativ hochwertig einzuschätzen seien. Obwohl die historischen Pioniere touristischer Hochschulbildung woanders zu finden sind und in Australien 1976 und 1978 Tourismus- und Hospitality-Abschlüsse erstmals angeboten wurden und ab 1988 schließlich auch den postgradualen Bereich abdeckten (Faulkner et al., 1994), ist das Anwachsen von Tourismusprogrammen (Tourismus und/oder Hospitality) an australischen Universitäten seit den 1980er-Jahren tatsächlich bemerkenswert: Wurden Anfang der 1980er-Jahre an zwei Universitäten Abschlüsse im Bereich Tourismus (und/oder Hospitality) angeboten, waren dies zehn Jahre später schon über 20 und noch einmal knapp zehn Jahre später, Anfang der 2000er-Jahre, gab es an den meisten der damals 37 australischen Universitäten solche Abschlüsse oder Forschungsprogramme in Tourismus und Hospitality (Bushell et al., 2001). Dredge et al. (2013) berichten, dass 2005 mehr als 23 australische Universitäten (bzw. 35 inklusive der privaten nicht universitären Institutionen) Studienprogramme in Tourismus und Hospitality anboten. Im Jahre 1988 wurde der erste australische Lehrstuhl im Bereich Tourismus (Tourism Studies) an der James Cook University eingerichtet. Diese zunehmende Institutionalisierung der Tourismuslehre und -forschung in Australien wird auch durch die Gründung des „Council for Australasian

University Tourism and Hospitality Education (CAUTHE)" als einer Art Dachorganisation und Interessenvertretung der akademischen Tourismuslehre und -forschung im Jahr 1993 bezeugt (Bushell et al., 2001; Faulkner et al., 1994). Diese Aufbauarbeit war neben sich ändernden politischen Rahmenbedingungen ganz wesentlich auch einzelnen pionierhaft agierenden Persönlichkeiten geschuldet. Insbesondere wird die Rolle von Herbert William „Bill" Faulkner als eine Art „father of tourism research in Australia" (Jago et al., 2003, ix) hervorgehoben.

Wenngleich nicht in jedem Fall ein Anwachsen der universitären Tourismusprogramme mit einem Anwachsen der Tourismusforschung gleichgesetzt werden kann, so gibt es doch viele Querbezüge, was den postgradualen Bereich und die Verfassung von Abschlussarbeiten mit Tourismusbezug betrifft. Hall (1991) identifizierte für den Zeitraum 1968 bis 1988 31 solcher Master- und Ph.D.-Abschlussarbeiten mit Tourismusfokus. Zudem fiel in die Zeit der späten 1980er-Jahre die Schaffung einiger (angewandter) touristischer Forschungszentren im akademischen Umfeld, so z. B. das National Centre for Studies in Travel and Tourism an der James Cook University in Queensland (Faulkner et al., 1994). Des Weiteren spielten auch Konferenzen in den Entwicklungen der Tourismusforschung in Australien eine nicht zu unterschätzende Rolle, wobei an vorderster Front die ab 1988 stattfindenden National Tourism Research Conferences zu nennen sind (Faulkner et al., 1994). Der Zugang der Tourismusforschung zur Forschungsförderung des Australian Research Council (ARC), der wichtigsten Stelle für kompetitive Forschungsförderung in Australien, blieb aber traditionell sehr eingeschränkt (Bushell et al., 2001; Faulkner et al., 1994). Um den Zugang zu Förderung zu verbessern und die faire Vergleichbarkeit zu erhöhen, wurde eine offizielle Klassifizierung des Tourismus als eigenständiges Forschungsfeld (field of research, FOR) angestrebt und schließlich auch erreicht (Bushell et al., 2001).

Im nicht akademischen Bereich der Tourismusforschung spielte der seit den späten 1970er-Jahren jährlich stattfindende Workshop des auf Regierungsebene angesiedelten Australian Standing Committee on Tourism (ASCOT) eine gewisse Rolle. Zu nennen sind zudem die Gründung des Bureau of Tourism Research (BTR) im Jahr 1987, das auf Initiative der föderalen Regierung und der Staaten und Territorien Australiens den australischen Tourismussektor mit Daten und Statistiken belieferte, das Engagement der Commonwealth Scientific and Industrial Research Organization (CSIRO) im Bereich Tourismusforschung sowie die Einrichtung von Forschungsabteilungen innerhalb der föderalen und staatlichen Tourismusagenturen (Bushell et al., 2001; Jago et al., 2003).

Wie Faulkner et al. (1994) berichten, war die Tourismusforschung in Australien zu dieser Zeit einseitig wirtschaftswissenschaftlich ausgerichtet, wenig theoretisch verankert und räumlich stark auf New South Wales konzentriert. Auch die Forschungsförderung blieb letztendlich im Verhältnis zur Forschung in anderen Wirtschaftssektoren Australiens bescheiden. Bushell et al. (2001) berichten für den Zeitraum 1994–95, dass der Tourismus zwar für 7,1 Prozent des australischen BIP verantwortlich zeichnete, er aber nur 0,4 Prozent der Regierungsausgaben für Forschung und Entwicklung (F&E)

auf sich vereinen konnte. Im Vergleich dazu entfielen im selben Zeitraum auf Landwirtschaft, Fortwirtschaft und Fischerei „nur" 3,2 Prozent des BIP, sie erhielten aber 27,4 Prozent der öffentlichen F&E-Förderung. Als Begründung verwiesen die nationalen Wissenschaftsförderungsstellen wiederholt auf die angewandte Natur der Tourismusforschung und die entsprechende Möglichkeit, Industriefinanzierungen zu erhalten (Faulkner et al., 1994). Das sich daraus ergebende Dilemma beschreiben Faulkner et al. (1994, 312 f.) wie folgt: „Academic tourism scholars [...] find themselves either too academic for industry or too industry oriented for the academics."

Stabilisierung

Ab den späten 1990er-Jahren entwickelte sich Australien zunehmend zu einem Schwergewicht im weltweiten Konzert der Tourismusforschung. An dieser Entwicklung maßgeblich beteiligt war das COoperative Research Centre for Sustainable Tourism (STCRC), das von der föderalen Regierung Australiens 1997 eingerichtet wurde. Das STCRC begann, angedockt an die Griffith University an der Gold Coast, im kleinräumigen Maßstab, entwickelte sich aber alsbald zu einem nationalen Programm, das in seinen zwei Finanzierungsrunden eine wesentliche Säule für die Finanzierung der Tourismusforschung in Australien sein sollte (Jago et al., 2003). In den ersten sieben Jahren seiner Existenz verfügte das STCRC über jährliche Budgets von etwa zehn bis 30 Millionen AUD (Geld- und Sachleistungen), bereitgestellt von seinen über 30 Kernpartnern aus Regierung, Tourismuswirtschaft und Universitäten (STCRC, 2000; STCRC, 2005). „STCRC hat 16 universitäre bzw. ‚liefernde' Partner und 18 Kern-‚Nutzer'-Partner aus den Bereichen öffentliche Verwaltung und privater Sektor der Tourismuswirtschaft [...]" (STCRC, 2005, 5; Übersetzung der Autoren). Unter den regierungs- und tourismuswirtschaftlichen „User"-Partnern (also den erhofften Anwendern der Forschungsergebnisse) befanden sich u. a. die australischen Tourismusmarketing-Organisationen auf föderaler und staatlicher Ebene, Qantas Airways, staatliche Abteilungen für Parks und Umwelt und verschiedene Branchenvertretungen.

Im Zuge seiner insgesamt 13 Jahre dauernden Operativität, die am 30. Juni 2010 final eingestellt wurde, wurde das STCRC zum wohl größten spezifischen Tourismusforschungsprogramm der Welt (STCRC, 2008). Die während seiner Existenz entstandenen über 400 Forschungsprojektberichte sind noch immer über die Website zugänglich (STCRC, 2008). Der Grundgedanke des Sustainable Tourism des CRC war die Förderung von Forschungspartnerschaften zwischen australischen Universitäten, Regierung bzw. Verwaltung und Tourismusindustrie rund um die Themen nachhaltige Destinationen, nachhaltige Unternehmen und nachhaltige Ressourcen (Bushell et al., 2001; STCRC, 2008).

Im Verlauf des ersten Jahrzehnts der 2000er-Jahre gewannen für die Allokation von akademischem Prestige und Fördergeldern nationale Evaluierungssysteme der Forschungsqualität („national research quality reviews") an Bedeutung – ein Prozess der Parametrisierung, der die Vergleichbarkeit erhöhen soll und bisweilen auch unter „Ökonomisierung" der Bildung läuft (Australian Research Council, 2010; Hall, 2011). Die führende institutionelle Rolle im Rahmen der Klassifizierung der Forschungsqualität in Australien hat, in vollem Funktionsumfang seit 2010, das „Excellence-in-Research-for-Australia-(ERA-)"-Programm des ARC. Dieses verwendete als wesentlichen Ankerpunkt der Messung von wissenschaftlicher Qualität Journalpublikationen und bediente sich dabei als Qualitätsindikatoren der Rangreihungen (A*, A, B, C, unranked) von wissenschaftlichen Journalen sowie der Zitationskennzahlen (Hall, 2011). Im selben Geiste wird von der Assoziation der wirtschaftswissenschaftlichen Fakultäten und Institute Australiens (Australian Business Deans Council, ABDC) eine Rangreihung von wirtschaftswissenschaftlich ausgerichteten Journalen erstellt. Auf dieser Liste finden sich 60 Tourismusjournale (vier A*-, elf A-, 24 B- und 21 C-Journale) wieder (ABDC, 2013). Diese Entwicklung kommentierte Hall (2011, 25; Übersetzung der Autoren) insgesamt wie folgt: „Das bedeutet, dass sich die Relevanz der Forschung nicht aus den Fragestellungen und den Problemen heraus definiert, mit denen die Forschung umzugehen versucht, sondern auf der Grundlage des Publikationsformats (und auf der Grundlage des Umfangs der externen Forschungsförderung)."

18.3 Methode

Vor dem Hintergrund des vorgestellten Rahmens verfolgte die hier präsentierte Studie den Ansatz, in explorativer Art und Weise einige rezente Einschätzungen australischer Tourismusforscher zu den zukünftigen Entwicklungen der Tourismusforschung zu sammeln und sie mit einem qualitativen Instrumentarium zu untersuchen. Datenerhebung und Datenanalyse wurden auf der Grundlage der phänomenologisch verankerten GABEK-Methodik strukturiert.

18.3.1 GABEK als Forschungsmethode

GABEK (Ganzheitliche Bewältigung von Komplexität) ist eine Methode zur Ermittlung, Organisation und Darstellung von kollektiven Wissens-, Wahrnehmungs- und Bedeutungssystemen (Zelger, 1999). Die Grundlage für eine GABEK-Analyse stellen (kolloquiale) Texte dar, wobei sich offene oder leitfadengestützte Interviews bestens eignen. Entsprechend der phänomenologischen Tradition und insbesondere den Theorien von Wahrnehmungsgestalten (Stumpf, 1939) und linguistischen Gestalten (Zelger, 1999), setzt eine GABEK-Analyse unmittelbar an den Aussagen der Interviewten an und möchte den Auswertungsprozess so eng wie möglich an diesen Aussagen verankern. Eine GABEK-Kodierung wird insbesondere auf Schlüsselwortbasis vorgenommen, wobei die Schlüsselworte vornehmlich induktiv gebildet werden. Mithilfe eines solchen schlüsselwortbasierten Indexsystems sollen schließlich die (handlungsleitenden) Wahrnehmungsstrukturen und sprachlichen Strukturen aufgezeigt werden.

18.3.2 Datensammlung

Im Zuge eines Gastaufenthalts 2014 an der Curtin University in Perth, Westaustralien, wurden vier leitfadengestützte Interviews mit in Westaustralien tätigen, erfahrenen Tourismusakademikern durchgeführt. Die Interviewten waren seinerzeit Forscher an der Curtin University sowie an der Edith Cowan University in Perth. Zudem wurde ein Interview in Hongkong mit einem an der australischen Ostküste tätigen Tourismusforscher durchgeführt. Die Interviewten hatten allesamt Stellen als Senior Lecturers („Dozenten") oder Associate Professors („außerordentliche Professoren") inne und waren über die letzten Jahre intensiv bei den Institutionen der australischen Tourismusforschung CAUTHE und STCRC involviert bzw. nahmen dort Führungsrollen wahr. Die Interviews dauerten zwischen 20 und 30 Minuten und wurden transkribiert. Die Fragen behandelten insbesondere die Themenbereiche im Spannungsfeld von Vergangenheit, Gegenwart und Zukunft der Tourismusforschung: „Tendenzen und Entwicklungen in der Tourismusforschung", „Strategien in der Tourismusforschung aus Sicht der Tourismusforscher", „disziplinärer Status des Tourismus" sowie die Frage der „Kommunikationsmittel und Dissemination von Forschung". Die Interviewten bezogen sich in der Beantwortung teils auf internationale, teils auf australische Tendenzen.

18.3.3 Datenauswertung

Die Interviews wurden transkribiert und, unterstützt von der Software Winrelan, einer GABEK-Analyse unterzogen. Im Speziellen wurde eine Kodierung der Interviewtexte nach Sinneinheiten bzw. zusammenhängenden Aussagen (Schritt 1), nach Schlüsselworten (Schritt 2), nach Bewertungen (Schritt 3) und nach behaupteten Kausalzusammenhängen (Schritt 4) vorgenommen (für Details siehe Zelger, 2000; Pechlaner/Volgger, 2012). Auf der Grundlage dieser Kodierungsschritte wurden einige zentrale Aussagen der Interviewten als semantische Netzwerke (Assoziationsgraphen oder Kausalnetzgraphen) dargestellt.

Dabei geben Assoziationsgraphen auf der Grundlage der Schlüsselwortkodierung einige Assoziationen der Interviewten wieder. Die Netzwerkknoten werden durch die kodierten Schlüsselbegriffe in den Interviews gebildet und die Verknüpfungen ergeben sich immer dann, wenn Schlüsselbegriffe in einer gemeinsamen Sinneinheit bzw. zusammenhängenden Aussage vorkommen. Über diese Assoziationsgraphen kann auch die mittels Bewertungskodierung ermittelte Anzahl der positiven und negativen Bewertungen sowie jene der wertneutralen Betonung der Wichtigkeit – sowohl in der Ist- als auch in der Soll-Perspektive – dargestellt werden. Kausalnetzgraphen schließlich sind gerichtete semantische Netzwerke, die auf den behaupteten Ursache-Wirkungs-Beziehungen der Interviewten beruhen. Deren Grundlage stellt die Kausalkodierung dar, wobei wiederum die Knoten aus der Schlüsselwortkodierung stammen. Auf der Grundlage der Bewertungs- und Kausalkodierung wurde im letzten Schritt auch eine Relevanzanalyse durchgeführt, die induktiv aufzeigen soll, welche Konzepte bzw. Themen den Interviewten im Kontext der gestellten Fragen am relevantesten erschienen. Eine Relevanzliste wird erstellt, indem allen kodierten Schlüsselworten eine Relevanzzahl im Intervall der Werte 1 bis 100 zugewiesen wird.

18.4 Ergebnisse

Aufbauend auf der Prämisse der GABEK-Relevanzanalyse, dass sich die Relevanz eines Konzepts induktiv über die relative Häufigkeit von Bewertungen und die Einbeziehung in Kausal-und-Effekt-Überlegungen erschließen lässt, erscheinen die folgenden Schlüsselkonzepte im Rahmen der im Interview diskutierten Thematiken für die Befragten am relevantesten (Schlüsselworte mit reinem Zeitbezug, wie z. B. „currently" und „future" wurden hier nicht berücksichtigt):

1. Sustainable Tourism Cooperative Research Center (Sustainable_Tourism_CRC) [Relevanzzahl, RA = 100]
2. Einfluss und Auswirkung der Tourismusforschung (impact) [RA = 31]
3. Die Rolle der Politik und Verwaltung (government) [RA = 30]
4. Der gegenwärtige starke Fokus der australischen Hochschullandschaft auf wissenschaftliche Journale – insbesondere die in der Rangreihe am höchsten eingestuften (journals_top_tier_only, journals) – als Qualitätsindikator [RA = 30 bzw. 29]
5. Die Entwicklung der (australischen) Hochschullandschaft insgesamt (landscape_higher_education) [RA = 28]
6. Die Diversifikation der Kommunikationsmittel touristischer Forschung (diversification) [RA = 26]
7. Die Interdisziplinarität der touristischen Forschung (interdisciplinarity) [RA = 26]
8. The Council for Australasian Tourism and Hospitality Education (CAUTHE) [RA = 24]
9. Der kooperative Forschungszugang (collaborative_approach) [RA = 23]
10. Übersetzung der Forschung in die Praxis/für Praktiker (translate_academic_in_practice) [RA = 22]

Einige dieser von den Befragten als besonders relevant erachteten Themen werden im Folgenden, eingebettet in den Kontext, näher diskutiert.

18.4.1 Ausgewählte Perspektiven auf vergangene Aspekte der Tourismusforschung

Wie auch die obige Relevanzanalyse aufzeigt, nimmt das Sustainable Tourism Cooperative Research Center (STCRC) in seinen zwei Finanzierungsrunden eine herausragende Stellung in den Antworten der befragten australischen Tourismusforscher ein. Als eine besonders relevante Institution in der jüngeren Vergangenheit der Tourismusforschung in Australien, die sicher auch wichtige Erfahrungen und Implikationen für die Zukunft bereithält, werden die Einschätzungen der Befragten um das STCRC im Detail beleuchtet.

Abb. 18.1, die einen GABEK-Assoziationsgraphen mit Ist-Bewertungen rund um das Schlüsselwort STCRC zeigt, verweist darauf, dass die Interviewten das STCRC mit einem spezifischen Kontext in Verbindung bringen. Das STCRC sei im Wesentlichen eine auf nationaler australischer Ebene politisch gewollte Umsetzung der Diskussionen der 1980er- und 1990er-Jahre über eine nachhaltige Entwicklung auf internationaler Ebene (rund um den Brundtland-Bericht und den Rio-Gipfel).

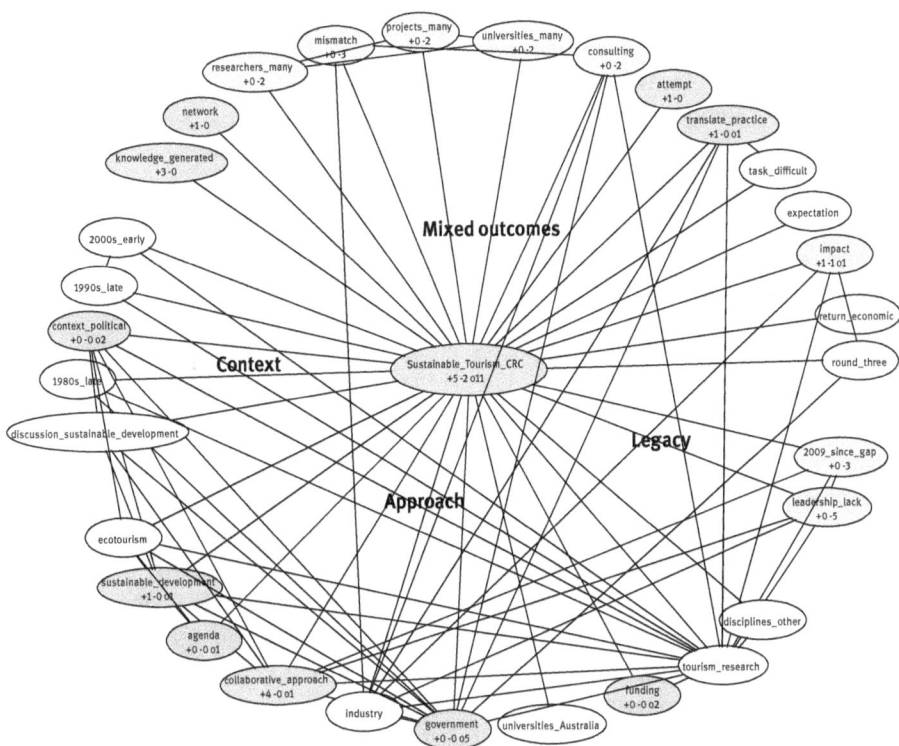

Abb. 18.1: Assoziationen der Befragten mit dem Schlüsselwort „Sustainable Tourism Cooperative Research Center (STCRC)" und entsprechende Bewertungen.

Die Prämisse des STCRC stellt nach Ansicht der Befragten die Einsicht dar, dass nachhaltiger Tourismus bzw. Ökotourismus anzustrebende Formen des Tourismus sind und diese sich nur über einen kooperativen Zugang verwirklichen lassen: „Der STCRC muss in seinem Kontext betrachtet werden. Durch diese Diskussionen und speziell durch die Zugänge rund um Ökotourismus und Nachhaltigkeit bekam die Tourismusforschung eine starke umweltbezogene Forschungsagenda. Der [vorher dominierende] wirtschaftswissenschaftliche Ansatz war zwar immer noch präsent, aber zusätzlich wurde die Forschung nun von Fragestellungen rund um die Einbettung des Tourismus in die Umwelt getrieben" (Interviewter D, Übersetzung der Autoren).

Der Ansatz des STCRC war es, die Finanzierung von Tourismusforschung in Australien an die Zusammenarbeit von Tourismuswirtschaft, Regierung bzw. Verwaltung und Institutionen der Tourismusforschung (insbesondere Universitäten) zu koppeln. Der Ansatz war grundsätzlich multi- bzw. ansatzweise interdisziplinär. Insbesondere in der zweiten Runde des STCRC wurde nach Ansicht der Interviewten versucht, verschiedene Disziplinen zusammenzubringen (und sich auch etwas von der Tourismusforschungscommunity im engeren Sinn zu lösen), um den Tourismus besser zu verstehen.

Die in Abb. 18.1 wiedergegebenen Bewertungen der Befragten zeigen auf, dass das STCRC als Initiative zwar überwiegend positiv gesehen wird, seine spezifischen Ergebnisse von den Befragten aber gemischt eingeschätzt werden. Das generierte Wissen, der kooperative Zugang inklusive des geschaffenen Netzwerks und insbesondere der Versuch, eine Übersetzung der Forschung in die Praxis vorzunehmen, werden positiv eingeschätzt. „Er [der STCRC] hatte einen großen Einfluss auf die Schaffung von Netzwerken zwischen Universitäten, Regierung und Unternehmen" (Interviewter B, Übersetzung der Autoren).

Die hohen Erwartungen in Bezug auf den Einfluss dieser Forschung („impact"), gerade auch im wirtschaftlichen Sinne, konnten aber nicht vollständig eingelöst werden. Der unter den Erwartungen gebliebene wirtschaftliche Nutzen („economic return") der Projekte mag nach Einschätzung der Befragten auch eine dritte Runde des STCRC verhindert haben. Die Ursachen für die gemischten Ergebnisse werden in der zu großen Anzahl von Forschern, Universitäten und Projekten gesehen, die die an sich schon schwierige Aufgabe zusätzlich erschweren. Zudem spielte nach Ansicht der Interviewten auch eine Diskrepanz („mismatch") in den Erwartungen der Partner eine Rolle: „Die privaten Unternehmen wollten Beratung und die Regierung wollte angewandte Forschung, aber diese beiden Dinge sind doch sehr unterschiedlich" (Interviewter A, Übersetzung der Autoren) – und die Forscher hatten möglicherweise noch einmal etwas anders gelagerte Interessen und Erwartungen:

> [...] Wir waren nicht in der Lage, eine Langfristperspektive im Sinne der Forschung strukturell zu verankern. Es waren maximal einjährige Projekte. Ich denke, dass es nie eine Perspektive gab, die hinter die kurzfristigen Effekte blicken wollte. Wir haben jährliche Budgets, also wollen wir jährliche Ergebnisse. Wir investieren und wir wollen Ergebnisse sehen. Das war Teil des Problems:

die Lesart, dass dies eine gute Gelegenheit wäre, um akademisch verankerte Forscher als Berater einzusetzen. (Interviewter D, Übersetzung der Autoren)

Trotz eines nicht vollständig zufriedenstellenden Ergebnisses war der STCRC zweifelsohne ein Meilenstein in der australischen Tourismusforschung. Nach der Einstellung des Programms ist sie in eine Situation abgerutscht, die von den Befragten mit Schlüsselwörtern wie „Lücke" und „mangelnde Leadership" in Verbindung gebracht wird.

18.4.2 Ausgewählte Perspektiven auf zukünftige Aspekte der Tourismusforschung

In ihren Argumentationen rund um die Zukunft der Tourismusforschung in Australien betonten die Interviewten unter anderem drei Themenbereiche (vgl. Abb. 18.2, die einen GABEK-Assoziationsgraphen mit in die Zukunft gerichteten Soll-Bewertungen zeigt): die Situation der Tourismusforschung im engeren Sinn, die Kommunikation und Dissemination der Forschungsergebnisse sowie das Tourismus-Curriculum (Tourismuslehre), das unweigerlich eng mit der Tourismusforschung gekoppelt ist.

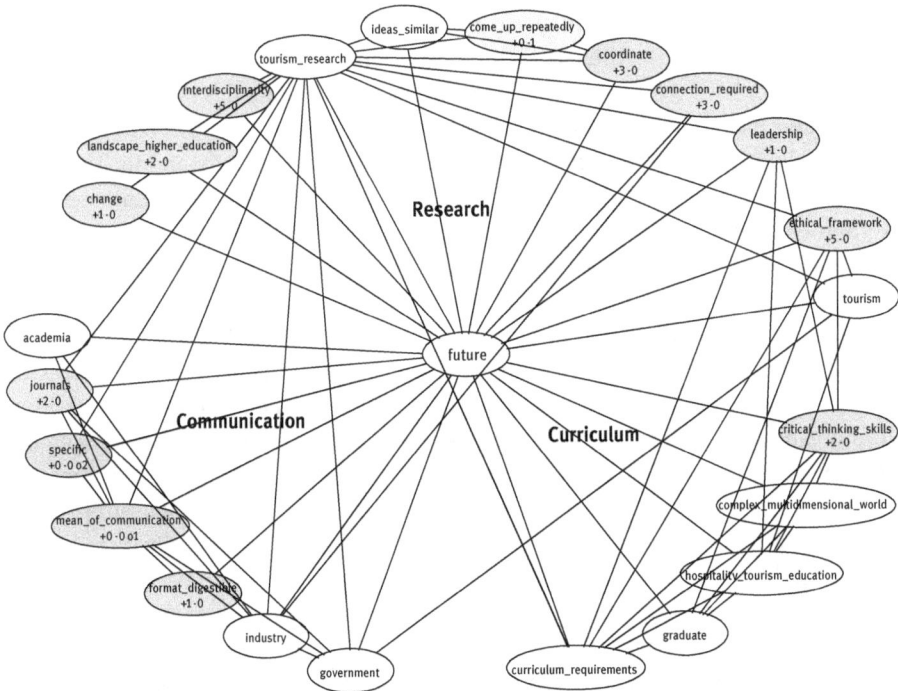

Abb. 18.2: Assoziationen der Befragten mit dem Schlüsselwort „Zukunft" und entsprechende Bewertungen.

Die Zukunft der Tourismusforschung im engeren Sinn wird eng mit dem Thema der Interdisziplinarität und daran andockenden Fragestellungen assoziiert:

> Ich schaue auf das Phänomen Tourismus als etwas, das mehrere Disziplinen und Themenbereiche berührt. Ich denke, diese Sicht entspricht der Natur des Phänomens Tourismus auch am ehesten. Viele akademische Forscher würden wohl immer noch versuchen, auf ihre Theorie oder ihr jeweiliges Modell zu setzen; aber ich denke, das ist zweitrangig in Bezug auf die Wichtigkeit und die Anpassung an die Konfiguration des Tourismus. Für mich ist es eine wunderbare Gelegenheit, so etwas Diversifiziertes wie den Tourismus zu haben. In der Tourismusforschung brauchst du den Beitrag unterschiedlicher Sichtweisen, um die großen Herausforderungen und Probleme zu verstehen. Man muss Anleihen nehmen, integrieren und Forschungsaktivitäten koordinieren, um einige Antworten auf diese Fragestellungen zu finden. (Interviewter D, Übersetzung der Autoren)

Eine interdisziplinäre Ausrichtung wird insgesamt positiv bewertet, geht aber einher mit dem Wunsch nach einer effektiven Koordination und Vernetzung der einzelnen Forschungsansätze. Eine stärkere Integration und Koordination sollte verhindern, dass ähnliche Ideen wiederholt auftauchen (ohne auf die alten Bezug zu nehmen), wie dies im aktuellen, mehrheitlich multidisziplinären Arbeitsmodus häufig passiert. Die starken Veränderungen, denen die akademische Forschungslandschaft derzeit in Australien ausgesetzt ist, unterstützen eine solche interdisziplinäre Ausrichtung nur bedingt: „Die ganze Universitätspolitik unterstützt keine interdisziplinäre Forschung. Wenn ich sage, dass ich mit Forschern von außerhalb des Feldes ‚Tourismus' arbeite und möglicherweise nicht im Bereich ‚Tourismus' publiziere, dann wird das zum Problem [...], eben wenn du außerhalb des ‚Codes' publizieren möchtest, den dein Forschungsfeld hat" (Interviewter D, Übersetzung der Autoren). Entsprechend werden hier Änderungen für die Zukunft erhofft. Insgesamt gehen die Interviewten davon aus, dass sich eine koordinierte interdisziplinäre Tourismuswissenschaft nur unter Wahrnehmung einer effektiven Leadership entwickeln kann.

Manche Interviewpartner äußerten den Wunsch, dass sich die zukünftige Tourismusforschung stärker mit den ethischen Fragen des Tourismus auseinandersetzen sollte: „Mich würde es interessieren und freuen, wenn es einen stärkeren Forschungsstrang gäbe, der die Schnittstelle zwischen dem kommerziellen Pragmatismus des Führens eines Unternehmens in einem marktwirtschaftlichen Umfeld [...] einerseits und der Anerkennung, dass wir dies andererseits in einer Welt tun müssen, wo es so etwas wie ‚Millennium Goals' der Vereinten Nationen gibt, im Blick hätte [...]" (Interviewter A, Übersetzung der Autoren). Dasselbe gelte auch für die universitäre Lehre im Bereich Tourismus und Gastgewerbe, wo die Vermittlung kritischen Denkens in einer komplexen, multidimensionalen Welt zu den wichtigsten zukünftigen Zielen gehöre. Insgesamt gehe es darum, die Verbindung von Tourismusforschung und -lehre auch bei gegenläufigen Tendenzen in der akademischen Landschaft nicht aufzugeben. Eine forschungsnahe und gleichzeitig praxisorientierte Lehre mag insgesamt auch eine enge Koppelung mit der Tourismuswirtschaft unterstützen.

Die Verknüpfung der Tourismusforschung mit der Tourismuswirtschaft und den öffentlichen Entscheidungsträgern (Regierung und Verwaltung) ist für die Befragten angesichts des angewandten Charakters wesentlich. Entsprechend sei es notwendig, dass die Tourismusforschung nicht nur die Wissensgenerierung im Blick habe, sondern sich in integrierter Art und Weise analog auch um die Wissensweitergabe und Wissensdissemination kümmere: „Das Wissen muss aus den akademischen Räumlichkeiten hin zu Regierung und Verwaltung sowie zu den Unternehmen transferiert werden. Dies kommt den genannten Akteuren jedenfalls zugute. Akademische Forschung ist für die Theorieentwicklung wichtig und für die Förderung des allgemeinen Verständnisses, aber das Wissen muss sich schon auch in die Praxis übersetzen lassen" (Interviewter B, Übersetzung der Autoren). Auf der Grundlage dieser Überlegung erachten es die Befragten für sinnvoll, die Kommunikation touristischer Forschung zu diversifizieren, um mit den verschiedenen Zielgruppen spezifisch interagieren zu können. So sind wissenschaftliche Journale als Kommunikationsmedium für die Interviewpartner in Zukunft zwar geeignet, um die wissenschaftliche Community zu erreichen, für die anderen Zielgruppen der Tourismusforschung brauche es aber „verdaulichere Formate".

18.4.3 Perspektiven auf zukünftige Kommunikationsmittel der Tourismusforschung

Die Frage der Ausgestaltung einer zukünftigen Kommunikation von Ergebnissen der Tourismusforschung lässt sich auf der Grundlage der von den Befragten genannten Kausalannahmen noch etwas näher erörtern (vgl. Abb. 18.3., die einen GABEK-Kausalnetzgraphen zeigt). Das Ziel der Diversifizierung der Kommunikationsmedien nimmt dabei einen zentralen Stellenwert ein. Die Grundlage dafür ist nach Meinung der Interviewten die Unterschiedlichkeit der Zielgruppen touristischer Forschung. Diese haben unterschiedliche Interessenlagen gegenüber der Tourismusforschung: „Ich denke, Artikel in wissenschaftlichen Journalen haben schon ihren Wert, da wir Wissen schaffen müssen; aber wir müssen das Wissen auch interpretieren und es anwenden" (Interviewter A, Übersetzung der Autoren).

Die Unterschiedlichkeit der Zielgruppen der touristischen Forschung manifestiert sich aber auch in einer unterschiedlichen Fähigkeit bzw. Bereitschaft, umfangreichere („längere") Texte und schwerer verdauliche Kommunikationsformate zu konsumieren. Deswegen ist es nach Ansicht der Befragten notwendig, die unterschiedlichen Zielgruppen durch spezifische Kommunikationsformate zu bedienen. Die Forschungsergebnisse seien dieselben, aber ihre Präsentation müsse zukünftig stärker der Zielgruppe angepasst sein. Eine solche Übersetzungsarbeit der Tourismusforschung für „Praktiker" sei eine Schlüsselaufgabe für die zukünftige Steigerung des Einflusses („impact") der Tourismusforschung. Allerdings werde eine solch diversifizierte Kommunikation durch das auf hochrangigen Journalpublikationen aufbauende Anreiz- und Evaluierungssystem wissenschaftlicher Forschung – dessen Vorteile von

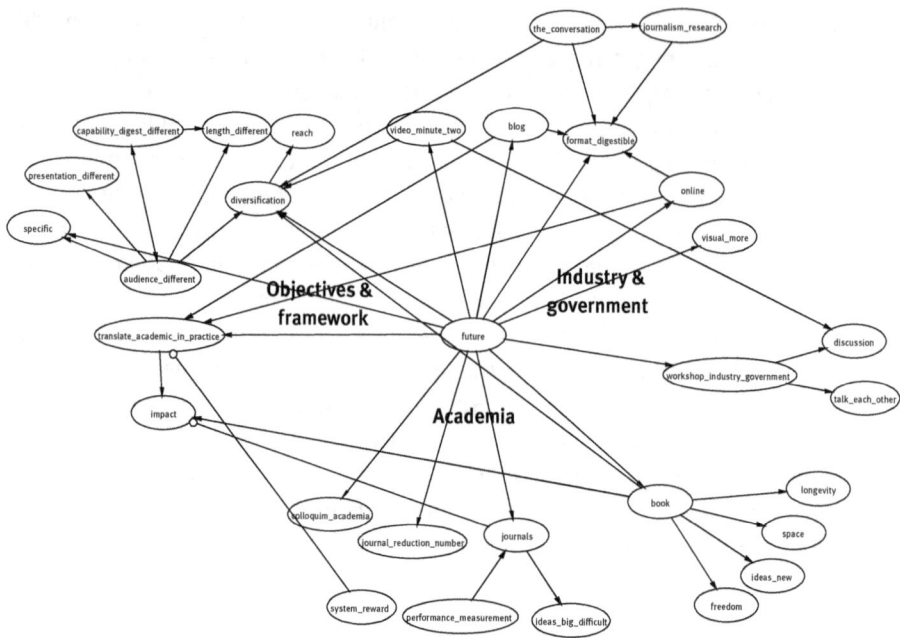

Abb. 18.3: Wahrgenommene Kausalbeziehungen vonseiten der Befragten hinsichtlich zukünftiger Kommunikationsmittel der Tourismusforschung.

den Interviewten nicht verschwiegen werden („Ich denke, dass es grundsätzlich gut ist, dass es irgendeine Form der Rechenschaftspflicht gibt", Interviewter C, Übersetzung der Autoren) – derzeit nicht gefördert.

Als „leichter verdauliche" Formate, die eine Übersetzung der Forschungsergebnisse für Praktiker in der Tourismuswirtschaft und in den Regierungsstellen zulassen, schlagen die Interviewpartner unter anderem Workshops, Onlineblogs, visuelle Formate wie etwa online zugängliche Kurzvideos oder wissenschaftsjournalistische Zugänge wie die u. a. in Australien verbreitete Online-Plattform „the conversation" (http://theconversation.com/au) vor. Im Bereich der akademischen Zielgruppen werden nach Ansicht der Befragten zukünftig weiterhin wissenschaftliche Journale, Kolloquien und Bücher als Kommunikationsmedien der Tourismusforschung dominieren. Die Anzahl der tourismusspezifischen wissenschaftlichen Journale wird nach Einschätzung der Interviewpartner in Zukunft eher abnehmen, was es noch schwerer machen wird, neue Ideen in solchen Journalen zu platzieren. Das aktuell praktizierte Peer-Review-System habe viele Stärken, führe aber auch dazu, dass neue, innovative Ideen einfacher in Büchern publiziert werden könnten: „Das Problem mit einer starken Betonung von Artikeln in wissenschaftlichen Journalen ist, dass du physisch nur wenig Platz hast, deine Ideen darzulegen. Es ist dadurch sehr schwierig, umfassendere Gedanken in einem Journalartikel zu präsentieren [...] Die Begutachter von

Journalartikeln mögen keine komplett neuen Dinge" (Interviewter C, Übersetzung der Autoren). Freiheit und der zur Verfügung stehende Platz lasse Bücher zu einem geeigneteren Medium für das Lancieren neuer Ideen werden. Zudem spreche die ihnen eigene Langlebigkeit dafür, dass Bücher auch in Zukunft als Kommunikationsmedium für die Tourismusforschung relevant blieben.

18.5 Diskussion

Australien konnte sich in der jüngeren Vergangenheit – angetrieben von Pionieren wie Bill Faulkner (und anderen), gestützt von Institutionen wie dem Sustainable Tourism Cooperative Research Center (STCRC) und dem Council for Australasian Tourism and Hospitality Education (CAUTHE), umgesetzt durch das Engagement einer Vielzahl von Universitäten zu Tourismusprogrammen in Lehre und Forschung sowie durch die beständige qualitätvolle Arbeit einer steigenden Anzahl von Tourismusforschern – zu einem weltweiten Zentrum der Tourismusforschung entwickeln. Der kooperative Zugang im Dreieck von Universitäten, Regierung und Verwaltung sowie der Tourismuswirtschaft, wie er durch das STCRC von 1997 bis 2010 verkörpert wurde, nimmt eine herausragende Stellung in den Perspektiven und Diskussionen der interviewten australischen Tourismusforscher ein. Obwohl das STCRC aufseiten der Partner nicht alle Erwartungen erfüllen konnte, sticht es dennoch hervor durch seine Förderung der Tourismusforschung auch jenseits von unmittelbar geschäftlich inspirierten Fragestellungen, der Vernetzung mit diversen Akteuren der Wissensimplementierung und der Förderung des überdisziplinären Arbeitens. Seit Einstellung der STCRC haben sich nach Einschätzung der befragten australischen Tourismusforscher jedenfalls die Rahmenbedingungen und Vorzeichen für Tourismusforschung in Australien nicht verbessert.

Eine prosperierende Zukunft der Tourismusforschung in Australien setzt nach Ansicht der Befragten voraus, dass sich diese einerseits in der akademischen Landschaft Respekt zu verschaffen vermag und andererseits ihre Nähe zur gesellschaftlichen und wirtschaftlichen Umsetzung der Erkenntnisse weiter stärkt. Dafür ist für die interviewten australischen Tourismusforscher ein interdisziplinäres Arbeiten – im Sinne eines koordinierten Forschens an Themen des Tourismus, das einer Integration verschiedener disziplinärer Wissensgebäude bedarf – ein Schlüsselfaktor. Der Wunsch nach einer koordinativen Leadership kommt entsprechend stark zum Tragen, dies in Verbindung mit dem Wunsch, neben wirtschaftlich relevanten Fragestellungen auch gesellschaftliche, ökologische und ethische Dimensionen im Rahmen der Forschung zum Tourismus nicht aus dem Blickfeld zu verlieren.

Die Tourismusforscher bedauern, dass die derzeitigen Entwicklungen in der universitären und akademischen Landschaft Australiens insgesamt nicht unbedingt zur Förderung von Interdisziplinarität beitragen und zudem die enge Verbindung von Lehre und Forschung zunehmend infrage stellen. Die starke Ausrichtung an

Publikationen in hochrangigen wissenschaftlichen Journalen als Qualitätsindikator wissenschaftlicher Forschung möge zwar gewisse positive Implikationen in Bezug auf Fairness und Vergleichbarkeit innerhalb der wissenschaftlichen Gemeinschaft haben, riskiere jedoch eine Schwächung der Verknüpfung mit wichtigen nicht wissenschaftlichen Stakeholdern der Tourismusforschung. Parallel zu den von akademischen Anreiz- und Evaluierungssystemen verlangten Journalpublikationen ist es nach Ansicht der Befragten deshalb für die Zukunft wichtig, der Art und Weise der Kommunikation von Ergebnissen der Tourismusforschung größere Aufmerksamkeit zu schenken. Eine Diversifizierung der Kommunikation, die die unterschiedlichen Zielgruppen mit spezifischen, für sie attraktiven Kommunikationsmedien bedient, erscheint den befragten Tourismusforschern als notwendig. Das Portfolio umfasse hier wissenschaftliche Journale, Bücher, Online-Formate wie Blogs, Video-Botschaften und wissenschaftsjournalistische Plattformen, Workshops mit Praktikern und wissenschaftliche Kolloquien. Über allem, so argumentieren die australischen Tourismusforscher, müsse jedenfalls die Förderung einer Diskussionskultur stehen, die alle Stakeholder der Tourismusforschung einschließt. Damit könne ein nachhaltiger Beitrag zur Sicherung der Zukunft der Tourismusforschung in Australien auch in möglicherweise schwieriger werdenden Zeiten geleistet werden.

Literatur

Airey D. In search of a mature subject. Journal of Hospitality, Leisure, Sport and Tourism Education. 2008, 7(2), 101–103.

Airey D, Dredge D, Gross MJ. Tourism, hospitality and events education in an age of change, In: Dredge D, Airey D, Gross MJ, editors. The Routledge handbook of tourism and hospitality education. New York: Routledge, 2015, 3–14.

Airey D, Tribe J, Benckendorff P, Xiao H. The managerial gaze: The long tail of tourism education and research. Journal of Travel Research. 2014, 54(2), 139–151.

Australian Business Deans Council ABDC. Journal quality list 2013 review – public exposure period final overall report. ABDC, 2013.

Australian Research Council ARC. Excellence in Research for Australia: ERA 2010 Evaluation Guidelines. Commonwealth of Australia: Canberra, 2010.

Ballantyne R, Packer J, Axelsen M. Trends in tourism research. Annals of Tourism Research. 2009, 36(1), 149–152.

Bushell R, Prosser GM, Faulkner HW, Jafari J. Tourism research in Australia. Journal of Travel Research. 2001, 39(3), 323–326.

Cooper C, Fletcher J, Gilbert D, Shepherd R, Wanhill S. Tourism: Principles and practices. London: Pitman, 1998.

Darbellay F, Stock M. Tourism as a complex interdisciplinary research object. Annals of Tourism Research. 2012, 39(1), 441–458.

Dredge D, Benckendorff P, Day M, Gross M, Walo M, Weeks P, Whitelaw P. Drivers of change in tourism, hospitality, and event management education: An Australian perspective. Journal of Hospitality and Tourism Education. 2013, 25, 89–102.

Dredge D, Benckendorff P, Day M, Gross M, Walo M, Weeks P, Whitelaw P. The philosophic practitioner and the curriculum space. Annals of Tourism Research. 2012, 39(4), 2154–2176.

Faulkner B, Pearce P, Shaw R, Weiler B. 'Tourism research in Australia: Confronting the challenges of the 1990s and beyond'. Paper presented at the Tourism Research and Education in Australia: Australian National Tourism Research and Education Conferences. Canberra, 1994.

Filep S, Hughes M, Mostafanezhad M, Wheeler F. Generation Tourism: towards a common identity. Current Issues in Tourism. 2015, 18(6), 511–523.

Goeldner CR. 'The evaluation of tourism as an industry and a discipline'. Paper presented at the First International Conference for Tourism Educators mimeo. Surrey, 1988.

Hall CM. Publish and perish? Bibliometric analysis, journal ranking and the assessment of research quality in tourism. Tourism Management. 2011, 32(1), 16–27.

Hall CM. Tourism as the subject of post-graduate dissertations in Australia. Annals of Tourism Research. 1991, 18(3), 520–523.

Hobson P. The development of hospitality and tourism education in Australia. Hospitality and Tourism Education. 1995, 7(4), 25–29.

Jafari J, Ritchie JRB. Towards a framework for tourism education. Annals of Tourism Research. 1981, 8, 13–33.

Jago L, Fredline L, Cooper C. Bill Faulkner: Progressing tourism research and beyond. In: Faulkner B, Fredline L, Jago L, Cooper C, editors. Progressing tourism research and beyond. Clevedon: Channel View Publications, 2003, ix–xiv.

Jennings G. Tourism research. Milton: Wiley, 2010.

Jericho G. The one graph that explains the (worrying) end of the mining boom. The Guardian. http://www.theguardian.com/commentisfree/2015/jul/06/the-one-graph-that-explains-the-worrying-end-of-the-mining-boom, JAHR. Abgerufen am 6. Juli 2015.

Keller P. 'The future of research and education in tourism'. Speech given at 61st AIEST conference, 29th August 2011. Barcelona, Spain, 2011.

Leiper N. An emerging discipline. Annals of Tourism Research. 2000, 27(3), 805–809.

McKercher B, Law R, Lam T. Rating tourism and hospitality journals. Tourism Management. 2006, 27(6), 1235–1252.

Pechlaner H, Volgger M. 'Can tourism qualify for interdisciplinary research? A European View'. In: Pechlaner H, Smeral E, editors. Tourism and leisure: Current issues and perspectives of development. Wiesbaden: Springer Gabler, 2015, 3–21.

Pechlaner H, Volgger M. How to promote cooperation in the hospitality industry: Generating practitioner-relevant knowledge using the GABEK qualitative research strategy. International Journal of Contemporary Hospitality Management. 2012, 24(6), 925–945.

Ryan C. Tourism: A mature discipline? Pacific Tourism Review. 1997, 1(1), 3–5.

Sharpley R. The study of tourism: Past trends and future directions. Oxon: Routledge, 2011.

Sheldon PJ. An authorship analysis of tourism research. Annals of Tourism Research. 1991, 18(3), 473–484.

STCRC Sustainable Tourism Cooperative Research Centre. Sustainable Tourism CRC 1999–2000 Annual report. http://www.crctourism.com.au/wms/upload/Resources/bookshop/AnnualReport9900.pdf, 2000. Abgerufen am 10. Oktober 2015.

STCRC Sustainable Tourism Cooperative Research Centre. Sustainable Tourism CRC 2004–2005 Annual report summary. www.crctourism.com.au/wms/upload/Resources/bookshop/Annual%2520Report%2520Summary%252004-05_FINAL.pdf, 2005. Abgerufen am 10. Oktober 2015.

STCRC Sustainable Tourism Cooperative Research Centre. Sustainable Tourism CRC – official Website. Available from: crctourism.com.au, 2008. Abgerufen am 10. Oktober 2015.

Stumpf C. Erkenntnislehre: Band 1. Leipzig: Johann Ambrosius Barth, 1939.

Tourism Research Australia. Tourism Satellite Account 2013–14. TRA, Australian Government – Austrade. www.tra.gov.au/documents/Economic-Industry/TSA_2013-2014.pdf, 2014. Abgerufen am 10. Oktober 2015.

Tribe J. Indisciplined and unsubstantiated. Annals of Tourism Research. 2000, 27(3), 809–813.

Tribe J. The curriculum: A philosophic practice? In: Dredge D, Airey D, Gross MJ, editors. The Routledge handbook of tourism and hospitality education. New York: Routledge, 2015, 17–29.

Tribe J. The indiscipline of tourism. Annals of Tourism Research. 1997, 24(3), 638–657.

Tribe J. The philosophic practitioner. Annals of Tourism Research. 2002, 29(2), 338–357.

Volgger M, Pechlaner H. Interdisciplinarity, transdisciplinarity and postdisciplinarity in tourism and hospitality education. In: Dredge D, Airey D, Gross MJ, editors. The Routledge handbook of tourism and hospitality education. New York: Routledge, 2015, 85–102.

Xiao H, Smith SL. The making of tourism research: Insights from a social sciences journal. Annals of Tourism Research. 2006, 33(2), 490–507.

Zelger J. Wissensorganisation durch sprachliche Gestaltbildung im qualitativen Verfahren GABEK. In: Zelger J, Mair M (Hg.). GABEK. Verarbeitung und Darstellung von Wissen. Innsbruck, Wien, München: Studien-Verlag, 1999, 41–87.

Zelger J. 'Twelve steps of GABEK WinRelan: a procedure for qualitative opinion research, knowledge organization and systems development'. In: Buber R, Zelger J, editors. GABEK 2. Zur qualitativen Forschung. On Qualitative Research. Innsbruck, Wien, München: Studien-Verlag, 2000, 205–220.

Dirk Reiser und Christof Pforr
19 See ya later Down Under

19.1 Überblick

Das vorliegende Buch, in dem verschiedene Tourismustrends in Australien und Neuseeland näher vorgestellt werden, ist das Ergebnis der Bemühungen einer multidisziplinären Arbeitsgruppe von mehr als 20 deutschsprachigen Forscherinnen und Forschern, die einen ganz besonderen, persönlichen Bezug zu Australien und Neuseeland haben. Die einzelnen Beiträge stützen sich sowohl auf empirische Arbeiten als auch auf Literaturrezensionen. Basierend auf der umfassenden Darstellung historischer wie auch gegenwärtiger Entwicklungen sowie der Bewertung zukünftiger Herausforderungen und Möglichkeiten des Tourismus in Australien und Neuseeland, wird in diesem Abschlusskapitel der Versuch unternommen, eine Forschungsagenda zu skizzieren, die die schnell wachsende Tourismusentwicklung in beiden Ländern konstruktiv begleiten kann.

Die Tourismusdestinationen Neuseeland und Australien haben in den letzten drei Jahrzehnten sowohl auf der Angebots- als auch auf der Nachfrageseite deutlich an Bedeutung gewonnen. Dieser Prozess wurde insbesondere durch dynamische Entwicklungen in der globalen Mobilität sowie durch große Fortschritte in der Informations- und Kommunikationstechnologie vorangetrieben. Während im Jahr 1950 gerade einmal 43.600 Touristen nach Australien reisten, waren es 1960 schon 84.600, 20 Jahre später belief sich diese Zahl auf 904.600 Touristen (Doherty, 2007) und 2015 haben schon über sieben Millionen Touristen Australien besucht (Tourism Australia, 2016b). Auf der Basis der Annahme, dass sich dieser Wachstumstrend fortsetzt, werden für das Jahr 2025 rund elf Millionen internationale Besucher prognostiziert (Tourism Research Australia, 2016). Jedoch reisen auch immer mehr Australier in ausländische Destinationen: 1950 wurden 31.400 Auslandsreisen verzeichnet, zehn Jahre später hatte sich diese Zahl mit 77.700 mehr als verdoppelt, 1980 waren es bereits 1,2 Millionen (Doherty, 2007) und 2015 9,5 Millionen (Tourism Research Australia, 2016). Mit Blick auf die Zukunft wird davon ausgegangen, dass Australier im Jahr 2025 rund 13 Millionen Auslandsreisen unternehmen werden (Tourism Research Australia, 2016).

Im Vergleich hierzu ist die touristische Entwicklung in Neuseeland sehr ähnlich verlaufen. Im Jahr 1960 wies das Land 36.557 internationale Tourismusankünfte aus, 1980 waren es mit 445.195 mehr als zwölf Mal so viele Besucher (Reserve Bank of New Zealand, 1982) und 2015 war diese Zahl auf mehr als drei Millionen angestiegen (Statistics New Zealand, 2016b). Allerdings ist die Entwicklung der Auslandsreisen der Neuseeländer im Vergleich zu ihren australischen Nachbarn von weniger starkem Wachstum geprägt. Im Jahr 1990 wurden dort 717.278 Auslandsreisen unternommen, 2000 waren es 1,3 Millionen Reisen (Treloar/Hall, 2005) und 2015 etwas weniger als 2,5 Millionen (Statistics New Zealand, 2016b). Auch hier wird erwartet, dass sich dieser Trend fortsetzen wird.

Eine weitere wichtige Tourismuskennzahl beider Länder ist der Binnentourismus, der mit über 83 Millionen Übernachtungen in Australien und mit fast 22 Millionen Übernachtungen in Neuseeland einen sehr wichtigen wirtschaftlichen Beitrag in beiden Ländern leistet, was v. a. für die Regionalentwicklung von besonderer Bedeutung ist. Der sozioökonomische Stellenwert des Tourismus für beide Länder wird auch im jeweiligen direkten Beitrag zum Bruttosozialprodukt deutlich, der sich in Australien auf rund drei Prozent und in Neuseeland auf fünf Prozent beläuft, wie auch im direkten Beschäftigungsanteil des Sektors, der in Australien bei fünf Prozent (543.000) und in Neuseeland bei sieben Prozent (168.000) liegt (Tourism Industry Association, 2015; Tourism Research Australia, 2015).

Die rasante Entwicklung der Destinationen Australien und Neuseeland und der Bedeutungszuwachs des Tourismus in beiden Ländern in den letzten 30 Jahren zieht sich wie ein roter Faden durch diesen Band. Betrachtet man beispielsweise die Entwicklung der deutschen Besucherzahlen in Neuseeland, lässt sich über die letzten 35 Jahre ein Wachstum von 1.800 Prozent verzeichnen: Im Jahr 1979 besuchten nur 5.024 deutsche Besucher das Land, 1989 waren es bereits 21.199, 1999 beliefen sie sich auf 46.243 (New Zealand Institute of Economic Research, 2000) und sind seither auf 91.216 angewachsen (Mai 2015 – Mai 2016; Statistics New Zealand, 2016). Ein ähnliches Bild bietet die Entwicklung der deutschen Besucherzahlen für Australien: Während im Jahr 1979 28.798 Deutsche Australien besuchten (Australian Bureau of Statistics, 1981), ist diese Zahl auf heute 194.800 angewachsen, ein Anstieg um mehr als 650 Prozent (Mai 2015 – Mai 2016; Tourism Australia 2016). Allerdings muss diesen Betrachtungen hinzugefügt werden, dass trotz dieses stetigen Wachstums beide Länder periphere Reiseziele darstellen. Ozeanien insgesamt erzielt nur einen Anteil von 0,6 Prozent aller deutschen Reisen ins Ausland (Reinhardt, 2016). Und auch im internationalen Vergleich bleiben die Tourismusindustrien beider Länder trotz ihrer stark expansiven Entwicklung relativ bedeutungslos. So hat Australien gegenwärtig nur einen Anteil von 0,6 Prozent am Weltreiseverkehr und Neuseeland sogar nur 0,25 Prozent (Ministry of Business, Innovation and Employment, 2013; Productivity Commission, 2015).

Allerdings ist es wichtig, festzustellen, dass in den letzten Jahrzehnten in Bezug auf die Tourismusankünfte beider Länder große Verschiebungen in Richtung asiatischer Quellmärkte stattgefunden haben. Dies drückt sich beispielsweise in den dramatisch ansteigenden chinesischen Besucherzahlen für Neuseeland aus. Während im Jahr 1990 nur 3.100 chinesische Touristen nach Neuseeland kamen, waren es 2015 schon 356.000, ein mehr als hundertfacher Anstieg, und für das Jahr 2022 wird sogar mit einer weiteren Verdreifachung auf etwa 921.000 Besucher gerechnet (Ministry of Business, Innovation & Employment, 2016). Auch für Australien war im letzten Jahrzehnt China der bedeutendste Wachstumsmarkt (Tourism Research Australia, 2015).

Insgesamt hat die zunehmende Asienausrichtung bei den Quellmärkten auch zu einer veränderten Verteilung der internationalen Touristenströme innerhalb Australiens geführt. So lässt sich beispielsweise ein klarer Trend feststellen, dass Besucher aus Asien weniger in ländliche Regionen reisen, sondern sich hauptsächlich in den großen Städten Australiens aufhalten. Diese Entwicklung stellt damit eine große Herausforderung für viele Regionen dar, die in besonderem Maße vom Tourismus abhängig sind. Da die Tourismusorganisationen Australiens und Neuseelands die touristische Zukunft nun verstärkt in Asien sehen, hat der starke Anstieg bei Besuchern aus dem asiatischen Raum in beiden Ländern auch zu einer Neuausrichtung der Tourismuspolitik geführt. Diese Veränderungen im Muster der touristischen Nachfrage („incoming" und „outgoing") eröffnen nicht nur Chancen für beide Länder, sondern bedeuten auch eine besondere Herausforderung, diese Entwicklungen nachhaltig zu gestalten.

Australien und Neuseeland sind mit einer Reihe von Risikofaktoren konfrontiert, die ihre langfristige Wettbewerbsfähigkeit negativ beeinflussen könnten. Insbesondere die geografische Isolation der beiden Länder bringt zwangsläufig eine große Abhängigkeit vom internationalen Fernreisetourismus mit sich. Darüber hinaus kann das Image einer Fernreisedestination auch deren touristische Wahrnehmung als nachhaltiges Reiseziel negativ beeinträchtigen. Ein Paradox des Tourismus kommt hier klar zum Vorschein: Neuseeland und Australien profitieren von ihrem Image als Destinationen mit herausragenden naturräumlichen Attributen, die jedoch durch den mit der Anreise internationaler Touristen verbundenen CO_2-Ausstoß langfristig gefährdet sind. Dies ist neben dem großen Nachfragepotenzial ein weiterer Grund, warum eine Orientierung in Richtung der näher gelegenen Region Asiens, insbesondere des südostasiatischen Raumes, Sinn macht. Diese Überlegungen kommen auch in der Tourismusstrategie „Tourism 2020" der australischen Regierung (Tourism Australia, 2011) sowie im Strategiepapier „Tourism 2025" der neuseeländischen Regierung (Tourism Industry Association New Zealand, 2014) zum Ausdruck.

Diese Umorientierung hat auch Auswirkungen auf die vielfältigen Nischenangebote beider Länder. Während zum einen Massentourismusentwicklungen, wie beispielsweise an der Gold Coast Australiens, zu beobachten sind, gibt es zum anderen eine Reihe von Nischensegmenten (Robinson/Novelli, 2005), die vordergründig ein höheres Nachhaltigkeitspotenzial aufweisen, etwa im Bereich des kulturellen Tourismus (z. B. Aboriginal- und Maori-Kulturtourismus oder auch Weintourismus), des Naturtourismus (z. B. Ökotourismus, Wildtiertourismus, Geotourismus, Abenteuertourismus), des ländlichen Tourismus (z. B. Farmtourismus) und anderer Tourismusarten (z. B. Filmtourismus oder Gesundheitstourismus). Eine zukünftige Herausforderung besteht darin, diese Nischenprodukte nicht nur zu verknüpfen und nachhaltiger zu gestalten, sondern sie auch an die spezifischen Eigenschaften asiatischer Touristen anzupassen. Dieser Anpassungsdruck wird sich zukünftig noch verstärken, wenn man die prognostizierte Expansion der Nachfrage aus Asien in Betracht zieht. Vor allem das Ziel, den Marktanteil chinesischer Touristen zu vergrößern, birgt die Gefahr, dass wirtschaftliche Aspekte der Tourismusentwicklung, wie beispielsweise ein Fokus auf quantitatives Wachstum in Form von mehr „Incoming"-Touristen und/oder höheren touristischen Einnahmen dominieren und neben diesen Bestrebungen sozio-kulturelle und ökologische Aspekte der Tourismusentwicklung vernachlässigt werden.

Mit 128 Millionen Outbound-Besuchern ist China gegenwärtig der größte und am schnellsten wachsende touristische Quellmarkt im internationalen Tourismus und, wie schon ausgeführt, auch zu einem wichtigen Wachstumsmarkt für Australien und Neuseeland geworden. So waren sie beispielsweise die ersten „westlichen" Länder, denen Ende der 1990er-Jahre der „China-approved-Destination-Status" gewährt wurde. Heute stellen chinesische Touristen in Australien und auch Neuseeland den zweitgrößten Markt für Besucherankünfte und haben den höchsten Marktanteil an den Gesamtausgaben und Übernachtungen (Tourism Research Australia 2016; Statistics New Zealand 2015).

Beide Destinationen beabsichtigen, die Chancen, die durch Chinas Outbound-Tourismusmarkt geschaffen werden, zukünftig noch stärker zu nutzen. Eine Strategie dabei ist die Entwicklung neuer Produkte, Dienstleistungen sowie strategischer Partnerschaften, die innerhalb von Destinationen größere Anpassungen in Angebot und Servicestrukturen an die Bedürfnisse und Interessen der chinesischen Besucher erfordern. Im Zusammenhang mit einem verstärkten Wachstum des Nischenmarkts Weintourismus kommt beispielsweise einem besseren Verständnis der Motivationen und des Konsumverhaltens chinesischer Touristen eine besondere Bedeutung zu. Trotz des Anreizes, das schnell wachsende Potenzial des chinesischen Marktes zu verwirklichen, ist generell nachhaltiges Wachstum allerdings von großer Bedeutung. Auch wenn derzeit Shopping und Glücksspiel für chinesische Touristen von besonderer Attraktivität sind, könnte sich dies zukünftig verstärkt auf andere Produktkategorien wie z. B. Naturtourismus, Gastronomie und Wein oder den Besuch von Weltkulturerbestätten verlagern (China Outbound Tourism Research Institute, 2012). So müssen flexible Reaktionsstrategien in ein effektives Destinationsmanagement des Wandels eingebettet werden. Darüber hinaus erfordert die Qualität der Beziehung zwischen Gast und Gastgeber eine besondere Aufmerksamkeit, denn ein verstärkter Kontakt kann zu interkulturellen Spannungen führen. Die wachsende Bedeutung des chinesischen Marktes erfordert daher ein größeres interkulturelles Verständnis, basierend auf einer stärkeren Wertschätzung kultureller Unterschiede.

Die hier kurz angeschnittenen Merkmale der Tourismusentwicklung beider Länder, z. B. die Asien-Ausrichtung bei den Quellmärkten, die geografische Isolation und in Australien v. a. die enormen Reisedistanzen oder auch die Fragmentierung des Marktes und technologische Herausforderungen, werden in vielen Kapiteln dieses Bandes immer wieder als zentrale Themen diskutiert. Aber auch andere Inhalte, die von großer Bedeutung für die Tourismusentwicklung Australiens und Neuseelands sind, werden in verschiedenen Beiträgen zu diesem Buch hervorgehoben und erörtert. So werden beispielsweise die Wichtigkeit einer nachhaltigen Tourismusentwicklung, die zentrale Rolle der Nischenmärkte, aber auch die Problematik des Massentourismus sowie des traditionell bedeutsamen Küstentourismus, die Herausforderungen durch den Klimawandel und die zunehmenden Auswirkungen des demografischen Wandels, die steigende Bedeutung von Events, die identitätsstiftende Rolle des Tourismus sowie das ambivalente Verhältnis zur Tourismusforschung diskutiert. Einige dieser Themen werden nun im Folgenden nochmals zusammenfassend besprochen.

In Kapitel 2 und Kapitel 3 wird auf eine zentrale Herausforderung für die australische und neuseeländische Tourismusindustrie hingewiesen, nämlich die große Entfernung von vielen wichtigen Quellmärkten. Um das Beispiel deutscher Touristen aufzugreifen: Mit einer Entfernung von über 18.000 km (kürzeste Fluglinie) ist Neuseeland eines der von Deutschland am weitesten entfernten Zielgebiete und wird daher oft als ein geografisch sehr isoliertes Land empfunden (Kapitel 16). Die reine Flugzeit für die direkteste Verbindung beträgt ca. 21 Stunden (Distancefromto, 2016). Doch selbst die Distanz zwischen Australien (Sydney) und Neuseeland (Wellington) beträgt mehr als 2.000 Kilometer oder fast 2,5 Stunden Flugzeit (entfernungsrechner.net, 2016).

Auch im Zusammenhang mit Erreichbarkeit, damit verbundenen Reisekosten und den Auswirkungen auf den Klimawandel werden näher gelegene Quellmärkte in Zukunft an Bedeutung gewinnen. Für Neuseeland werden somit Indien, Indonesien sowie Lateinamerika mit einem Fokus auf Brasilien, Argentinien und Chile als Quellmärkte verstärkt berücksichtigt werden. Aber auch für Australien ist die wachsende Nachfrage aus Asien eine strategische Priorität (Kapitel 2). Dass asiatische Touristen bereits heute eine sehr wichtige Zielgruppe sind, wird in diesem Band auch am Beispiel der Gold Coast in Queensland (Kapitel 9) veranschaulicht. Allerdings sind die vorhandenen Verkehrswege und die Verkehrsanbindungen außerhalb der Ballungszentren in Queensland (aber nicht nur dort) oft nur sehr schlecht ausgebaut und machen das Reisen mit dem Auto zu einer Notwendigkeit. Der hohe Urbanisierungsgrad, die geringe Bevölkerungsdichte im sogenannten australischen Outback und die zurückzulegenden Entfernungen innerhalb Australiens und in einem weit geringeren Ausmaß innerhalb Neuseelands stellen ebenfalls eine große Herausforderung an die zukünftige touristische Entwicklung dar (Kapitel 1, Kapitel 2 und Kapitel 3). Deswegen ist eine adäquate Verkehrsinfrastruktur auch als ein zentrales Thema von Politik und Industrie erkannt worden.

Wie in Kapitel 6 betont wird, stellen nicht nur die langen Flugzeiten, sondern auch die weiten Entfernungen zu globalen Technologiezentren und die Abgelegenheit vieler touristischer Destinationen eine besondere Herausforderung für die zukünftige Tourismusentwicklung in Australien und Neuseeland dar. Gegenwärtig ist der Sektor beispielsweise mit hohen Internet- und Telefongebühren und häufig auftretenden Funklöchern konfrontiert, die einen von den meisten Reisenden und Tourismusanbietern als essenziell empfundenen schnellen Zugang zu Informations- und Kommunikationstechnologien (z. B. Social-Media-Nutzung, Online-Marketing) behindern. Diese technologischen Herausforderungen erschweren auch die Durchführung von Events, die schon durch die oft lange und schwierige Anreise vieler Teilnehmer negativ beeinflusst werden können. Beide Länder sollten daher der zunehmenden Bedeutung der

Kommunikationstechnologie Rechnung tragen. Innovationen und ein weiterer Ausbau der technologischen Infrastruktur sind dringend erforderlich (Kapitel 7), um im globalen Kontext digital wettbewerbsfähig zu bleiben (Kapitel 2). Die neuseeländische Abenteuertourismus-Industrie in Queenstown bietet in diesem Zusammenhang ein gutes Beispiel dafür, wie häufige (technologische) Innovationen die Attraktivität einer Region steigern und erhalten können (Kapitel 17).

Weitere Herausforderungen, aber auch Zukunftschancen bieten der zurückgehende Binnentourismus und der demografische Wandel. Wie in Kapitel 2 und 3 besprochen, hat der Rückgang des Binnentourismus v. a. negative Auswirkungen auf die regionale Tourismusindustrie beider Länder, da der Tourismus häufig eine der wenigen Möglichkeiten zur ökonomischen Diversifizierung sowie zur zukünftigen Entwicklung bietet. Andererseits bietet beispielsweise die Tradition des neuseeländischen Campingfamilienurlaubs einen guten Ansatzpunkt, die wirtschaftliche Entwicklung benachteiligter Regionen zu fördern (Kapitel 16). Weintourismus und kulinarischer Tourismus eröffnen ähnliche Möglichkeiten, indem landwirtschaftliche Produkte und Tourismus, auch in abgelegenen Regionen, miteinander verknüpfen werden (Kapitel 5). Dies gilt ebenso für den indigenen Tourismus, der besonders in ländlichen und abgeschiedenen Regionen das Potenzial hat, eine nachhaltige ökonomische und soziokulturelle Entwicklung zu unterstützen und gleichzeitig eine nachhaltige Lebensgrundlage für die indigene Bevölkerung zu schaffen, die nicht nur traditionelles Wissen und lokal-kulturelle Werte bewahrt, sondern auch Natur und biologische Artenvielfalt zu schützen versucht. Die in Kapitel 12 diskutierte Verknüpfung traditionellen Heilwissens (Buschmedizin) mit authentischen kulturtouristischen Aktivitäten ist dafür ein Beispiel.

Auch der demografische Wandel stellt die Tourismusindustrie in beiden Ländern zukünftig vor große Herausforderungen. Im Weintourismus verändern sich beispielsweise die etablierten europäischen Märkte, da mehr sogenannte Babyboomer und Vertreter der Gen X mit hohen und spezifischen Ansprüchen (auch was das Design und die Architektur der Weingüter angeht), aber auch mit hohem Einkommen, in der Reisewelt eine immer größere Bedeutung gewinnen. Diesen Veränderungen muss sich die australische und neuseeländische Weinindustrie stellen, um zukünftig noch erfolgreich sein zu können (Kapitel 5). Auch in der Eventindustrie sollte eine Anpassung an diese wachsende Zielgruppe stattfinden (Kapitel 7) und im Wellnesstourismusbereich bieten sich durch den demografischen Wandel neue Chancen. Für die Babyboomer ist auch im Rentnerdasein ein gesundheitsbewusster Lebensstil wichtig. Hinzu kommen ihre selbstzentrierten Wünsche wie Entschleunigung, Entkopplung des Konsums von Luxus und Statussymbolen und Streben nach Spiritualität, die sie zu einer sehr attraktiven und gleichzeitig anspruchsvollen touristischen Zielgruppe machen (Kapitel 8). Die Nachhaltigkeit des Tourismus spielt für dieses Besuchersegment ebenfalls eine wichtige Rolle.

Obwohl Australien in den 1990er-Jahren in der Nachhaltigkeitsdebatte vor allem durch Entwicklungen im Ökotourismusbereich eine globale Vorreiterrolle übernahm, wird die Nachhaltigkeit im Tourismus heute eher vernachlässigt. Aus diesem Grund sind politisch-institutionelle Reformen notwendig, um letztendlich eine nachhaltige Tourismusentwicklung durchzusetzen (Kapitel 2). In Neuseeland wurde dies bereits institutionalisiert. Die Nachhaltigkeit ist dort von grundlegender Bedeutung, auch wenn sie einen ständigen, nicht immer einfachen Balanceakt zwischen wirtschaftlichen, soziokulturellen und natürlichen Einflüssen mit sich bringt. Aber nur so kann das „grüne" Image Neuseelands, das zu einem wichtigen Aspekt des Tourismusimages geworden ist, bewahrt werden (Kapitel 3). Beispiele hierfür bieten viele Fallstudien, die in diesem Band genauer vorgestellt werden, wie der Wal- und Delfintourismus in Kaikoura, der in Kapitel 4 genauer diskutiert wird, der Weintourismus in Australien und Neuseeland, v. a. was nachhaltige Produktion, Biosicherheit, Folgen des Klimawandels und Wasserknappheit angeht (Kapitel 5), der Zootourismus mit seinem inhärenten Auftrag zur Artenerhaltung (Kapitel 10), der indigene Tourismus, der zur Bewahrung des traditionellen Wissens und lokal-kultureller Werte beitragen kann (Kapitel 12), sowie der Geotourismus, der ein nachhaltigeres Management von Land- und Naturschutzgebieten mit sich bringt (Kapitel 13). Auch in Reiseführern werden, wie in Kapitel 11 angesprochen, zunehmend kritische Themen wie Nachhaltigkeit, Umweltprobleme und Klimawandel adressiert, was zu einer weiteren Sensibilisierung internationaler Touristen für diese Themen beiträgt.

Ein Bericht der OECD über Tourismustrends und Tourismuspolitik aus dem Jahr 2016 bestätigt die Bedeutung eines weiteren Aspekts, der in diesem Buch ebenfalls mehrfach thematisiert wird: die Bedeutung der Nischenmärkte. Damit eng verbunden sind sowohl die Diversifizierung des Tourismusprodukts und Tourismusmarkts als auch regionale Entwicklungsmöglichkeiten (OECD, 2016). Dies schließt Nischenmärkte wie Weintourismus (Kapitel 5), Abenteuertourismus (Kapitel 17), spezifische Formen des Naturtourismus (Kapitel 4 und 10) oder Filmtourismus (Kapitel 14) ein. Diese Nischen sind eng mit der Einzigartigkeit der beiden Länder, insbesondere ihrer Umwelt und ihrer Menschen, verbunden. Deren Entwicklung könnte in der Zukunft noch weiter an Bedeutung gewinnen und Nischenprodukte wie Wellnesstourismus (Kapitel 8), Geotourismus (Kapitel 13) oder neue Arten des indigenen Tourismus (Kapitel 12) hervorbringen oder weiter fördern, die eine einmalige touristische Attraktivität darstellen und beiden Länder helfen, im globalen Wettbewerb zu bestehen.

Trotzdem wird der Massentourismus, insbesondere in Form des Küstentourismus, weiterhin eine tragende Rolle vor allem in der australischen Tourismusindustrie spielen. Als Beispiel wird in diesem Buch die Sunshine Coast in Queensland genannt, die ideale Bedingungen für einen Strandurlaub bietet. Neben einem ganzjährig angenehmen Klima, einer langen Küstenlinie mit zugänglichen Stränden und einer großen Anzahl von Inseln hat der Staat auch das dafür benötigte Image einer Destination mit palmengesäumten Sandstränden (Kapitel 14).

In der Zukunft wird daher die Nachhaltigkeit der Tourismusindustrie, auch im Massentourismus, in beiden Ländern eine bedeutende Rolle spielen. Dabei wird das Gleichgewicht zwischen der Minimierung der negativen Folgen des Tourismus und der

Optimierung seiner positiven Auswirkungen wichtig sein. In diesem Zusammenhang wird auch der Tourismusforschung in beiden Ländern, die in Kooperation mit der lokalen Bevölkerung sowie Regierungs- und Industrievertretern die zukünftige Entwicklung des Tourismus durch eine zielgruppengerechte Wissensweitergabe kritisch und konstruktiv begleiten kann, eine immer wichtiger werdende Rolle zukommen (Kapitel 18).

Die meisten Beiträge in diesem Band vermitteln eine positive Zukunftsperspektive für die Tourismusentwicklung in Australien und Neuseeland. Beide Länder scheinen die großen zukünftigen Herausforderungen wenigstens teilweise erkannt zu haben und stellen sich ihnen, um weiterhin konkurrenzfähige und attraktive Tourismusdestinationen zu bleiben.

Literatur

Australian Bureau of Statistics. Catalogue 3401.0: Overseas arrivals and departures, Australia. www.ausstats.abs.gov.au/ausstats/free.nsf/0/1582750C0C69EE32CA2576070018CE9B/$File/34010_11_1280.pdf, 1981. Abgerufen am 20. Juli 2016.

Distancefromto. Distance from Germany to New Zealand. http://www.distancefromto.net/distancefromgermanytonewzealand, 2016. Abgerufen am 7. August 2016.

Docherty JC. Historical dictionary of Australia, 3rd edition. Lanham: Scarecrow Press Inc, 2007.

entfernungsrechner.net. Entfernung Wellington (New Zealand) – Sydney (Australien), http://www.entfernungsrechner.net/de/distance/city/2179537/city/2147714, 2016. Abgerufen am 7. August 2016.

Ministry of Business, Innovation & Employment New Zealand. New Zealand Tourism Forecasts 2016–2022. Report. Wellington: Ministry of Business, Innovation & Employment, 2016.

New Zealand Institute of Economic Research. Report to New Zealand Tourism Board: New Zealand's market share of international tourism. https://nzier.org.nz/static/media/filer_public/c4/96/c4965a44-0983-4085-91b3-9fd91dba8a7e/nzs_market_share_of_international_tourism.pdf, 2000. Abgerufen am 20. Juli 2016.

OECD. National tourism policy review of Australia. https://www.oecd.org/australia/33649329.pdf, 2003. Abgerufen am 8. August 2016.

OECD. OECD tourism trends and policies 2016, OECD Publishing Press. http://dx.doi.org/10.1787/tour-2016-en, 2016. Abgerufen am 8. August 2016.

Reinhardt U. Stiftung für Zukunftsfragen: Tourismusanalyse 2016. http://www.tourismusanalyse.de/zahlen/daten/statistik/tourismus-urlaub-reisen/2015/reiseziele-fernreisen.html, 2016. Abgerufen am 20. Juli 2016.

Reserve Bank of New Zealand. The tourist industry. http://www.rbnz.govt.nz/-/media/ReserveBank/Files/Publications/Bulletins/1982/1982sept45-8thetouristindustry.pdf, 1982. Abgerufen am 4. September 2016.

Robinson M, Novelli M. Niche tourism: an introduction. In: Novelli, M, editor. Niche tourism: contemporary issues, trends and cases. Jordan Hill, Oxford: Elsevier Butterworth-Heinemann, 2005, 1–11.

Statistics New Zealand, International visitor arrivals to New Zealand: May 2016. http://www.stats.govt.nz/browse_for_stats/population/Migration/international-visitor-arrivals-may-16.aspx, 2016a. Abgerufen am 20. Juli 2016.

Statistics New Zealand. International visitor arrivals to New Zealand: December 2015. www.stats.govt.nz/browse_for_stats/population/Migration/international-visitor-arrivals-dec-15.aspx, 2016b. Abgerufen am 4. September 2016.

Tourism Industry Association. Tourism 2025. http://www.tourism2025.org.nz/assets/Documents/TIA-T2025-Summ-Doc-WEB.pdf, 2014. Abgerufen am 4. September 2016.

Tourism Australia. Tourism 2020. www.tourism.australia.com/documents/Tourism_2020_overview.pdf, 2011. Abgerufen am 4. September 2016.

Tourism Australia. Visitors by country of residence. www.tourism.australia.com/documents/Statistics/ABSarrivals_may2016.pdf, 2016a. Abgerufen am 20. Juli 2016.

Tourism Australia. Visitor by country of residence. www.tourism.australia.com/images/Statistics/ABSarrivals_December_2015.pdf, 2016b. Abgerufen am 4. September 2016.

Tourism Research Australia, 2016, Tourism forecasts 2016. www.tra.gov.au/documents/forecasts/Tourism_Forecasts_2016.pdf, 2016. Abgerufen am 4. September 2016.

Treloar P, Hall CM. Demand for tourism in New Zealand. In: Cooper C, Hall CM, editors. Oceania. Frankfurt Lodge: Channel View Publication, 2005, 99–115.

www.ingramcontent.com/pod-product-compliance
Lightning Source LLC
Chambersburg PA
CBHW081945230426
43669CB00019B/2925